개정2판

실무로
배우는

빅데이터
기술

데이터 수집,
적재, 처리, 분석,
머신러닝까지

개정2판

실무로 배우는
빅데이터 기술
데이터 수집, 적재, 처리, 분석, 머신러닝까지

지은이 김강원
펴낸이 박찬규 엮은이 이대엽 표지디자인 Arowa & Arowana

펴낸곳 위키북스 전화 031-955-3658, 3659 팩스 031-955-3660
주소 경기도 파주시 문발로 115, 311호(파주출판도시, 세종출판벤처타운)

가격 30,000 페이지 420 책규격 188 x 240mm

개정2판 1쇄 2020년 06월 02일
개정2판 2쇄 2020년 12월 03일
개정2판 3쇄 2021년 08월 25일
개정2판 4쇄 2022년 12월 30일
ISBN 979-11-5839-205-5 (93000)

등록번호 제406-2006-000036호 등록일자 2006년 05월 19일
홈페이지 wikibook.co.kr 전자우편 wikibook@wikibook.co.kr

이 도서의 국립중앙도서관 출판시도서목록 CIP는
서지정보유통지원시스템 홈페이지(http://seoji.nl.go.kr)와
국가자료공동목록시스템(http://www.nl.go.kr/kolisnet)에서 이용하실 수 있습니다.
CIP제어번호 CIP2020021475

실무로
배우는

데이터 수집,
적재, 처리, 분석,
머신러닝까지

김강원 지음

빅데이터
기술

개정2판

위키북스

베타리더로 이 책을 처음 읽자마자 곧바로 노트북을 켜고 책 속의 파일럿 프로젝트를 따라 했다. 지금까지 많은 빅데이터 책들이 개념과 이론에 치중했다면, 이 책은 빅데이터 프로젝트의 요건들을 하나씩 해결하는 방식으로 접근해 다양한 빅데이터 기술의 필요성과 활용법을 알려준다.

KT DS 데이터컨설팅 김태연

책을 통해 완전한 지식을 만들 수 없다고 생각했다. 빅데이터 지식 역시 다양한 채널을 통해 수많은 비즈니스 모델과 기술을 접해왔지만 완전한 나의 지식이 되지 않았다. 하지만 이 책은 그런 나의 편견을 깨뜨렸다. 이 책에서는 빅데이터가 어떠한 과정을 통해 인사이트와 가치를 만들어 내는지를 빅데이터 가상 프로젝트를 통해 하나부터 열까지 낱낱이 알려준다.

Dell EMC Global Service Group 예상우

수집/적재된 데이터가 5가지 탐색 과정을 거쳐 머하웃을 통해 고급 분석 영역으로 이어지는 것은 지금까지 어떠한 빅데이터 서적에서도 다루지 못했던 내용이다. 이 책을 읽는 동안 지금까지 흩어져 있던 빅데이터의 수많은 퍼즐 조각들이 하나씩 맞아떨어지는 기분이었다.

삼성 SDS CI-TEC 이범

지금 세상은 빅데이터 시대임이 틀림없다. 하지만 빅데이터 경쟁력을 키우기 위해서는 개발자, 설계자, 분석가, 데이터 과학자, 도메인 전문가 등 다양한 관점에서 빅데이터를 바라보고 이해할 수 있어야 하는데, 그때 필요한 책이 바로 이 책이다.

SK 플래닛 서비스엔지니어링 김기홍

책의 각 장이 끝날 때마다 마치 흥미로운 소설책을 읽는 것처럼 다음 장이 궁금해지는 책이다. 책에서 다루는 8개의 목차가 하나의 빅데이터 구축 스토리로 연결됐고, 마지막 8장이 끝날 무렵 내 노트북에는 나만의 빅데이터 도구가 하나 만들어져 있었다. 그리고 나는 다시 이 도구로 나만의 빅데이터 구축 스토리를 만들어 가고 있다.

쿠팡 Shipment Authority Technology Tribe 김성희

미래 지향적인 혁신 기술로 이른바 ABC라는 기술이 있다. ABC는 Artificial Intelligence, Big data/Block chain, Cloud Computing을 축약한 키워드로서 다양한 분야에서 이머징 테크로 불리는 4차 산업혁명의 핵심 기술들이다. 시장을 선도하는 조직들의 IT 인프라를 들여다 보면 이 ABC 기술을 기존 서비스와 결합해 수익 창출, 비용 절감, 위기 관리 등에서 혁신을 만들어 왔다. 이를 잘 활용하는 개인, 기업, 국가의 경쟁력은 점점 강력해지며 기회의 땅도 커지고 있지만, 그렇지 못한 이들에게는 위협이 되고 있다. 여기에 더해 관련 기술 장벽이 이미 높고 넓게 형성돼 있어 이를 넘기 위해서는 엄청난 시간과 비용을 지불해야만 한다.

이 책은 빅데이터와 AI의 기술장벽을 넘기 위한 하나의 훈련 도구로 사용되길 바라면서 시작했다. 특히 대규모 하드웨어에서 동작하는 복잡한 분산 소프트웨어와 분석 기법이 만들어낸 빅데이터 기술에 좀 더 비중을 뒀다. 전문 개발자가 아니어도 약간의 소프트웨어 지식만으로 빅데이터의 A~Z를 구성하는 기술들을 구현하고 AI로 가치를 창출하는 최종 단계까지 다뤘다. 빅데이터 시스템을 구축하는 데 필요한 실무 요건들을 도출하고, 이를 해결하기 위한 빅데이터의 수집, 적재, 처리, 분석 아키텍처와 10여 가지 핵심 기술 요소들을 설명하는 방식으로 독자들이 빅데이터를 더욱 쉽게 이해할 수 있게 돕는다. 이어서 파일럿 프로젝트를 진행하는 전 단계를 실습을 통해 직접 따라 해 봄으로써 빅데이터 기술을 이해하는 것을 넘어 실전과 같은 활용 능력을 직접 몸소 익히며 강력한 빅데이터 기술과 분석을 경험한다. 이 책을 통해 이제 막 빅데이터 분야에 뛰어든 IT 전문가들이 빅데이터의 숲과 나무를 동시에 볼 수 있는 통찰력을 키울 수 있길 바란다.

마지막으로 세상에서 가장 존경하는 나의 어머님께 감사하며,
이 책은 사랑하는 나의 가족 현정, 예원, 예성과 함께 만들었다.

2020년 어느 봄날
김강원

03 장

빅데이터
수집

$05_{장}$

빅데이터 적재 II
– 실시간 로그
/분석 적재

08 장

분석 환경 확장

01
빅데이터 이해하기

1.1 빅데이터의 개념

- "AI 알파고가 이세돌 9단과의 대국에서 이겼다."
- "구글의 무인 자동차가 300만Km 주행에 성공했다."
- "미국의 어떠한 언론도 트럼프의 대선 승리를 예측하지 못했다."

2016년 전 세계인의 주목을 끌었던 뉴스다. 그리고 이 뉴스에는 빅데이터가 있었다. 알파고는 이세돌 9단과의 경기를 위해 4주 동안 딥러닝으로 400만 번의 경기를 반복했고, 구글의 무인 자동차는 초당 1GB 규모로 발생하는 센서 데이터를 분석하며 무인 주행에 성공했다. 미국 대선에서는 빅데이터만이 트럼프의 승리를 예측하고 있었다.

스마트기기, SNS, 사물 인터넷의 확산으로 시작된 빅데이터가 현대인의 라이프사이클에 직간접적으로 큰 영향을 주면서 중요한 사회적 현상에 빅데이터가 빠지지 않고 등장하고 있다. 이는 불과 몇 년 전 많은 전문가들이 예견했던 빅데이터의 세상이 된 것이고, AI 시대를 맞아 빅데이터가 인공지능에 생명력을 불어넣는 중요한 역할을 하게 됐다.

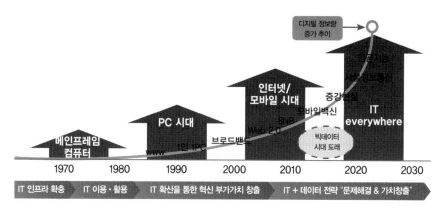

그림 1.1 IT 발전에 따른 패러다임의 변화[1]

2010년 인터넷/모바일 시대를 기점으로 데이터의 양이 폭발적으로 증가했고, 2016년부터는 사람, 사물, 정보가 하나로 연결되는 초연결의 시대, 즉 4차 산업혁명이 시작됐다. 4차 산업혁명은 인공지능, 사물인터넷, 무인자동차, 로봇산업 등으로 메인스트림이 만들어지는데, 이때 필요한 핵심 기반 기술로 모두 빅데이터를 주목하고 있다.

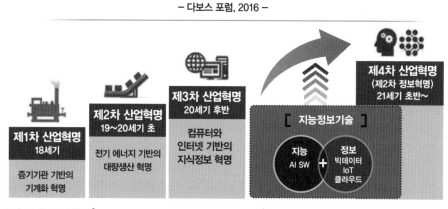

그림 1.2 제4차 산업혁명[2]

1   출처: 한국정보화진흥원, 2013
2   출처: ZDNet Korea(http://m.zdnet.co.kr/news_view.asp?article_id=20160712173539)

최근 2년 동안 발생한 데이터가 전 세계 데이터의 80%를 차지한다고 하며, 향후 지구상에서 발생하는 데이터의 양은 2020년까지 35,000엑사바이트(1엑사바이트는 DVD 2,500억 개 분량) 수준까지 증가할 것으로 보인다. 이 가운데 80%가 빅데이터 분석이 필요한 비정형 데이터(SNS, IoT, 이미지, 음성, 비디오)로 만들어질 것으로 예상하고 있다.

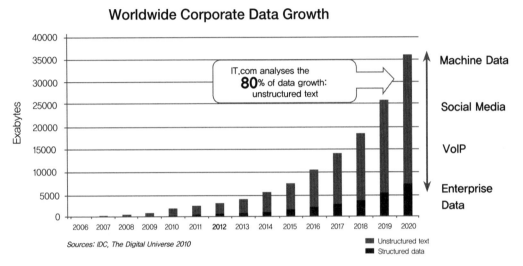

그림 1.3 전 세계 데이터의 예상 증가 추이

빅데이터의 시대는 데이터를 단순 정보로만 보지 않는다. 과거로부터 현재까지 쌓인 데이터를 분석해 현재를 이해하고 이 정보에서 만들어지는 다양한 패턴들을 해석하며 미래를 예측하기 시작한 것이다. 이를 통해 조직의 중요한 의사결정에 빅데이터가 활용되면서 빅데이터가 단순히 대규모의 데이터 집합에서 기술, 분석, 통찰력(insight)까지 총칭하는 용어로 사용되고 있다. 다음은 지금까지 여러 전문 분야에서 발표한 빅데이터 정의다.

- "빅데이터는 통상적으로 사용되는 데이터 수집 및 관리, 처리와 관련된 소프트웨어의 수용 한계를 넘어서는 크기의 데이터를 말하며, 빅데이터의 규모는 단일 데이터 집합의 크기가 수십 테라바이트에서 수 페타바이트에 이르며, 그 크기가 끊임없이 변화하는 것이 특징이다."

  — 위키피디아

- "일반적인 데이터베이스 소프트웨어로 저장/관리/분석할 수 있는 범위를 초과하는 규모의 데이터"

  — 맥킨지

- "대용량 데이터를 활용/분석해서 가치 있는 정보를 추출하고, 생성된 지식을 바탕으로 능동적으로 대응하거나 변화를 예측하기 위한 정보화 기술"

    – 국가정보화전략위원회

- "단순한 데이터의 크기가 아니라 데이터의 형식과 처리 속도 등을 함께 아우르는 개념으로, 기존 방법으로는 데이터의 수집, 저장, 검색, 분석 등이 어려운 데이터를 총칭해서 일컫는 용어"

    – ITWorld, 2012

2011년 메타그룹(현 가트너)의 애널리스트인 더그 레이니(Doug Laney)는 다소 혼란스러운 빅데이터의 정의를 3V라는 표현으로 매우 명확하게 정리했는데, 이는 데이터의 크기(Volume), 데이터 입출력 속도(Velocity), 데이터 종류의 다양성(Variety)이라는 세 개의 차원으로 빅데이터를 정의한 것이다.

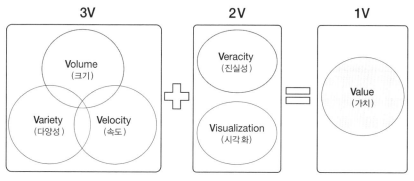

그림 1.4 빅데이터의 정의: 6V

이후 IBM이 진실성(Veracity)이라는 요소를 더해 4V를 정의했고, 이후에 시각화(Visualization)와 가치(Value)가 추가로 정의되면서 6V까지 확장됐다.

- **크기**(Volume): 방대한 양의 데이터(테라, 페타바이트 이상의 크기)
- **다양성**(Variety): 정형(DBMS, 전문 등) + 비정형(SNS, 동영상, 사진, 음성, 텍스트 등)
- **속도**(Velocity): 실시간으로 생산되며, 빠른 속도로 데이터를 처리/분석
- **진실성**(Veracity): 주요 의사결정을 위해 데이터의 품질과 신뢰성 확보
- **시각화**(Visualization): 복잡한 대규모 데이터를 시각적으로 표현
- **가치**(Value): 비즈니스 효익을 실현하기 위해 궁극적인 가치를 창출

6V를 통해 빅데이터를 다음과 같이 정의할 수 있다.

> "지구상에선 지금 이 순간에도 방대한 크기(Volume)의 다양한(Variety) 데이터들이 빠른 속도 (Velocity)로 발생하고 있다. 빅데이터는 3V(Volume, Variety, Velocity)를 수용하며, 데이터 의 진실성(Veracity)을 확보하고, 분석 데이터를 시각화(Visualization)함으로써 새로운 효익 을 가져다 줄 가치(Value)를 창출하는 것이다."

1.2 빅데이터의 목적

빅데이터 시대를 맞아 수많은 기업과 기관들이 빅데이터 시스템을 앞다투어 도입했다. 이후로 많은 시간이 지났고, 새로운 이머징 기술과 시장의 변화 속에서 빅데이터 기술도 빠르게 진화 중이다. 그 리고 이러한 변화를 두려워하지 않고 새로운 빅데이터 기술을 적극 활용해 빅데이터의 가치를 발견 하고 있는 조직만이 빅데이터 성공 스토리를 만들어내고 있으며, 반대로 이 같은 변화를 두려워하는 조직은 빅데이터의 규모와 기술, 비용 등의 부담스러운 측면만 토로하고 있다. 그래서 빅데이터의 최초 도입 및 재구축 시 빅데이터 시스템의 구축 목적을 확실히 짚고 넘어가야 하고, 이 목적을 달성 하기 위한 필요충분 조건들을 아래 그림에서 설명하고 있다.

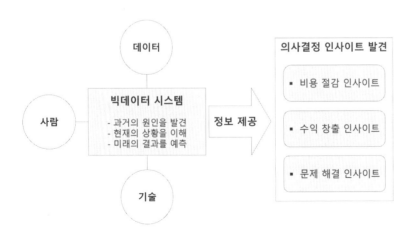

그림 1.5 빅데이터 시스템의 도입 목적

성공적인 빅데이터 시스템의 구축과 운영을 위해 반드시 갖춰야 할 세 가지 요소로 사람, 기술, 데이터가 있다. 이 가운데 가장 중요하면서 기본적인 요소는 데이터이고, 데이터를 처리하는 기술과 이러한 기술을 다루는 사람이 필요하다. 이후 인사이트를 발견하며 비용 절감, 수익 창출, 문제 해결이라는 빅데이터의 최종 목적을 달성하게 된다. 여기서 주의할 점은 빅데이터 기술의 장벽이 매우 높다는 문제인데, 이를 해결하기 위해 자칫 목적보다 기술을 우선시하는 상황이 발생하지 않도록 주의해야 한다.

Tip _ 빅데이터 인사이트의 이해

빅데이터 인사이트(통찰력)에는 세 가지 유형이 있다.

그림 1.6 빅데이터 인사이트

첫 번째 현상 이해에서는 대규모 데이터로부터 통계량을 추출해 과거에 발생한 일에 대한 이해와 원인을 파악하고, 두 번째 현상 발견에서는 지금까지 알지 못했던 데이터 패턴들을 발견하고 해석해 무슨 일이 새롭게 일어났는지를 알아낸다. 세 번째 현상 예측에서는 이해와 발견을 기반으로 예측 모형(모델)을 만들고, 현재 발생하고 있는 데이터를 모형에 입력해 미래에 발생할 현상을 예측하게 된다. 보통 빅데이터 시스템을 도입한 후 현상 이해를 시작으로 발견과 예측의 인사이트 단계로 발전해 나간다. 특히 현상 예측은 머신러닝(딥러닝) 같은 고급 분석 기술을 이용해 예측 모델을 만들어 업무 시스템에 적용해 최적화까지 진행하는 단계로서 빅데이터에 대한 거버넌스와 함께 높은 기술 수준까지 요구된다.

표 1.1 빅데이터 인사이트의 이해

이해 인사이트	발견 인사이트	예측 인사이트
· 시계열별 회원 가입 추이	· 고객이 증가/감소한 원인은?	· 상품 가입/이탈할 고객은?
· 고객별 서비스 평균 이용 시간	· 매출이 증가/감소한 원인은?	· 부도 위험이 있는 고객은?
· 서비스 유입 또는 이용 경로	· VOC가 증가/감소한 원인은?	· 부정거래 가망 고객은?
· 신규 상품 및 서비스 관심도	· 회원/상품 가입 중 바운스 발생 원인은?	· 라이프스테이지별 고객 유형은?
· 상품 및 서비스 휴면/해지율	· 부정적 평판 점수가 높아진 원인은?	· 상품 구매력이 높은 고객은?

1.3 빅데이터 활용

빅데이터의 목적인 비용 절감, 수익 창출, 문제 해결을 위해서는 빅데이터를 어떻게 활용해야 할까?

빅데이터는 다양한 업계에서 아래의 3개 영역에 공통으로 활용된다.

- 상품/서비스 – 빅데이터를 상품/서비스 개발 및 개선에 활용
- 마케팅 지원 – 빅데이터를 대규모 고객 및 시장 분석에 활용
- 리스크 관리 – 빅데이터를 리스크 검출 및 예측 분석에 활용

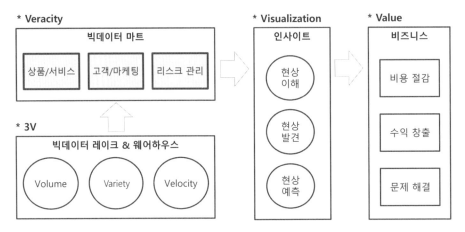

그림 1.7 3v 관점의 빅데이터 활용 방안

그림 1.7을 보면 기존 기술로는 다룰 수 없었던 3V 데이터를 빅데이터 레이크에 저장하고, 이를 다시 진실성을 담은 빅데이터의 3대 활용 마트로 구성한다. 분석가들은 결국 이 빅데이터 마트를 활용해 인사이트를 얻고 가치 창출까지 진행하게 된다.

최근에는 AI의 중요도와 규모가 커지면서 초기 빅데이터의 분석 영역에 포함됐던 머신러닝/딥러닝 환경을 그림 1.8처럼 빅데이터와 분리된 독립적인 환경으로 구축하고 있다. 이로써 빅데이터 시스템은 AI 시스템에 학습 데이터를 제공하는 역할을 하며, 그전에 AI에 필요한 대용량 데이터를 저장/탐색/가공/전처리해서 AI 데이터 마트를 구성하는 역할도 빅데이터 시스템이 맡고 있다.

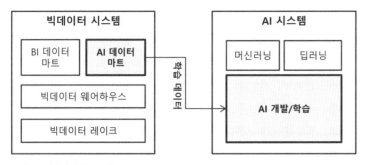

그림 1.8 빅데이터와 AI 구성

Tip _ 빅데이터에 대한 오해

빅데이터 프로젝트를 진행할 때 가장 어려운 점 중 하나는 빅데이터를 처음 접하는 사용자들이 빅데이터 시스템을 전통적인 RDBMS처럼 생각한다는 것이다. 특히 RDBMS의 높은 정합성과 트랜잭션 처리 기능을 빅데이터 시스템에 요구함으로써 정작 빅데이터의 핵심 기능에 집중하지 못하는 경우를 볼 수 있다.

빅데이터는 과거의 대규모 데이터로부터 원인을 찾고, 현상을 이해하며, 미래를 예측하는 데 활용해야 한다. 이는 곧 데이터에서 패턴과 트렌드를 발견하고 목적에 맞춰 해석하는 행위인데, 이때 일부 데이터의 문제가 발생했더라도 사람(또는 시스템)이 데이터를 해석하는 결과가 크게 달라지지 않는 큰 수의 법칙이 적용된다. 대규모 데이터 처리 과정에서 일부 데이터의 중복이나 유실이 발생했고, 이것이 분석 결과에 큰 영향을 주지 않을 수준이라면 우선 소기의 목적을 달성한 뒤 데이터 정합성이 지켜질 수 있도록 후속 조치를 취하면 된다. 현재 빅데이터 생태계에서는 데이터를 안정적으로 수집/적재/처리하기 위한 다양한 기술이 매우 빠르게 발전해 가고 있으며, 이 책의 2장부터 이와 관련된 기술을 하나씩 알아보겠다.

1.4 빅데이터 프로젝트

빅데이터 프로젝트는 크게 다음과 같은 세 가지 유형으로 나눌 수 있다.

- 플랫폼 구축형 프로젝트
- 빅데이터 분석 프로젝트
- 빅데이터 운영 프로젝트

첫 번째로 플랫폼 구축 프로젝트는 전형적인 빅데이터 SI(System Integration) 구축형 사업이다. 빅데이터의 하드웨어와 소프트웨어를 설치 및 구성하고 빅데이터의 기본 프로세스인 수집 → 적재 → 처리 → 탐색 → 분석의 기능을 구성한다. 구축 기간은 규모와 요건에 따라 차이가 있지만 보통

3~6개월 정도가 소요되고, 이중 상당한 리소스가 내/외부 데이터 수집/적재에 사용된다. 또한 수년 간 백업돼 있는 데이터의 마이그레이션과 주변 업무 시스템에서 발생하는 데이터의 양과 속성에 따라 프로젝트 기간이 크게 늘어나기도 한다. 빅데이터 플랫폼이 완성되고 데이터가 수집되기 시작하면 간단한 기술통계와 지표를 추출하기 위한 작업에 들어가며, 실험적으로 고급분석(데이터마이닝, 머신러닝 등) 영역까지 진행하기도 한다.

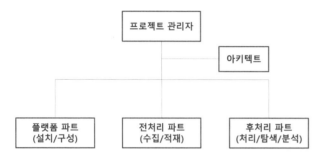

그림 1.9 빅데이터 프로젝트 조직 1 – 플랫폼 구축형

플랫폼 구축 프로젝트 조직은 크게 세 개의 파트로 나누며 각 파트마다 3~5명 정도를 배치하는데, 프로젝트의 규모, 비용, 구축 범위에 따라 그 이상이 투입되기도 한다. PM(Project Manager)은 관리형 PM보다는 기술형 PM이 적합한데, 그 이유는 플랫폼 구축 시 대규모 인프라와 복잡한 아키텍처로 기술적 이슈가 빈번히 발생하고 그때마다 기술형 PM의 빠른 의사결정이 필요하기 때문이다. 각 파트의 역할에 대해서는 2장부터 진행할 파일럿 프로젝트를 통해 하나씩 알아보겠다.

두 번째로 빅데이터 분석 프로젝트는 플랫폼 구축 완료 후 6~12개월 정도 데이터를 모으면서 데이터에 대한 이해가 높아지기 시작할 때 진행한다. 분석 프로젝트의 경우 1~3개월로 짧게 수행하는데, 보통은 조직의 가치사슬 중 대규모 빅데이터 분석이 필요한 시점에 추진하면 효과적이다. 관련한 분석 프로젝트의 주제영역을 크게 세 가지로 분류할 수 있다.

- 마케팅 분석 영역
- 상품/서비스 분석 영역
- 리스크 분석 영역

마케팅 분석 영역은 주로 고객 분석을 통해 차별화된 맞춤 전략을 수립하는 데 활용되는 영역이며, 상품/서비스 분석 영역은 신규 BM을 개발할 때 다양한 상품/서비스의 속성(가격, 디자인, 타겟팅, 출시일 등)을 결정하는 데 활용되는 영역이다. 마지막으로 리스크 분석 영역은 기업을 운영할 때 매우 다양한 내·외부 리스크가 존재하는데 이러한 리스크를 사전에 예방 및 예측하는 데 활용되는 영역이다. 예를 들어, 주가나 환율을 예측하고, 경쟁사 또는 당사의 평판을 파악하며, 고객의 이탈, 이상거래, 내부 직원의 부정행위 등 매우 다양한 분야에서 활용된다.

빅데이터 분석 프로젝트를 진행할 때는 몇 가지 어려움이 있다. 먼저 분석 프로젝트가 현업(업무담당자)의 참여 없이 IT가 중심이 되어 진행되는 경우로서 빅데이터의 분석과 활용이 전혀 고려 되지 못하는 것이다. 정해진 바는 없지만 업무부서와 IT부서가 50:50의 비율로 참여해 업무와 기술이 조화를 이루도록 역할을 구성하는 것이 매우 중요하다. 또하나의 어려움은 빅데이터 분석 프로젝트를 통해 빠른 성과를 기대하는 성급함이다. 빅데이터 분석은 장기간에 걸쳐 많은 실패와 경험이 축적됐을 때 좋은 성과를 만들어낼 수 있다. 그러므로 빅데이터 초기 단계에서 무리한 성과 중심의 분석작업을 진행하기보다는 데이터의 양과 품질을 단계적으로 높여가며 정보의 탐색과 발견에 집중하는 것이 좋다. 이후 빅데이터에 대한 이해와 분석 기술이 성숙 해졌을때 분석 프로젝트는 성공 할 수 있게 된다.

그림 1.10 빅데이터 프로젝트 조직 2 – 분석

그림 1.10의 분석 프로젝트 조직은 관련 업무지식이 풍부한 비즈니스 전문가와 실제 빅데이터 분석을 수행하고 분석 모형을 개발하는 데이터 분석가, 데이터의 추가 수집과 전처리 기술력을 가진 데이터 엔지니어링 전문가로 구성된다.

마지막 세번째로 빅데이터 운영 프로젝트는, 완성된 빅데이터 시스템을 중장기적으로 유지 관리하는 프로젝트로, 기존의 다른 운영 시스템들과 비교시 상당한 노력과 운영비용이 발생한다. 빅데이터를 잘하려면 기술과 비지니스 분야에서 전문가 그룹이 반드시 필요한데, 이를 내재화 하지 않고 일련의 시스템처럼 외주 또는 ITO(IT Outsourcing)에 의존시 곧바로 한계에 부딪치게 된다. 빅데이터 시스템은 다양한 하드웨어와 수십여종의 오픈소스 소프트웨어로 구성된 대규모 분산플랫폼으로 매일 다양한 기술적 이슈와 장애 발생을 인정 해야 하며, 이를 해결하기 위한 H/W, S/W 업그레이드 및 패치 작업이 매우 빈번하다. 또한 빅데이터 생태계의 기술들이 매우 빠르게 진화하고 있으며, 이 기술을 기반으로 혁신적인 서비스와 비지니스 모델들이 계속 출현하고 있다. 이를 선제적으로 대응하거나 적기에 지원 하기위한 전문가 그룹(플랫폼, 데이터분석, 업무 등)이 반드시 운영조직내에 있어야만 하는 것이다. 문제는 이러한 빅데이터 전문가 그룹을 외주에서 소싱 하는건 현실적으로 불가능 하며, 내부 인력으로 구성 하는것 조차 쉬운일이 아니다. 이를 극복하기 위해선 빅데이터 조직을 전사 거버넌스가 가능한 수직화(그림 1.11 우측 조직도)된 조직으로 구성하고, 도입 초기부터 조직내에 빅데이터의 플랫폼 기술력과 분석 역량을 내재화 하는 방안을 단계적으로 마련하는 것이 매우 중요하다. 실제 빅데이터를 잘 활용하는 기업은 SI 및 S/W 전문 기업이 아니라 대규모 서비스를 자체 기술력으로 운영하는 기업(구글, 페이스북, 트위터, 네이버, 카카오 등)이고, 빅데이터의 수많은 핵심 기술이 이 같은 서비스 기업으로부터 개발되어 발전해 왔다.

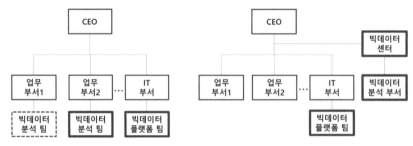

그림 1.11 빅데이터 프로젝트 조직 3 – 운영 및 관리

Tip _ 빅데이터 조직 구성의 어려움

앞서 언급한 대로 빅데이터를 도입하게 되면 어느 정도 규모 있는 운영조직이 필요하게 되며, 비용과 과정에 있어 어려운 현안들이 존재한다. 일반적으로 신설된 빅데이터 부서에는 데이터 관리/분석이라는 두리뭉실한 KPI(Key Performance Indicators)가 부여된다. 하지만 대부분의 조직에서는 수년간 이와 유사한 업무를 해온 부서들이 존재하고 있어, 주변으로부터 많은 오해와 도전을 받게 된다. 이를 극복하는 것이 신설된 빅데이터 조직 본연의 일보다 더 중요해지는 어려움이 있다. 또한 빅데이터 전문가 그룹을 구성하기 위한 채용 절차와 비용도 적지 않은 부담이 된다. 경영진들은 이러한 고민들을 하다 해결책으로서, 빅데이터 분석은 빅데이터에 조금이나마 관심을 보였던 여느 업무부서에게, 빅데이터 시스템은 기존의 IT 관련 부서 또는 아웃소싱 업체가 맡게 된다. 결국 주요 빅데이터 이슈가 발생하면 서로가 책임을 떠넘기는 지지부진한 빅데이터 조직이 대부분 만들어지고 만다.

빅데이터 조직이 성공적으로 자리 잡기 위해서는, 빅데이터 도입 단계부터 전사적인 데이터 거버넌스 체계와 이를 이행하기 위해 조직 문화에 걸맞는 수평/수직적인 조직 구성안이 수립돼야 하며, 이 빅데이터 조직은 경영진의 절대적인 지지를 받으면서 빅데이터를 활용해 변화와 혁신을 주도할 수 있어야 한다.

1.5 빅데이터 기술의 변화

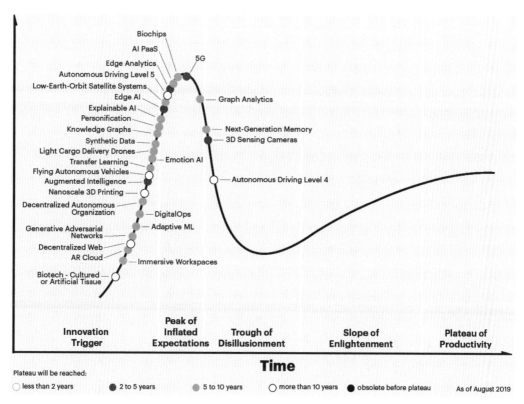

그림 1.12 가트너의 2019년 이머징 기술 하이프 사이클[3]

초기 빅데이터 기술은 낮은 비용의 스토리지를 구축하기 위한 솔루션으로 인식됐다. 하지만 빅데이터가 기존 RDBMS의 기술적 한계로 수행하지 못했던 대규모 작업들을 저비용 고효율로 완수하기 시작했다. 이어서 머신러닝, 텍스트 마이닝 등 고급 분석을 통해 금융, 의료, 방송, 제조, 통신 등 다양한 산업 분야에 깊숙이 관여하며 가치를 만들어 내자 빅데이터 기술을 단순 스토리지 기술이 아닌 이머징 기술로 주목하기 시작했다. 하지만 그림 1.12의 2019년 가트너 하이프 사이클(Hype Cycle)을 보면 이제 빅데이터는 이머징 기술에서 제외됐다. 빅데이터는 지난 2015년을 기점으로 빠르게 각성기(Trough of Disillusionment)에 진입했는데, 이 당시 빅데이터의 거품이 빠지고 시장에서는 메인 플레이어만이 살아남고 잠재적 플레이어가 새롭게 등장하는 단계로 빠르게 이동했고, 이후 새로운 이미징 기술들의 제반 기술로 자리 잡았음을 시사한다.

---

3 출처: Gartner, 2019

빅데이터 기술의 변화를 살펴보면 초기에는 대용량 저장소와 배치 처리 기술에 집중됐고, 이후 실시간 처리 및 온라인 분석 기술들이 빠르게 개발됐다. 최근 들어서는 데이터 마이닝 및 AI의 고급 분석을 위한 전처리와 분석 마트를 구성하는 기술에 집중되는 모습도 보이고 있다.

그림 1.13 빅데이터 기술의 변화

빅데이터 기술의 변화를 표 1.2의 아키텍처 관점에서 보면 인프라스트럭처, 소프트웨어 플랫폼, IT 서비스의 3가지 영역으로 나눠서 설명할 수 있다. 먼저 빅데이터의 인프라스트럭처 기술은 하드웨어 영역으로 저비용의 x86 장비를 대규모(수집~수천 대)로 구성해 선형적 확장으로 설계하는 특징이 있는데, 빅데이터 기술의 발전 시점과 저가의 x86 장비의 출현 시점이 맞아떨어지면서 더욱 가속화됐다. 두 번째로 소프트웨어 플랫폼은 빅데이터 기술의 핵심이라 볼 수 있는 하둡을 기반으로 오픈소스 생태계가 만들어졌는데, 가능성을 본 글로벌 기업들이 빅데이터 생태계를 적극 지원하고 참여하면서 기술 생태계가 급속도로 발전했고, AI로까지 확대되고 있다. 세 번째로 IT 서비스는 시간이 지남에 따라 빅데이터의 기술적/비즈니스적 기대 수준이 커졌고 빅데이터의 구축 기술뿐 아니라 컨설팅, 유지보수, 교육, 데이터 서비스 등의 다양한 응용 기술 분야로 확대 발전했다.

표 1.2 빅데이터 전문 기술 영역

빅데이터 전문 영역		설 명	국내외 사업자
인프라스트럭처	서버	• x86급의 CPU, 메모리, 디스크 등을 장착한 서버	HP
		• 리눅스 운영체제가 설치된 서버(RedHat, CentOS 등)	IBM
	네트워크	• 대규모 빅데이터 서버 및 스토리지 지원을 위한 대용량(10G) 네트워크	Cisco
	스토리지	• 대규모 데이터를 저장하기 위한 내외부 스토리지 장치	Dell
			RedHat 등
소프트웨어 플랫폼		• 빅데이터의 전방위 기술을 포괄하는 스택 구성 (순수 오픈소스 스택 또는 기업 배포판 스택)	Cloudera
		• 빅데이터 수집/적재/처리/분석 등의 지원 솔루션	MapR
		• 빅데이터 시스템 관리 및 모니터링 툴 제공	HortonWorks
		• 빅데이터 + AI 플랫폼 확장	KT넥스알
			그루터
			클라우다인 등

IT 서비스	• 빅데이터 컨설팅 및 구축 이행 • 빅데이터 전문 운영 및 유지보수 • 빅데이터 데이터/분석 서비스 • 빅데이터 교육센터 운영 및 인력 양성	KT DS LG CNS 삼성 SDS SK C&C 다음소프트 등

빅데이터 기술들은 거대한 오픈소스 소프트웨어 생태계로 만들어져 있지만 글로벌 기업들의 과감한 투자와 미케팅으로 상업화가 빠르게 진행됐다. 그림 1.14를 보면 클라우데라(Cloudera), 호튼웍스 (HortonWorks), 맵알(MapR)이 빅데이터 글로벌 BIG3 업체로 포지셔닝하고 있으며, 전 세계 빅 데이터 시장의 주도권과 기술 표준을 선점하기 위해 치열한 경쟁을 벌이고 있다. 다른 한편에선 빅 데이터 이전부터 활동해 왔던 Vertica, Oracle, Splunk 등과 같은 글로벌 기업들이 전통적인 대용 량 처리 기술과 빅데이터 기술을 결합한 상용 솔루션을 개발해 기존 데이터베이스 시장에 선제적으 로 대응한 상태다.

Share of voice: Mar - Aug 2014

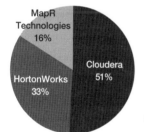

출처: http://apolloresearch.com/hadoop—media—landscape/

그림 1.14 2014년 빅데이터 기술 점유율

빅데이터 기술의 핵심에는 하둡이라는 소프트웨어가 있다. 지난 2005년 하둡이 세상에 처음 알려 지면서 빅데이터 기술들이 끊임없이 진화했고, 지금의 빅데이터 시장을 탄탄하게 받쳐주고 있는 소 프트웨어 기술을 하둡이라 해도 과언이 아니다. 결국 이 하둡 기술을 주도하는 조직이 전 세계 빅데 이터 기술과 시장을 주도하는 조직이 되는 것이다. 현재 빅3(Cloudera, HortonWorks, MapR) 업 체들도 이 하둡 기술을 중심으로 각자의 빅데이터 소프트웨어 스택을 개발하고 공개하면서 빅데이 터 생태계에 절대적인 영향력을 행사하고 있다.

1.6 빅데이터 구현 기술

빅데이터 아키텍처는 역할별로 수집, 적재, 처리 및 탐색, 분석 및 응용이라는 6개의 레이어로 나눌 수 있고, 각 단계별 주요 기술은 그림 1.15와 같다.

그림 1.15 빅데이터 아키텍처의 레이어 및 역할

구축 순서도 통상 수집 → 적재 → 처리 및 탐색 → 분석 및 응용 순으로 진행되며, 이 가운데 3번째 (처리 및 탐색)와 4번째(분석 및 응용) 단계는 필요 시 반복 진행하면서 데이터의 품질과 분석 수준을 향상시킨다.

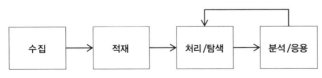

그림 1.16 빅데이터 구축 단계

빅데이터 아키텍처의 요소 기술들은 적게는 10개에서 많게는 20여 개 정도 되고, 발생하는 데이터의 6V(Volume, Variety, Velocity, Veracity, Visualization, Value) 요건과 중요도에 따라 최적화된 아키텍처를 구성하게 된다. 이 책에서는 17가지 요소 기술을 사용하며, 모두 하둡 생태계의 오픈소스 프로젝트를 활용할 것이다. 그럼 각 단계별 주요 기술과 관련된 기능과 역할을 하나씩 알아보자.

수집 기술

빅데이터의 수집 기술은 조직의 내외부에 있는 다양한 시스템으로부터 원천 데이터를 효과적으로 수집하는 기술이다. 빅데이터 수집에는 기존의 수집 시스템(EAI, ETL, ESB 등)에서 다뤘던 데이터보다 더 크고 다양한 형식의 데이터를 빠르게 처리해야 하는 기능이 필요한데, 이 때문에 빅데이터 수집 아키텍처는 선형 확장이 가능하면서 분산 처리가 가능한 형태로 구성한다.

그림 1.17 빅데이터 구축 단계 – 수집 기술

빅데이터 수집기는 원천 시스템의 다양한 인터페이스 유형(데이터베이스, 파일, API, 메시지 등)과 연결되어 정형 또는 비정형 데이터를 대용량으로 수집한다. 특히 외부 데이터(SNS, 블로그, 포털 등)를 수집할 때는 크롤링, NLP 등 비정형 처리를 위한 기술이 선택적으로 적용된다. 수집 처리에는 대용량 파일 수집과 실시간 스트림 수집으로 나눌 수 있는데, 실시간 수집의 경우 CEP(Complex Event Processing), ESP(Event Stream Processing) 기술이 적용되어 수집 중인 데이터로부터 이벤트를 감지해 빠른 후속 처리를 수행한다. 수집된 데이터는 필요 시 정제, 변환, 필터링 등의 작업을 추가로 진행해 데이터의 품질을 향상시킨 후 빅데이터 저장소에 적재한다.

표 1.3 6V 관점의 빅데이터 수집 기술

6V	수집 기술	중요성
Volume	대용량 데이터(테라바이트 이상) 수집 대규모 메시지(1,000TPS 이상) 수집	상
Variety	정형/반정형/비정형 데이터 수집 예) Log, RSS, XML, 파일, DB, HTML, 음성, 사진, 동영상 등	상
Velocity	실시간 스트림 데이터 수집	상

6V	수집 기술	중요성
Veracity	N/A	하
Visualization	N/A	하
Value	N/A	하

빅데이터 수집 기술은 6V 관점에서 데이터의 크기, 다양성, 생성 속도를 효과적으로 처리하는 기능에 집중하며, 데이터의 진실성, 시각화, 가치는 적재 이후에 활용되므로 수집 단계에선 중요성이 낮은 편이다. 빅데이터 수집 관련 소프트웨어로는 Flume, Fluented, Scribe, Logstash, Chukwa, NiFi, Embulk 등이 있는데, 이 책의 파일럿 프로젝트에서는 플럼(Flume)을 사용한다. 또한 실시간 스트림 데이터 처리를 위해 스톰(Storm)과 에스퍼(Esper)도 사용한다.

적재 기술

빅데이터 적재 기술은 수집한 데이터를 분산 스토리지에 영구 또는 임시로 적재하는 기술이다. 빅데이터의 분산 저장소로는 크게 4가지 유형이 있다. 첫 번째로 대용량 파일 전체를 영구적으로 저장하기 위한 HDFS(Hadoop Distributed File System), 두 번째로 대규모 메시징 데이터 전체를 영구 저장하기 위한 NoSQL(HBase, MongoDB, Casandra 등), 세 번째로 대규모 메시징 데이터의 일부만 임시 저장하기 위한 인메모리 캐시(Redis, Memcached, Infinispan 등), 네 번째로 대규모 메시징 데이터 전체를 버퍼링 처리하기 위한 Message Oriented Middleware(Kafka, RabbitMQ, ActiveMQ 등)이 있다.

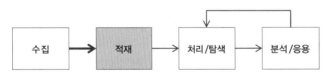

그림 1.18 빅데이터 구축 단계 - 적재 기술

빅데이터 적재 기술은 수집된 데이터의 성격에 따라 적재 저장소를 달리하는데, 대용량 파일의 적재는 주로 HDFS 저장소를 사용하면 되지만 실시간 및 대량으로 발생하는 작은 메시지 데이터를 HDFS에 저장할 경우 파일 수가 기하급수적으로 늘어나 관리노드와 병렬 처리의 효율성이 크게 떨어진다. 이를 보완하기 위해서는 데이터의 성격에 따라 NoSQL, 인메모리 캐시, MoM 등을 선택적으로 사용할 수 있는 아키텍처링이 이뤄져야 한다. 빅데이터가 적재될 때는 추가적인 전처리 작업이 수행되기도 하는데, 다음에 있을 탐색/분석 단계를 위해 비정형(음성, 이미지, 텍스트, 동영상 등)

데이터를 정형 데이터(스키마가 있는 구조)로 가공하거나, 개인정보로 의심되는 데이터를 비식별화 처리하는 작업이 선행된다. 물론 이러한 전처리 작업은 데이터 크기와 비즈니스 요건에 따라 HDFS 에 적재한 후에 수행하는 후처리 작업으로도 할 수 있다.

표 1.4 6V 관점의 빅데이터 적재 기술

6V	적재 기술	중요성
Volume	대용량 데이터(테라바이트 이상) 적재	상
	대규모 메시지(1,000TPS 이상) 적재	
Variety	정형/반정형/비정형 데이터 수집	중
Velocity	실시간 스트림 데이터 적재	상
Veracity	데이터의 품질과 신뢰성을 확보해 적재	상
Visualization	N/A	하
Value	N/A	하

빅데이터 적재 기술은 6V 관점에서 데이터의 크기, 속도, 진실성을 효과적으로 처리해야 한다. 다양성의 경우 원천 데이터를 다양한 형식으로 변환해 적재할 수는 있지만, 데이터의 일관성과 성능 측면에선 오히려 트레이드오프가 발생할 수 있어 주의할 필요가 있다. 시각화 및 가치는 탐색/분석 단계에서 주로 활용되므로 적재 단계에서는 크게 신경 쓰지 않아도 된다. 이 책의 파일럿 프로젝트 에서는 분산 파일시스템으로 하둡을 사용하고, NoSQL 저장소로는 HBase, 분산 캐시 저장소로는 레디스(Redis), 메시징 저장소로는 카프카(Kafka)를 사용해 적재 기술을 구현한다.

처리/탐색 기술

빅데이터 처리/탐색 기술은 대용량 저장소에 적재된 데이터를 분석에 활용하기 위해 데이터를 정형 화 및 정규화하는 기술이다. 데이터를 통해 가치를 발굴하기 위해서는 데이터를 이해하는 것이 선행 돼야 하며, 이 과정에서 적재된 빅데이터를 지속적으로 관찰하는 탐색적 분석과 탐색 결과를 정기적 으로 구조화하는 작업을 수행한다.

그림 1.19 빅데이터 구축 단계 – 처리/탐색 기술

탐색적 분석에는 SQL on Hadoop이 주로 사용되며, 대화형 애드혹(Ad-Hoc) 쿼리로 데이터를 탐색, 선택, 변환, 통합, 축소 등의 작업을 수행한다. 특히 내외부의 정형/비정형 데이터를 결합해 기존에 기술적 한계로 만들지 못했던 새로운 데이터셋을 생성하는 중요한 작업이 진행된다. 또한 정기적으로 발생하는 처리/탐색의 과정들은 워크플로(workflow)로 프로세스화해서 자동화하고, 워크플로 작업이 끝나면 데이터셋들은 특화된 데이터 저장소(Data Warehouse, Mart 등)로 옮겨진다. 이렇게 옮겨진 데이터셋은 측정 가능한 구조로 만들어져 있어 빅데이터 분석을 빠르고 편리하게 해준다.

표 1.5 6V 관점의 빅데이터 처리/탐색 기술

6V	처리/탐색 기술	중요성
Volume	대용량 데이터(테라바이트 이상)에 대한 후처리 및 탐색	상
Variety	N/A	하
Velocity	N/A	하
Veracity	데이터의 품질과 신뢰성을 확보하기 위한 후처리 및 탐색	상
Visualization	후처리된 데이터셋을 시각화해서 탐색	상
Value	N/A	중

빅데이터 처리 및 탐색 기술은 대규모로 적재된 데이터를 대상으로 하므로 크기에 대한 처리 기술이 여전히 중요하다. 또한 데이터 후처리 작업과 정규화 과정을 통해 데이터의 진실성을 확보하고 후처리된 데이터셋을 시각화 툴로 더욱 용이하게 탐색할 수 있다. 이 책의 파일럿 프로젝트에서 사용할 처리/탐색 기술로는 휴(Hue), 하이브(Hive), 스파크(Spark) SQL이 있고, 후처리 작업을 자동화하는 워크플로 작업에는 우지(Oozie)를 사용한다.

분석/응용 기술

빅데이터의 분석 기술은 대규모 데이터로부터 새로운 패턴을 찾고, 그 패턴을 해석해서 통찰력을 확보하기 위한 기술이다. 빅데이터 분석은 활용 영역에 따라 통계, 데이터 마이닝, 텍스트 마이닝, 소셜 미디어 분석, 머신러닝(딥러닝) 등 다양하게 분류된다. 빅데이터 분석/응용은 과거의 데이터로부터 문제의 원인을 찾아 현재를 개선할 뿐 아니라 인간의 힘으로 찾기 어려웠던 패턴들을 빅데이터 분석 기술로 찾아 알고리즘화해서 미래를 예측하는 분석 모델을 만드는 데 기여한다.

그림 1.20 빅데이터 구축 단계 – 분석/응용 기술

빅데이터라는 용어가 사용되기 이전에도 데이터 분석 기술과 도구가 많이 사용되고 있었지만 모바일과 소셜 네트워크 서비스, 그리고 4차 산업혁명 시기에 접어들면서 생산되는 데이터의 양을 기존 분석 기술로 처리하는 데 한계가 발생했다. 하지만 빅데이터 분석 기술은 선형적 확장이 가능했고 대규모 분산 환경을 낮은 비용으로도 구축할 수 있어 기존 분석 기술의 한계점을 극복할 수 있었다. 또한 분산환경 위에서 머신러닝 기술을 구현해 군집(clustering), 분류(classification), 회귀(regression), 추천(recommendation) 등의 고급 분석 영역까지 확장하게 됐다. 이후 파일 기반의 배치 분석보다 수십 배나 빠른, 인메모리 기반의 분석 기술이 빅데이터 생태계에서 빠르게 발전했고 그 활용 범위도 커져가고 있다.

표 1.6 6V 관점의 빅데이터 분석/응용 기술

6V	분석/응용 기술	중요성
Volume	대용량 데이터(테라바이트 이상) 분석	상
Variety	정형/반정형/비정형 등의 다양한 데이터 분석	상
Velocity	인메모리 기반으로 실시간 데이터 분석	상
Veracity	신뢰도 높은 분석 결과를 비즈니스에 적용	상
Visualization	분석 결과 및 창출된 가치를 시각화	상
Value	분석된 결과를 비즈니스에 적용해 가치 창출	상

빅데이터 분석/응용은 6V의 모든 항목이 적용된다. 특히 마지막 가치(Value)는 빅데이터의 구축 사이클(수집, 적재, 처리/탐색, 분석/응용)에서 빅데이터의 최종 목표가 된다. 빅데이터 기술은 5V(Volume, Variety, Velocity, Veracity, Visualization)로 비즈니스에 대한 통찰력을 갖게 되고, 마지막에는 1V(Value)를 창출하는 도구가 되는 것이다. 다음 장부터 진행할 파일럿 프로젝트의 최종 단계에서도 스마트카에서 발생하는 데이터를 이용해 스마트카의 문제점을 찾고 최적화하기 위한 다양한 분석 작업을 진행한다. 분석/응용 기술로는 임팔라(Impala), 제플린(Zeppelin), 머하웃(Mahout), R, 텐서플로(Tensorflow)를 다루며, 스쿱(Sqoop)을 응용해서 외부 RDBMS에 데이터를 제공(Export)한다.

1.7 빅데이터와 보안

빅데이터 시스템도 일반적인 시스템에 적용하는 모든 보안 요소(시스템 보안, 네트워크 보안, 코드 보안, 데이터 보안 등)를 고려해야 한다. 보안은 적용 범위와 기술이 워낙 다양해 시스템의 주요 기능과 상충되는 경우도 많고, 산업 분야와 업무 영역 또는 조직 문화에 따라 보안에 대한 경중이 다르기 때문에 보안 전문가를 통해 프로젝트 시작부터 끝까지 꼼꼼히 챙기지 않으면 심각한 컴플라이언스 이슈로 이어질 수 있다. 이 책의 파일럿 프로젝트에서는 빅데이터 보안 기술을 특별히 다루지는 않지만 다음의 두 가지 사항(데이터 보안, 접근제어 보안)은 일반 시스템과 달리 빅데이터 시스템만의 몇 가지 특징들이 있어 좀 더 알아본다.

데이터 보안

데이터 보안은 한마디로 개인과 기업의 정보 보호를 위한 정책과 기술을 말한다. 그런데 개인정보 보호법은 빅데이터의 발전과 트레이드오프를 이루고 있어 관련 기관들이 서로 대립각을 이루고 있는 상황이다. 빅데이터에서 데이터 보안의 원칙은 "개인 식별이 가능한 어떠한 정보도 수집하지 않는다"다. 개인 식별 정보란 개인을 식별할 수 있는 고유한 정보로서 이름, 직업, 성별, 주민등록번호, 전화번호, 주소, 여권번호, 위치 정보 등 매우 다양할 수 있다. 하지만 이러한 개인 식별 정보를 아예 수집하지 못할 경우 빅데이터 분석 자체가 의미없어지므로 이러한 개인 식별 정보는 다음 그림과 같이 비식별화 처리해 적재한다.

이름	연령대	성별	거주지	직업	전화번호
홍**	20대	남	서울 강남구 신사동 OO	대학생	010-XXXX-1234
김**	30대	여	경기 과천시 중앙동 OO	공무원	010-XXXX-9876
이**	40대	남	부산 중구 광복동 OO	자영업	010-XXXX-6678
...	...	...	...	...	...

그림 1.21 빅데이터 개인정보 비식별화 처리

개인정보 비식별화 기술은 가명처리, 총계처리, 데이터 값 삭제, 범주화, 마스킹 등이 있는데 이는 빅데이터 외에도 기존의 다양한 분야에서 사용하는 비식별화 기술이다. 이렇게 비식별화된 개인정보는 빅데이터에 적재되더라도 개인을 식별하기가 어려워 안전하게 개인의 사생활 정보를 보호할 수 있다. 하지만 이렇게 비식별화된 개인정보를 활용하는 데는 두 가지 이슈가 있다. 첫 번째는 개인정보 재식별화다. 재식별화란 빅데이터에 워낙 많고 다양한 데이터가 존재하다 보니 주변의 다른 데이터와 결합됐을 때 특정 개인의 식별력이 높아지는 경우를 말한다.

이름	연령대	성별	거주지	직업	전화번호	취미	차량모델
홍**	20대	남	서울 강남구 신사동 OO	대학생	010-XXXX-1234	게임	-
김**	30대	여	경기 과천시 중앙동 OO	공무원	010-XXXX-9876	골프	그랜져 2.0
이**	40대	남	부산 중구 광복동 OO	자영업	010-XXXX-6678	수영	카니발 2.5
…	…	…	…	…	…		

그림 1.22 빅데이터 개인정보 재식별화

그림 1.22는 기존의 비식별화된 개인정보에서 취미, 차량모델이 결합된 모습을 보여준다. 빅데이터에서 취미와 차량정보는 개인의 소셜 정보를 분석하거나 외부 도메인에서 개인정보 제공 및 활용 동의 등으로 인해 얼마든지 추가될 수 있다. 문제는 새로 결합된 취미와 차량모델로 인해 기존의 비식별화됐던 개인정보의 식별력이 높아졌다는 것이다. 다시 말해 "이**, 40대, 남성, 부산 중구 광복동 OO, 자영업, 010-XXXX-6678"로는 개인을 식별하기 위한 정보가 너무 포괄적이어서 악의적으로 이용하기가 어려웠지만 취미와 차량모델 정보가 결합되자 "성은 이 씨고, 40대 남성이면서 부산 중구 광복동에 살고, 직업이 자영업인데 카니발을 운전하면서 취미로 수영을 하는 사람"은 실제로 유일할 수 있기 때문에 특정 개인을 식별할 가능성이 매우 높아진 것이다. 하지만 식별력이 높아졌을 뿐 이를 도용해 특정 개인의 프라이버시를 위협할 수 있느냐는 소속된 유관기관과 국가별 법령에 따라 유권해석에서 차이가 있을 수 있으므로 회사 내의 법률팀과 충분히 검토해야 한다. 국내에서는 행정자치부, 미래창조과학부, 방송통신위원회, 법무부, 금융위원회 등에서 공포한 관련 법령이 있으니 참고하기 바란다.

두 번째 이슈는 개인정보 보호로 인해 개인화된 서비스 또는 마케팅이 어려워진다는 것이다. 기업은 개인정보 활용에 동의한 고객을 대상으로 1:1 마케팅, 신용정보 스코어링, 행동이력에 따른 실시간 상품 추천 등을 수행하는데, 빅데이터 시스템은 수시로 변경되는 마케팅 동의 현황을 관리하는 게 어렵고 특정 개인을 타게팅하기 위한 고유키값이 비식별화 처리돼 있어 타깃 분석과 서비스 개발이 쉽지가 않다. 대안으로 마케팅 활용 동의 여부에 대한 정보는 관련 시스템으로부터 최대한 짧은 주기로 수집해 업데이트하고, 개인 식별 문제는 사회적 식별키(이메일, 계좌번호, 전화번호, 주민등록번호, 여권번호, 운전면허번호 등) 대신 고객관리 시스템에서 고유하게 발급하는 대체키(대표키, 고객키로도 불리며 시스템 내에 유니크한 값으로 생성)를 활용해 빅데이터에 적재된 다른 정보와 결합해 사용한다.

대체키	이름	연령대	성별	거주지	직업	전화번호	취미	차량모델
A001	홍**	20대	남	서울 강남구 신사동 OO	대학생	010-XXXX-1234	게임	-
A002	김**	30대	여	경기 과천시 중앙동 OO	공무원	010-XXXX-9876	골프	그랜저 2.0
A003	이**	40대	남	부산 중구 광복동 OO	자영업	010-XXXX-6678	수영	카니발 2.5
...	...	...	...	...	...	...		

그림 1.23 빅데이터 대체키 활용

빅데이터에서는 분석 결과를 이 대체키를 기준으로 제공하고, 마케팅팀, 영업팀, 리스크관리팀 등에서는 엄격한 보안 정책에 따라 이 대체키와 매핑된 개인정보를 조회하고 활용하면서 다양한 비즈니스 활동을 수행하게 된다.

접근제어 보안

현재 빅데이터 시스템의 접근제어(인증, 권한)를 완벽하게 처리하는 데는 많은 어려움이 있다. 분산 환경의 복잡 다양한 빅데이터 오픈소스 소프트웨어를 대상으로 접근 보안 정책을 적용하기 위해서는 오픈소스를 수정하거나 유료 버전을 구입해야 하는 상황이 발생할 수 있기 때문이다. 빅데이터 시스템의 물리적(네트워크) 위치는 대부분 방화벽 안쪽으로 외부 공격이나 불특정 다수의 접근이 원천적으로 불가하며, 데이터는 앞서 설명한 비식별화된 데이터로 저장돼 있어 보통은 저수준의 접근제어 정책을 적용한다. 하지만 일부 금융권 및 민감한 개인정보를 다루는 빅데이터 시스템의 경우 엄격한 접근제어 정책과 보안 준수를 요구하고 있으며, 이를 해결하기 위한 기술로 아파치 녹스(Apache Knox), 아파치 센트리(Apache Sentry), 아파치 레인저(Apache Ranger), 커베로스(Kerberos) 등을 활용할 수 있다.

먼저 아파치 녹스의 경우 네트워크상의 DMZ에 위치시킴으로써 외부 클라이언트가 하둡 에코시스템에 직접 접근하는 것을 막고, 항상 녹스를 거쳐 통신하게 하는 중간 게이트웨이 역할로 주로 사용된다. 이때 들어온 요청에 대한 접근 인증을 LDAP(Lightweight Directory Access Protocol)과 KDC(Key Distribution Center)로 제공받을 수 있다.

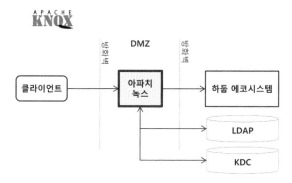

그림 1.24 빅데이터 접근제어 보안 - 아파치 녹스

아파치 센트리는 하둡 파일시스템에 상세한 접근 제어(하둡 파일/디렉터리, 하이브 테이블 등)가 필요할 때 사용된다. 하둡 데이터에 접근하려는 클라이언트는 센트리 에이전트(Sentry Agent)를 반드시 설치해야 하고, 센트리 에이전트가 중앙에 있는 센트리 서버와 통신하면서 접근 권한을 획득하게 된다. 또한 접근 이력을 관리하는 기능이 있어 향후 감사 로그를 편리하게 조회할 수 있다.

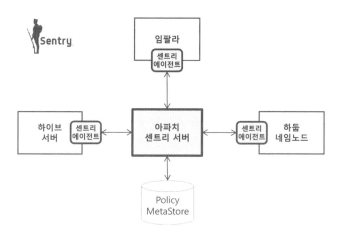

그림 1.25 빅데이터 접근제어 보안 - 아파치 센트리

아파치 레인저는 앞서 설명한 센트리와 유사한 아키텍처와 역할을 가지고 있다. 아파치 레인저는 호튼웍스에서, 센트리는 클라우데라에서 지원하고 있으며, 레인저가 지원하는 에코시스템이 많아 범용성이 좀 더 높은 편이다. 레인저를 사용할 경우 플러그인을 통해 레인저 서버와 통신하게 되고 센트리와 마찬가지로 접근 이력을 관리하는 감사 로그 기능을 제공한다.

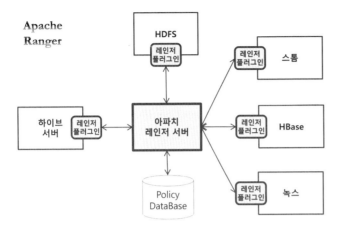

그림 1.26 빅데이터 접근제어 보안 – 아파치 레인저

마지막으로 커베로스는 KDC(Key Distribution Center) 시스템으로 불리며, 빅데이터 외에도 이미 다양한 곳에서 활용되고 있는 범용화된 인증 시스템이다. 커베로스는 크게 AS(Authentication Service)라는 인증 서버와 TGS(Ticket Granting Service)라는 티켓 발행 서버로 구성된다. 하둡 파일시스템에 접근하려는 클라이언트 에코시스템은 AS 인증 서버를 통해 최초 인증을 수행하고 TGS 티켓 발행 서버로부터 하둡 파일시스템에 접근을 허용하는 티켓을 발행받는다. 이후부터는 유효한 티켓만 있으면 하둡 파일시스템에 인증 없이 접근할 수 있다.

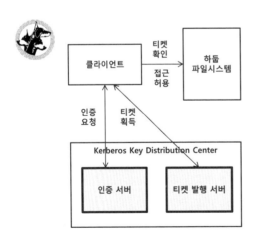

그림 1.27 빅데이터 접근제어 보안 – 커베로스

지금까지 빅데이터의 접근제어 보안에 사용되는 기술을 간단하게 알아봤다. 실제 프로젝트에서는 녹스, 센트리, 레인저, 커버로스 등 구성 시 필요한 인증/권한 정보를 자체적으로 생성하지 않고 기존의 계정/권한 통합 관리 시스템(IAM, EAM, LDAP 등)과 연동 및 동기화 작업을 통해 구축한다.

1.8 마치며

1장에서는 빅데이터의 기본 개념과 주요 기술을 알아봤다. 빅데이터의 국내외 현황을 통해 빅데이터의 중요성과 기술 동향에 대해서도 설명했다. 빅데이터의 사용 기술을 아키텍처 레이어별로 나누어 6V 관점에서 소개했는데, 이와 관련해서 2장부터는 수집 → 적재 → 처리 및 탐색 → 분석 및 응용 단계로 나눠서 빅데이터 파일럿 시스템 구축 프로젝트를 진행한다. 우선 스마트카 도메인에 대한 빅데이터 요건을 정의하고, 1장에서 소개한 기술들을 이용해 독자들이 직접 빅데이터 아키텍처를 구성하고 설치 및 적용해볼 것이다.

02
빅데이터
파일럿 프로젝트

빅데이터 파일럿 프로젝트 소개

1. 파일럿 프로젝트 도메인의 이해

파일럿 프로젝트의 기본 도메인을 이해하고, 이와 관련된 빅데이터 요구사항을 도출 및 분석한다.

2. 빅데이터 파일럿 아키텍처 이해

스마트카의 빅데이터 분석을 위한 소프트웨어/하드웨어 아키텍처를 이해한다.

3. 빅데이터 파일럿 프로젝트용 PC 환경 구성

파일럿 프로젝트 환경을 구성하기 위해 독자들의 PC에서 사용할 기본 소프트웨어를 설치하고 구성한다. 이 과정에서 자바, 이클립스, 오라클 버추얼 박스 등을 설치한다.

4. 빅데이터 파일럿 프로젝트용 PC 서버 구성

3개의 가상 머신을 생성하고, 분산 클러스터 환경을 구성하기 위한 3대의 리눅스 서버(CentOS)를 설치 및 구성한다.

5. CM(Cloudera Manager) 설치

빅데이터 소프트웨어들을 설치/관리하는 Cloudera Manager를 설치한다. CM을 이용해 빅데이터 파일럿 프로젝트의 기본 소프트웨어인 하둡, 주키퍼를 설치한다.

6. 스마트카 로그 시뮬레이터 설치

스마트카의 상태 정보와 운행 정보를 시뮬레이션해 로그 데이터를 생성하는 자바 프로그램을 설치한다.

7. 파일럿 환경 관리

파일럿 환경을 안전하게 시작하고 종료하는 방법을 설명한다.

2.1 파일럿 프로젝트 도메인의 이해

프로젝트를 진행할 때 가장 기본이 되는 것은 구축할 시스템에 대한 도메인과 그 도메인에 해당하는 유스케이스를 이해하는 것이다. 즉, 무엇을 하는 시스템이고, 어떤 프로세스를 통해 사용자에게 가치를 만들어내는지 이해하는 것이 성공적인 프로젝트의 초석이 된다. 본 파일럿 프로젝트에서 다루고자 하는 빅데이터 도메인은 자동차의 최첨단 전자장치와 무선통신을 결합한 스마트카 서비스다. 다음 칼럼을 읽어 보면서 해당 도메인에 대한 기본적인 개념을 파악해 보자.

새벽 5시, 스마트폰의 알람에 눈을 뜬 A씨는 스마트폰으로 오늘의 날씨를 확인한다. 영하 6도 강추위다. 애플리케이션을 통해 차량 배터리 상태를 확인한 뒤 6시에 출발 예약을 해둔다. 출근 준비를 마치고 나면 적당한 온도로 차량이 덥혀질 것이다.

A씨가 자동차로 다가가 스마트워치를 대자 스르르 문이 열린다. A씨의 생체 정보를 스마트워치가 인식해 이를 자동차로 전송해주기 때문에 A씨 외에는 아무도 자동차를 이용할 수 없다. 운전석에 앉아 음성으로 목적지를 입력하고 난 뒤 A씨는 회사를 향해 자동차를 출발시켰다. 자동차에 장착된 인포테인먼트 기기는 A씨의 음성을 분석한 뒤 그의 기분을 파악해 자동으로 음악을 선곡해 들려준다. 양쪽에는 백미러 대신 디지털카메라와 투명 디스플레이가 사각을 없애준다.

운진 중에 오전 회의에 검토할 보고서가 이메일로 도착한다. 급한 내용이다. A씨는 '자율주행'으로 전환하고 서류를 읽어본다. 자동차는 안전하게 회사 주차장에 도착한다.

– 출처: 아시아경제(2016.02) – 삼성이 꿈꾸는 미래자동차는?

소개한 칼럼은 사물인터넷(IoT)과 빅데이터, 최첨단 전장 기술이 결합된 A씨의 스마트카를 이용한 출근 모습이다. 이제 우리가 일상에서 타고 다니는 자동차 안에 컴퓨터, 무선 인터넷, 전자장치들이 설치되어 자동차 안에서 이메일을 주고받고, 인터넷을 통해 각종 정보도 검색한다. 또한 무선 네트워크를 통해 차량을 원격 진단하고 운전 습관, 날씨, 교통 정보 등을 분석해서 운전자의 안전과 편의를 도모한다. 국내외 주요 IT기업들(구글, 애플, 삼성 등)이 최첨단 기술을 이용해 스마트카 산업을 주도하기 시작했으며 무인 자동차의 테스트베드 성공이 가시화되고 있다.

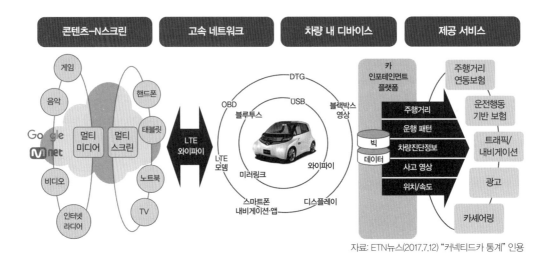

자료: ETN뉴스(2017.7.12) "커넥티드카 통계" 인용

그림 2.1 스마트카 개념도

이렇게 똑똑한 스마트카 안에는 수백 개의 IoT 센서가 장착돼 있으며, 자동차의 상태를 모니터링하면서 수많은 차량 상태 정보를 실시간으로 만들어낸다. 스마트카의 센싱 정보는 무선 네트워크를 타고 중앙의 빅데이터 시스템으로 전송되며, 이 데이터들은 수집 → 적재 → 처리 및 탐색 → 분석 및 응용 단계를 거치면서 운전자에게 편의성과 안전성을 지원하는 스마트카 서비스로 제공된다. 이 책에서는 이러한 스마트카에서 발생하는 수많은 데이터로부터 가치와 통찰력을 찾기 위한 빅데이터 시스템을 파일럿 프로젝트로 진행하고자 한다.

요구사항 파악

본 파일럿 프로젝트에서는 스마트카의 빅데이터 분석을 위한 두 가지 요구사항을 제시한다.

- **요구사항 1**: 차량의 다양한 장치로부터 발생하는 로그 파일을 수집해서 기능별 상태를 점검한다.

- **요구사항 2**: 운전자의 운행 정보가 담긴 로그를 실시간으로 수집해서 주행 패턴을 분석한다.

두 요구사항을 분석해서 파일럿 프로젝트를 구축하기 위한 핵심 요건을 도출했다.

표 2.1 요구사항 1: 스마트카 상태 분석 요건

요구사항 1	차량의 다양한 장치로부터 발생하는 로그 파일을 수집해서 기능별 상태를 점검한다.		
데이터가 발생하는 위치	100대의 시범 운행 차량		
발생 데이터의 종류	대용량 로그 파일		
데이터 발생 주기	3초		
데이터 수집 주기	24시간		
데이터 수집 규모	1MB/1대(1일 수집 규모: 약 100MB/100대)		
데이터 타입	텍스트(UTF–8), 반정형		
데이터 분석 주기	일/주/월/년		
데이터 처리 유형	배치		
데이터 구분자	콤마(,)		
데이터 스키마	발생일시	로그 발생 일시	20151212081530(년월일시초)
	차량번호	차량 고유 번호	A12345
	타이어 FL	차량 앞왼쪽 타이어 상태	정상: 80~100, 비정상: 80 이하
	타이어 FR	차량 앞오른쪽 타이어 상태	정상: 80~100, 비정상: 80 이하
	타이어 BL	차량 뒤왼쪽 타이어 상태	정상: 80~100, 비정상: 80 이하
	타이어 BR	차량 뒤오른쪽 타이어 상태	정상: 80~100, 비정상: 80 이하
	라이트 FL	차량 전면왼쪽 라이트 상태	1: 정상, 2: 비정상
	라이트 FR	차량 전면오른쪽 라이트 상태	1: 정상, 2: 비정상
	라이트 BL	차량 후면왼쪽 라이트 상태	1: 정상, 2: 비정상
	라이트 BR	차량 후면오른쪽 라이트 상태	1: 정상, 2: 비정상
	엔진	차량 엔진의 상태	A: 정상, B: 점검 필요, C: 고장
	브레이크	차량 브레이크 상태	A: 정상, B: 점검 필요, C: 고장
	배터리	차량 배터리 충전 상태	1~100
	작업 요청일	수집 작업 요청일	20151212(년월일)

표 2.2 요구사항 2: 스마트카 운행 분석 요건

요구사항 2	운전자의 운행 정보가 담긴 로그를 실시간으로 수집해서 주행 패턴을 분석한다.		
데이터가 발생하는 위치	100대의 시범 운행 차량		
발생 데이터의 종류	실시간 로그 파일		
데이터 발생 주기	주행 관련 이벤트 발생 시		
데이터 수집 주기	1초		
데이터 수집 규모	4KB/1대(초당 수집 규모: 약 400KB/100대)		
데이터 타입	텍스트(UTF-8), 반정형		
데이터 분석 주기	실시간		
데이터 처리 유형	실시간		
데이터 구분자	콤마(,)		
데이터 스키마	발생 일시	로그 발생 일시	20151212081530(년월일시초)
	차량 번호	차량 고유 번호	A12345
데이터 스키마	가속 페달	가속페달 이벤트	0~5단계
	브레이크 페달	브레이크 이벤트	0~3단계
	운전대 회전각	운전대 회전 이벤트	F: 직진
			L1: 좌회전각 1~10
			L2: 좌회전각 11~20
			L3: 좌회전각 21~30
			R1: 우회전각 1~10
			R2: 우회전각 11~20
			R3: 우회전각 21~30
	방향지시등	방향지시등 이벤트	L: 왼쪽, R: 오른쪽, N: 없음
	주행 속도	차량 주행 속도	0~250km/h
	주행 지역	운전 중인 구역 번호	A구역: 1~10번, B구역: 1~10번
			C구역: 1~10번, D구역: 1~10번
			E구역: 1~10번, F구역: 1~10번
	작업 요청일	수집 작업 요청일	20151212(년월일)

실제 스마트카의 빅데이터 분석 요건은 이보다 훨씬 더 많고 복잡하다. 하지만 여기서는 프로젝트의
요구사항과 분석 요건을 파일럿 프로젝트 수준인 100대의 차량으로 한정하고, 스마트카의 수집 정
보도 누구나 쉽게 이해할 수 있는 수준으로 단순화했다.

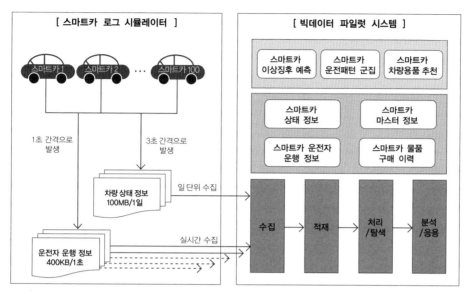

그림 2.2 파일럿 프로젝트의 요구사항 이해

실제로 100대의 스마트카를 운영하면서 파일럿 프로젝트를 수행하는 것은 불가능하므로 스마트카를 시뮬레이션하는 스마트카 로그 시뮬레이터 프로그램을 사용한다. 로그 시뮬레이터로 생성된 스마트카 데이터는 수집 → 적재 → 처리 및 탐색 → 분석 및 응용 프로세스를 거치고, 각 단계마다 파일럿에서 활용하기 쉬운 데이터셋으로 재구성한다. 마지막으로 탐색과 분석, 머신러닝 기법 등을 적용해 분류(예측), 군집, 추천에 이르는 데이터 마이닝 작업까지 진행한다.

데이터셋 살펴보기

스마트카에서 발생하는 기본 데이터셋은 총 4가지 유형을 사용한다.

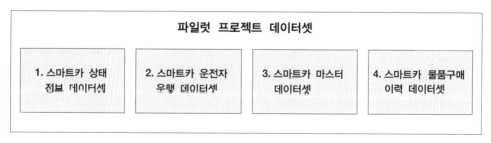

그림 2.3 파일럿 프로젝트의 데이터셋 유형

1. **스마트카 상태 정보 데이터**

   스마트카의 각종 센서로부터 발생하는 차량의 상태 정보 데이터셋이다. 요구사항 1과 직접적인 관련이 있으며, 로그 시뮬레이터를 통해 생성된다.

2. **스마트카 운전자 운행 데이터**

   스마트카 운전자의 운전 패턴/운행 정보가 담긴 데이터셋이다. 요구사항 2와 직접적인 관련이 있으며 로그 시뮬레이터를 통해 생성된다.

3. **스마트카 마스터 데이터**

   스마트카 운전자의 프로파일 정보가 담긴 데이터셋이다. 요구사항 1, 2와 관련된 분석 데이터셋을 만들 때 활용한다. 이미 만들어진 샘플 파일을 이용한다.

4. **스마트카 물품 구매 이력 데이터**

   스마트카 운전자가 차량 내의 스마트 스크린을 통해 쇼핑몰에서 구입한 차량 물품 구매 목록 데이터셋이다. 요구사항 1, 2와 관련된 분석 데이터셋을 만들 때 활용하는데, 이미 만들어진 샘플 파일을 이용한다.

앞으로 파일럿 프로젝트에서는 4개의 기본 데이터셋을 수집/적재해서 스마트카의 차량과 운전자에 대한 탐색적 분석을 진행하고, 그 결과로 새로운 데이터셋을 추가로 생성해 고급 분석으로 확장한다.

2.2 빅데이터 파일럿 아키텍처 이해

실제 스마트카를 대상으로 빅데이터 프로젝트를 진행한다면 앞서 도출된 요구사항들을 해결하기 위해 수십~수백 대의 하둡 클러스터 노드를 구성할 필요가 있다. 하지만 이 책을 읽는 대부분의 독자는 그러한 대규모 빅데이터 환경을 구성하는 것이 현실적으로 어려울뿐더러 기업에서조차 대규모 투자비가 발생하는 빅데이터 시스템 구축을 선뜻 진행하는 것이 쉽지만은 않다. 그래서 이 책에서는 개인용 PC를 활용할 수 있는 수준으로 소규모 빅데이터 파일럿 환경을 구성했고 파일럿 환경에서도 빅데이터의 핵심 기술과 기능들을 모두 다룰 수 있게 아키텍처를 구성했다.

이 책에서는 개인용 PC 1대에 가상 머신 3대를 만들어서 빅데이터 분산 환경을 만들고, 그 위에 필요한 빅데이터 컴포넌트들을 추가 및 확장한다. 이 책이 끝날 시점에 독자들은 다양한 빅데이터의 기술과 기능들을 경험해 볼 수 있는 자신만의 빅데이터 도구를 갖게 될 것이다.

소프트웨어 아키텍처

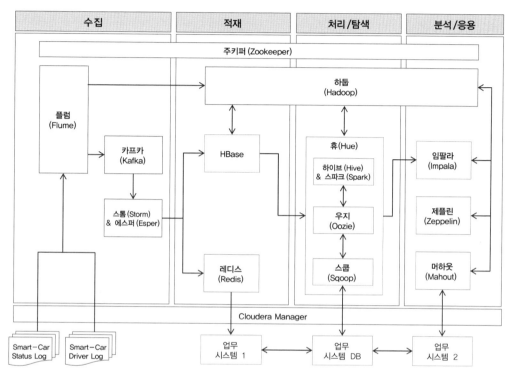

그림 2.4 파일럿 프로젝트의 소프트웨어 구성도

소프트웨어 아키텍처에 표기된 메인 오픈소스 소프트웨어만 17종이고, 8장의 분석 확장 영역의 소프트웨어(R, 텐서플로, 플라스크)까지 포함하면 총 20종이 된다. 각 오픈소스 프로젝트는 크게 수집, 적재, 처리 및 탐색, 분석 및 응용 영역으로 분류될 수 있다. 각 영역의 상세한 내용은 3장에서 좀 더 구체적으로 다루겠다. 여기서는 아키텍처가 4개의 레이어로 분리돼 있고, 각 레이어별로 사용되는 빅데이터 소프트웨어들이 있다는 정도만 이해한다.

그림 2.4의 아키텍처는 이미 많은 빅데이터 시스템에 활용되고 있는 소프트웨어 아키텍처로 크게 2개의 영역으로 나눠서 설명할 수 있는데, 그림 2.5를 보면 하둡을 중심으로 앞쪽을 수집/적재(전처리) 영역, 하둡 뒤쪽을 탐색/분석(후처리) 영역으로 나눈다.

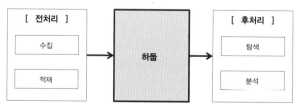

그림 2.5 빅데이터 아키텍처 레이어

다음으로 전처리와 후처리의 각 영역에 배치돼 있는 주요 소프트웨어와 요구사항 1, 2(표 2.1과 표 2.2)와의 관련성을 알아보자.

수집 레이어

앞선 요구사항 1, 2로부터 차량의 로그를 수집하기 위해 플럼을 사용하고, 요구사항 2의 실시간 로그 이벤트를 처리하기 위해 스톰이 사용된다. 이때 플럼과 스톰 사이의 카프카는 데이터의 안정적인 수집을 위해 버퍼링 및 트랜잭션 처리를 담당한다.

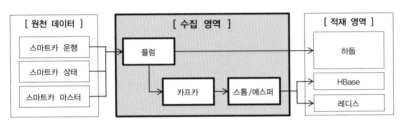

그림 2.6 빅데이터 수집 레이어

적재 레이어

적재 대상은 하둡과 HBase, 레디스다. 요구사항 1의 대용량 로그 파일은 수집과 동시에 플럼 → 하둡으로 적재되며, 요구사항 2의 실시간 데이터는 플럼 → 카프카 → 스톰 → HBase/레디스로 적재된다. 이때 스톰을 통해 실시간 이벤트 분석을 수행하고, 분석된 결과에 따라 HBase와 레디스로 나누어 적재한다.

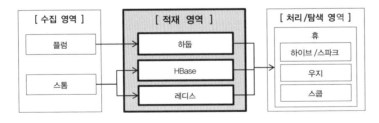

그림 2.7 빅데이터 적재 레이어

처리/탐색 레이어

하둡에 적재된 데이터는 하이브를 이용해 정제/변형/통합/분리/탐색 등의 작업을 수행하고, 데이터를 정형화된 구조로 정규화해 데이터 마트를 만든다. 그리고 가공/분석된 데이터를 외부로 제공하기 위해 스쿱을 이용하며, 필요 시 분석/응용 단계에서도 사용한다. 이러한 처리/탐색 프로세스는 데이터의 품질을 높이는 단계로서, 과정이 길고 복잡해지기 마련인데 이때 우지의 워크플로로 프로세스를 구성해 복잡도를 낮추고 자동화한다.

그림 2.8 빅데이터 처리/탐색 레이어

분석/응용 레이어

처리/탐색을 통해 데이터가 정규화됐고 더 나아가 데이터 마트가 만들어졌다. 요구사항 1, 2에 해당하는 스마트카의 상태 점검과 운전자의 운행 패턴을 빠르게 분석하기 위해 임팔라 또는 제플린을 이용할 것이다. 또한 머하웃과 스파크ML로 스마트카 데이터 분석을 위해 군집, 분류/예측, 추천 등을 진행한다. 마지막에는 R로 통계분석을 진행하고, 텐서플로로 딥러닝 모델을 만들어 플라스크로 서비스 API까지 제공해 본다.

그림 2.9 빅데이터 분석 레이어 구성

Tip _ 빅데이터 기술 접근법

앞서 소프트웨어 아키텍처를 설명할 때 10여 개의 오픈소스 프로젝트를 언급했다. 아마 하둡 에코시스템을 처음 접하는 독자 입장에서는 다소 부담스러운 용어가 많았을 것이다. 그림 2.10의 하둡 에코시스템을 모두 다 잘 할 수는 없다. 필자도 좀 더 잘 할 수 있는 영역과 부족한 영역들이 있고, 업무 상황에 따라 특정 기술에 집중할 필요가 있을 때는 책과 인터넷을 찾아가며 관련 기술을 좀 더 깊이 있게 알아간다. 각 레이어마다 전문 영역(수집, 적재, 처리/탐색, 분석/응용)이 있고, 각 영역별 전문가들은 다음과 같다.

- **플랫폼 전문가**: 하둡 에코시스템 설치 및 구성
- **수집/적재 전문가**: 대규모 데이터 연동 및 통합

- **처리/탐색 전문가**: 데이터 모델 설계 및 처리

- **분석/응용 전문가**: 도메인 분석 및 인사이트 도출

위 4개의 전문가 영역의 공통적인 특징은 하둡 에코시스템에 대한 기본 아키텍처와 핵심 기술을 반드시 이해하고 있어야 한다는 것이다. 따라서 앞으로 진행할 파일럿 프로젝트로 빅데이터 기술과 활용에 대한 기본기를 다지고 독자들이 갖고 있던 기술과 경험을 살려 본인의 전문 영역에 단계적으로 접근하는 방식을 추천한다.

Tip _ 빅데이터 과학자?

빅데이터와 AI의 열풍이 불면서 데이터 과학자라는 직업이 주목받고 있다. 하지만 필자는 아직도 사전적인 데이터 과학자를 현장에서 보진 못했다. 데이터 과학자는 사전적으로 통계, 수학, 엔지니어링, 프로그래밍, 리더십, 커뮤니케이션 등 IT종합 예술인으로 정의되는데, 이 모든 경험과 지식을 갖추려면 족히 수십 년은 걸려야 하기 때문이다. 빅데이터가 출현한 지 10여 년 정도 됐으니 앞으로 15년 뒤에 이러한 슈퍼맨급 데이터 과학자가 탄생하지 않을까 싶다. 현재로서는 빅데이터 과학자를 찾기보다는 앞서 설명했던 빅데이터 분야별 전문가(플랫폼, 수집/적재, 처리/탐색, 분석/응용 전문가)가 각자의 역할과 서로의 업무 영역을 이해하면서 협업하는 것이 최선이다.

그림 2.10 하둡 에코시스템

하드웨어 아키텍처

빅데이터의 하드웨어 아키텍처는 3V(Volume, Variety, Velocity) 관점에서 구성한다. 이때 서버, 네트워크, 디스크, 랙 등을 3V 관점에서 면밀히 검토해서 설계하고 규모를 산정해야 한다.

프로젝트 초기 3V를 고려한 대규모 하드웨어를 구성해 기존 인프라에 배치해야 하므로 보안, 성능, 처리량, 확장성, 안정성 등을 다각적으로 검토하게 된다.

표 2.3 3V 관점의 빅데이터 하드웨어 아키텍처 수립

3V	하드웨어 아키텍처 수립
Volume(크기)	얼마나 많은 데이터가 발생하는가?
Velocity(속도)	얼마나 자주 데이터가 발생하는가?
Variety(다양성)	얼마나 다양한 데이터가 발생하는가?

파일럿 프로젝트의 하드웨어 아키텍처가 표 2.3의 빅데이터 3V 요건을 모두 만족할 수는 없다. 파일럿 프로젝트에서는 1대의 개인용 PC에서 3대의 가상 머신으로 구성되므로 빅데이터의 성능 및 확장성 테스트를 위한 벤치마킹은 불가능하다. 그 대신 빅데이터의 다양한 기술과 기능들을 응용해 볼 수 있는 파일럿 아키텍처가 향후 대규모 빅데이터 환경에서도 빠르게 적응할 수 있도록 도움을 줄 것이다.

이번 파일럿 프로젝트를 수행하는 데 필요한 하드웨어 사양을 2개의 유형으로 구분해 표 2.4로 정리했다. 독자들이 보유한 컴퓨터 사양에 따라 파일럿 아키텍처 구성이 달라지므로 표 2.4를 참고해 본인 환경에 맞는 파일럿 아키텍처를 선택해야 한다. 빅데이터 파일럿 프로젝트인 만큼 높은 실습 사양이 필요하다. 특히 메모리에 대한 리소스 사용률이 높으므로 파일럿 프로젝트를 수행할 때는 불필요한 프로그램을 중지해 여유 메모리를 최대한 확보해야 한다.

표 2.4 파일럿 프로젝트의 하드웨어 환경

파일럿 환경	CPU	메모리	디스크	비고
저사양 PC	듀얼코어 이상	8GB 이상(여유 7GB)	90GB 이상 여유공간	– 디스크: SSD 권장
고사양 PC	i5 이상	16GB 이상(여유 15GB)	120GB 이상 여유공간	

고사양 파일럿 아키텍처는 오라클 버추얼 박스(Oracle Virtual Box)를 이용해 3대의 가상 머신을 만들고 CentOS 리눅스 서버를 그림 2.11과 같이 구성한다. 저사양의 아키텍처는 2대의 가상 머신(Server01, Server02)만을 이용하게 된다. 앞으로 책의 모든 설명은 꼭 필요한 경우를 제외하고는 모두 고사양 아키텍처(그림 2.11) 기준으로 설명 및 진행하며, 저사양 아키텍처에 대한 가이드는 상황에 맞춰 추가했다. 본인의 파일럿 환경을 선택했으면 다음으로 구축 환경을 살펴본다.

Server01	Server02	Server03
• Hadoop Management Nodes • Hadoop DataNodes • HBase Management • HBase Region Server • PostgreSQL	• Hadoop DataNode • HBase Region • 우지 • 플럼 • 레디스 • 하이브/스파크 • 스톰 • 휴 • 제플린 • 카프카 • 주키퍼	• Hadoop DataNode • HBase Region • Cloudera Management • 임팔라 • 스쿱
리눅스 가상 서버 1 • server01.hadoop.com • 192.168.56.101 • CentOS 6.x • 자바 1.8 환경	**리눅스 가상 서버 2** • server02.hadoop.com • 192.168.56.102 • CentOS 6.x • 자바 1.8 환경	**리눅스 가상 서버 3** • server03.hadoop.com • 192.168.56.103 • CentOS 6.x • 자바 1.8 환경

오라클 버추얼 박스
OS(Windows/macOS/Linux)
x86 데스크톱 PC (CPU: i7, RAM: 16GB, Disk/SSD: 256GB)

그림 2.11 파일럿 프로젝트의 하드웨어 구성도

구축 환경의 이해

앞서 설명한 소프트웨어/하드웨어 아키텍처를 만들기 위해 3대의 가상 머신을 만들고, 가상 머신에서 총 17개의 소프트웨어를 설치해야 한다. 비록 개인용 파일럿 환경이지만 빅데이터의 모든 기술 요소를 다 갖춘 환경으로서 이를 수작업으로 설치 및 구성하기는 웬만한 전문가들도 하기 어려운 작업들이다. 그래서 파일럿 프로젝트에서는 빅데이터 자동화 관리툴인 클라우데라의 CM(Cloudera Manager, 이하 CM)을 이용한다. 그리고 이 CM을 통해 하둡을 포함한 에코시스템 17개를 편리하게 설치 및 관리할 것이다.

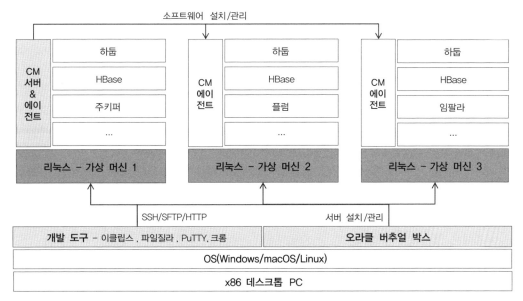

그림 2.12 파일럿 프로젝트 구축 환경

가상 머신 환경

그림 2.12를 보면 빅데이터 파일럿 서버를 구성하기 위해 독자의 개인 PC에 오라클 버추얼 박스를 설치하고, 이를 통해 3대의 가상 머신에 CentOS 리눅스를 설치한다. 이 3대의 리눅스에서 빅데이터 에코시스템을 설치해 파일럿 환경을 단계적으로 구축할 것이다.

자동 설치 환경

가상 머신 위에 설치된 CentOS 리눅스 서버에는 설치 및 구성을 자동화하는 툴(CM 클라이언트)을 공통으로 설치한다. CM으로 17개 소프트웨어들을 3대의 가상 머신에 설치/관리할 수 있고, 설치된 소프트웨어들의 주요 리소스와 기능들을 모니터링하는 기능도 활용할 수 있다.

개발 및 배포 환경

파일럿 프로젝트를 진행하면서 빅데이터 애플리케이션을 개발, 테스트, 적용해 본다. 이때 이클립스(Eclipse)를 이용할 것이고, FTP 클라이언트인 파일질라(FileZilla), 원격 SSH 접속을 위한 PuTTY, 웹 브라우저로 구글 크롬(Chrome)을 이용한다. 물론 개발 및 배포 환경은 독자의 취향에 맞게 선택적으로 사용해도 괜찮다. 단 CM을 사용할 때 웹 브라우저는 반드시 크롬을 사용할 것을 권장한다.

2.3 빅데이터 파일럿 프로젝트용 PC 환경 구성

이제 본격적인 빅데이터 파일럿 환경 구성 작업에 들어가겠다. 환경 구성에 필요한 최소한의 PC 사양은 앞의 하드웨어 아키텍처에서 설명했었고, 파일럿 프로젝트 실습을 진행할 독자는 저사양과 고사양 환경 중 본인의 PC 사양에 맞는 환경을 선택해야만 한다. 이번 장에서는 가장 기본이 되는 소프트웨어만 우선적으로 설치할 것이고, 추가적인 소프트웨어는 각 장을 진행하면서 단계적으로 설치한다. 이 과정에서 윈도우 운영체제(Windows 7 기준)를 기반으로 하는 개발 환경을 구성하고, 3대의 가상 머신 위에 서버 환경을 구성하며, 총 7단계의 작업을 진행한다. 참고로 각 단계마다 실습이 필요할 때는 [아이콘 실습]을 제목 우측에 표기했다. 파일럿 프로젝트를 완수하기 위해서는 의존성을 갖는 모든 실습들이 정상적으로 수행돼야 한다. 또한 설치 단계에서는 인터넷이 반드시 연결돼 있어야 하므로 시작하기에 앞서 네트워크 상태도 점검해 보기 바란다.

- **빅데이터 개발 환경 구성:** 개인 윈도우 PC

  1. 자바 설치

  2. 이클립스 설치

  3. 버추얼 박스 설치

  4. 가상 머신에 CentOS 설치

  5. 기타 도구 설치: PuTTY, 파일질라, 크롬, 예제 코드

- **빅데이터 서버 환경 구성:** 개인 윈도우 PC 위의 리눅스 가상 머신 3대

  6. 클라우데라 매니저(Cloudera Manager) 설치

  7. 빅데이터 에코시스템 설치: 하둡, 주키퍼(Zookeeper) 등 기본 구성

자바 설치 _ ⌨ 실습

 첫 설치 프로그램으로 파일럿 PC에 자바 환경을 구성한다. 소프트웨어 개발자라면 쉽게 구성할 수 있겠지만 처음 자바를 접하는 독자를 위해 조금 상세히 다루겠다.

01. 먼저 웹 브라우저로 아래의 URL로 접속한다.

- **자바 다운로드 페이지:** https://www.oracle.com/downloads/index.html

02. 다운로드 페이지에서 [Java] 선택 → [Java(JDK) for Developers] 선택 → [Java SE 8uxxx]에서 [JDK Download] 선택한다(오라클 사이트가 리뉴얼되면 JDK 다운로드 위치와 버전이 변경될 수 있다. 파일럿 프로젝에서는 Java SE 8uxxx 버전이면 문제 없이 진행할 수 있다).

03. 본인의 OS 환경에 맞는 JDK 8을 다운로드한다. 이 책에서는 Windows 64비트용 jdk-8u241-windows-x64.exe 를 선택했다. 다운로드하기 전에 [License Agreement for Oracle Java SE]를 체크하고 하단의 다운로드 버튼을 클릭한다. 이때 오라클 계정 인증이 필요하므로 계정이 없는 독자는 회원 가입/인증 후 다운로드를 진행한다.

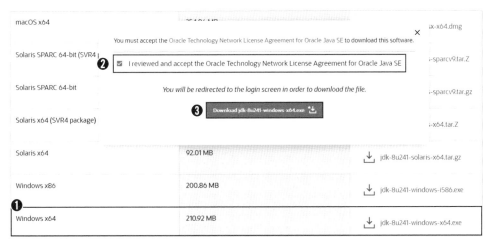

그림 2.13 Java SE Development Kit

04. 설치가 완료되면 간단히 JAVA_HOME 환경변수를 설정해 보자(여기서는 윈도우 7 기준으로 설명한다).
[제어판] → [시스템] → [고급 시스템 설정] → [환경변수] 버튼을 차례로 클릭한다.

그림 2.14 윈도우 환경변수 설정

05. JAVA_HOME 환경변수를 설정한다. [시스템 변수]의 [새로 만들기]를 클릭해서 아래와 같이 설정한다.

- **변수 이름:** JAVA_HOME
- **변수 값:** C:\Program Files\Java\jdk1.8.0_241

변수 값의 경우 반드시 앞서 설치한 자바의 설치 디렉터리를 지정해야 한다.

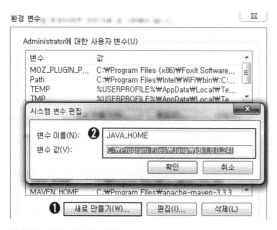

그림 2.15 JAVA_HOME 설정

06. 마지막으로 자바의 Path 환경변수를 설정한다. [시스템 변수]의 Path 변수를 선택해서 [편집] 버튼을 클릭하면 아래와 같이 [시스템 변수 편집] 창이 나타난다. [변수 값]의 끝부분에 세미콜론(;)을 붙이고 다음 내용을 추가한다.

- **변수 값에 추가할 내용:** %JAVA_HOME%\bin

그림 2.16 자바 Path 설정

07. 자바가 잘 설치됐는지 명령 프롬프트를 열고 아래의 명령을 통해 확인한다.

- **자바 버전 확인:** java –version

```
관리자: C:\Windows\system32\cmd.exe
Microsoft Windows [Version 6.1.7601]
Copyright (c) 2009 Microsoft Corporation. All rights reserved.

C:\Users\Administrator>java -version
java version "1.8.0_241"
Java(TM) SE Runtime Environment (build 1.8.0_241-b11)
Java HotSpot(TM) 64-Bit Server VM (build 25.241-b11, mixed mode)
```

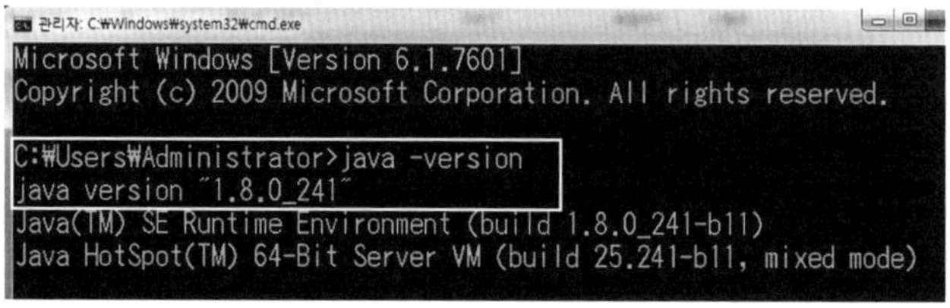

그림 2.17 자바 설치 확인

이클립스 설치 _ ⌨ 실습

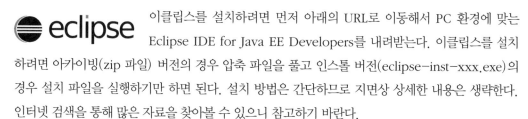

이클립스를 설치하려면 먼저 아래의 URL로 이동해서 PC 환경에 맞는 Eclipse IDE for Java EE Developers를 내려받는다. 이클립스를 설치하려면 아카이빙(zip 파일) 버전의 경우 압축 파일을 풀고 인스톨 버전(eclipse-inst-xxx.exe)의 경우 설치 파일을 실행하기만 하면 된다. 설치 방법은 간단하므로 지면상 상세한 내용은 생략한다. 인터넷 검색을 통해 많은 자료를 찾아볼 수 있으니 참고하기 바란다.

- 이클립스 다운로드 페이지: http://www.eclipse.org/downloads/

오라클 버추얼 박스 설치 _ ⌨ 실습

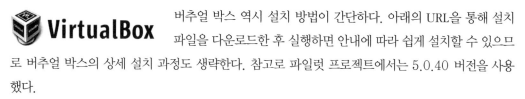

버추얼 박스 역시 설치 방법이 간단하다. 아래의 URL을 통해 설치 파일을 다운로드한 후 실행하면 안내에 따라 쉽게 설치할 수 있으므로 버추얼 박스의 상세 설치 과정도 생략한다. 참고로 파일럿 프로젝트에서는 5.0.40 버전을 사용했다.

- 오라클 버추얼 박스 다운로드 페이지: https://www.virtualbox.org/
  (VirtualBox는 하드웨어와 OS의 특성을 많이 타는 소프트웨어다. 파일럿 환경에서 문제가 발생할 경우 많은 해결 사례들을 인터넷 상에서 찾아볼 수 있으니 참고하기 바란다.)

기타 개발환경 구성 _ ⌨ 실습

다음으로 유틸리티 프로그램을 설치한다. 유사 프로그램이 독자의 파일럿 PC에 이미 설치돼 있다면 설치를 생략해도 된다. 이와 더불어 파일럿 프로젝트를 진행하면서 사용할 예제와 프로그램 소스도 내려받겠다.

SSH 접속 프로그램 설치

- PuTTY 다운로드 페이지: http://www.putty.org

FTP 접속 프로그램 설치

- 파일질라 다운로드 페이지: https://filezilla-project.org/download.php

인터넷 브라우저 설치

     ▪ **크롬 다운로드 페이지:** https://www.google.co.kr/chrome/browser/desktop

실습 예제 및 소스코드 다운로드

     ▪ **파일럿 프로젝트의 깃허브 저장소:** https://github.com/wikibook/bigdata2nd/archive/master.zip

파일럿 PC에 프로젝트 예제를 내려받고 zip 파일의 압축을 푼다. 앞으로 디렉터리 안에 있는 파일럿 예제와 소스코드를 자주 이용할 것이다. 우선은 다운로드만 받아 놓고 예제소스 사용 단계에서 다시 한 번 설명하겠다. 또한 해당 폴더에는 실습 중 발생하는 오류나 참고할 사항들을 적어놓은 메모 파일이 있으니 시작하기 전에 확인하기 바란다.

Tip _ 파일럿 프로젝트 정오표

앞으로 실습할 파일럿 프로젝트는 20여 종의 오픈소스 소프트웨어를 독자들이 직접 다운로드 및 설치하면서 진행하게 된다. 문제는 이 오픈소스 소프트웨어의 업그레이드가 지금 이 순간에도 빠르게 진행되고 있다는 것이다. 이로 인해 독자들이 파일럿 프로젝트 환경을 구성하는 시점에 따라 호환성과 기능 결함 등 다양한 문제가 발생할 수 있다. (실환경의 빅데이터 시스템도 대규모 하드웨어/소프트웨어로 구성된 만큼 다양한 장애가 빈번하게 발생한다. 하지만 빅데이터 아키텍처는 복수의 서버로 구성되고 내고장성(Fault Tolerance)을 원칙으로 설계돼 있어 해당 기능의 모든 서버에서 장애가 발생하지 않는 이상, 긴급한 장애로 이어지지는 않는다.)

다음은 이 책의 정오표 URL이다. 환경의 변화로 문제가 발생했을 때 이를 해결하는 방법들을 아래 두 정오표 페이지에 업데이트해 두겠다.

    ▪ 위키북스 정오표 페이지: https://wikibook.co.kr/bigdata2nd
    ▪ 깃허브 정오표 페이지: https://github.com/wikibook/bigdata2nd/blob/master/errata_list.txt

※ 2021년 2월 기준, 본 서적의 실습에 사용 되는 Cloudera Manager 소프트웨어의 다운로드 정책이 바뀌어 관련 설치 과정이 변경 되었다. 위 깃허브 정오표 페이지 URL에 접속해 **공통 참고 및 오류 – 1번**을 반드시 참고 하기 바란다.

리눅스 가상 머신 환경 구성 _ ⌨ 실습

이번에는 앞서 설치한 버추얼 박스로 3개의 가상 머신을 만든다. 설정해야 할 항목들이 많으니 오타에 주의하기 바라며, 가상 머신 환경에 익숙하지 않은 독자의 경우 내용을 꼼꼼히 읽어보며 진행하기 바란다.

01. 버추얼 박스를 실행하고 상단 메뉴의 [파일] → [환경설정] → [네트워크]를 선택한다.

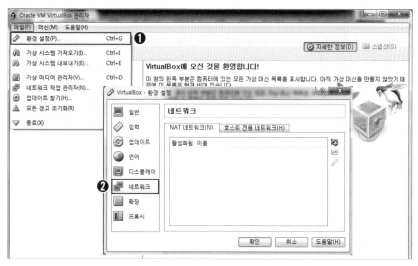

그림 2.18 버추얼 박스의 네트워크 환경 설정 1

02. 네트워크 환경 설정에서 [새 NAT 네트워크 추가] 버튼을 클릭하고, 추가된 [NatNetwork]를 더블클릭해 NAT 네트워크 정보가 기본값으로 설정돼 있는지 확인한다.

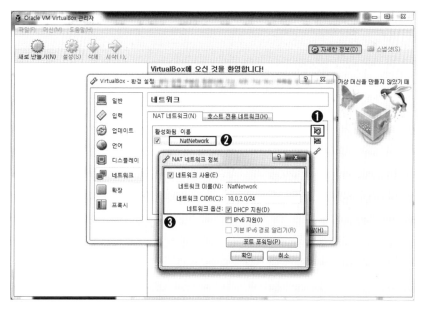

그림 2.19 버추얼 박스의 네트워크 환경 설정 2

03. 네트워크 환경 설정에서 [호스트 전용 네트워크]를 선택하고, [VirtualBox Host-Only Ethernet Adapter] 항목를 더블클릭해 [어댑터] 정보가 그림 2.20과 동일한 설정값인지 확인한다.

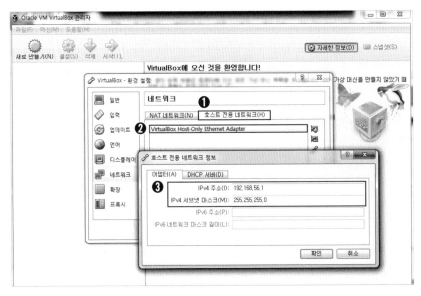

그림 2.20 버추얼 박스의 네트워크 환경 설정 3

04. DHCP 서버 정보가 그림 2.21과 동일한 값으로 설정돼 있는지 확인한다.

그림 2.21 버추얼 박스의 네트워크 환경 설정 4

참고로 DHCP 서버에서 설정한 최저/최고 주소 한계값은 향후 파일럿 프로젝트의 서버들이 사용할 IP 대역이다.

05. CentOS 6.x 설치 파일을 아래 URL에서 내려받는다. 파일 크기가 2GB에 가까우므로 다운로드가 완료될 때까지 시간이 좀 걸릴 수 있다(파일럿 환경에서는 6.10 버전을 사용한다).

- **CentOS 6.x 다운로드 페이지:** http://ftp.daumkakao.com/centos/6/isos/x86_64/
- **다운로드 파일:** CentOS-6.10-x86_64-LiveDVD.iso

아래의 CentOS 공식 URL에서도 CentOS 6.x의 ISO 파일을 다양한 경로를 통해 내려받을 수 있다.

- **CentOS 6 미러 리스트 페이지:** http://isoredirect.centos.org/centos/6/isos/x86_64/

그림 2.22 CentOS 6.10 설치 파일

06. 첫 번째 리눅스 가상 머신을 "Server01"이라는 이름으로 생성한다. 종류와 버전 정보는 그림 2.23처럼 입력한다.

- **이름:** Server01
- **종류:** Linux
- **버전:** Other Linux (64-bit)

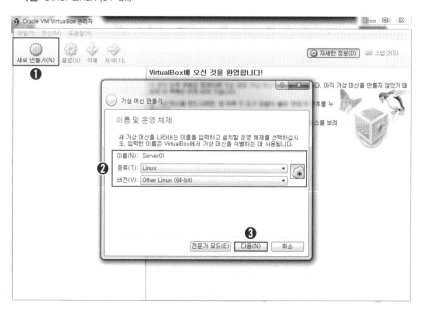

그림 2.23 버추얼 박스 가상 머신 만들기 – 이름 및 운영체제

07. 가상 머신의 메모리 크기를 2048MB로 설정하고 [다음] 버튼을 클릭한다. 메모리의 크기를 할당할 때는 뒤에서 소개할 표 2.5의 버추얼 박스 가상 머신 메모리 할당을 참고해서 각자의 환경에 맞는 메모리 크기로 재설정할 것이다.

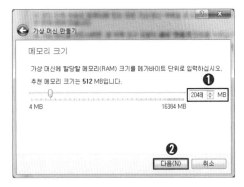

그림 2.24 버추얼 박스에서 가상 머신 만들기 – 메모리 설정

08. 가상 머신의 하드 드라이브를 아래의 내용으로 설정한다. 마지막의 가상 하드 드라이브의 동적 할당 크기는 30~40GB 정도로 설정한다.

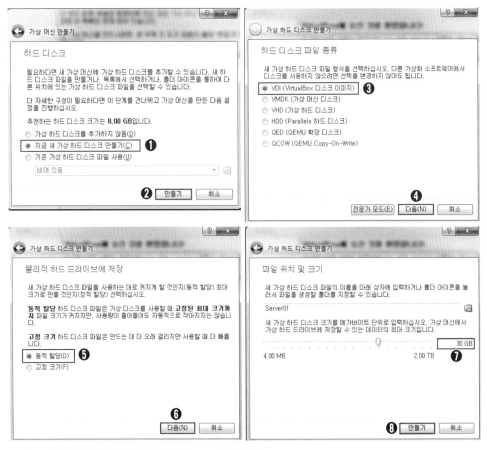

그림 2.25 버추얼 박스에서 가상 머신 만들기 – 하드 드라이브 만들기

09. 버추얼 박스 좌측에 Server01 가상 머신 서버가 생성됐다. Server01을 선택하고 [설정] → [네트워크]를 선택한다. 다음으로 네트워크 어댑터 1을 NAT로 선택하고 [고급] 설정을 통해 아래의 내용을 확인한다. 이때 어댑터 종류와 MAC 주소는 사용자 환경에 따라 다르게 표기된다. 특별한 경우가 아니라면 기본값을 유지한다.

그림 2.26 Server01 가상 머신의 네트워크 설정 1

10. 네트워크 어댑터 2에서 [네트워크 어댑터 사용하기]를 체크한 뒤 [호스트 전용 어댑터]를 선택한다. 무작위 모드를 [모두 허용]으로 설정한다.

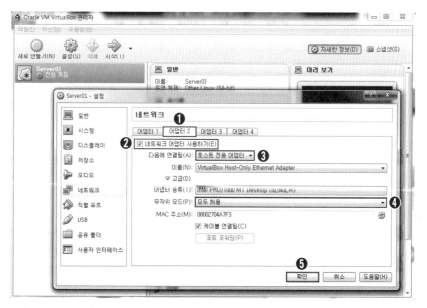

그림 2.27 Server01 가상 머신의 네트워크 설정 2

11. [설정] → [저장소]에서 [비어 있음] 미디어를 선택하고 [드라이브 선택] 버튼을 클릭한다. 드롭다운 메뉴가 표시되고 여기서 [가상 광학 디스크 파일 선택] 메뉴를 선택한 후, 앞서 다운로드했던 "CentOS-6.10-x86_64-LiveDVD. iso" 파일을 선택한다.

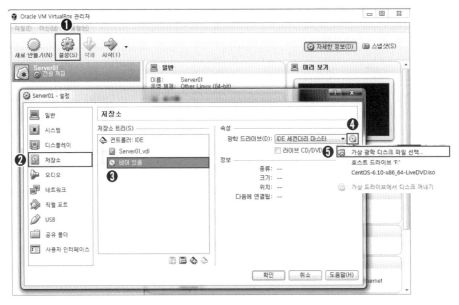

그림 2.28 CentOS 설치 – Server01 가상 머신 시동 디스크 선택

12. Server01 가상 머신을 시작한다.

그림 2.29 Server01 가상 머신 시작

13. CentOS 설치를 시작하는 창이 나타나고 안에서 설치하기 카운트가 활성화될 것이다. 설치하기 카운트가 0이 되기 전에 키보드의 엔터 키를 누르고 [Install] 메뉴를 선택해 설치를 시작한다. 여기서부터는 일반적인 CentOS GUI 설치 모드다. 안내 화면에 따라 쉽게 따라 할 수 있을 것이다.

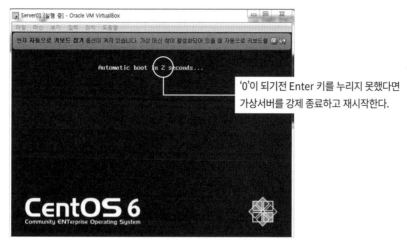

그림 2.30 CentOS 설치 – 설치 시작

14. 키보드의 방향키를 이용해 [Install]을 선택하고 엔터 키를 누르면 CentOS 6.x의 설치 작업이 시작될 것이다.

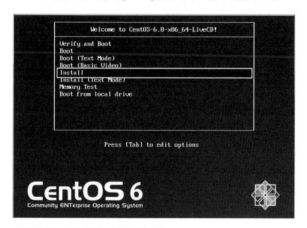

그림 2.31 CentOS 설치 – 설치 방식 선택

Tip _ 가상 머신 생성 및 시작 불가 현상

가상 머신을 생성하거나 시작할 때 "Unable to boot…"라는 메시지가 표시되면서 문제가 발생할 수 있다. 이는 개인 PC의 바이오스 옵션에서 가상화 기능을 비활성화했기 때문에 발생할 수 있는 문제다. 사용 중인 PC의 바이오스 설정으로 들어가 Virtualization 또는 AMD-V로 표시된 옵션 기능을 켜고 설정을 저장한다. 바이오스를 빠져나와 PC를 재시작하면 문제를 해결할 수 있다. 또한 정상적이던 가상 머신이 OS 패치 또는 업그레이드 등으로 "가상머신 OOO의 세션을 열 수 없습니다"라는 오류가 발생할 때가 있다. 여러 원인과 조치 방법이 있으나 [시작] → [떼낼 수 있도록 시작]으로 조치 가능한 경우가 있다. 이 밖에도 버추얼 박스를 사용하면서 다양한 문제가 발생할 수 있다. 대부분 인터넷 검색을 통해 쉽게 해결할 수 있는 문제이니 찾아보기 바란다.

2.4 빅데이터 파일럿 서버 구성

CentOS 설치 _  실습

01. CentOS 설치 GUI가 보이면 [다음] 버튼을 누른다.

그림 2.32 CentOS 설치 – GUI 설치 모드 시작

02. 언어 설정에서 기본 설정인 [English]를 선택하고 [Next] 버튼을 누른다. 키보드 역시 기본값인 [U.S. English]를 선택하고 [Next] 버튼을 누른다.

그림 2.33 CentOS 설치 – 사용 언어 및 키보드 언어 선택

03. 설치와 관련된 장치의 종류로 [기본 저장 장치(Basic Storage Devices)]를 선택하고 [다음] 버튼을 누른다. 저장 장치 경고 메시지가 나타나면 "Yes, discard any data(예 모든 데이터를 삭제합니다(Y))" 버튼을 누른다.

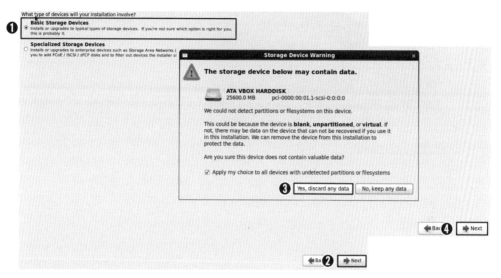

그림 2.34 CentOS 설치 – 저장 장치 선택

04. 호스트명 입력 창이 나타나면 server01.hadoop.com이라고 입력한 후, [다음] 버튼을 누른다.

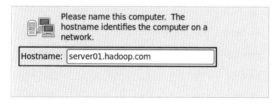

그림 2.35 CentOS 설치 – 호스트 입력

05. 타임존을 Asia/Seoul로 선택하고, 하단의 "System clock uses UTC"를 체크한다.

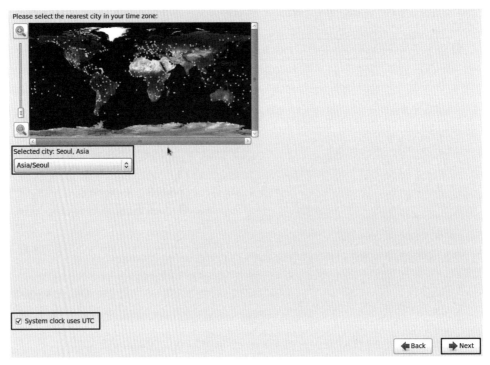

그림 2.36 CentOS 설치 – 시간대 선택

06. Root 암호 입력 창이 나타날 것이다. 암호는 "adminuser"로 입력하고 [다음] 버튼을 누른다. Weak Password 메시지 창이 나타나더라도 [Use Anyway] 버튼을 누른다.

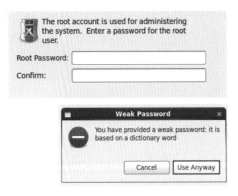

그림 2.37 CentOS 설치 – root 패스워드 입력

07. 설치 종류를 묻는 창에서는 "Use All Space(모든 공간 사용)"을 선택하고 [다음] 버튼을 누른다. 디스크 설정 기록 Alert 창이 나타나면 "Write changes to disk(디스크에 변경 사항 기록(W))" 버튼을 눌러 다음 단계로 진행한다.

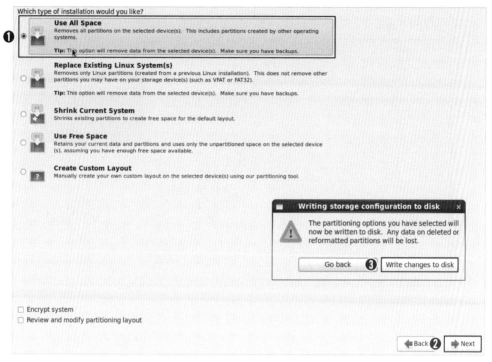

그림 2.38 CentOS 설치 – 디바이스 설치 유형 선택

08. CentOS 6.x 설치가 진행되고, 몇 분의 시간이 소요될 것이다. 설치 축하 메시지가 나타나면 [닫기] 버튼을 누른다.

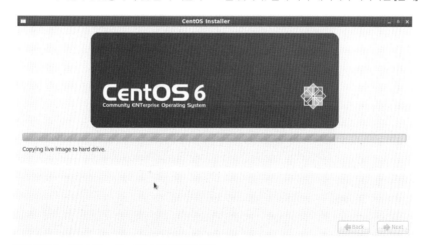

그림 2.39 CentOS 설치 – CentOS 설치 진행 및 완료

09. Server01 가상머신을 [닫기] → [전원 끄기]를 선택해 종료한다.

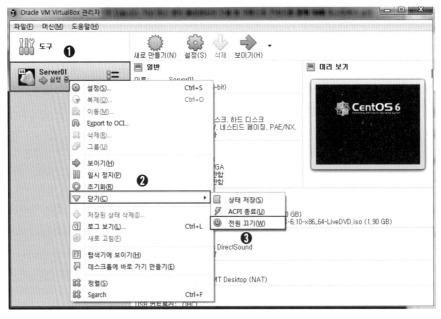

그림 2.40 Server01 가상 머신 끄기

10. 버추얼 박스의 [설정] → [저장소]로 이동해서 아래 순서에 따라 마운트했던 리눅스 ISO 파일을 언마운트한다.

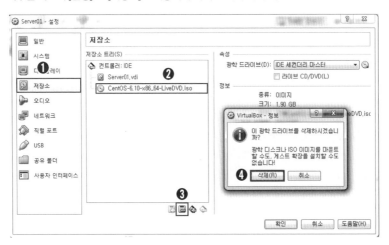

그림 2.41 CentOS 6.x 설치 파일 언마운트

11. 이제 CentOS 6.x를 구동해 보자. 버추얼 박스의 [시작] 버튼을 클릭한다.

그림 2.42 Server01 가상 머신 시작

12. CentOS가 구동되기 시작하며, 환영 메시지가 보이면 [Forward] 버튼을 누른다.

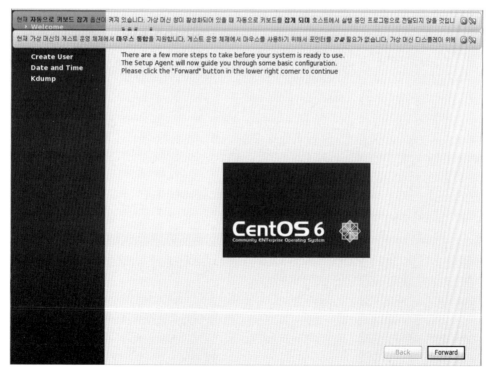

그림 2.43 Server01 가상 머신 시작 – CentOS 환영 메시지

13. 라이선스에 동의하고 다음으로 이동한다.

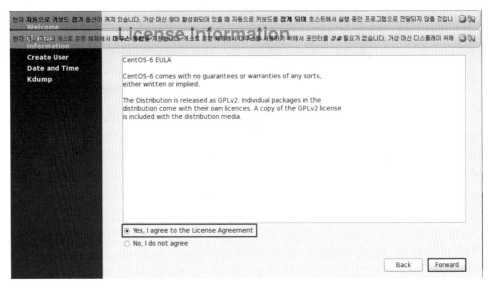

그림 2.44 Server01 가상 머신 시작 – CentOS 라이선스 동의

14. 사용자를 생성하는 창에서 이름, 성명, 암호, 암호 확인에 모두 bigdata라고 입력하고 [Forward] 버튼을 누른다.

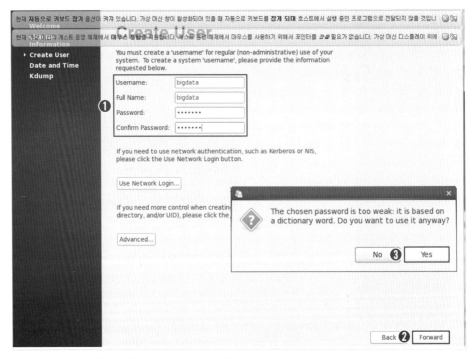

그림 2.45 Server01 가상 머신 시작 – CentOS 사용자 생성

15. 날짜 및 시간 설정창에서 [Synchronize date and time over the network]에 체크한 후, NTP Servers는 기본
상태로 두고 [Forward] 버튼을 누른다.

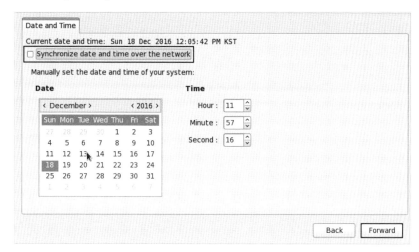

그림 2.46 Server01 가상 머신 시작 - CentOS 시간대 설정

16. Kdump 설정 창이 마지막으로 나타난다. [Enable kdump?] 체크를 해제하고 [Finish] 버튼을 누른다. Kdump 변
경 확인 메시지가 나타나면 [Yes] 버튼을 누르고, 이어서 시스템 리부트 확인 창이 나타나면 [OK] 버튼을 순서대로
누른다.

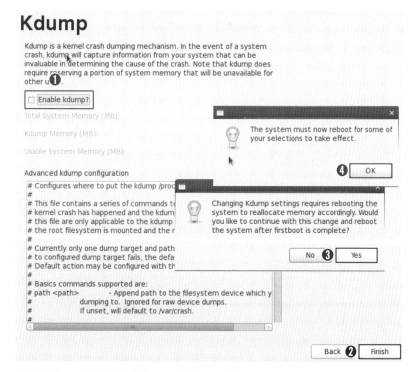

그림 2.47 Server01 가상 머신 시작 - CentOS Kdump 설정

17. 조금 전에 등록한 bigdata 계정의 로그인 화면이 보이면 설치가 성공적으로 완료된 것이다. 패스워드(bigdata)를 입력해서 로그인이 잘 되는지 확인한다.

그림 2.48 Server01 가상 머신 시작 – CentOS 로그인

CentOS 환경 구성 _ ⌨ 실습

이제 CentOS의 환경 구성을 통해 빅데이터 소프트웨어를 설치하기 위한 준비 작업들을 하나씩 진행해 보자.

01. CentOS 데스크톱의 상단의 [Applications] → [System Tools] → [Terminal]을 차례로 선택해 리눅스 터미널을 실행한다. 이번 설정을 통해 CentOS의 X-Window 부팅을 해제할 것이다. 앞으로 편의상 CentOS의 터미널에서만 작업을 진행할 것이다. 아래 명령을 차례로 실행한다.

```
$ su root
$ Password: adminuser
$ vi /etc/inittab
```

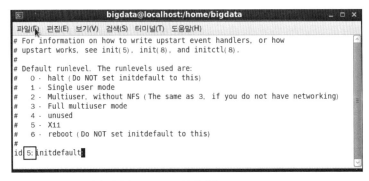

그림 2.49 Server01 가상 머신의 X-Windows 부팅 해제

그림 2.49처럼 /etc/inittab 파일을 vi 에디터로 열어서, 해당 위치의 숫자 "5"를 "3"으로 수정한 후 저장하고 아래의 reboot 명령을 실행한다(vi 사용법이 익숙치 않은 독자는 인터넷에서 간단한 vi 사용법을 찾아보기 바란다. 파일럿 프로젝트를 진행하는 데는 입력/수정/저장 기능만 알아도 충분하다).

```
$ reboot
```

reboot 명령을 실행하고 나면 전과는 다르게 X–Windows 화면이 나타나지 않고 콘솔에 아이디/패스워드 입력창이 곧바로 나타날 것이다. 먼저 아래의 계정으로 로그인한다. 앞으로 리눅스 계정은 특별한 경우를 제외하고 모두 root 계정을 사용할 것이다.

```
$ localhost login : root
$ Password : adminuser
```

02. 이제 Server01 가상 머신에 고정 IP와 네트워크 설정을 해보자. vi 에디터로 /etc/sysconfig/network–scripts 경로에 ifcfg–eth0 파일을 생성한다.

```
$ vi /etc/sysconfig/network-scripts/ifcfg-eth0
```

그림 2.50의 내용을 모두 입력한다. 입력할 내용이 많으니 오타에 주의한다.

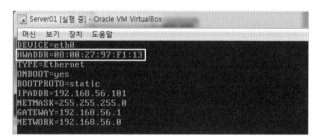

그림 2.50 Server01 가상 머신의 네트워크 설정 1

그림 2.50의 HWADDR 설정 값은 독자마다 다르게 입력해야 할 값으로서 Server01 가상 머신의 MAC 주소다. 해당 MAC 주소값은 버추얼 박스에서 Server01 가상 머신 → [설정] → [네트워크] → [어댑터 2]로 이동해서 그림 2.51에서 나온 MAC 주소값을 두 자리 숫자 단위로 잘라서 ":"를 구분값으로 입력하면 된다. 반드시 본인 PC에서 만든 Server01의 어댑터 2의 MAC 주소를 참조해서 설정한다.

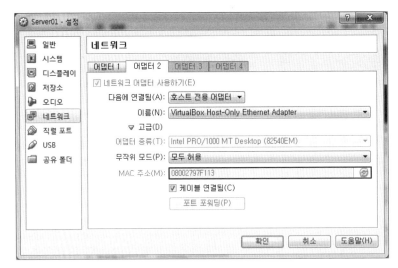

그림 2.51 Server01 가상 머신의 네트워크 설정 2

IP와 넷마스크 등의 설정이 끝났으면 CentOS 리눅스가 기본값으로 설정한 네트워크 룰을 삭제해서 향후 발생할 수 있는 네트워크 충돌을 방지한다. 아래의 vi 명령으로 관련 파일을 열고 자동으로 만들어진 네트워크 룰을 모두 주석(#) 또는 삭제 처리한다.

```
$ vi /etc/udev/rules.d/70-persistent-net.rules
```

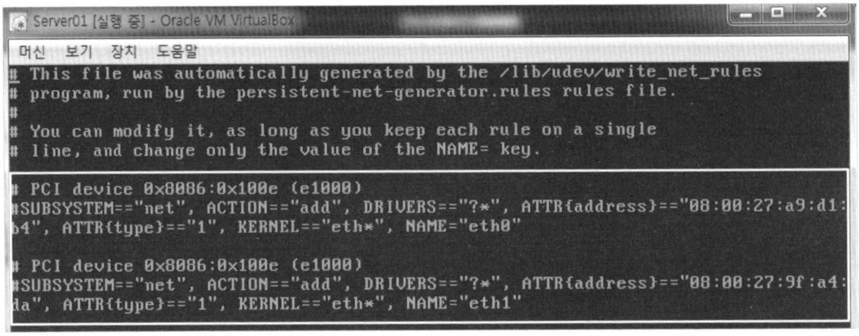

그림 2.52 Server01 가상 머신의 네트워크 설정 3

이제 앞서 설정한 고정 IP인 "192.168.56.101"을 할당받기 위해 Server01 가상 머신을 재시작해야 한다. 이때 리눅스의 reboot 명령 말고 반드시 Server01 가상 머신을 그림 2.53을 참고해서 종료한 후 재시작한다.

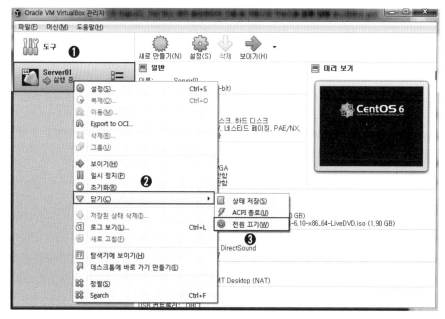

그림 2.53 Server01 가상 머신 종료

Server01 가상 머신을 다시 시작해서 root 계정으로 로그인하고 네트워크 서비스에 고정 IP가 인식되도록 다음 명령을 실행한다.

```
$ service network restart
```

restart 명령을 실행한 후, 특별한 오류가 발생하지 않으면 고정 IP 설정이 성공적으로 된 것이다. 또 아래의 명령을 통해 Server01의 고정 IP가 정확히 할당됐는지 확인한다.

```
$ ifconfig eth0
```

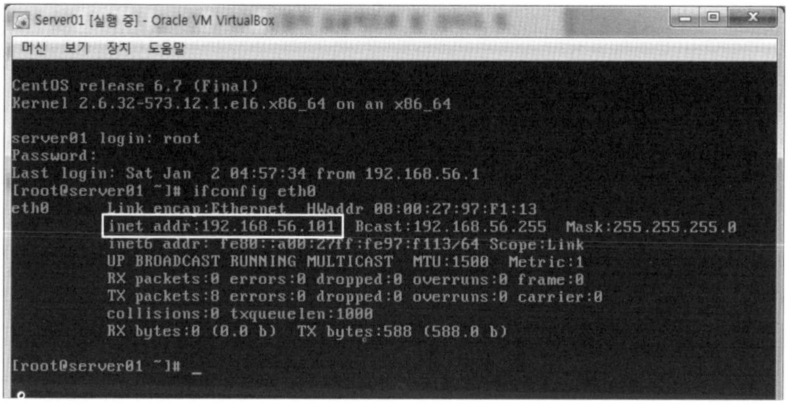

그림 2.54 Server01 가상 머신의 네트워크 설정 확인

이제 SSH 접속을 위한 패키지를 설치하기 위해 아래의 "yum install"과 커널 설정 명령을 차례대로 실행한다. 설치 도중 나오는 질문에는 모두 "y"를 입력하고 엔터 키를 누르며 진행한다.

```
$ yum install openssh*
$ service sshd restart
$ chkconfig sshd on
$ reboot
```

리부팅이 완료되면 다음 명령으로 네트워크 설정을 다시 한번 재시작한다.

```
$ service network restart
```

앞서 설치한 원격 SSH 접속 프로그램인 PuTTY를 통해 Server01인 "192.168.56.101"에 연결해서 root 계정으로 로그인이 정상적으로 되는 것을 확인하자. PuTTY Security Alert 창이 나타나면 [예] 버튼을 누른다. PuTTY 설치 및 사용법은 인터넷을 통해 많은 자료가 제공되니 참고하기 바란다.

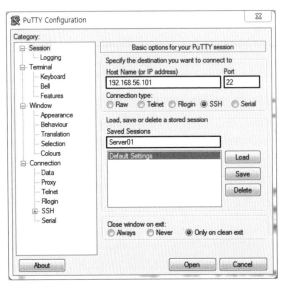

그림 2.55 PuTTY를 통한 Server01 가상 머신에 대한 SSH 접속 환경

03. Server01의 SSH 접속이 잘 되면 이제 Server01의 호스트 정보를 수정한다. 먼저 vi 명령을 통해 hosts 파일을 수정한다.

```
$ vi /etc/hosts
```

기존 내용을 모두 지우고 아래의 내용을 입력한다. "hosts" 파일에는 Server01뿐 아니라 다음에 만들 Server02와 Server03의 IP 및 호스트 정보를 설정하는 것이다. 이때 모두 소문자로 입력해야 한다.

그림 2.56 Server01 가상 머신의 호스트 파일 수정

```
$ vi /etc/sysconfig/network
```

HOSTNAME에 "server01.hadoop.com"을 설정한다.

그림 2.57 Server01 가상 머신의 HOSTNAME 설정

서비스 명령으로 네트워크 설정을 재시작한다.

```
$ service network restart
```

04. Server01의 방화벽 및 기타 커널 매개변수 설정을 위해 아래의 명령을 하나씩 실행한다. 여기서 적용하는 매개변수는 리눅스의 중요 매개변수지만 상세한 설명은 이 책의 범위를 벗어나므로 생략한다. 이러한 운영체제 수준의 설정 값은 프로젝트의 환경에 따라 설정값이 달라질 수 있다. 아래의 내용은 이번 파일럿 프로젝트에 최적화한 설정으로 빠짐없이 실행해 준다.

```
$ vi /etc/selinux/config       # config 파일에서 SELINUX를 "SELINUX=disabled"로 수정
$ service iptables stop        # iptables 중지 명령
$ chkconfig iptables off       # iptables 자동 시작 중지 명령
$ chkconfig ip6tables off      # ip6tables 자동 시작 중지 명령
$ sysctl -w vm.swappiness=100  # vm swappiness 사용 제어 설정
$ vi /etc/sysctl.conf          # sysctl.conf 파일에서 "vm.swappiness=100" 설정을 추가
$ vi /etc/rc.local             # rc.local 파일에서 아래 명령어를 추가
echo never > /sys/kernel/mm/transparent_hugepage/enabled
echo never > /sys/kernel/mm/transparent_hugepage/defrag
$ vi /etc/security/limits.conf # limits.conf 파일에서 아래의 파일 디스크립터 설정을 추가
                        root soft nofile 65536
                        root hard nofile 65536
                        * soft nofile 65536
```

```
                                    * hard nofile 65536
                                    root soft nproc 32768
                                    root hard nproc 32768
                                    * soft nproc 32768
                                    * hard nproc 32768
$ reboot                            # 서버 리부팅
```

가상 머신 복제 _ ⌨ 실습

다소 긴 과정을 통해 빅데이터 파일럿 프로젝트를 수행할 리눅스 서버를 1대(Server01) 구성했다. 하지만 그림 2.11을 보면 파일럿 프로젝트에서는 3대의 빅데이터 서버가 필요하다. 앞으로 2대의 서버를 추가로 만들어야 한다. 나머지 2대는 버추얼 박스의 복제 기능을 이용해 간단히 만들어 보겠다. 아래의 과정을 따라해 보자.

01. Server01 가상 머신 전원 끄기

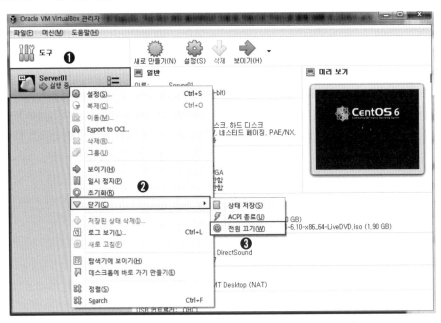

그림 2.58 Server01 가상 머신 끄기

복제 대상인 가상 머신은 반드시 전원을 끄고 복제해야 하며, 복제 작업이 완료될 때까지 Server01 가상 머신을 시작해서는 안 된다. 네트워크 정보가 동일해서 충돌이 발생하고 환경구성의 설정값이 잘못 구성될 수 있다.

02. Server02를 복제하기 위해 아래의 1번~6번의 단계를 순차적으로 수행한다. 이때 3번 이름 항목에는 "Server02"
로 입력하고 [모든 네트워크 카드의 MAC 주소 초기화]를 체크한다. 다음 단계에서 [완전한 복제]를 선택한 후 [복
제] 버튼을 클릭한다. 완료되기까지 몇 분 정도 걸린다.

그림 2.59 Server02 가상 머신의 복제 생성

03. Server02가 정상적으로 복제됐으면 Server02를 선택하고 새로운 Server02 가상 머신을 시작해 보자. Server02
가상 머신 창이 활성화되고 CentOS 리눅스가 부팅되기 시작한다. 부팅이 완료되면 아래의 계정으로 로그인한다.
로그인이 정상적으로 이뤄지면 일단 복제는 잘 된 것이다.

```
$ login : root
$ Password : adminuser
```

04. Server02는 Server01을 복제해서 만들었으므로 모든 정보가 Server01 값으로 설정돼 있다. 먼저 Server02의
MAC 정보와 고정 IP를 수정하자.

```
$ vi /etc/sysconfig/network-scripts/ifcfg-eth0
```

아래 두 곳의 내용을 수정한다. 내용을 자세히 보면 앞서 Serve01의 네트워크 정보가 그대로 남아 있다.

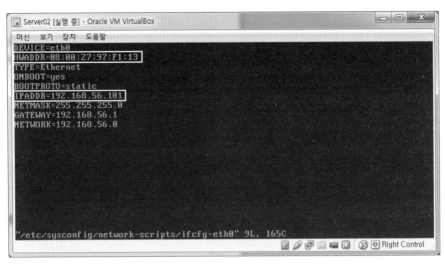

그림 2.60 Server02 가상 머신의 네트워크 설정 1

위 그림의 HWADDR의 설정 값은 Server02 가상 머신의 가상 MAC 주소로 버추얼 박스에서 Server02 → [설정]
→ [네트워크] → [어댑터 2]의 MAC 주소를 두 자리 단위로 잘라서 입력한 것이다. 앞서 Server01 가상 머신 설정
에서도 이와 동일한 작업을 했었다.

다음으로 IPADDR의 주소를 "102.168.56.101"에서 "192.168.56.102"로 수정한다.

- IPADDR=192.168.56.102

CentOS 리눅스가 자동으로 설정한 Server01의 네트워크 룰을 삭제해야 한다. 해당 파일을 열고 자동으로 만들어
진 네트워크 룰을 모두 주석(#) 또는 삭제 처리한다.

```
$ vi /etc/udev/rules.d/70-persistent-net.rules
```

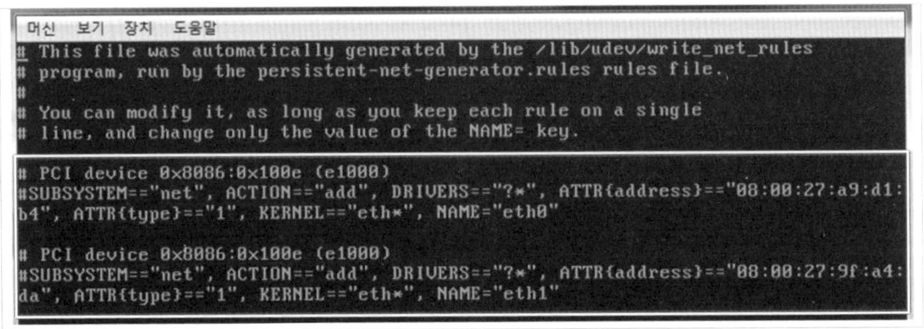

그림 2.61 Server02 가상 머신의 네트워크 설정 2

상황에 따라 그림 2.61보다 더 많은 네트워크 룰이 자동으로 설정돼 있을 것이다. 모두 주석(#) 또는 삭제 처리하자.

05. 새로운 네트워크 정보를 버추얼 박스로부터 할당받아야 하므로 Server02를 종료하고 다시 시작한다.

- 버추얼 박스의 Server02 선택 → [닫기] → [전원 끄기]
- Server02 선택 → [시작]

06. Server02가 정상적으로 시작되면 Server02의 호스트 정보를 수정한다. 먼저 vi 명령을 통해 hosts 파일을 수정한다.

```
$ vi /etc/hosts
```

Server01의 정보가 그대로 남아 있다. 아래의 부분을 "server02"로만 수정한다. 모두 소문자임을 주의한다.

그림 2.62 Server02 가상 머신의 호스트 파일 수정

아래의 파일을 열어 Server02의 호스트명을 수정한다.

```
$ vi /etc/sysconfig/network
```

HOSTNAME을 "server02.hadoop.com"으로 수정한다.

그림 2.63 Server02 가상 머신의 HOSTNAME 수정

네트워크 설정 정보를 재시작하고 운영체제를 리부트한다.

```
$ service network restart
$ reboot
```

07. Server02의 네트워크 설정이 정상적으로 반영됐는지 확인해 보자. 새롭게 설정된 Server02의 IP와 HOSTNAME을 다음 명령어로 하나씩 확인해 본다. 고정 IP인 "192.168.56.102"와 호스트명인 "server02.hadoop.com"이 조회돼야 한다.

```
$ ifconfig eth0
$ hostname
```

08. 고사양의 파일럿 아키텍처의 경우 총 3대의 가상노드가 필요하므로 마지막 Server03 가상 머신을 하나 더 만들어야 한다. Server02 가상 머신을 성공적으로 만들었다면 쉽게 만들 수 있을 것이다. 앞의 1~6단계를 아래의 내용에 주의하며 실행해 준다.

> **저사양 파일럿 환경:** 다음의 Server3 가상 머신 복제 생성을 생략한다.

- Server01 가상 머신을 복제해서 Server03 가상 머신 생성
- /etc/sysconfig/network-scripts/ifcfg-eth0 파일의 IPADDR을 "192.158.56.103"으로 수정
- /etc/sysconfig/network-scripts/ifcfg-eth0 파일의 HWADDR을 복제한 Server03 가상 머신의 MAC 주소로 수정(버추얼 박스에서 Server03 →[설정] → [네트워크] → [어댑터 2]를 차례로 선택)
- /etc/udev/rules.d/70-persistent-net.rules 파일의 네트워크 룰 삭제 또는 주석(#) 처리
- /etc/hosts 파일의 루프백 Alias를 "server03"으로 수정
- /etc/sysconfig/network 파일의 HOSTNAME을 "server03.hadoop.com"으로 수정

09. 가상 머신의 CPU와 메모리 리소스 설정을 파일럿 프로젝트에 맞게 최적화해 보자. 메모리의 경우 아래 표 2.5를 참고해서 본인의 PC 환경에 맞춰 재설정한다. 모든 가상 머신을 종료하고 각 서버(Server01~Server03)의 [설정] → [시스템] → [마더보드]에서 기본 메모리 설정에서 변경할 수 있다.

표 2.5 버추얼 박스의 가상 머신 메모리 할당

설치 PC 환경	Server01	Server02	Server03
저사양 파일럿 아키텍처 CPU: 듀얼코어, 메모리: 8GB(여유 7GB)	3584MB	3072MB	N/A
고사양 파일럿 아키텍처 CPU: i5 이상, 메모리: 16GB(여유 15GB)	5120MB	5120MB	3072MB

10. 마지막으로 Server01, Server02, Server03 가상 머신을 모두 시작하고 PuTTY를 이용해 파일럿 프로젝트를 수행하기 위한 3대의 CentOS 리눅스 서버에 접속해 보자. 참고로 필자는 아래와 같이 PuTTY의 SSH 접속 환경을 구성했다.

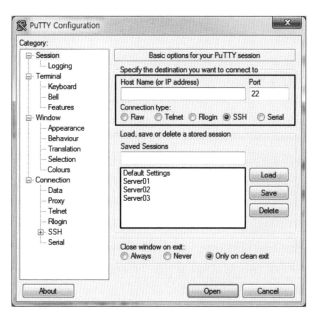

그림 2.64 PuTTY의 가상 머신 접속 환경

Tip _ 빅데이터 인프라 설치 및 구성

앞서 버추얼 박스를 이용해 3대의 가상 머신인 CentOS 리눅스 서버를 만들었고 빅데이터 구축을 위한 분산 환경을 구성했다. 분산 환경을 구성하는 방법은 이처럼 가상 머신을 이용할 수도 있고 실제 물리적인 서버 여러 대를 네트워크 장치로 묶어서 구축할 수도 있다. 좀 더 쉬운 방법으로는 상용 클라우드 서비스를 이용해서 구성하는 방법도 있고, 벤더사가 제공하는 샌드박스 VM을 이용할 수도 있다. 방식이야 어찌됐든 여기서 중요한 것은 빅데이터 파일럿 프로젝트를 수행하기 위해 3대의 분산 서버를 만든 것이다. 다소 번거롭고 복잡한 환경이었지만 빅데이터 인프라를 시작부터 끝까지 직접 구성해 보는 것은, 뒤에 있을 빅데이터 상세 구현 단계를 더 깊이 이해하는 데 많은 도움이 될 것이다. 실제 빅데이터 환경을 구축할 때는 프로젝트의 규모에 따라 수십~수백 대의 x86 서버들이 대규모로 설치되고 10여 개 이상의 빅데이터 오픈소스 소프트웨어들이 복잡하게 설치된다. 이렇다 보니 수작업을 통해 수많은 서버/소프트웨어를 제어하는 데 한계가 발생한다. 이 한계를 극복하기 위한 대안으로 자동화된 소프트웨어 설치/관리 작업툴이 오래전부터 사용되기 시작했다. 관련 소프트웨어로는 Puppet, Ansible, Chef, Ambari, Cloudera Manager, BigTop 등이 있으며, 대규모 인프라스트럭처를 구성하는 데 활용되고 있다. 이 가운데 호튼웍스의 Ambari와 클라우데라 CM(Cloudera Manager)은 좀 더 상위 수준의 빅데이터 전용 설치/환경 구성 툴로서 빅데이터 소프트웨어들을 웹 GUI 환경에서 쉽게 활용할 수 있게 지원한다. 파일럿 프로젝트에서는 클라우데라의 CM을 이용한다.

2.5 빅데이터 클러스터 구성

클라우데라 매니저 설치 _ ⌨ 실습

cloudera manager

CM(Cloudera Manager)은 빅데이터 에코시스템을 쉽게 설치하고 관리해주는 클라우데라의 강력한 빅데이터 시스템 자동화 도구다. 앞으로 파일럿 프로젝트를 진행하면서 필요한 소프트웨어들을 CM을 통해 설치 및 설정하겠다.

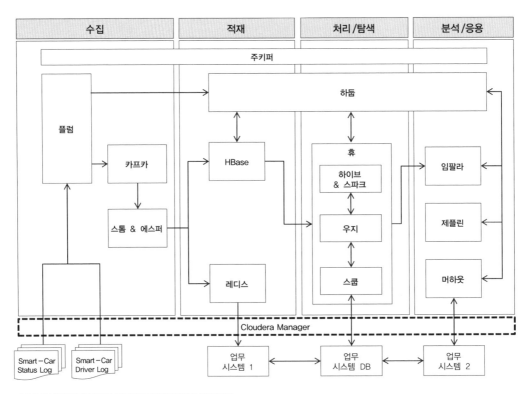

그림 2.65 빅데이터 파일럿 프로젝트 아키텍처에서 CM 영역

그림 2.65는 파일럿 프로젝트의 소프트웨어 아키텍처를 보여준다. 여기서 CM의 논리적인 위치가 빅데이터 전체 레이어에 걸쳐 있는 것을 볼 수 있다. 주요 기능으로 빅데이터 소프트웨어에 대한 프로비저닝, 매니지먼트, 모니터링을 수행할 수 있으며, 이에 대해서는 표 2.6을 참고한다.

표 2.6 CM의 주요 기능 및 설명

CM 주요 기능	설 명
프로비저닝	하둡 에코시스템을 편리하게 설치, 삭제, 수정 관리
매니지먼트	설치한 에코시스템의 설정 변경 및 최적화 지원
모니터링	하드웨어의 리소스 및 설치 컴포넌트의 상태 모니터링/대시보드

01. SSH를 통해 Server01에 root 또는 root 권한을 가진 계정으로 접속한다. 그리고 CM 6.3.1의 설치 정보가 있는 레포 파일을 다운로드한 후 수정/적용하고, JDK 1.8까지 설치한다.

```
$ cd /root
$ wget https://archive.cloudera.com/cm6/6.3.1/redhat6/yum/cloudera-manager.repo
```

다운로드한 cloudera-manager.repo 파일을 yum의 리포지토리 경로로 이동시킨다.

```
$ mv /root/cloudera-manager.repo /etc/yum.repos.d/
```

02. CM 데몬과 서버를 설치한다. 그 전에 JDK 1.8을 설치한다.

yum으로 JDK 1.8을 설치한다. 설치 중에 표시되는 질문에는 모두 yes를 선택한다.

```
$ yum install oracle-j2sdk1.8
```

JDK 설치가 완료되면 이제 CM을 설치한다.

```
$ yum install cloudera-manager-daemons cloudera-manager-server
```

CM 데몬과 서버를 설치하는 중에 표시되는 질문에는 모두 yes를 선택한다. 설치가 완료되기까지는 네트워크 상황에 따라 10분 ~ 30여 분 정도 걸린다.

03. CM의 내부에서 사용하는 DB를 설치한다. 다음 명령으로 PostgreSQL을 설치하고 서비스를 시작한다.

```
$ yum install cloudera-manager-server-db-2
$ service cloudera-scm-server-db start
```

서비스 기동이 완료되면 PostgreSQL 서버의 원격 접근 제한을 다음 절차를 통해 해제한다. vi 명령으로 PostgreSQL의 pg_hba.conf 파일을 열어 오른쪽 그림과 같이 수정한다.

```
$ vi /var/lib/cloudera-scm-server-db/data/pg_hba.
conf
```

2.65.1 PostgreSQL 원격 접근 허용

먼저 81번째 줄(마지막 3번째 줄)에서 "reject"를 "md5"로 변경한다.

▪ **변경 전**: host all cloudera-scm,scm 0.0.0.0/0 reject

- **변경 후:** `host all cloudera-scm,scm 0.0.0.0/0 md5`

두 번째로 마지막 줄에 아래 내용을 추가해 PostgreSQL에 모든 접근을 허용한다.

- `host all all 0.0.0.0/0 trust`

변경된 설정을 반영하기 위해 DB를 재기동한다.

```
$ service cloudera-scm-server-db restart
```

04. 아래의 명령을 통해 CM 서버를 시작하고 상태를 확인해 본다. 개인의 파일럿 PC 환경에 따라 기동 시간이 오래 소요될 수 있다.

```
$ service cloudera-scm-server start
$ service cloudera-scm-server status
```

"cloudera-scm-server is running…" 메시지가 표시되면 정상적으로 구동 중인 것이다.

05. 파일럿 PC 운영체제의 호스트 파일을 수정한다. 여기서는 윈도우 7 기준으로 설명하겠다. 윈도우 7의 메모장에 마우스 오른쪽 버튼을 클릭해 관리자 권한으로 실행한다. 메모장 프로그램이 실행되면 [파일] → [열기]를 통해 아래의 디렉터리로 이동한 후 hosts 파일을 연다. hosts 파일이 보이지 않을 경우 우측 하단의 콤보박스에서 [모든 파일(*.*)]을 선택한다.

C:\Windows\System32\drivers\etc\hosts

그리고 호스트 파일에 다음 내용을 추가한다. 가상 머신에 설치한 3대의 리눅스 서버의 IP/도메인명 정보다.

- 윈도우 7의 hosts 파일에 가상 머신 정보를 추가

  192.168.56.101 server01.hadoop.com

  192.168.56.102 server02.hadoop.com

  192.168.56.103 server03.hadoop.com

참고로 PC에 설치돼 있는 보안 프로그램이 hosts 파일의 수정을 막는 경우가 있다. 이 경우 보안 프로그램을 강제 종료하고 hosts 파일을 수정하면 된다.

06. 이제 크롬 브라우저를 통해 CM이 제대로 설치 및 구동됐는지 확인하기 위해 로그인해보자.

CM 서버가 기동하는 데 약 2~3분의 시간이 걸린다. 접속이 되지 않더라도 아래 URL로 여러 번 접속을 시도해 보기 바란다.

- **접속 URL:** http://server01.hadoop.com:7180
- **사용자 이름:** admin
- **암호:** admin

그림 2.66 CM 웹 관리자 접속 및 로그인

07. 처음 로그인하면 Welcome 페이지가 나타난다. [계속] 버튼을 누르면 아래와 같은 라이선스 동의 화면이 나오는데, 사용 약관에 동의 체크한 후 다음 단계로 진행한다.

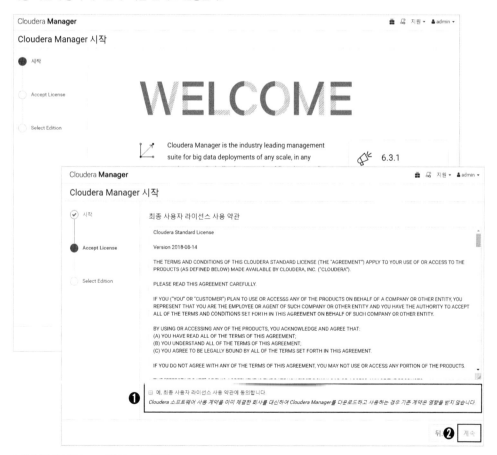

그림 2.67 CM Welcome 및 License 동의

08. 제품의 에디션 선택 화면이 나온다. CM은 기본적으로 Cloudera Express 제품을 무료로 제공하며, 상업용은 Cloudera Enterprise 60일 평가판으로, 60일 뒤에 무료 버전인 Cloudera Express로 자동 전환된다. Cloudera Express 버전을 사용해도 파일럿 프로젝트를 진행하는 데 아무 제약 사항이 없다. 우선 상업용 체험판인 Cloudera Enterprise 체험판을 선택해서 사용해 보자.

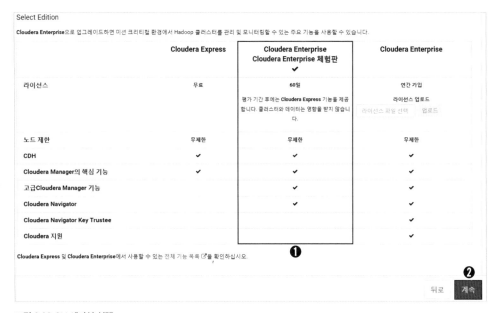

그림 2.68 CM 에디션 선택

09. CM 에디션 선택이 완료되면 클러스터 설치 시작 및 Welcome 페이지가 나타난다. [계속] 버튼을 누르고 클러스터 이름 설정 화면으로 이동한다. 클러스터 이름은 기본 이름인 "Cluster 1"을 그대로 사용하기로 한다. [계속] 버튼을 클릭한다.

그림 2.69 클러스터 이름 설정

여기까지 CM 및 클러스터 설치 준비를 마치고, 다음 파트부터는 CM을 이용해 파일럿 프로젝트에 필요한 빅데이터 소프트웨어를 설치 및 구성해 보겠다. 표 2.7은 파일럿 프로젝트에서 사용 중인 CM 6.3.1 버전에 패키징된 소프트웨어와 버전이다.

표 2.7 Cloudera Manager 6.3.1의 패키징 정보

소프트웨어	버전
Apache Avro	1.8.2
Apache Flume	1.9.0
Apache Hadoop	3.0.0
Apache HBase	2.1.4
HBase Indexer	1.5
Apache Hive	2.1.1
Hue	4.3.0
Apache Impala	3.2.0
Apache Kafka	2.2.1
Kite SDK	1.0.0
Apache Kudu	1.10.0
Apache Solr	7.4.0
Apache Oozie	5.1.0
Apache Parquet	1.9.0
Parquet-format	2.4.0
Apache Pig	0.17.0
Apache Sentry	2.1.0
Apache Spark	2.4.0
Apache Sqoop	1.4.7
Apache ZooKeeper	3.4.5

Tip _ 하둡 배포판

하둡 배포판이란 오픈소스로 공개돼 있는 하둡을 기반으로 특정 기업 또는 조직이 커스터마이징해서 만들어 낸 독자적인 하둡 패키지를 의미한다. 전 세계적으로 가장 유명한 배포판은 클라우데라사의 CDH(Cloudera Distributed Hadoop)와 호튼웍스사의 HDP(Hortonworks Data Platform)가 있다. 이 책의 파일럿 프로젝트에서는 CM(Cloudera Manager)을 이용해 하둡을 설치하므로 CDH 배포판에 포함된 하둡을 설치 및 이용한다.

빅데이터 기본 소프트웨어 설치 – 하둡, 주키퍼 등 기본 구성 _ ⌨ 실습

앞장에 이어서 CM을 이용해 하둡 및 에코시스템을 설치한다. 파일럿 프로젝트를 진행하는 데 필요한 소프트웨어들을 단계적으로 설치하겠다. 이번에는 CM의 기본 환경구성과 하둡, 주키퍼를 우선 설치만 해보고 상세한 설명은 4장에서 다룬다.

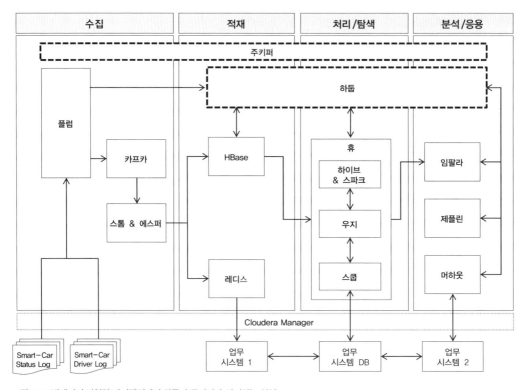

그림 2.70 빅데이터 파일럿 아키텍처에서 하둡과 주키퍼가 차지하는 영역

01. 앞서 설치한 3대의 리눅스 가상 머신에 대한 기본 정보를 Specify Hosts에 등록해야 한다. 아래의 내용을 입력한 후 [검색] 버튼을 클릭해 보자. Server01, Server02, Server03이 모두 정상적으로 실행 중이어야 한다. 기본적으로 SSH는 22번 포트를 사용한다.

> **저사양 파일럿 환경:** 2대의 가상 머신 정보인 Server01, Server02만 입력한 후 검색한다.

Specify Hosts

호스트는 식별할 수 있도록 동일한 호스트 이름(FQDN)으로 지정해야 합니다. Cloudera는 Cloudera Manager Server의 호스트를 포함할 것을 권장합니다. 이 경우 해당 호스트에 대한 상태 모니터링을 사용할 수 있습니다.

그림 2.71 설치할 호스트(Server01 ~ Server03 가상 머신) 검색

02. 아래 그림 2.72처럼 앞서 만들었던 3대의 가상 머신 서버 정보가 검색돼야 한다. 만약 가상 머신 서버 정보가 검색되지 않을 경우에는 앞의 설치 작업들을 다시 한 번 점검해 보기 바란다. [계속] 버튼을 클릭해서 다음 단계로 넘어가자.

그림 2.72 설치 호스트(Server01 ~ Server03 가상 머신) 지정

03. 이제 클러스터를 설치할 단계다. 빅데이터에서 클러스터란 특정 도메인 안에서 하나로 묶여 있는 하둡 세트를 의미한다. 즉, 3대의 가상 머신 리눅스를 이용해 스마트카 빅데이터를 구성하기 위한 논리적인 하둡 그룹을 만드는 것이다. CDH 버전 6.3.2-1이 선택됐는지 확인하고, 추가 Parcel은 모두 '없음'으로 선택한다.

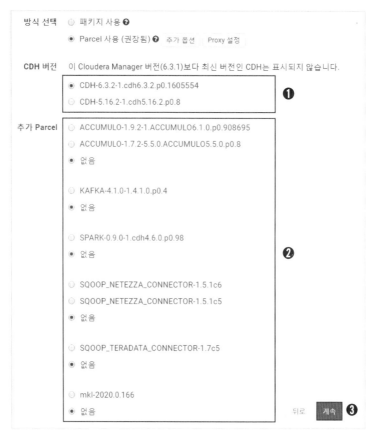

그림 2.73 설치할 CDH 버전 및 추가 Parcel 선택

04. [Oracle Java SE Development Kit(JDK) 설치]에 체크한다.

JDK 설치 옵션

Oracle Binary Code License Agreement for the Java SE Platform Products and JavaFX

ORACLE AMERICA, INC. ("ORACLE"), FOR AND ON BEHALF OF ITSELF AND ITS SUBSIDIARIES AND AFFILIATES UNDER COMMON CONTROL, IS WILLING TO LICENSE THE SOFTWARE TO YOU ONLY UPON THE CONDITION THAT YOU ACCEPT ALL OF THE TERMS CONTAINED IN THIS BINARY CODE LICENSE AGREEMENT AND SUPPLEMENTAL LICENSE TERMS (COLLECTIVELY "AGREEMENT"). PLEASE READ THE AGREEMENT CAREFULLY. BY SELECTING THE "ACCEPT LICENSE AGREEMENT" (OR THE EQUIVALENT) BUTTON AND/OR BY USING THE SOFTWARE YOU ACKNOWLEDGE THAT YOU HAVE READ THE TERMS AND AGREE TO THEM. IF YOU ARE AGREEING TO THESE TERMS ON BEHALF OF A COMPANY OR OTHER LEGAL ENTITY, YOU REPRESENT THAT YOU HAVE THE LEGAL AUTHORITY TO BIND THE LEGAL ENTITY TO THESE TERMS. IF YOU DO NOT HAVE SUCH AUTHORITY, OR IF YOU DO NOT WISH TO BE BOUND BY THE

☐ Oracle Java SE Development Kit(JDK) 설치

Oracle 바이너리 코드 사용권 계약에 동의하고 JDK를 설치하려면 이 상자를 선택하십시오. 현재 설치된 JDK를 사용하려면 선택 취소 상태로 두십시오.

그림 2.74 JDK 사용권 계약 동의

05. [Java Unlimited Strength 암호화 정책 파일 설치]는 체크하지 않고 [계속] 버튼을 클릭한다.

WARNING: This Cloudera offering includes Oracle's Unlimited Strength Java(TM) Cryptography Extension (JCE) Policy Files for the Java(TM) Platform, Standard Edition (Java SE) Runtime Environment. Due to import restrictions of some countries, the version of the JCE Policy Files that are bundled in the Java Runtime Environment, or JRE(TM), allow "strong" but limited cryptography to be used. The Unlimited Strength JCE Policy Files included in this Cloudera offering, however, provides "unlimited strength" policy files which contain no restrictions on cryptographic strengths. Please note that some countries may legally prohibit the import of unlimited encryption strength policy files. You are responsible for determining whether you are subject to legal restrictions on cryptographic strength, and if so, you should not download

☐ Java Unlimited Strength 암호화 정책 파일 설치 ❶

지역법이 Unlimited Strength 암호화 배포를 허용하고 보안 클러스터를 실행하고 있을 경우 이 확인란을 선택하십시오.

뒤로　계속 ❷

그림 2.75 Java 암호화 정책 설치 동의

06. SSH 로그인 설정에서는 암호 입력에 "adminuser"를 입력하고 다음으로 넘어간다.

SSH 로그인 정보를 제공합니다.

Cloudera 패키지를 설치하려면 호스트에 대한 루트 액세스가 필요합니다. 이 설치 관리자는 **SSH**를 통해 호스트에 연결하고 루트로 직접 로그인하거나 암호 없이 **sudo/pbrun** 권한을 가진 다른 사용자로 로그인하여 루트가 됩니다.

모든 호스트를 다음으로　⦿ root
로그인:　　　　　　○ 다른 사용자

위에서 선택한 사용자에 대한 암호 또는 공용 키 인증을 통해 연결할 수 있습니다.

인증 방법:　⦿ 모든 호스트가 동일한 암호 허용
　　　　　○ 모든 호스트가 동일한 개인 키 허용

암호 입력:

암호 확인:　　　　　❶

SSH 포트:　22

동시에 진행하는 설치 수:　10
　　　　　　(많은 설치를 한꺼번에 실행하면 많은 양의 네트워크 대역폭 및 다른 시스템 리소스가 소모됩니다.)

뒤로　계속 ❷

그림 2.76 클러스터 내 SSH 접속 정보 입력

07. 3대의 가상 머신 서버(Server01, Server02, Server03)에 CM의 에이전트가 설치되기 시작한다. CM을 이용해 클러스터를 설치하는 과정에서는 클라우데라사의 설치 서버에 연결해 수 기가바이트 이상의 소프트웨어들을 내려받는 장시간의 작업이 진행된다. 이때 파일럿 PC의 네트워크 환경이 불안정하면 설치 지연 및 실패가 발생할 수 있다. 이 경우 상단의 재시도 버튼이 활성화되거나, 설치 중단 버튼을 클릭해 재시도하는 방법으로 문제 발생 단계부터 재설치 작업을 진행할 수 있다. 여러 차례의 재시도에도 문제가 계속되면 각 서버(Server01~03)별로 한 대씩 재설치하거나, 좀 더 빠른 인터넷망을 이용한다.

그림 2.77 CM 에이전트 및 기본 패키지 설치

3대의 서버에 CM 에이전트 및 기본 패키지 설치가 완료되면 [계속] 버튼이 활성화된다. 버튼을 클릭해 다음 단계로 넘어간다.

08. CDH를 구성하는 Parcel을 3대의 가상 머신 서버에 다운로드 및 배포하는 작업이 진행된다. 작업이 완료 되면 [계속] 버튼을 클릭해서 다음 단계로 넘어간다.

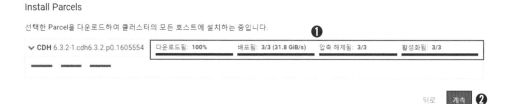

그림 2.78 CM Parcel 설치 및 완료

09. 클러스터 기본 상태를 점검하는 단계다. [Inspect Network Performance], [Inspect Hosts] 버튼을 클릭해 네트워크와 호스트의 구성 상태를 점검할 볼 수 있다. 점검에 문제가 없다면 "I understand the risks, let me continue with cluster setup."을 선택하고 [계속] 버튼을 클릭한다.

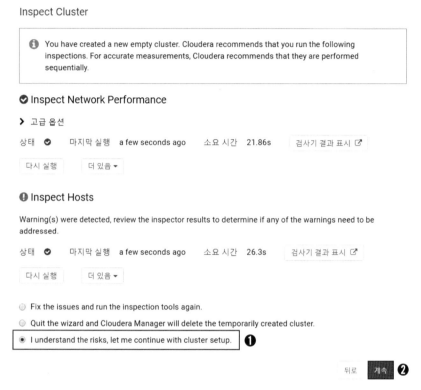

Inspect Cluster

> ℹ️ You have created a new empty cluster. Cloudera recommends that you run the following inspections. For accurate measurements, Cloudera recommends that they are performed sequentially.

✅ Inspect Network Performance

❯ 고급 옵션

상태 ✅   마지막 실행 a few seconds ago   소요 시간 21.86s   검사기 결과 표시 ☑️

다시 실행   더 있음 ▾

❗ Inspect Hosts

Warning(s) were detected, review the inspector results to determine if any of the warnings need to be addressed.

상태 ✅   마지막 실행 a few seconds ago   소요 시간 26.3s   검사기 결과 표시 ☑️

다시 실행   더 있음 ▾

◌ Fix the issues and run the inspection tools again.

◌ Quit the wizard and Cloudera Manager will delete the temporarily created cluster.

◉ I understand the risks, let me continue with cluster setup. ❶

뒤로   계속 ❷

그림 2.79 Inspect Cluster 작업

10. 클러스터 설정 단계다. 3대의 가상 머신 서버에 설치할 하둡 에코시스템을 선택한다. 우선 다음 페이지의 그림 2.80 처럼 [사용자 지정 서비스]를 선택하고 기본 소프트웨어로 HDFS, YARN(MR2 Included), ZooKeeper만 선택한 후 [계속] 버튼을 클릭한다.

Select Services

설치할 서비스 조합을 선택하십시오.

○ **Essentials**

Management and support for Cloudera's distribution including Hadoop.
서비스: HDFS, YARN(MapReduce 2 포함), ZooKeeper, Oozie, Hive 및 Hue

○ **Data Engineering**

Process, develop, and serve predictive models.
서비스: HDFS, YARN(MapReduce 2 포함), ZooKeeper, Oozie, Hive, Hue 및 Spark

○ **Data Warehouse**

The modern data warehouse for today, tomorrow, and beyond.
서비스: HDFS, YARN(MapReduce 2 포함), ZooKeeper, Oozie, Hive, Hue 및 Impala

○ **Operational Database**

Real-time insights for modern data-driven business.
서비스: HDFS, YARN(MapReduce 2 포함), ZooKeeper, Oozie, Hive, Hue 및 HBase

○ **모든 서비스**

Everything you need to become information-driven, with complete use of the platform.
서비스: HDFS, YARN(MapReduce 2 포함), ZooKeeper, Oozie, Hive, Hue, HBase, Impala, Solr, Spark 및 Key-Value Store Indexer

◉ **사용자 지정 서비스** ❶

보유한 서비스를 선택하십시오. 선택한 서비스에 필요한 서비스가 자동으로 포함됩니다. Flume은 초기 클러스터를 설정한 후에 추가할 수 있습니다.

	서비스 유형	설명
☐	**H HBase**	**Apache HBase**는 대규모 데이터 세트에 임의의 실시간 읽기/쓰기 액세스를 제공합니다(HDFS와 ZooKeeper 필요).
☑	**HDFS** ❷	**Apache HDFS(Hadoop Distributed File System)**는 Hadoop 애플리케이션이 사용하는 기본 스토리지 시스템입니다. HDFS는 데이터 블록에 대한 여러 개의 복제본을 생성하고 이를 클러스터 전반에 걸쳐 컴퓨팅 호스트에 배포하여 안정적이고 매우 빠른 계산을 지원합니다.
☐	**Hive**	Hive는 SQL과 유사한 언어인 HiveQL을 제공하는 데이터 웨어하우스 시스템입니다.
☐	**Hue**	Hue는 CDH(Cloudera Distribution Including Apache Hadoop)에서 작동하는 GUI(그래픽 사용자 인터페이스)입니다(HDFS, MapReduce, Hive 필요).
☐	**Impala**	Impala에서는 HDFS 및 HBase에 저장된 데이터에 대해 실시간 SQL 쿼리 인터페이스를 제공합니다. Impala에는 Hive 서비스가 필요하며 Hue와 Hive Metastore를 공유합니다.
☐	**Isilon**	EMC Isilon is a distributed filesystem.
☐	**Kafka**	Apache Kafka is publish-subscribe messaging rethought as a distributed commit log.
☐	**Key-Value Store Indexer**	Key-Value Store Indexer는 HBase에 포함된 테이블 안의 데이터의 변경 사항을 수신 대기하고 Solr을 사용하여 인덱싱합니다.
☐	**Kudu**	Kudu is a true column store for the Hadoop ecosystem.
☐	**Oozie**	Oozie는 클러스터의 데이터 처리 작업을 관리하는 워크플로우 조정 서비스입니다.
☐	**Solr**	Solr은 HDFS에 저장된 데이터를 인덱싱 및 검색하는 배포 서비스입니다.
☐	**Spark**	Apache Spark is an open source cluster computing system. This service runs Spark as an application on YARN.
☑	**YARN (MR2 Included)** ❸	YARN이라고도 하는 MRv2(Apache Hadoop MapReduce 2.0)는 MapReduce 애플리케이션을 지원하는 데이터 계산 프레임워크입니다(HDFS 필요).
☑	**ZooKeeper** ❹	Apache ZooKeeper는 구성 데이터를 유지하고 동기화하는 중앙 집중식 서비스입니다.

그림 2.80 CM을 이용한 소프트웨어 선택 설치

11. 클러스터 설정 단계에서는 HDFS, Cloudera Managed Service, YARN, Zookeeper에 대한 설치 위치를 지정한다. 먼저 HDFS 관련 설정을 그림 2.81처럼 선택한다. 콤보박스를 선택하면 설치 서버의 위치를 바꾸는 창이 활성화된다. HttpFS, NFS Gateway는 파일럿 환경에서 사용하지 않으므로 설치하지 않는다.

- **NameNode:** Server01 선택

- **SecondaryNameNode:** Server01 선택

- **Balancer:** Server01 선택

- **HttpFS:** 미설치

- **NFS Gateway:** 미설치

- **DataNode:** Server02, Server03 선택

파일럿 환경의 H/W, S/W 설치 구성은 개인의 PC 환경에 최적화되어 진행되므로 대규모 빅데이터 환경과는 매우 상이하다. 실제 운영 환경은 H/W 장애와 분산 S/W의 특성을 고려해 대규모 분산환경으로 구성된다는 점을 참고하기 바란다.

> **저사양 파일럿 환경:** DataNode 선택 시 Server02 하나만 선택한다.

HDFS

NameNode × 1 새로 만들기	SecondaryNameNode	Balancer	HttpFS
server01.hadoop.com	호스트 선택 ▾	호스트 선택 ▾	호스트 선택

NFS Gateway	DataNode × 2 새로 만들기
호스트 선택	server[02-03].hadoop.com ▾

그림 2.81 CM을 이용한 소프트웨어 설치 – HDFS

12. 그림 2.82는 Cloudera Management Service 설치 위치가 지정된 모습이다. 모두 Server03으로 선택하며, Active Monitor와 Telemetry Publisher는 설치하지 않는다.

- **Service Monitor:** Server03 선택

- **Active Monitor:** 미설치

- **Host Monitor:** Server03 선택

- **Report Manager:** Server03 선택

- **Event Server:** Server03 선택

- **Alert Publisher:** Server03 선택

- **Telemetry Publisher:** 미설치

> **저사양 파일럿 환경:** Cloudera Management Service의 설치 위치를 모두 Server01로 선택한다.

Cloudera Management Service

Service Monitor × ...	Activity Monitor	Host Monitor × 1 새로 만들기	Reports Manager × ...
server03.hadoop.com ▾	호스트 선택	server03.hadoop.com ▾	server03.hadoop.com ▾

Event Server × 1 새로 만들기	Alert Publisher × 1 새로 만들기	Telemetry Publisher
server03.hadoop.com ▾	server03.hadoop.com ▾	호스트 선택

그림 2.82 CM을 이용한 소프트웨어 설치 – Cloudera Management Service

13. YARN(MR2 Included)에 ResourceManager, JobHistory Server는 Server01로 선택하고 NodeManager는 "DataNode로 저장"을 선택한다.

- **ResourceManager:** Server01 선택
- **JobHistory Server:** Server01 선택
- **NodeManager:** "DataNode로 저장" 선택

YARN (MR2 Included)

### ResourceManager × ...	### JobHistory Server × ...	### NodeManager × 2 새로 만들기
server01.hadoop.com	server01.hadoop.com	DataNode(으)로 저장 ▾

그림 2.83 CM을 이용한 소프트웨어 설치 – YARN(MR2 Included)

14. 마지막으로 주키퍼는 Server02에 설치한다. 클러스터 설정 작업이 끝났으면 [계속] 버튼을 누른다.

- **Server:** Server02 선택

역할 할당 사용자 지정

여기에서 새 서비스에 대한 역할 할당을 사용자 지정할 수 있지만 단일 호스트에 너무 많은 수의 역할을 할당하는 등 올바르지 않게 할당할 경우, 성능이 저하될 수 있습니다.

역할 할당을 호스트별로 볼 수도 있습니다. [호스트별로 보기]

🧍 Server × ...
server02.hadoop.c...

그림 2.84 CM을 이용한 소프트웨어 설치 – ZooKeeper

15. 소프트웨어 배치를 완료하면 데이터베이스 설정 화면이 나오는데 기본값인 [내장 데이터베이스 사용]이 선택된 상태에서 [테스트 연결] 버튼을 누른다. 특별한 문제가 없으면 성공 메시지가 표시될 것이다. 다음으로 [계속] 버튼을 클릭한다.

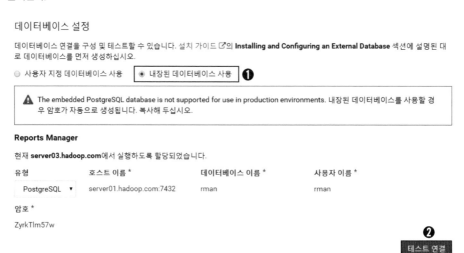

데이터베이스 설정

데이터베이스 연결을 구성 및 테스트할 수 있습니다. 설치 가이드 ☑의 **Installing and Configuring an External Database** 섹션에 설명된 대로 데이터베이스를 먼저 생성하십시오.

○ 사용자 지정 데이터베이스 사용   ◉ 내장된 데이터베이스 사용 **❶**

⚠ The embedded PostgreSQL database is not supported for use in production environments. 내장된 데이터베이스를 사용할 경우 암호가 자동으로 생성됩니다. 복사해 두십시오.

Reports Manager

현재 **server03.hadoop.com**에서 실행하도록 할당되었습니다.

유형	호스트 이름 *	데이터베이스 이름 *	사용자 이름 *
PostgreSQL ▾	server01.hadoop.com:7432	rman	rman

암호 *

ZyrkTlm57w

❷ [테스트 연결]

그림 2.85 CM을 이용한 소프트웨어 설치 – 데이터베이스 설정

16. 클러스터 설정의 변경 내용 검토창이 나타난다. 해당 설정은 뒤에서 필요에 따라 재구성할 것이다. 여기서는 내용만 확인하고 넘어간다. [계속] 버튼을 클릭한다.

17. 마지막으로 지정된 위치에 빅데이터 소프트웨어들이 설치되기 시작하고, 그림 2.86처럼 설치가 완료되면 하단의 [계속] 버튼을 클릭해서 다음으로 넘어간다. 가끔 HDFS 서비스 시작 단계에서 실패하는 경우가 있는데, 이때는 상단의 [재시작] 버튼을 눌러서 클러스터 설정을 재시도한다.

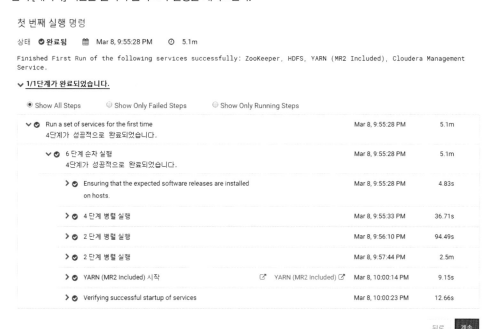

그림 2.86 CM을 이용한 소프트웨어 설치 – 설치 실행

18. 클러스터 설정 완료 및 요약 메시지 창이 나타난다. [완료] 버튼을 클릭한다.

그림 2.87 CM을 이용한 소프트웨어 설치 – 설치 완료

CM 메인 화면이 나타난다. CM의 기능 하나하나를 설명하는 것은 이 책의 범위를 벗어나므로 생략한다. CM은 생각보다 한글화가 잘 돼 있어 조금만 사용하다 보면 CM 기능에 쉽게 익숙해질 것이다.

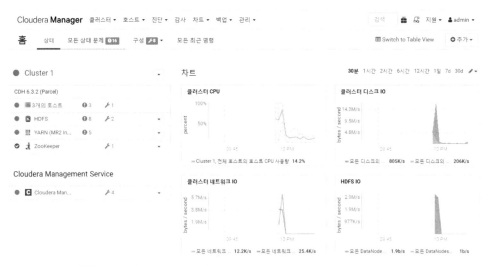

그림 2.88 CM을 이용한 소프트웨어 설치 – Cluster1의 홈 화면

Tip _ CM 리소스 모니터링

CM에서는 각 서버의 리소스(CPU, 메모리, 디스크, I/O 등)와 설치된 소프트웨어(하둡, 주키퍼 등)를 모니터링하면서 현재 상태값을 보여준다. 색깔에 따라 양호(초록), 주의(노랑), 불량(빨강)으로 분류되며, CM의 에이전트(Agent)가 지속적으로 체크하면서 상태값을 업데이트한다. 불량으로 표시돼도 해당 서버 또는 소프트웨어가 정지 상태가 아니라면 파일럿 프로젝트를 진행하는 데 문제는 없다.

추가적으로 개발 PC를 리부팅했거나, 오라클 버추얼 박스를 종료해서 CM이 강제 종료될 경우 클러스터(Cluster)와 클라우데라 관리 서비스(Cloudera Management Service)가 불안정한 상태로 시작되어 모니터링 상태도 알 수 없음으로 표시된다. 이럴 땐 CM 홈에서 Cluster1 우측의 콤보박스를 선택해서 중지시킨 다음 Cluster1을 다시 시작한다. 클라우데라 관리 서비스 또한 같은 방법으로 재시작한다. 다소 불편한 작업이지만 365일 가동될 수 없는 개인의 파일럿 환경임을 감안하자.

> **저사양 파일럿 환경:** Cloudera Management Service 기능을 모두 정지한다.
>
> - 앞으로 프로젝트를 진행하면서 저사양 PC 환경에서는 리소스 부족 현상이 자주 발생한다. 원활한 파일럿 프로젝트 진행을 위해 Cloudera Management Service의 모니터링 기능은 그림 2.88까지만 확인하고 정지시킨다. 고사양 PC 환경에서도 리소스 부족 현상이 발생하면 Cloudera Manager Service를 정지한다.
> - Cloudera Management 서비스: CM의 홈 → [Cloudera Management Service] → [정지]

DataNode 추가 및 환경 설정 _ ⌨ 실습

이번에는 CM을 통해 하둡의
데이터노드를 추가해서 CM
의 기능에 좀 더 친숙해져 보
자. 앞서 CM을 설치하고 하
둡, 주키퍼를 설치했다. CM
홈 상단의 [호스트] → [모
든 호스트] 메뉴를 클릭하고,
Server01~Server03 각각의
[Roles]라는 메뉴를 선택하
면 아래 그림 2.89와 같이 각
서버에 설치돼 있는 소프트
웨어 목록이 보일 것이다.

그림 2.89 CM의 호스트 정보 보기

이 가운데 Server02와 Server03에 데이터노드(DataNode) 1, 2가 각각 설치돼 있는데, 이는 하둡
에서 실제 데이터가 저장되고 분석 작업을 담당하는 서버다. 하둡은 이 데이터노드의 개수를 증가시
켜 성능에 대한 선형적 확장을 보장한다. 하둡 1.x에서는 데이터노드를 최대 4,000개까지 확장 가
능하며, 하둡 2.x부터는 최대 10,000개까지 확장할 수 있다. 여기서 CM을 통해 데이터노드를 하나
더 추가해서 3개로 늘려보겠다.

01. CM 홈에서 [HDFS] 메뉴 우측의 콤보박스를 클릭한 후 [역
할 인스턴스 추가] 메뉴를 선택한다.

┌─────────────────────────────┐
│ **저사양 파일럿 환경**: 다음의 데이터 노 │
│ 드 추가 작업을 생략한다. │
└─────────────────────────────┘

그림 2.90 하둡 데이터노드 추가 – 역할 인스턴스 추가

02. [역할 할당 사용자 지정] 화면에서 데이터노드를 지정하기 위해 데이터 노드의 콤보박스를 선택한 후 [사용자 지정]을 선택한다. 그럼 3대의 서버 목록이 표시되고 "server01.hadoop.com"의 항목에도 체크박스를 선택한 후, [확인] 버튼을 클릭한다. 그리고 추가 설정 화면은 기본 상태로 두고, [계속] → [완료] 버튼을 클릭해 설정을 완료한다.

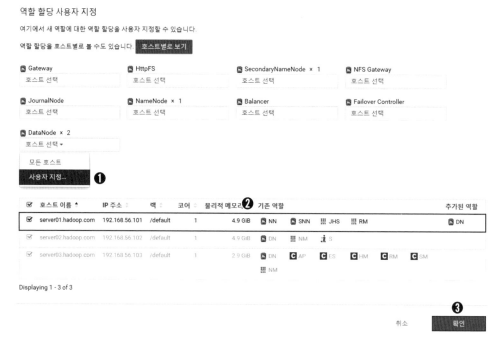

그림 2.91 하둡 데이터노드 추가 – 설치할 호스트 위치 지정

03. 변경 내용 검토 화면에서는 기본 설정값을 유지하고, [완료] 버튼을 눌러 설정을 완료한다.

04. 아래 그림과 같이 Server01에 추가된 데이터노드를 선택한 후 [선택된 작업] → [시작]을 차례로 선택해 데이터노드를 실행한다. 추가된 Server01의 데이터노드도 정상적으로 활성화된 것을 확인할 수 있다.

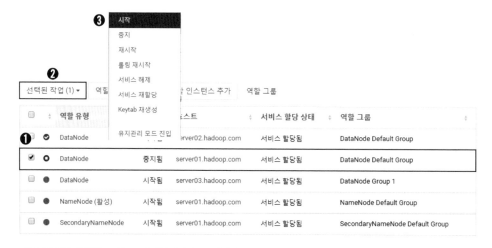

그림 2.92 하둡 데이터노드 추가 – 추가한 데이터노드 재시작

05. 파일럿 환경에서 데이터 노드는 2개 정도면 충분하다. 앞에서 추가한 Server01의 DataNode는 자원 관리 차원에서 삭제해도 좋다. DataNode를 삭제하려면 다시 CM 홈으로 가서 [HDFS] 메뉴 우측의 콤보박스를 클릭한 후 [인스턴스] 메뉴를 선택한다. 인스턴스 관리 화면이 나타나면 Server01에 설치했던 DataNode를 선택하고 상단의 [선택된 작업]에서 [중지] 메뉴를 클릭한다. 중지가 완료되면 다시 Server01의 DataNode를 선택하고, 상단의 [선택된 작업]에서 [삭제] 메뉴를 클릭한다.

계속해서 파일럿 프로젝트 환경에 맞게 하둡 클러스터를 최적화해보자.

HDFS 복제 계수 설정 _ ⌨ 실습

하둡에서 원본 파일을 저장하면 안정성을 위해 2개의 복제본(Replica)을 추가로 생성해 총 3개의 파일이 만들어진다. 이때 Replica-Factor가 하둡의 백그라운드 기능으로 작동하는데, 파일럿 프로젝트에서는 복제 계수를 2로만 설정해도 크게 문제가 되지 않는다. 아래의 복제 계수 설정을 통해 리소스를 최대한 절약하자.

> **저사양 파일럿 환경**: 복제 계수를 1로만 설정한다.

그림 2.93 하둡의 HDFS 구성 정보 설정 – 복제 계수 변경

CM의 홈 메뉴에서 [HDFS]를 선택한 후 [구성]을 선택한다. 검색란에서 "복제 계수"를 입력하고 후 엔터 키를 치면 복제 계수 입력창이 나타난다. 이곳에서 계수값을 3에서 2로 수정한 후 [변경 내용 저장] 버튼을 클릭해 저장한다.

- **복제 계수 변경**: 3 → 2

Tip _ 복제 계수 증가로 분석 성능 향상

앞서 복제 계수를 줄이는 것과는 반대로 하둡에 이미 저장돼 있는 특정 파일에 대해 복제 계수를 강제로 증가시킬 수 있다. 그러면 여러 데이터노드에 복제 파일이 분산 저장되어 분석 작업 시 로컬리티와 병렬성을 높여 성능을 극대화할 수 있다.

예를 들어, 다음 명령을 통해 /user/hadoop 하위 경로의 모든 파일의 복제계수를 10으로 조정 할 수 있다.

- hadoop fs -setrep 10 -R /user/hadoop/

HDFS 접근 권한 해제 _ ⌨ 실습

두 번째 설정으로 다시 CM의 홈 메뉴에서 [HDFS]를 선택한 후 [구성]을 선택한다. 검색란에서 "HDFS 권한 검사"라고 입력한 후 엔터 키를 치면 HDFS 권한 검사 설정창이 나타난다. 체크박스에서 체크된 설정 값을 체크 해제해서 하둡 파일시스템에 대한 접근 권한을 해제한다. 상단의 [변경 내용 저장] 버튼을 눌러 설정을 저장한다. 권한 검사를 해제하는 것은 테스트 환경을 고려한 설정으로 실제 프로젝트에서는 계정별로 접근 권한을 명확히 분리해서 적용한다.

- HDFS 권한 검사: 해제

HDFS 블록 크기 변경 _ ⌨ 실습

HDFS의 블록 크기를 128MB에서 64MB로 조정해 보자. 파일럿 프로젝트에서 수집/적재하는 최대 파일의 크기는 110MB로 HDFS의 기본 블록 크기인 128MB보다 작다. 하둡은 기본 블록 크기보다 작은 파일 처리 시 효율성이 떨어진다. 파일럿 환경에 맞춰 기본 블록 크기를 64MB로 설정해 HDFS의 블록 수를 늘리고 분산율을 높인다. CM의 홈 메뉴에서 [HDFS]를 선택한 후 [구성]을 선택한다. 검색란에서 "HDFS 블록 크기"라고 입력한 후 엔터 키를 치면 128MB로 설정된 HDFS의 블록 크기가 검색된다. 이 크기를 "128"에서 "64"로 변경한다. [변경 내용 저장] 버튼을 클릭해 설정을 저장한다.

- HDFS 블록 크기 변경: 128 → 64

YARN 스케줄러와 리소스매니저의 메모리 설정 _ ⌨ 실습

YARN 스케줄러와 리소스매니저의 메모리 크기를 증가시킨다. CM의 홈 메뉴에서 [YARN (MR2 Included)] → [구성]을 차례로 선택한다. 검색란에서 "yarn.scheduler.maximum-allocationmb"라고 입력한 후 엔터 키를 치면 [최대 컨테이너 메모리] 설정창이 나타난다. "1.5" GiB를 입력하고 [변경 내용 저장] 버튼을 누른다.

- **YARN 스케줄러 메모리 변경**: 1 → 1.5

CM의 홈 메뉴에서 [YARN (MR2 Included)] → [구성]을 차례로 선택하고, 검색란에서 "yarn. nodemanager.resource.memory-mb"라고 입력한 후 엔터 키를 치면 [컨테이너 메모리] 설정창이 나타난다. "5" GiB를 입력하고 [변경 내용 저장] 버튼을 누른다.

- **리소스매니저 메모리 변경**: 1 → 5

YARN 스케줄러 변경 _ ⌨ 실습

마지막 설정으로 YARN의 작업 스케줄러를 변경한다. 하둡에서 잡(Job)이 실행될 때는 YARN의 스케줄러가 분산 데이터노드의 리소스를 고려해 잡을 스케줄링한다. 이때 스케줄링 알고리즘을 하둡 클러스터 환경에 따라 선택 및 변경할 수 있다.

CM의 홈 메뉴에서 [YARN (MR2 Included)] → [구성]을 차례로 선택한다. 검색란에서 "Scheduler 클래스"라고 입력한 후 엔터 키를 치면 YARN의 스케줄러 설정창이 활성화된다. 기존 "FairScheduler"에서 "FIFOScheduler"로 변경한다.

- **변경 전**: org.apache.hadoop.yarn.server.resourcemanager.scheduler.fair.FairScheduler
- **변경 후**: org.apache.hadoop.yarn.server.resourcemanager.scheduler.fifo.FifoScheduler

참고로 변경 전인 FairScheduler가 FIFOScheduler를 보완해 만들어진 좀 더 개선된 스케줄러다. 하지만 컴퓨팅 파워가 부족한 파일럿 환경에서는 FairScheduler를 사용할 경우 작업 간에 리소스 경합이 발생해 병목 현상이 자주 발생한다. 그러므로 개인의 PC를 이용한 파일럿 환경이라면 반드시 FIFOScheduler로 바꾸어 사용한다.

위 설정들을 최종적으로 반영하려면 클러스터를 재시작해야 하는데, CM의 홈으로 이동해서 [Cluster 1]을 선택한 후, 우측 상단의 [작업] 콤보박스에서 [재시작]을 클릭한다. 클러스터 재시작 확인 창이 나타나고 [확인] 버튼을 클릭하면 클러스터 전체가 재시작된다.

추가로 재시작이 완료된 후, CM 홈 메뉴의 [HDFS] 우측의 클라이언트 구성 배포 아이콘이 그림 2.94처럼 활성화돼 있는데, 이를 클릭하면 클라이언트 구성 배포 화면으로 이동한다. 우측 하단의 [클라이언트 구성 배포] 버튼을 클릭하면 변경된 설정값이 관련 클라이언트들에 적용된다(구성을 배포하기 전 재시작이 필요하면 [이전 서비스 재시작] 버튼이 활성화된다. 재시작 버튼을 클릭하면 [클라이언트 구성 재배포]를 체크하고 하단의 [지금 재시작] 버튼을 클릭해야 한다).

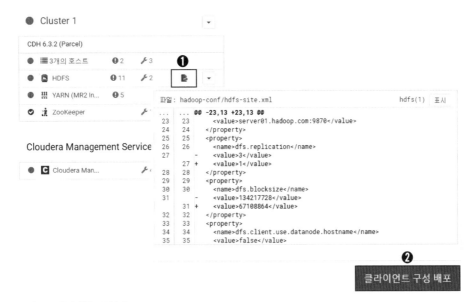

그림 2.94 클라이언트 구성 배포

HDFS 명령을 이용한 설치 확인 _ 🎹 실습

빅데이터 시스템의 핵심인 하둡 설치와 관련된 환경 설정도 마쳤다. 그럼 하둡의 CLI 명령을 이용해 기본적인 HDFS 작업을 해보고 하둡이 정상적으로 설치됐는지 여부를 점검해 보자.

파일럿 프로젝트를 진행하는 중에 사용될 주요 예제와 소스코드는 위키북스 홈페이지[1]의 [예제 코드] 탭이나 이 책의 깃허브 저장소[2]에서 내려받을 수 있다.

- 파일럿 PC의 C 드라이브에 "예제소스"라는 폴더를 만들어 다운로드한 예제 소스를 복사해 놓는다.
  - 저장소 URL: https://github.com/wikibook/bigdata2nd
  - 우측 중앙의 [Clone or download] 버튼을 클릭한 후, [Download ZIP] 클릭

다운로드한 ZIP 파일의 압축을 풀면 "bigdata2nd-master"라는 폴더가 생긴다. 파일럿 PC의 C 드라이브에 "예제소스"라는 폴더를 만들어 다운로드한 예제 소스를 복사해 놓는다.

- C://예제소스/bigdata2nd-master

---

1 http://wikibook.co.kr/bigdata2nd

2 https://github.com/wikibook/bigdata2nd

다운로드한 예제 소스를 이용해 다음 실습을 하나씩 진행해 보자.

- **샘플 파일 업로드**
    - 파일질라 FTP 클라이언트 실행
    - Server02에 SFTP 접속

        호스트: server02.hadoop.com

        사용자명: bigdata

        비밀번호: bigdata

        포트: 22

        [빠른연결] 버튼 클릭
    - C://예제소스/bigdata2nd-master/CH02/Sample.txt 파일을 Server02의 /home/bigdata/ 경로에 업로드

- **HDFS에 파일 저장**

    먼저 Server02에 SSH 접속을 하고 업로드한 샘플 파일이 있는 위치로 이동해서 HDFS의 put 명령을 실행한다.

    - PuTTY 프로그램 실행
    - Server02에 root 계정으로 SSH 접속

        ```
        $ cd /home/bigdata
        $ hdfs dfs -put Sample.txt /tmp
        ```

    Sample.txt 파일이 HDFS의 /tmp 디렉터리로 저장된다.

- **HDFS에 저장한 파일 확인**

    ```
    $ hdfs dfs -ls /tmp
    ```

    앞서 /tmp 디렉터리에 저장한 "Sample.txt" 파일의 목록이 조회된다.

- **HDFS에 저장한 파일 내용 보기**

    ```
    $ hdfs dfs -cat /tmp/Sample.txt
    ```

    "Sample.txt" 파일의 내용을 보여준다.

- **HDFS에 저장한 파일 상태 확인**

    ```
    $ hdfs dfs -stat '%b %o %r %u %n' /tmp/Sample.txt
    ```

    파일 크기(%b), 파일 블록 크기(%o), 복제 수(%r), 소유자명(%u), 파일명(%n) 정보를 보여준다.

- **HDFS에 저장한 파일의 이름 바꾸기**

    ```
    $ hdfs dfs -mv /tmp/Sample.txt /tmp/Sample2.txt
    ```

    기존 파일명인 "Sample.txt"를 "Sample2.txt"로 변경한다.

- **HDFS의 파일 시스템 상태 검사**

```
$ hdfs fsck /
```

전체 크기, 디렉터리 수, 파일 수, 노드 수 등 파일 시스템의 전체 상태를 보여준다.

```
$ hdfs dfsadmin -report
```

하둡 파일시스템의 기본 정보 및 통계를 보여준다.

Tip _ HDFS 파일의 비정상 상태

HDFS 점검 명령을 실행할 때 하둡의 파일시스템에 문제가 발생할 경우 "CORRUPT FILES", "MISSING BLOCKS", "MISSING SIZE", "CORRUPT BLOCKS" 등의 항목에 숫자가 표기된다. 이 같은 상태가 지속되면 하둡은 물론 HBase, 하이브 등에 부분적인 장애가 발생할 수 있다. 특히 강제 셧다운이 빈번하고 리소스가 부족한 테스트 환경에서 자주 발생할 수 있는 현상이다. 원래 HDFS는 비정상적인 파일 블록을 발견할 경우 다른 노드에 복구하려고 시도하며, 다음과 같이 사용자가 직접 삭제/이동 명령으로 조치할 수 있다.

안전 모드 상태로 전환됐다면 강제로 안전 모드를 해제한다.

```
$ hdfs dfsadmin -safemode leave
```

손상된 파일을 강제로 삭제한다.

```
$ hdfs fsck / -delete
```

손상된 파일을 /lost + found 디렉터리로 옮긴다.

```
$ hdfs fsck / -move
```

- **HDFS에 저장된 파일을 로컬 파일시스템으로 가져오기**

```
$ hdfs dfs -get /tmp/Sample2.txt
```

그럼 로컬의 /home/bigdata 디렉터리에 Sample2.txt 파일이 생성된다.

- **HDFS의 저장한 파일 삭제(휴지통)**

```
$ hdfs dfs -rm /tmp/Sample2.txt
```

삭제 명령을 실행하면 우선 휴지통에 임시 삭제되며, 복구가 가능하다. 휴지통으로 임시 삭제된 파일은 특정 시간(24시간, CDH 기준)이 지나면 자동으로 완전 삭제된다. 휴지통에 임시 삭제가 필요 없을 때는 -skipTrash 옵션을 이용한다.

앞서 소개한 HDFS 명령 외에도 다양한 명령어가 있다. 인터넷 또는 관련 책을 참고해서 유용한 HDFS 명령들을 알아두기 바란다.

주키퍼 클라이언트 명령을 이용한 설치 확인 _ ⌨ 실습

이번에는 주키퍼의 클라이언트 명령을 이용해 주키퍼의 정상 작동 여부를 간단히 점검해 보자.

- PuTTY 프로그램 실행
- Server02에 root 계정으로 SSH 접속
- zookeeper-client 실행

  Server02에 root 계정으로 로그인한 후 다음 명령을 실행한다.

  ```
  $ zookeeper-client
  ```

- 주키퍼 Z노드 등록/조회/삭제

  주키퍼의 Z노드 생성과 조회, 삭제가 정상적으로 수행되는지 확인한다.

  ```
  $ [zk: localhost:2181(CONNECTED) 0]: create /pilot-pjt bigdata
  $ [zk: localhost:2181(CONNECTED) 0]: ls /
  $ [zk: localhost:2181(CONNECTED) 0]: get /pilot-pjt
  $ [zk: localhost:2181(CONNECTED) 0]: delete /pilot-pjt
  ```

2.6 스마트카 로그 시뮬레이터

이번 파일럿 프로젝트의 주제는 2.1장에서 소개했듯이 스마트카의 빅데이터 분석이었다. 실제 스마트카로부터 로그를 수집할 수 있는 환경이 필요하겠지만 이 책에서는 스마트카를 시뮬레이션할 수 있는 스마트카 로그 시뮬레이터를 사용하겠다.

로그 시뮬레이터 설치 _ ⌨ 실습

01. Server02에 스마트카 로그 시뮬레이터를 설치한다. 우선 Server02에 파일럿 프로젝트를 위한 작업 폴더를 만든다. root 계정으로 Server02에 로그인해 다음 명령들을 실행한다.

    ```
    $ cd /home
    $ mkdir /home/pilot-pjt
    $ mkdir /home/pilot-pjt/working
    $ mkdir /home/pilot-pjt/working/car-batch-log
    $ mkdir /home/pilot-pjt/working/driver-realtime-log
    $ chmod 777 -R /home/pilot-pjt
    ```

    참고로 mkdir 명령에 옵션(-p)을 주면 작업 폴더를 한 번에 생성할 수 있다.

02. 이제 자바 컴파일과 실행 환경을 1.7에서 1.8로 변경한다. 아래의 명령을 통해 /usr/bin의 심볼릭 링크를 재설정한다.

```
$ rm /usr/bin/java
$ rm /usr/bin/javac
$ ln -s /usr/java/jdk1.8.0_181-cloudera/bin/javac /usr/bin/javac
$ ln -s /usr/java/jdk1.8.0_181-cloudera/bin/java /usr/bin/java
```

(파일럿 환경에서는 Java 1.8.x 버전을 표준으로 사용한다. 하지만 자바 버전은 설치 시점에 따라 1.8 버전을 설치했어도 1.8 뒤에 붙는 서브 버전이 달라질 수 있다. 서브 버전이 상이해도 파일럿 프로젝트 실습에 크게 문제되지는 않는다.)

03. 자바 환경의 버전 정보인 "java version 1.8.0_181"을 확인한다.

```
$ java -version
```

04. 자바로 만들어진 스마트카 로그 시뮬레이터 프로그램을 Server02에 업로드한다. 로그 시뮬레이터인 bigdata.smartcar.loggen-1.0.jar 파일을 FTP 클라이언트를 이용해 다음 URL로 업로드한다.

- 파일질라 FTP 클라이언트 실행
- Server02에 SFTP 접속

  호스트: server02.hadoop.com/home/pilot-pjt/working
  사용자명: root
  비밀번호: adminuser
  포트: 22
  [빠른연결] 버튼 클릭

- C://예제소스/bigdata2nd-master/CH02/bigdata.smartcar.loggen-1.0.jar 파일을 /home/pilot-pjt/working에 업로드

05. 업로드한 스마트카 로그 시뮬레이터를 실행한다. 로그 시뮬레이터에는 두 개의 메인 자바 프로그램이 있는데, 첫 번째는 스마트카 운전자의 운행 정보를 실시간으로 발생시키는 DriverLogMain.java이고, 두 번째는 스마트카의 상태 정보를 주기적으로 발생시키는 CarLoginMain.java다. 먼저 스마트카 운전자의 운행 정보를 실시간으로 만드는 DriverLogMain.java를 실행한다.

- PuTTY 프로그램 실행
- Server02에 root 계정으로 SSH 접속

```
$ cd /home/pilot-pjt/working
$ java -cp bigdata.smartcar.loggen-1.0.jar com.wikibook.bigdata.smartcar.loggen.
DriverLogMain 20160101 10
```

06. Server02에 대한 SSH 세션을 하나 더 열어서 로그 시뮬레이터가 정상적으로 작동하는지 확인해 보자.

- PuTTY 프로그램 실행
- Server02에 root 계정으로 SSH 접속

```
$ cd /home/pilot-pjt/working/driver-realtime-log
$ tail -f SmartCarDriverInfo.log
```

그림 2.95를 보면 표 2.20에서 정의했던 형식의 스마트카 운전자에 대한 로그 데이터가 실시간으로 생성되는 것을 확인할 수 있다.

```
root@server02:~/pilot-pjt/log-simulator/drive
20160130000906,S0013,1,0,R3,R,15,E02
20160130000906,B0015,2,0,F,N,105,D01
20160130000904,T0059,2,0,F,N,45,C08
20160130000904,I0060,1,0,F,N,5,D03
20160130000904,U0062,1,0,F,N,10,C06
20160130000904,K0061,0,1,L1,L,0,D07
20160130000906,K0016,1,0,F,N,50,E04
20160130000906,Q0017,2,0,L2,N,185,E01
20160130000904,W0063,1,0,R3,R,30,B04
20160130000906,B0018,1,0,F,N,45,E09
20160130000904,W0064,3,0,L1,L,25,F02
20160130000906,S0019,1,0,L3,L,15,E01
20160130000904,I0065,1,0,L1,L,15,C05
20160130000904,J0066,0,3,R1,N,100,A06
```

그림 2.95 스마트카 운전자의 운행 정보 로그

07. 앞서 PuTTY 창에서 실행했던 DriverLogMain.java 프로그램과 tail 명령을 Ctrl + C 키로 각각 종료하거나 아래와 같은 명령어로 시뮬레이터의 pid를 찾아 강제로 종료하자.

```
root@server02:~
[root@server02 ~]#
[root@server02 ~]# ps -ef | grep DriverLogMain
root      9537  4350  5 11:29 pts/0    00:00:12 java -cp SmartCarLogGen.jar com.pilot_pjt.log_gen.DriverLogMain
root      9880  9431  0 11:32 pts/2    00:00:00 grep DriverLogMain
[root@server02 ~]# kill -9 9537
[root@server02 ~]#
```

그림 2.96 로그 시뮬레이터 강제 종료

```
$ ps -ef | grep smartcar.log
$ kill -9 [pid]
```

08. 두 번째 시뮬레이터인 CarLogMain.java를 실행한다. PuTTY를 통해 Server02에 접속한다(이제부터 파일질라 및 PuTTY 접속과 관련된 내용은 생략한다).

```
$ cd /home/pilot-pjt/working
$ java -cp bigdata.smartcar.loggen-1.0.jar com.wikibook.bigdata.smartcar.loggen.CarLogMain
20160101 10
```

09. Server02에 SSH 세션을 하나 더 열어 로그 시뮬레이터가 정상적으로 작동하는지 확인해 보자.

```
$ cd /home/pilot-pjt/working/SmartCar
$ tail -f SmartCarStatusInfo_20160101.txt
```

그림 2.97처럼 표 2.10에서 정의한 형식의 스마트카 상태 정보가 발생하는 것을 확인할 수 있다.

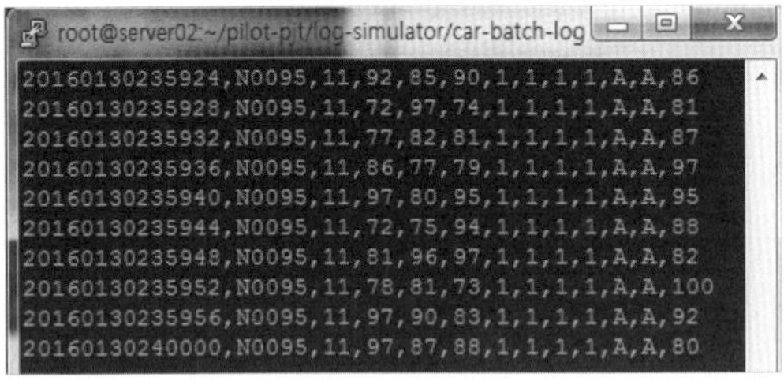

그림 2.97 스마트카의 상태 정보 로그

10. 앞에서 실행한 CarLogMain.java 프로그램을 Ctrl + C키로 종료하거나 시뮬레이터의 pid를 찾아 강제로 종료한다.

11. 스마트카 로그 시뮬레이터를 실행할 때 별도의 옵션을 적용할 수 있다. 시뮬레이터를 실행할 때 첫 번째 매개변수는 실행 날짜이고, 두 번째 매개변수는 스마트카 대수다. 다음과 같이 시뮬레이터를 실행하면 2016년 01월 01일을 기준으로 10대의 스마트카에 대한 로그 파일인 SmartCarStatusInfo_20160101.txt가 생성된다.

- java -cp bigdata.smartcar.loggen-1.0.jar com.wikibook.bigdata.smartcar.loggen.CarLogMain 20160101 10

두 번째 옵션인 스마트카 대수는 전체 성능에 영향을 줄 수 있으니, 파일럿 PC의 성능에 맞춰 설정해 준다.

2.7 파일럿 환경 관리

파일럿 프로젝트 환경은 3대의 리눅스 가상 머신에서 다수의 빅데이터 소프트웨어를 구성하기 때문에 개발 환경이 무겁고 복잡하다. 파일럿 프로젝트와 관련된 작업을 시작하거나 종료할 때는 다음과 같은 절차로 안정적인 빅데이터 파일럿 환경을 유지할 수 있다.

파일럿 환경 시작 순서

01. 버추얼 박스를 실행하면 가상 머신 관리자 창이 활성화된다.

02. 왼쪽의 가상 머신 목록에서 Server01, Server02, Server03을 순서대로 시작한다.

03. 3개의 가상 머신 창이 활성화되고, CentOS가 구동된다.

04. PuTTY로 Server01에 SSH 접속해서 CM이 구동 완료됐는지 확인한다.

```
$ service cloudera-scm-server status
```

개발용 PC의 사양에 따라 이 과정에 수 분이 소요될 수 있다. "cloudera-scm-server is running…"라는 메시지
가 출력되면 다음 단계를 진행한다.

05. 크롬 브라우저를 실행하고 CM 관리자 화면에 접속한다.

- http://server01.hadoop.com:7180

06. CM의 홈 화면 왼쪽 메뉴 그룹 가운데 [Cluster1]의 콤보박스를 선택하고 [재시작] 메뉴를 선택한다. Cluster1에
설치돼 있는 HDFS, 주키퍼, 카프카, YARN 등의 소프트웨어들은 서로 의존 관계를 맺고 있다. 예를 들면, HDFS
를 사용하려면 주키퍼가 먼저 실행되고 있어야 하고, YARN을 사용하려면 HDFS가 먼저 실행되고 있어야 한다.
Cluster1의 하위 소프트웨어들을 각각 재시작할 때는 이러한 의존관계를 잘 고려해야 한다. Cluster1 전체를 재시
작하면 CM이 알아서 의존성에 따라 모든 소프트웨어들을 재기동하게 된다.

07. CM의 홈 화면에서 왼쪽 메뉴 그룹 중 [Cloudera Management Service]의 콤보박스를 선택하고 [재시작] 메뉴를
선택한다.

08. Cluster1과 Cloudera Management Service의 모든 메뉴들의 상태 아이콘이 그림 2.98처럼 활성화되면 재시작
이 완료된 것이다. 이번 역시 PC 사양에 따라 수 분의 시간이 소요될 수 있으며, 빨간색으로 불량 상태가 표시됐어
도 서비스 중지 상태가 아니라면 무시하고 넘어간다. 이로써 개발 환경 시작을 완료했다.

그림 2.98 파일럿 프로젝트의 개발 환경 구동 완료

파일럿 환경 종료 순서

01. 개발 환경 시작의 역순으로 하면 된다. 먼저 CM의 홈에서 Cluster1을 중지시키고, 클라우데라 관리 서비스도 중지 시킨다.

02. Server01, Server02, Server03 서버에 각각 PuTTY로 접속해서 시스템 종료 명령을 실행한다.

```
$ halt
```

halt 명령으로 셧다운이 안 되는 경우 곧바로 3번 절차로 넘어간다.

03. 버추얼 박스의 가상 머신 목록에서 Server01, Server02, Server03을 모두 전원 끄기로 종료시킨다.

04. 버추얼 박스 관리자를 닫으면 개발 환경이 종료된다.

2.8 마치며

이렇게 해서 빅데이터 파일럿 프로젝트를 시작하기 위한 기본 구성을 모두 마쳤다. 빅데이터 분석을 위한 스마트카 도메인과 그에 해당하는 요구사항을 도출했고, 요구사항을 기반으로 빅데이터 아키텍처를 설명했다. 파일럿 프로젝트 규모에 해당하는 하드웨어 아키텍처로 3대의 가상 머신을 만들 었고, 앞으로 CM(Cloudera Manager)을 이용해 소프트웨어 아키텍처를 단계별로 완성해 갈 것이다. 다음 장에서는 빅데이터 시스템의 시작이라 할 수 있는 수집에 대해 이해하고 관련 수집 기술을 소개한다. 파일럿 프로젝트의 요구사항에 따라 수집 아키텍처를 구성하고 기능을 구현해보며, 스마트카에서 발생하는 다양한 데이터를 수집한다.

03
빅데이터 수집

빅데이터 수집 소개

1. 빅데이터 수집 개요

빅데이터 수집의 개념과 중요성을 설명하고, 일반 수집과의 차이점을 설명한다.

2. 빅데이터 수집에 활용되는 기술

빅데이터 수집에서 사용할 두 가지 기술(플럼, 카프카)을 소개하고 각 기술별 주요 기능과 아키텍처, 활용 방안을 알아본다.

3. 수집 파일럿 실행 1단계 - 수집 아키텍처

스마트카에서 발생하는 로그 파일 수집과 관련된 요구사항을 구체화하고, 수집 요구사항을 해결하기 위한 파일럿 아키텍처를 이해한다.

4. 수집 파일럿 실행 2단계 - 수집 환경 구성

스마트카 로그 파일을 수집하기 위한 아키텍처 설치 및 환경 구성을 진행한다. 플럼, 카프카 순으로 설치를 진행한다.

5. 수집 파일럿 실행 3단계 - 플럼 수집 기능 구현

스마트카 로그 파일을 수집하기 위한 플럼의 환경을 구성하고 관련 에이전트를 생성한다.

6. 수집 파일럿 실행 4단계 – 카프카 수집 기능 구현

플럼이 수집한 데이터를 카프카 토픽에 전송하는 기능을 구현하고, 카프카의 토픽에 전송된 데이터를 확인하는 방법을 알아본다.

7. 수집 파일럿 실행 5단계 – 수집 기능 테스트

로그 시뮬레이터가 생성한 스마트카의 상태 정보 데이터를 플럼이 수집해서 카프카의 토픽에 전송하는 기능을 점검하고 전송된 데이터를 확인한다.

3.1 빅데이터 수집 개요

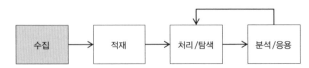

그림 3.1 빅데이터 구축 단계 – 수집

빅데이터 시스템 구축은 수집에서부터 시작된다. 빅데이터 프로젝트에서는 여러 공정 단계가 있는데, 그중 수집이 전체 공정 과정의 절반 이상을 차지한다. 빅데이터 수집은 내부 전체 시스템에서부터 외부 시스템(SNS, 포털, 정부기관 등)에 이르기까지 매우 광범위하고 다양하다.

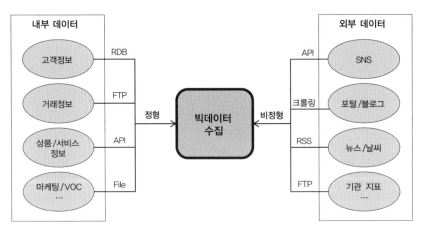

그림 3.2 빅데이터 수집 데이터

프로젝트 초기에는 이러한 수집 대상 시스템을 선정하고, 그에 따른 연동 규약을 협의 및 분석하는 데 엄청난 리소스가 투입된다. 또한 수집 실행 단계에선 업무요건과 환경의 변화로, 이전 단계인 수집 계획 수립으로 다시 돌아가는 경우가 빈번하게 발생하며, 그로 인해 계획과 실행 단계가 여러 차례 반복돼 가며, 수집 인터페이스가 빈번히 수정되는 어려움이 있다.

그림 3.3 빅데이터 수집 절차

최근에는 수집 기술들이 매우 빠르게 발전하고 있다. 과거에 빅데이터의 전형적인 프로세싱은 수집/적재 후, 맵리듀스 기반의 주기적인 배치성 분석을 수행하는 것이었으나 이제는 수집과 동시에 분석을 수행하는 ESP(Event Stream Processing)/CEP(Complex Event Processing) 기술들이 빅데이터의 수집 영역에 적용되고 있는 추세다. 이번 파일럿 프로젝트에서도 스마트카 운전자의 상태 정보를 실시간으로 수집하며 운전자의 다양한 운행 패턴을 이벤트로 감지하는 기능들을 만들어 볼 것이다.

Tip _ 데이터 수집이 먼저인가? 분석 활용이 먼저인가?

빅데이터 구축 사업을 추진할 때 항상 발생하는 논쟁거리가 있다. 시작은 무엇을 분석하고 그 결과로 무슨 효과가 있는지를 누군가 공격하면서, 무엇을 분석할지도 모르는데 왜 이렇게 큰 시스템과 많은 데이터를 수집하냐는 것이다. 그래서 빅데이터 시스템을 구축할 때도 크게 두 가지 접근 방법을 놓고 고민하는데, 먼저 빅데이터 시스템을 구축하고 대규모 데이터(3V)를 지속적으로 수집해 탐색적 분석을 시도하는 방법이다. 이 경우 빅데이터 기술과 분석 역량을 내재화하는 긴 과정이 진행되며, 뚜렷한 성과와 명분의 부족으로 타부서의 협조와 경영진의 지지를 얻기가 매우 어려워진다.

두 번째로 분석 활용 영역을 도출한 후 시스템을 구축하는 방식은 분석 주제를 먼저 확정 짓고 진행하므로 필요한 데이터만 빠르게 수집/분석함으로써 단기간에 성과를 달성할 수 있다는 장점이 있을 것 같지만 이는 매우 이상적인 경우에만 해당한다. 생각해보면 구체적으로 무엇을 분석할지를 알고 있다면 대규모 빅데이터 시스템을 구축할 이유가 없으며 기존 데이터와 시스템을 잘 활용하는 편이 나을 수 있다. 빅데이터 분석은 기존 분석 시스템의 한계를 뛰어넘고, 데이터로부터 새로운 발견을 목표로 진행돼야 한다. 이때 새로운 발견은 3V의 데이터가 확보된 상태에서 분석가의 경험과 노하우로 탐색적 분석이 지속될 때 가능한 작업이다. 반면 3V가 없는 두 번째 접근 방식은 기존 데이터에서 다루던 분석 주제만 나열하게 되며, 결국 차별화에 막혀 시작도 못하는 경우가 대부분이다. 필자의 개인적인 생각으로 정답은 없으나 이와 관련해서 아래의 메시지는 되새겨볼 만하다.

"정보 없이 데이터만 가질 수 있다. 하지만 데이터 없이 정보를 가질 수는 없다." – 대니얼 키즈 모란

Tip _ 외부 데이터의 수집과 활용

빅데이터 수집 유형을 보면 크게 내부 데이터와 외부 데이터로 분류할 수 있다. 내부 데이터는 도메인 내에서 발생하는 모든 비즈니스 데이터이고, 외부 데이터는 SNS, 포털, 블로그, 커머셜, 날씨, 금리, 환율 등 매우 다양하다. 빅데이터만의 차별화 포인트로 내부 데이터와 외부 데이터가 결합해 지금까지 조직에서 볼 수 없었던 새로운 통찰력 도출과 가치 발굴이 있다. 그림 3.4를 통해 보면 스마트카의 내외부 데이터 결합으로 빅데이터의 분석 시나리오가 풍부해지면서 다양한 비즈니스 유스케이스가 만들어지고 활용 범위가 넓어지게 된다. 이로 인해 스마트카의 기능과 서비스 품질을 향상시킬 수 있어 기존 고객들의 만족도를 높일 수 있게 되고, 라이프 로그를 분석해 스마트카 구매 가능성이 높은 잠재 고객을 예측할 수 있게 된다. 또한 시장의 흐름과 평판은 물론 경쟁사의 동향 파악도 가능해진다.

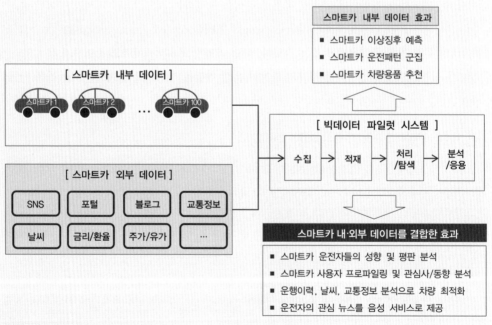

그림 3.4 스마트카 내외부 데이터를 결합한 효과

3.2 빅데이터 수집에 활용할 기술

플럼

플럼 소개

플럼(Flume)은 빅데이터를 수집할 때 다양한 수집 요구사항들을 해결하기 위한 기능으로 구성된 소프트웨어다. 데이터를 원천으로부터 수집할 때 통신 프로토콜, 메시지 포맷, 발생 주기, 데이터 크기 등으로 많은 고민을 하게 되는데 플럼은 이러한 고민을 쉽게 해결할 수 있는 기능과 아키텍처를 제공한다. 플럼은 2011년 클라우데라를 통해 처음으로 소개됐으며, 이후 아파치 프로젝트에 기증되어 현재는 아파치 최상위 프로젝트로서 전 세계 수많은 엔지니어들이 사용하고 있다. 0.9.x 버전은 Flume-OG로 불렸고, 1.x 이후 버전부터 Flume-NG(Next Generation)로 이름이 바뀌면서 아키텍처가 크게 바뀌었다. 파일럿 프로젝트에서는 Flume-NG를 사용한다.

표 3.1 플럼 기본 요소

공식 홈페이지		http://flume.apache.org
주요 구성 요소	Source	다양한 원천 시스템의 데이터를 수집하기 위해 Avro, Thrift, JMS, Spool Dir, Kafka 등 여러 주요 컴포넌트를 제공하며, 수집한 데이터를 Channel로 전달
	Sink	수집한 데이터를 Channel로부터 전달받아 최종 목적지에 저장하기 위한 기능으로 HDFS, Hive, Logger, Avro, ElasticSearch, Thrift 등을 제공
	Channel	Source와 Sink를 연결하며, 데이터를 버퍼링하는 컴포넌트로 메모리, 파일, 데이터베이스를 채널의 저장소로 활용
	Interceptor	Source와 Channel 사이에서 데이터 필터링 및 가공하는 컴포넌트로서 Timestamp, Host, Regex Filtering 등을 기본 제공하며, 필요 시 사용자 정의 Interceptor를 추가
	Agent	Source → (Interceptor) → Channel → Sink 컴포넌트 순으로 구성된 작업 단위로 독립된 인스턴스로 생성
라이선스	Apache 2.0	
유사 프로젝트	Fluented, Scribe, logstash, Chukwa, NiFi, Embulk 등	

플럼 아키텍처

플럼 메커니즘은 Source, Channel, Sink만을 활용하는 매우 단순하면서 직관적인 구조를 갖는다. 플럼의 Source에서 데이터를 로드하고, Channel에서 데이터를 임시 저장해 놓았다가, Sink를 통해 목적지에 데이터를 최종 적재한다. 이러한 메커니즘을 기반으로 플럼은 수집 요건에 따라 다양한 분산 아키텍처 구조로 확대할 수 있으며, 아래의 대표적인 4가지 구성 방안을 소개한다.

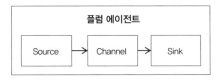

그림 3.5 플럼 아키텍처 유형 1

그림 3.5는 가장 단순한 플럼 에이전트 구성이다. 원천 데이터를 특별한 처리 없이 단순 수집/적재할 때 주로 활용한다.

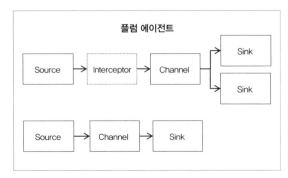

그림 3.6 플럼 아키텍처 유형 2

그림 3.6은 원천 데이터를 수집할 때 Interceptor를 추가해 데이터를 가공하고, 데이터의 특성에 따라 Channel에서 다수의 Sink 컴포넌트로 라우팅이 필요할 때 구성한다. 또한 한 개의 플럼 에이전트 안에서 두 개 이상의 Source-Channel-Sink 컴포넌트 구성 및 관리도 가능하다.

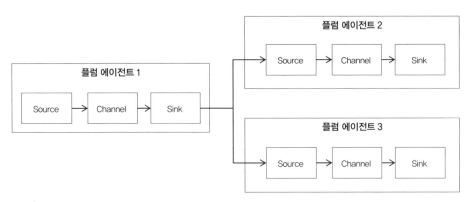

그림 3.7 플럼 아키텍처 유형 3

그림 3.7은 플럼 에이전트에서 수집한 데이터를 플럼 에이전트 2, 3에 전송할 때 로드밸런싱, 복제, 페일오버(failover) 등의 기능을 선택적으로 수행할 수 있다. 수집해야 할 원천 시스템은 한 곳이지만 높은 성능과 안정성이 필요할 때 주로 사용되는 아키텍처다.

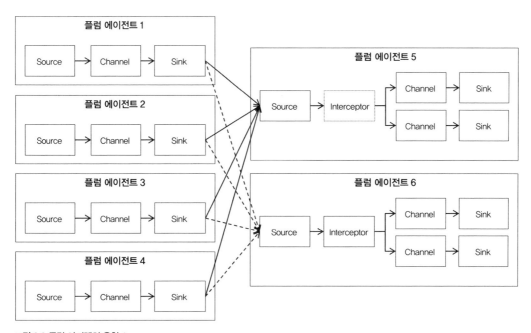

그림 3.8 플럼 아키텍처 유형 4

그림 3.8은 수집해야 할 원천 시스템이 다양하고 대규모의 데이터가 유입될 때 사용하는 플럼의 분산 아키텍처다. 플럼 에이전트 1, 2, 3, 4에서 수집한 데이터를 플럼 에이전트 5에서 집계(aggregation)하고, 이때 플럼 에이전트 6으로 이중화해서 성능과 안정성을 보장하는 구성이다.

플럼 활용 방안

플럼은 스마트카에서 발생하는 로그를 직접 수집하는 역할을 담당한다. 발생하는 로그 유형에 따라 두 가지 플럼 에이전트를 구성할 것이다.

첫 번째로 그림 3.9를 보면 100대의 스마트카에 대한 상태 정보 로그 파일이 로그 시뮬레이터를 통해 매일 생성된다. 이렇게 만들어진 상태 정보 파일을 플럼 에이전트가 일 단위로 수집해서 하둡에 적재하고 향후 대규모 배치 분석에 활용한다.

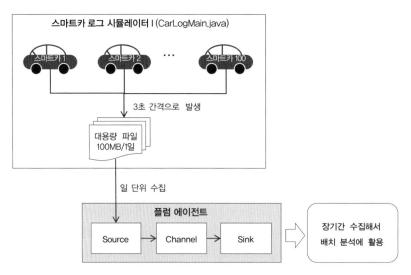

그림 3.9 파일럿 프로젝트에서의 플럼 활용 방안 1 – 스마트카 상태 정보의 일 단위 수집

두 번째로 그림 3.10을 보면 스마트카 운전자 100명의 운행 정보를 실시간으로 기록하는 로그 파일이 로그 시뮬레이터에 의해 만들어지는데, 이때 발생과 동시에 플럼 에이전트가 수집해서 카프카에 전송한다.

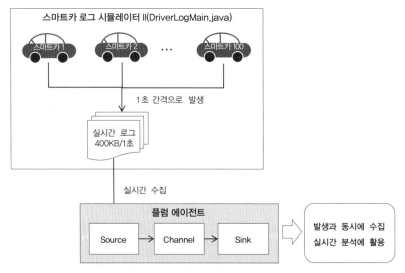

그림 3.10 파일럿 프로젝트에서의 플럼 활용 방안 2 – 스마트카 운전자의 운행 정보를 실시간으로 수집

카프카

카프카 소개

카프카(Kafka)는 MOM(Message Oriented Middleware) 소프트웨어 중 하나로서 대규모로 발생하는 메시지성 데이터를 비동기 방식으로 중계하는 역할을 한다. 원천 시스템으로부터 대규모 트랜잭션 데이터가 발생했을 때 중간에 데이터를 버퍼링하면서 타깃 시스템에 안정적으로 전송해 주는 중간 시스템이 필요한데, 카프카가 그와 관련된 강력한 기능과 아키텍처를 제공한다. 카프카는 2011년에 처음으로 링크드인에서 개발되어 2011년 6월에 아파치 인큐베이터에 등록됐고 불과 1년 만인 2012년 10월에 아파치 최상위 프로젝트로 승격됐다.

표 3.2 카프카의 기본 요소

공식 홈페이지	**Apache Kafka**	http://kafka.apache.org
주요 구성 요소	Broker	카프카의 서비스 인스턴스로서, 다수의 Broker를 클러스터로 구성하고 Topic이 생성되는 물리적 서버
	Topic	Broker에서 데이터의 발행/소비 처리를 위한 저장소
	Provider	Broker의 특정 Topic에 데이터를 전송(발행)하는 역할로서 애플리케이션에서 카프카 라이브러리를 이용해 구현
	Consumer	Broker의 특정 Topic에서 데이터를 수신(소비)하는 역할로서 애플리케이션에서 카프카 라이브러리를 이용해 구현
라이선스	Apache	
유사 프로젝트	ActiveMQ, RabbitMQ, HonnetQ 등	

카프카 아키텍처

카프카는 클러스터 방식에 따라 세 가지 아키텍처 구성이 가능하며, 이때 주키퍼를 반드시 이용해야 한다.

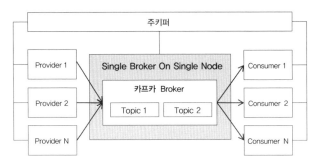

그림 3.11 카프카 아키텍처 유형 1 – 싱글 브로커/싱글 노드

그림 3.11은 1대의 카프카 서버만 설치하고, 1개의 Broker만 구성한 아키텍처다. 대량의 발행/소비 요건이 없고, 업무 도메인이 단순할 때 이용한다.

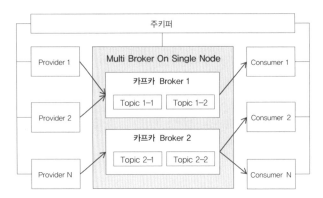

그림 3.12 카프카 아키텍처 유형 2 – 멀티 브로커/싱글 노드

그림 3.12는 1대의 카프카 서버에 2개의 Broker를 구성한 아키텍처다. 물리적인 카프카 서버가 1대이므로 역시 대량의 발행/소비 요건에는 사용하기 어렵지만 업무 도메인이 복잡해서 메시지 처리를 분리 관리해야 할 때 이용한다.

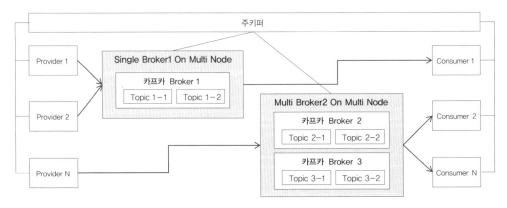

그림 3.13 카프카 아키텍처 유형 3 – 멀티 브로커/멀티 노드

마지막 아키텍처는 2대 이상의 카프카 서버로 멀티 브로커를 만들었다. 대규모 발행/소비 데이터 처리에 적합하며, 물리적으로 나눠진 브로커 간의 데이터 복제가 가능해 안정성이 높다. 또한 업무 도메인별 메시지 그룹을 분류할 수 있어 복잡한 메시지 송/수신에 활용하면 적합하다.

카프카 활용 방안

이번 파일럿 프로젝트에서 카프카의 역할은 단순하다. 플럼이 실시간 데이터를 수집해 카프카 토픽에 전송하면 카프카는 전송받은 데이터를 토픽에 임시로 저장하고 있다가 컨슈머 프로그램이 작동해 토픽에서 데이터를 가져간다.

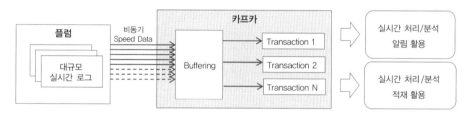

그림 3.14 파일럿 프로젝트에서 카프카 활용 방안 1

카프카를 활용하는 목적은 플럼이 아주 빠르게 발생하는 데이터를 실시간으로 수집하게 되면 이를 최종 목적지에 전달하기 전 중간에서 안정적인 버퍼링 처리가 필요해서다. 스마트카 운전자의 운행 정보는 100명이 1초 간격으로 동시에 발생시키는, 속도가 매우 빠른 데이터로서 플럼 입장에서 수집이 부담스럽다. 이때 카프카와 같은 분산 환경의 대규모 중간 저장소가 완충 역할을 함으로써 안정적인 수집 아키텍처를 구성할 수 있다.

그림 3.15는 플럼이 수집한 데이터를 카프카를 거치지 않고 곧바로 타깃 저장소인 HBase에 전송하는 그림인데, HBase에 장애가 발생하면 플럼의 Channel에 전송하지 못한 데이터들이 빠르게 쌓이면서 곧바로 플럼의 장애로도 이어진다. 결국 실시간으로 발생하고 있는 데이터의 수집이 불가능해져 데이터 유실이 발생한다.

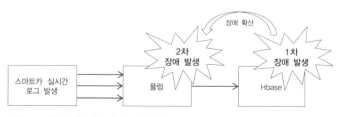

그림 3.15 실시간 데이터 수집 시 플럼의 한계

하지만 그림 3.16을 보면 카프카를 대규모 분산 환경으로 구성했는데, HBase 장애가 발생해도 카프카에서 데이터를 저장해 놓았다가 HBase가 복구되면 곧바로 재처리가 가능해진다. 또한 플럼이 수집한 데이터를 카프카의 토픽에 비동기로 전송함으로써 수집 속도가 빨라지는 장점도 있다.

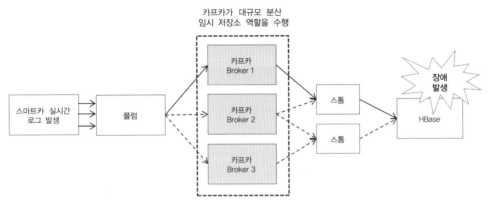

그림 3.16 파일럿 프로젝트에서의 카프카 활용 방안 2

3.3 수집 파일럿 실행 1단계 – 수집 아키텍처

수집 요구사항

2장에서 설명한 빅데이터 파일럿 프로젝트의 두 가지 요구사항을 다시 한번 살펴보자. 그리고 빅데이터 수집 관점에서 요구사항들을 더 구체화하고, 이를 해결하기 위한 솔루션과 기술 요소들을 도출한다.

- **요구사항 1**: 차량의 다양한 장치로부터 발생하는 로그 파일을 수집해서 기능별 상태를 점검한다.
- **요구사항 2**: 운전자의 운행 정보가 담긴 로그를 실시간으로 수집해서 주행 패턴을 분석한다.

요구사항 구체화 및 분석

표 3.3 파일럿 프로젝트의 수집 요구사항 분석

수집 요구사항 구체화	분석 및 해결 방안
1. 스마트카로부터 로그 파일들이 주기적으로 발생한다.	플럼을 이용해 대용량 배치 파일 및 실시간 로그 파일을 수집
2. 스마트카의 배치 로그 파일 이벤트를 감지해야 한다.	플럼의 Source 컴포넌트 중 SpoolDir를 이용해 주기적인 로그 파일 발생 이벤트를 감지

수집 요구사항 구체화	분석 및 해결 방안
3. 스마트카의 실시간 로그 발생 이벤트를 감지해야 한다.	플럼의 Source 컴포넌트 중 Exec-Tail을 이용해 특정 로그 파일에서 로그 생성 이벤트를 감지
4. 스마트카가 만들어내는 로그 데이터에 가비지 데이터가 있을 수 있다.	플럼의 Interceptor를 이용해 정상 패턴의 데이터만 필터링
5. 수집 도중 장애가 발생해도 데이터를 안전하게 보관 및 재처리할 수 있어야 한다.	플럼의 메모리 Channel 및 카프카 Broker 사용으로 로컬 디스크의 파일시스템에 수집 데이터를 임시 저장
6. 스마트카의 실시간 로그 파일은 비동기 처리로 빠른 수집 처리를 해야 한다.	플럼에서 수집한 데이터를 카프카 Sink 컴포넌트를 이용해 카프카 Topic에 비동기 전송

수집 아키텍처

표 3.3의 수집 요구사항을 참고해서 스마트카의 빅데이터 분석을 위한 파일럿 프로젝트의 수집 아키텍처를 그림 3.17처럼 구성했다.

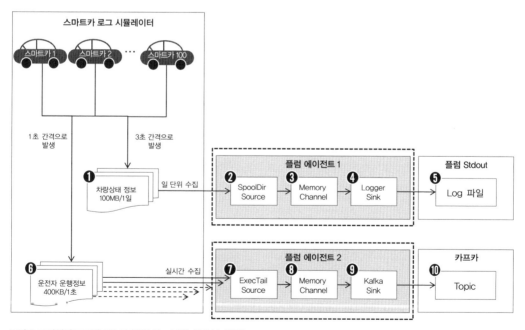

그림 3.17 파일럿 프로젝트의 스마트카 로그/파일 수집 아키텍처

파일럿 프로젝트의 수집 아키텍처는 원천 데이터의 발생 유형에 따라 크게 2개의 레이어로 나눌 수 있다. 대용량 로그 파일을 주기적으로 수집해서 표준 입출력 로거로 보여주는 플럼 에이전트 1 레이어(❶~❺)와 실시간으로 발생하는 로그를 라인 단위로 수집해 카프카의 Topic에 전송하는 플럼 에이전트 2 레이어(❻~❿)다.

로그 시뮬레이터

스마트카의 상태 정보와 운전자의 운행 정보 로그를 가상으로 만드는 자바 로그 발생기다.

❶ **스마트카 상태 정보:** 100대 스마트카 장치들의 상태 정보를 3초 간격으로 발생시키며, 1일 100MB의 로그 파일이 만들어진다.

❻ **스마트카 운전자 운행 정보:** 100명의 스마트카 운전자들의 운행 정보를 실시간으로 발생시키며, 발생된 하나의 운행 정보 로그는 4KB 미만이다. 동시에 최대 400KB 용량으로 실시간 데이터가 발생된다.

플럼 에이전트 1

스마트카 상태 정보를 기록한 로그 파일을 일별로 수집하기 위한 배치성 플럼 에이전트다.

❷ **SpoolDir Source:** 약속된 로그 발생 디렉터리를 모니터링하다가 정의된 로그 파일 발생 시 해당 파일의 내용을 읽어서 수집하는 기능을 제공한다.

❸ **Memory Channel:** SpoolDir Source로부터 수집된 데이터를 메모리 Channel에 중간 적재한다. 버퍼링 기능을 제공하며, Sink와 연결되어 트랜잭션 처리를 지원한다.

❹ **Logger Sink:** Channel로부터 읽어들인 데이터를 플럼의 표준 로그 파일로 출력하게 된다.

플럼 에이전트 2

스마트카 운전자의 운행 정보를 실시간으로 수집하기 위한 실시간성 플럼 에이전트다.

❼ **Exec-Tail Source:** 로그가 쌓이고 있는 파일에 Tail 파이프라인을 이용해 실시간으로 데이터를 수집하는 기능을 제공한다.

❽ **Memory Channel:** Exec-Tail Source로부터 수집된 데이터를 메모리 Channel에 버퍼링 처리를 하면서 임시 적재한다.

❾ **Kafka Sink:** Channel로부터 읽어들인 데이터를 카프카 Broker의 특정 토픽에 비동기 방식으로 전송하는 Provider 역할을 수행한다.

기타

플럼이 수집한 로그 데이터를 임시 출력 및 저장한다.

❺ Flume Stdout: 플럼의 Logger–Sink를 통해 표준 출력 로그가 출력된다.

❿ Kafka Topic: 플럼의 Kafka–Sink는 수집된 실시간 로그를 임시 적재한다.

3.4 수집 파일럿 실행 2단계 – 수집 환경 구성

CM을 이용해 플럼과 카프카를 Server02 가상 머신에 설치한다. 우선 플럼을 설치해 보겠다.

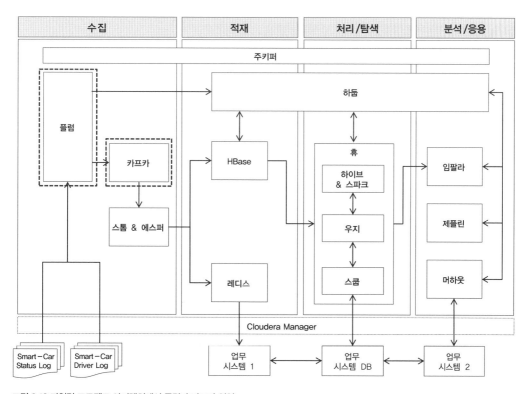

그림 3.18 파일럿 프로젝트 아키텍처에서 플럼과 카프카 영역

플럼 설치 _ ⌨ 실습

01. CM의 홈에서 [서비스 추가] 화면으로 이동한다. 추가할 서비스 유형 중 [Flume]을 선택하고 우측 하단의 [계속] 버튼을 클릭한다.

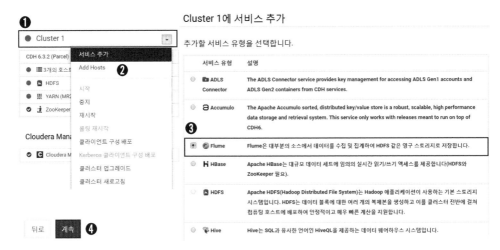

그림 3.19 CM을 이용해 플럼 설치 - 플럼 컴포넌트 선택

02. 플럼을 설치할 서버 호스트를 server02.hadoop.com으로 선택하고 [확인] → [계속] 버튼을 클릭한다.

그림 3.20 CM을 이용해 플럼 설치 - 설치 위치 지정

03. 아래와 같이 설치 완료 메시지가 보이면 플럼을 Server02에 성공적으로 설치한 것이다. [완료] 버튼을 클릭해 플럼 설치를 종료한다.

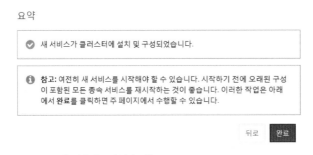

그림 3.21 CM을 이용해 플럼 설치 - 완료

04. CM의 홈 화면에 플럼 메뉴가 추가된 것을 확인할 수 있다. 플럼의 Default 그룹의 Heap Memory가 너무 작게 설정돼 있다. 파일럿 프로젝트용으로 좀 더 크게 설정한다.

CM 홈 → [Flume] → [구성]에서 검색란에 "java heap"이라고 입력하면 힙 메모리 설정창이 나타난다. 여기서 힙 크기를 "100"MiB 정도로만 늘려준다.

- **변경 전:** 50
- **변경 후:** 100

05. CM 홈 → [Flume] 우측의 콤보박스를 선택하고 [시작] 메뉴를 선택해 플럼 에이전트를 구동한다.

카프카 설치 _ ⌨ 실습

01. CM의 홈에서 [서비스 추가] 화면으로 이동한다. 추가할 서비스 유형 중 [Kafka]를 선택하고 우측 하단의 [계속] 버튼을 클릭한다.

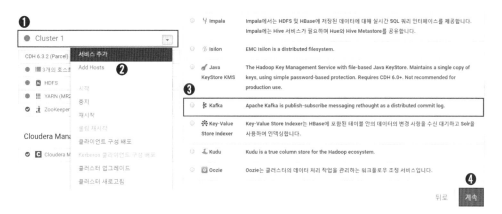

그림 3.22 CM을 이용해 카프카 설치 – 카프카 컴포넌트 선택

02. 카프카를 설치할 서버 호스트를 server02.hadoop.com으로 선택하고 [확인] → [계속] 버튼을 클릭한다. 참고로 카프카 MirrorMaker, Gateway는 선택하지 않는다.

그림 3.23 CM을 이용해 카프카 설치 – 설치 위치 지정

03. 카프카 변경 내용 검토가 나타나면 기본값을 유지하고 [계속] 버튼을 클릭한다. 카프카 구성요소들이 Server02에 설치되고 카프카 서버가 시작된다.

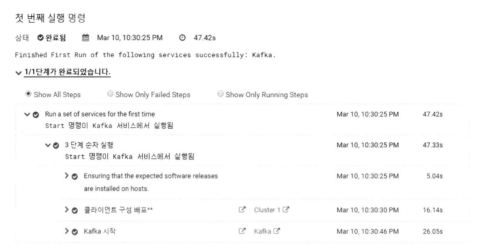

그림 3.24 카프카 서버 설치 및 시작

04. 아래와 같이 설치 완료 메시지가 보이면 카프카가 Server02에 정상적으로 설치된 것이다.

그림 3.25 CM을 이용해 카프카 설치 – 완료

05. 파일럿 환경을 고려해 카프카에 저장될 메시지의 보관 기간을 짧게 조정한다. CM 홈에서 [Kafka] → [구성]을 선택하고, 검색어로 "Data Retention Time"를 입력한 후 7일에서 10분으로 수정한다. 카프카 구성이 변경 되었으니 CM 홈에서 카프카를 재기동 해준다.

- 변경 전: 7일　　　　　　　　　　- 변경 후: 10분

3.5 수집 파일럿 실행 3단계 – 플럼 수집 기능 구현

플럼에서는 2개의 에이전트를 구현한다. 앞서 여러 차례 언급했듯이 이 두 에이전트는 스마트카의 상태 정보를 수집하는 "SmartCarInfo Agent"와 운전자의 운행 정보를 수집하는 "DriverCarInfo

Agent"다. 플럼의 에이전트를 만들려면 플럼이 인식할 수 있는 특정 디렉터리에 이름이 { Agent 고 유이름 }.conf 형식인 파일을 생성하면 되는데, 파일럿 프로젝트에서는 CM에서 제공하는 플럼 구성 정보 설정을 통해 에이전트를 편리하게 생성할 수 있다. 먼저 SmartCarInfo 에이전트를 생성한다.

SmartCar 에이전트 생성 _ ⌨ 실습

CM 홈에서 [Flume] → [구성]을 선택해 플럼의 구성 정보 설정 화면으로 이동한다. 중간 정도에 "구성 파일"이라는 제목으로 텍스트 영역이 보일 것이다. 이 텍스트 영역이 CM에서 제공하는 플럼 의 기본 에이전트이며, 이 부분을 수정해서 플럼 에이전트를 쉽게 생성할 수 있다.

그림 3.26 CM을 이용한 플럼의 conf 파일 수정

먼저 "Agent 이름"에 기본값이 "tier1"로 설정돼 있을 것이다. 다음과 같이 수정한다.

- **Agent 이름:** SmartCar_Agent

하위 항목인 "구성 파일"에 있는 기존 내용을 모두 지우고 예제 3.1의 내용을 새로 입력한다. C://예 제소스/bigdata2nd-master/CH03/예제-3.1/SmartCar_Agent.conf 파일의 내용을 복사해 입력 한다.

예제 3.1 스마트카의 상태 정보를 수집하는 SmartCarInfo 설정 추가

```
SmartCar_Agent.sources  = SmartCarInfo_SpoolSource
SmartCar_Agent.channels = SmartCarInfo_Channel                                    ❶
SmartCar_Agent.sinks    = SmartCarInfo_LoggerSink
```

```
SmartCar_Agent.sources.SmartCarInfo_SpoolSource.type = spooldir
SmartCar_Agent.sources.SmartCarInfo_SpoolSource.spoolDir = /home/pilot-pjt/working/car-batch-log
SmartCar_Agent.sources.SmartCarInfo_SpoolSource.deletePolicy = immediate         ❷
SmartCar_Agent.sources.SmartCarInfo_SpoolSource.batchSize = 1000
```

```
SmartCar_Agent.channels.SmartCarInfo_Channel.type = memory
SmartCar_Agent.channels.SmartCarInfo_Channel.capacity  = 100000                   ❸
SmartCar_Agent.channels.SmartCarInfo_Channel.transactionCapacity  = 10000
```

```
SmartCar_Agent.sinks.SmartCarInfo_LoggerSink.type = logger                        ❹
```

```
SmartCar_Agent.sources.SmartCarInfo_SpoolSource.channels = SmartCarInfo_Channel
SmartCar_Agent.sinks.SmartCarInfo_LoggerSink.channel = SmartCarInfo_Channel        ❺
```

예제 3.1을 보면 크게 5개의 형식의 설정 그룹이 만들어지는데 각 그룹의 역할들을 알아보자.

❶ 플럼의 에이전트에서 사용할 Source, Channel, Sink의 각 리소스 변수를 정의한 것이다.

❷ 에이전트의 Source를 설정한다. ❶에서 Source로 선언했던 SmartCarInfo_SpoolSource라는 변수에 Type을 "spooldir"로 설정했다. "spooldir"은 지정한 특정 디렉터리를 모니터링하고 있다가 새로운 파일이 생성되면 이벤트를 감지해서 "batchSize"의 설정값만큼 읽어서 ❸번의 Channel에 데이터를 전송한다.

❸ 에이전트의 Channel로서 SmartCarInfo_Channel의 Type을 "memory"로 설정했다. 채널의 종류는 크게 Memory와 File이 있다. Memory Channel은 Source로부터 받은 데이터를 메모리상에 중간 적재하므로 성능이 높지만 안정성이 낮다. 반면 File Channel의 경우 Source에서 전송한 데이터를 받아 로컬 파일시스템 경로인 "dataDirs"에 임시로 저장했다가 Sink에게 데이터를 제공하므로 성능은 낮지만 안정성이 높다.

❹ 에이전트의 최종 목적지다. SmartCarInfo_LoggerSink의 Type을 "logger"로 설정했다. Logger Sink는 수집한 데이터를 테스트 및 디버깅 목적으로 플럼의 표준 출력 로그 파일인 /var/log/flume-ng/flume-cmf-flume-AGENT-server02.hadoop.com.log에 출력한다.

❺ Source와 Channel Sink를 연결한다. 앞서 정의한 SmartCarInfo_SpoolSource의 채널값을 SmartCarInfo_Channel로 설정하고, SmartCarInfo_LoggerSink의 채널 값도 SmartCarInfo_Channel로 설정해서 File → Channel → Sink로 이어지는 에이전트 리소스를 하나로 연결해 준다.

SmartCar 에이전트에 Interceptor 추가 _ ⌨ 실습

Interceptor는 Source와 Channel의 중간에서 데이터를 가공하는 역할을 한다. 플럼의 Source에서 유입되는 데이터 중 일부 데이터를 수정하거나 필요한 데이터만 필터링하는 등 중간에 데이터를 추가/가공/정제하는 데 사용된다. 플럼에서 데이터 전송 단위를 Event라 하는데, Event의 구조는 다시 Header와 메시지 본문인 Body로 구성된다. 이때 Interceptor는 Event의 Header에 특정값을 추가하거나 Event의 Body에 데이터를 가공하는 기능으로 활용된다.

파일럿 프로젝트에서는 SmartCarInfo 로그 파일을 수집하는데 총 4개의 Interceptor를 추가할 것이다. 이번 장에서는 Filter Interceptor 하나만 추가하고 나머지 3개는 4장에서 사용해 보겠다. 앞서 작성한 SmartCarInfo 에이전트를 수정해서 Filter Interceptor를 사용해 보자. CM의 [Flume] → [구성] → [구성 파일]을 차례로 선택한 후 Source와 Channel 사이에 아래와 같이 Interceptor를 추가하고 [변경 내용 저장] 버튼을 누른다.

C://예제소스/bigdata2nd-master/CH03/예제-3.2/SmartCar_Agent.conf를 참고한다.

예제 3.2 SmartCarInfo의 Interceptor 설정 추가

```
SmartCar_Agent.sources  = SmartCarInfo_SpoolSource
SmartCar_Agent.channels = SmartCarInfo_Channel
SmartCar_Agent.sinks    = SmartCarInfo_LoggerSink

SmartCar_Agent.sources.SmartCarInfo_SpoolSource.type = spooldir
SmartCar_Agent.sources.SmartCarInfo_SpoolSource.spoolDir = /home/pilot-pjt/working/car-batch-log
SmartCar_Agent.sources.SmartCarInfo_SpoolSource.deletePolicy = immediate
SmartCar_Agent.sources.SmartCarInfo_SpoolSource.batchSize = 1000
```

```
SmartCar_Agent.sources.SmartCarInfo_SpoolSource.interceptors = filterInterceptor      ❶
```

```
SmartCar_Agent.sources.SmartCarInfo_SpoolSource.interceptors.filterInterceptor.type = regex_
filter                                                                                ❷
SmartCar_Agent.sources.SmartCarInfo_SpoolSource.interceptors.filterInterceptor.regex = ^\\d{14}
SmartCar_Agent.sources.SmartCarInfo_SpoolSource.interceptors.filterInterceptor.excludeEvents =
false
```

```
SmartCar_Agent.channels.SmartCarInfo_Channel.type = memory
SmartCar_Agent.channels.SmartCarInfo_Channel.capacity  = 100000
SmartCar_Agent.channels.SmartCarInfo_Channel.transactionCapacity  = 10000
```

```
SmartCar_Agent.sinks.SmartCarInfo_LoggerSink.type = logger

SmartCar_Agent.sources.SmartCarInfo_SpoolSource.channels = SmartCarInfo_Channel
SmartCar_Agent.sinks.SmartCarInfo_LoggerSink.channel = SmartCarInfo_Channel
```

Interceptor가 추가됨으로써 플럼 에이전트가 조금 복잡해졌다. 하지만 막상 내용을 들여다 보면 매우 직관적이라 이해하기는 어렵지 않다. 추가된 Interceptor 항목에 대해 알아보자.

❶ 수집 데이터를 필터링하기 위해 filterInterceptor 변수를 선언해서 SmartCarInfo_SpoolSource에 할당했다.

❷ filterInterceptor의 Type을 "regex_filter"로 설정했다. Type명에서 알 수 있듯이 정규 표현식(Regular Expression)을 이용해 수집 데이터를 필터링할 때 유용하게 사용할 수 있다. 그림 3.27 스마트카의 로그 생성기가 만든 로그 파일의 내용을 자세히 보면 중간에 로그 포맷의 형식을 알리는 메타 정보가 포함돼 있다.

그림 3.27 로그 시뮬레이터가 생성한 메타데이터

이 메타 정보를 수집 데이터에서 제외하고 필요한 데이터만 수집해야 한다. 이때 간단한 정규 표현식을 써서 해결 가능한데, 스마트카 로그의 경우 정상적인 로그 데이터가 발생했을 때 14자리의 날짜 형식을 갖는다. 이 14자리 날짜 형식으로 시작하는 데이터에 대한 정규 표현식 "^\\d{14}"를 "regex" 속성에 설정했다. 또한 "excludeEvents" 속성이 "false"로 돼 있는데, "true"로 하면 반대로 제외 대상만 수집하게 된다.

DriverCarInfo 에이전트 생성 _ ⌨ 실습

DriverCarInfo 에이전트는 앞서 작성한 SmartCar 에이전트에 DriverCarInfo 에이전트를 위한 Source, Channel, Sink를 추가해 생성한다. 그림 3.6처럼 한 개의 플럼 에이전트 파일에 여러 개의 에이전트를 만들어 사용한다. 해당 예제는 "C://예제소스/bigdata2nd-master/CH03/예제-3.4/SmartCar_Agent.conf" 파일로 제공되니 참고한다.

예제 3.3 운전자의 운행 정보를 수집하기 위한 DriverCarInfo 리소스 변수 추가

```
SmartCar_Agent.sources = SmartCarInfo_SpoolSource    DriverCarInfo_TailSource

SmartCar_Agent.channels = SmartCarInfo_Channel       DriverCarInfo_Channel

SmartCar_Agent.sinks = SmartCarInfo_LoggerSink       DriverCarInfo_KafkaSink


SmartCar_Agent.sources.SmartCarInfo_SpoolSource.type = spooldir

SmartCar_Agent.sources.SmartCarInfo_SpoolSource.spoolDir = /home/pilot-pjt/working/car-batch-log

SmartCar_Agent.sources.SmartCarInfo_SpoolSource.deletePolicy = immediate

SmartCar_Agent.sources.SmartCarInfo_SpoolSource.batchSize = 1000


SmartCar_Agent.sources.SmartCarInfo_SpoolSource.interceptors = filterInterceptor

SmartCar_Agent.sources.SmartCarInfo_SpoolSource.interceptors.filterInterceptor.type = regex_
filter

SmartCar_Agent.sources.SmartCarInfo_SpoolSource.interceptors.filterInterceptor.regex = ^\\d{14}

SmartCar_Agent.sources.SmartCarInfo_SpoolSource.interceptors.filterInterceptor.excludeEvents =
false
```

….. 〈 중간 생략 〉 …..

CM의 홈 → [Flume] → [구성] → [구성파일]에서 DriverCarInfo 에이전트를 위한 리소스 변수를
예제 3.3처럼 선언한다. 이어서 예제 3.4처럼 Source, Interceptor, Channel, Sink 정보를 추가
입력한다.

예제 3.4 운전자의 운행 정보를 수집하기 위한 DriverCarInfo 설정 추가

```
SmartCar_Agent.sources = SmartCarInfo_SpoolSource    DriverCarInfo_TailSource

SmartCar_Agent.channels = SmartCarInfo_Channel       DriverCarInfo_Channel

SmartCar_Agent.sinks = SmartCarInfo_LoggerSink        DriverCarInfo_KafkaSink
```

….. 〈 중간 생략 〉 …..

```
SmartCar_Agent.sources.SmartCarInfo_SpoolSource.channels = SmartCarInfo_Channel

SmartCar_Agent.sinks.SmartCarInfo_LoggerSink.channel = SmartCarInfo_Channel
```

```
SmartCar_Agent.sources.DriverCarInfo_TailSource.type = exec

SmartCar_Agent.sources.DriverCarInfo_TailSource.command = tail -F /home/pilot-pjt/working/

driver-realtime-log/SmartCarDriverInfo.log                                        ❶

SmartCar_Agent.sources.DriverCarInfo_TailSource.restart = true

SmartCar_Agent.sources.DriverCarInfo_TailSource.batchSize = 1000
```

```
SmartCar_Agent.sources.DriverCarInfo_TailSource.interceptors = filterInterceptor2
```

```
SmartCar_Agent.sources.DriverCarInfo_TailSource.interceptors.filterInterceptor2.type = regex_filter

SmartCar_Agent.sources.DriverCarInfo_TailSource.interceptors.filterInterceptor2.regex = ^\\d{14}   ❷

SmartCar_Agent.sources.DriverCarInfo_TailSource.interceptors.filterInterceptor2.excludeEvents =

false
```

```
SmartCar_Agent.sinks.DriverCarInfo_KafkaSink.type = org.apache.flume.sink.kafka.KafkaSink

SmartCar_Agent.sinks.DriverCarInfo_KafkaSink.topic = SmartCar-Topic

SmartCar_Agent.sinks.DriverCarInfo_KafkaSink.brokerList = server02.hadoop.com:9092           ❸

SmartCar_Agent.sinks.DriverCarInfo_KafkaSink.requiredAcks = 1

SmartCar_Agent.sinks.DriverCarInfo_KafkaSink.batchSize = 1000
```

```
SmartCar_Agent.channels.DriverCarInfo_Channel.type = memory

SmartCar_Agent.channels.DriverCarInfo_Channel.capacity= 100000                              ❹

SmartCar_Agent.channels.DriverCarInfo_Channel.transactionCapacity = 10000
```

```
SmartCar_Agent.sources.DriverCarInfo_TailSource.channels = DriverCarInfo_Channel
                                                                                            ❺
SmartCar_Agent.sinks.DriverCarInfo_KafkaSink.channel = DriverCarInfo_Channel
```

전체 구성은 앞서 설명한 SmartCarInfo 에이전트와 유사하다. Source, Interceptor, Channel, Sink를 순서대로 정의했고 일부 Source와 Sink의 유형이 달라졌다. 아래의 내용을 통해 하나씩 살펴보겠다.

❶ Source의 Type이 "exec"다. "exec"는 플럼 외부에서 수행한 명령의 결과를 플럼의 Event로 가져와 수집할 수 있는 기능을 제공한다. 스마트카 운전자의 운행 정보가 로그 시뮬레이터를 통해 /home/pilot-pjt/working/ driver-realtime-log/SmartCarDriverInfo.log에 생성되는데, 리눅스의 "tail" 명령을 플럼의 "exec"를 실행해서 운전자의 실시간 운행 정보를 수집한다.

❷ Interceptor를 정의했는데 여기서도 데이터를 필터링하기 위한 "regex_filter"만 추가했다.

❸ 스마트카 운전자의 실시간 운행 정보는 플럼에서 수집과 동시에 카프카로 전송한다. 플럼의 KafkaSink의 내용을 보면 카프카 브로커 서버가 실행 중인 server02.hadoop.com:9092에 연결해서 SmartCar-Topic에 데이터를 100개의 배치 크기로 전송한다.

❹ DriverCarInfo의 Channel을 Memory Channel로 선언했다.

❺ DriverCarInfo의 Source와 Sink의 Channel을 앞서 정의한 DriverCarInfo_Channel로 설정해서 Source-Channel-Sink의 구조를 완성했다.

[변경 내용 저장] 버튼을 눌러 플럼의 DriverCarInfo 에이전트의 설정을 마친다. 플럼 서버를 재시작하지는 않는다. 다음의 카프카 설정까지 마치고 플럼 서버를 재실행한다.

3.6 수집 파일럿 실행 4단계 - 카프카 기능 구현

카프카에 대해 직접적인 기능 구현은 하지 않는다. 이미 플럼의 DriverCarInfo_KafkaSink를 통해 수집한 실시간 데이터를 카프카에 전송하는 기능 구현은 끝났기 때문이다. 여기서는 카프카의 명령어를 이용해 카프카의 브로커 안에 앞으로 사용하게 될 토픽을 생성하고, 카프카의 Producer 명령어를 통해 토픽에 데이터를 전송한다. 토픽에 들어간 데이터를 다시 카프카의 Consumer 명령어로 수신해 보겠다.

카프카 Topic 생성 _ ⌨ 실습

카프카가 설치돼 있는 Server02에서는 카프카의 CLI 명령어를 이용해 다양한 카프카 기능을 사용해 볼 수 있다. 먼저 Server02에 PuTTY로 SSH 접속을 하고 root 계정으로 로그인하자. 그리고 아래의 카프카 토픽 명령어로 SmartCar-Topic을 생성한다.

```
$ kafka-topics --create --zookeeper server02.hadoop.com:2181 --replication-factor 1 --partitions
1 --topic SmartCar-Topic
```

그림 3.28 카프카 Topic 생성

위 명령어를 실행하고 "Created Topic SmartCar−Topic"이라는 메시지가 나오면 토픽이 정상적으로 생성된 것이다. 토픽 생성 명령어를 보면 −zookeeper 옵션이 있고 카프카가 Zookeeper에 의존적이라는 것을 알 수 있는데, 토픽의 메타 정보들이 Zookeeper의 Z노드라는 곳에 만들어지고 관리된다.

- replication−factor 옵션은 카프카를 다중 Broker로 만들고 전송한 데이터를 replication−factor 개수만큼 복제하게 되는데, 파일럿 프로젝트에서는 단일 카프카 브로커이므로 복제 개수는 1개만 설정한다.

- partitions 옵션은 해당 Topic에 데이터들이 partitions의 개수만큼 분리 저장하게 된다. 이 역시 다중 Broker에서 쓰기/읽기 성능 향상을 위해 사용하는 옵션이다. 파일럿 환경에서는 1로만 설정 한다.

마지막으로 −−topic 옵션으로 파일럿 환경에서 사용할 토픽명을 정의한다. 그림 3.28에서는 "SmartCar−Topic"이라는 이름으로 토픽을 만드는데, 이는 플럼의 예제 3.4 DriverCarInfo_ KafkaSink에서 설정한 토픽 이름과 같아야 한다.

참고로 아래의 카프카 명령어로 특정 토픽을 삭제할 수 있다.

```
kafka-topics --delete --zookeeper server02.hadoop.com:2181 --topic 토픽명
```

카프카 Producer 사용 _ ⌨ 실습

Server02에 SSH 접속을 하고 우선 아래의 명령을 실행해 보자.

```
$ kafka-console-producer --broker-list server02.hadoop.com:9092 -topic SmartCar-Topic
```

그리고 "Hello! BigData!"라고 입력하고 엔터 키를 누른다. 에러 메시지가 없으면 "SmartCar-Topic"에 "Hello! BigData!"라는 메시지를 성공적으로 전송한 것이다.

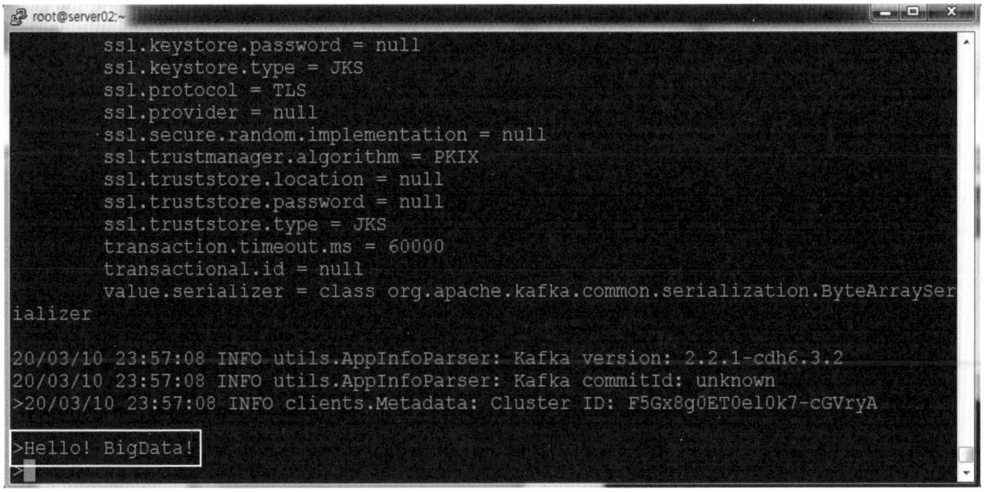

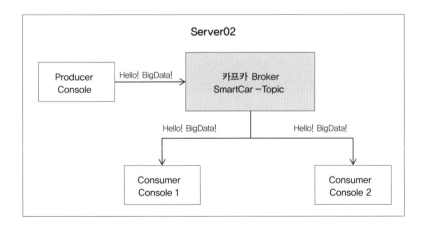

그림 3.29 카프카 Producer로 메시지 생성

그럼 이제 그림 3.30과 같은 구성으로 카프카 Producer와 Consumer 기능들을 점검해 보겠다.

그림 3.30 카프카 Producer와 Consumer의 메시지 송수신 점검

앞서 Producer가 전송한 "Hello! BigData!" 메시지는 아직 카프카 토픽에 머물러 있는 상태다. Consumer 콘솔 1, 2를 실행해서 SmartCar-Topic에 연결하면 "Hello! BigData!" 메시지를 Consumer가 동시에 수신받게 될 것이다. 그럼 카프카 Consumer를 사용해 보자.

카프카 Consumer 사용 _ ⌨ 실습

Server02에 새로 SSH 터미널을 2개 열어서 각각에 아래의 카프카 Consumer 명령을 실행한다.

```
$ kafka-console-consumer --bootstrap-server server02.hadoop.com:9092 --topic SmartCar-Topic
  --partition 0 --from-beginning
```

실행과 동시에 Producer에서 입력했던 "Hello! BigData!" 메시지가 출력되는 것을 볼 수 있다.

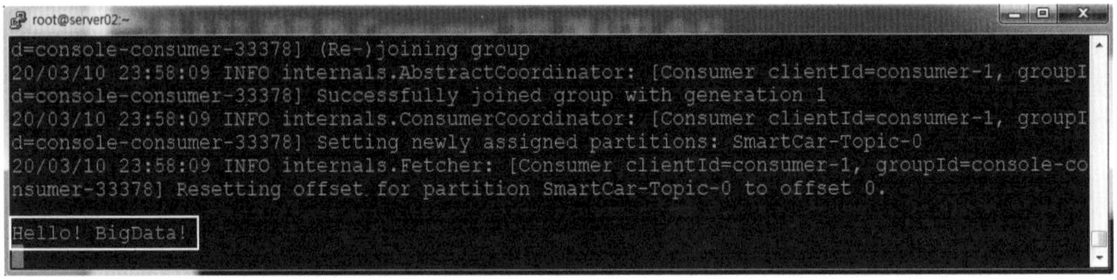

그림 3.31 카프카 Consumer 1의 메시지 수신

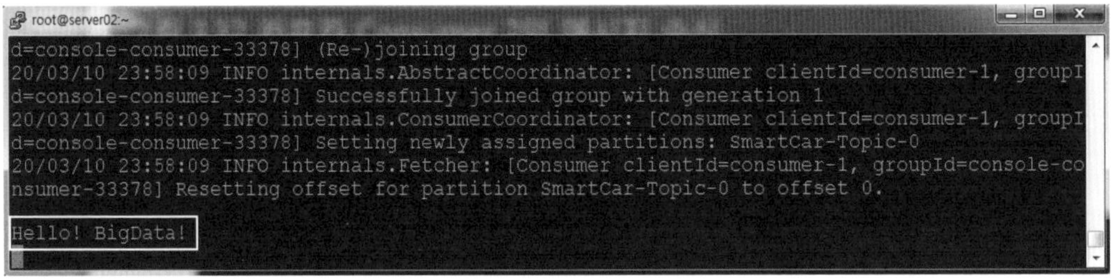

그림 3.32 카프카 Consumer 2의 메시지 수신

그리고 그림 3.29의 Producer 콘솔창에서 메시지를 전송할 때마다 2개의 Consumer 콘솔창(그림 3.31, 그림 3.32)에 브로드케스트 되어 동일 메시지가 수신된다.

3.7 수집 파일럿 실행 5단계 – 수집 기능 테스트

지금까지 구성한 빅데이터 수집 기능이 정상적으로 작동하는지 간단한 테스트를 통해 점검해 보자.

SmartCar 로그 시뮬레이터 작동 _ ⌨ 실습

SmartCar의 로그 시뮬레이터를 작동시킨다. 2016년 1월 1일에 3대의 스마트카 로그만 발생시켜 보겠다.

01. 먼저 Server02에 SSH 접속을 하고 bigdata.smartcar.loggen-1.0.jar가 위치한 곳으로 이동한다.

```
$ cd /home/pilot-pjt/working
```

02. 다음 명령으로 2개의 스마트카 로그 시뮬레이터를 백그라운드 방식으로 실행한다.

```
$ java -cp bigdata.smartcar.loggen-1.0.jar com.wikibook.bigdata.smartcar.loggen.CarLogMain
20160101 3 &
$ java -cp bigdata.smartcar.loggen-1.0.jar com.wikibook.bigdata.smartcar.loggen.
DriverLogMain 20160101 3 &
```

2016년 1월 1일에 3대의 스마트카에 대한 상태 정보와 운전자의 운행 정보가 생성되기 시작한다.

03. 정상적으로 시뮬레이터가 작동되고 있는지 아래의 내용으로 확인해 본다.

- /home/pilot-pjt/working/SmartCar 경로에 SmartCarStatusInfo_20160101.txt 파일이 생성됐는지 확인한다. SmartCarStatusInfo_20160101.txt 파일의 내용을 확인해 보면 3대의 스마트카 상태 정보가 기록된 것을 볼 수 있다.

```
$ cd /home/pilot-pjt/working/SmartCar
$ vi SmartCarStatusInfo_20160101.txt
```

- /home/pilot-pjt/working/driver-realtime-log 경로에 SmartCarDriverInfo.log 파일이 생성됐는지 확인한다. tail -f SmartCarDriverInfo.log 명령을 통해 3대의 스마트카 운전자의 운행 정보가 실시간으로 발생하는 것을 볼 수 있다.

```
$ cd /home/pilot-pjt/working/driver-realtime-log
$ tail -f SmartCarDriverInfo.log
```

04. 마지막으로 /home/pilot-pjt/working/SmartCar 경로에 만들어진 SmartCarStatusInfo_20160101.txt 파일을 플럼 SmartCarInfo 에이전트의 SpoolDir 경로로 옮긴다.

```
$ mv /home/pilot-pjt/working/SmartCar/SmartCarStatusInfo_20160101.txt /home/pilot-pjt/
working/car-batch-log/
```

플럼 에이전트 작동 _ ⌨ 실습

플럼 에이전트를 작동시켜 스마트카 로그 시뮬레이터가 만들어낸 두 유형의 로그를 수집해 보자. CM 홈으로 이동해서 [Flume] 메뉴를 선택한 후 우측 콤보박스에서 [재시작] 메뉴를 선택해서 플럼 에이전트를 재기동한다.

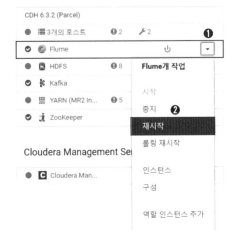

그림 3.33 CM을 이용한 플럼 에이전트 재시작

카프카 Consumer 작동 _ ⌨ 실습

카프카 Consumer를 작동시켜 보자. Server02에 접속해서 다음과 같은 카프카 명령을 실행시킨다. 이전에 사용한 Consumer 명령과 --from-beginning 옵션은 생략한다. 카프카 Consumer에 --from-beginning 옵션을 붙이면 해당 토픽에 저장된 첫 데이터부터 마지막 데이터까지 일괄 수신 후 대기하게 된다. 여기서는 실시간으로 발생된 데이터만 수신할 것이므로 해당 옵션을 제외하고 실행한다.

```
$ kafka-console-consumer --bootstrap-server server02.hadoop.com:9092 --topic SmartCar-Topic
--partition 0
```

앞서 실행한 시뮬레이터에 의해 스마트카의 운행 로그 데이터가 실시간으로 카프카에 유입되는 것을 확인할 수 있다.

수집 기능 점검 _ ⌨ 실습

빅데이터 수집 기능이 정상적으로 작동하고 있는지 아래의 단계를 거쳐 확인해 보자.

01. 스마트카의 상태 정보 로그 파일이 플럼의 표준 출력 로그로 전송됐는지 리눅스 tail 명령어를 통해 확인한다.

```
$ tail -f /var/log/flume-ng/flume-cmf-flume-AGENT-server02.hadoop.com.log
```

그림 3.34처럼 수집된 스마트카의 상태값 데이터가 출력되면 성공적으로 수집되고 있는 것이다.

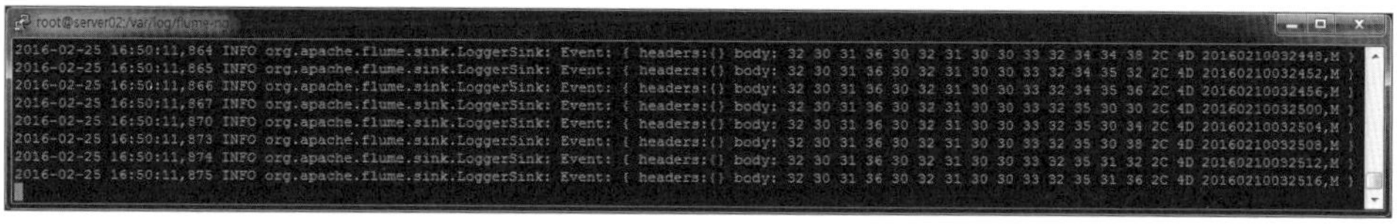

그림 3.34 수집 기능 점검 1 – 플럼의 표준 출력 로그 파일로 수집된 데이터 확인

참고로 출력되고 있는 그림 3.34의 로그 내용을 자세히 들여다 보면 플럼의 데이터 전송 단위인 Event가 Header 와 Body 구조로 분리된 것을 확인할 수 있다.

02. 이제 스마트카 운전자의 실시간 운전 정보인 DriverCarInfo가 정상적으로 수집되는지 확인한다. 앞서 실행했던 Kafka의 Consumer 콘솔창을 확인해 보자. 만약 창을 닫았다면 Server02에 SSH 접속 후, 아래의 명령어를 다시 실행한다.

```
kafka-console-consumer --bootstrap-server server02.hadoop.com:9092 --topic SmartCar-Topic
--partition 0
```

아래와 같이 스마트카의 운전자 정보가 실시간으로 수집되고 있는지 확인할 수 있다.

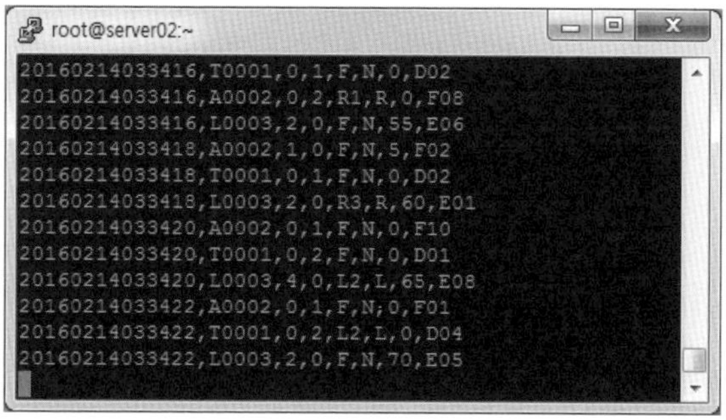

그림 3.35 수집 기능 점검 2 – 카프카 Consumer로 실시간 수집 데이터 확인

03. 이제 백그라운드로 실행했던 스마트카 로그 시뮬레이터를 모두 종료한다.

```
$ ps -ef | grep smartcar.log
```

위 명령어로 조회된 두 자바 프로세스(CarLogMain, DriverLogMain)의 pid를 찾아 강제로 종료하자.

```
$ kill -9 [pid]
```

Tip _ 파일럿 환경의 로그 확인

빅데이터 시스템에서는 에코시스템들의 로그를 확인하는 것이 중요하다. 많은 소프트웨어가 설치되고 서로간의 의존성이 커서 다양한 문제점들을 로그를 통해 확인해야 하기 때문이다. 파일럿 환경의 로그를 점검하기 위해서는 아래의 경로들을 참고한다.

- Hadoop 에코시스템 서버들의 로그 위치: /var/log/디렉터리(cloudera, Hadoop, Oozie 등)
- Redis 서버 로그 위치: /var/log/redis_6379.log
- Storm 서버 로그 위치: /var/log/storm/
- Zeppelin 서버 로그 위치: /home/pilot-pjt/zeppelin-0.8.2-bin-all/logs

Tip _ 파일럿 환경에서 HDFS 문제 발생

개인의 파일럿 프로젝트 환경은 가상머신으로 구성돼 있어 비정상적인 종료가 자주 발생할 수밖에 없다. 이때 HDFS상에 CORRUPT BLOCKS/FILES 같은 문제가 발생하거나 Safe 모드로 전환되어 빠져 나오는 못하는 경우가 자주 발생한다. 만약 파일럿 환경의 일부 기능 또는 설치 중에 문제가 발생한다면 HDFS의 파일/블록 깨짐 또는 Safe모드 전환 여부를 체크해야 한다.

- HDFS 파일 시스템 검사: $ hdfs fsck /
- HDFS에 Safe 모드 발생 후 빠져나오지 못할 경우
  Safe 모드 강제 해제: $ hdfs dfsadmin −safemode leave
- HDFS에 CORRUPT BLOCKS/FILES 등이 발생해 복구가 불가능한 경우
  손상된 파일 강제 삭제: $ hdfs fsck / −delete
  손상된 파일을 /lost + found 디렉터리로 이동: $ hdfs fsck / −move

3.8 마치며

지금까지 빅데이터 아키텍처의 첫 번째 레이어인 수집 영역을 구축했다. 스마트카 시뮬레이터로 배치 파일(스마트카 상태 정보)과 실시간 로그(스마트카 운행 정보)를 생성하게 했고 이를 플럼과 카프카를 이용해 수집하는 단계까지 진행한 것이다. 다음 장에서는 이번 3장에서 수집한 스마트카 데이터를 하둡, HBase, 레디스에 적재하는 아키텍처와 주요 기능을 살펴보고 파일럿 프로젝트에 적용 및 활용하는 방안도 알아보자.

04

빅데이터 적재 I
– 대용량 로그 파일 적재

빅데이터 적재 소개

1. 빅데이터 적재 개요

빅데이터 대용량 파일 적재의 기본 개념을 설명한다.

2. 빅데이터 적재에 활용하는 기술

빅데이터 적재에서 사용할 두 가지 기술(하둡, 주키퍼)에 대한 소개와 각 기술별 주요 기능 및 아키텍처, 활용 방안을 알아본다.

3. 적재 파일럿 실행 1단계 – 적재 아키텍처

스마트카에서 발생하는 로그 파일 적재와 관련한 요구사항을 구체화하고, 적재 요건을 해결하기 위한 파일럿 아키텍처를 설명한다.

4. 적재 파일럿 실행 2단계 – 적재 환경 구성

스마트카 로그 파일의 적재 아키텍처를 설치 및 환경을 구성한다

5. 적재 파일럿 실행 3단계 – 적재 기능 구현

플럼을 이용해 스마트카의 상태 정보 로그 파일을 하둡에 적재하는 기능을 구현해 본다.

6. 적재 파일럿 실행 4단계 – 적재 기능 테스트

로그 시뮬레이터를 이용해 스마트카의 상태 정보 데이터를 발생시키고, 플럼이 해당 데이터를 HDFS에 정상적으로 적재됐는지 확인한다.

4.1 빅데이터 적재 개요

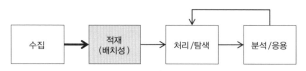

그림 4.1 빅데이터 구축 단계 - 적재(배치성)

이번 4장에서는 3장에서 수집한 데이터를 어디에, 어떻게 저장할 것인가를 다룬다. 수집한 데이터는 특징에 따라 처리 방식과 적재 위치가 달라질 수 있다. 크게는 데이터 발생 주기에 따라 일괄 배치성 데이터인지, 실시간 스트림 데이터인지를 판단해야 하고, 데이터의 형식에 따라 가공 처리나 사전 검증 작업을 할 것인지도 판단해야 한다. 적재한 데이터를 어떤 비즈니스 요건에서 활용하느냐에 따라 적재 대상 위치가 달라질 수도 있는데, 이는 데이터 분석 방식과 활용성 및 업무 시스템의 성격에 따라 그림 4.2처럼 분산 파일, NoSQL, 메모리 캐시 등으로 구분해서 저장된다.

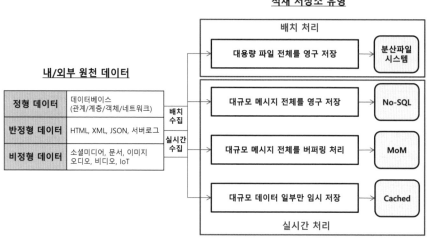

그림 4.2 빅데이터 적재 저장소 유형

파일럿 환경에서도 스마트카의 대용량 로그 파일(스마트카 상태 정보)을 적재할 때와 실시간 로그 파일(스마트카 운전자 정보)을 적재할 때의 아키텍처와 적재 기술들이 달라진다.

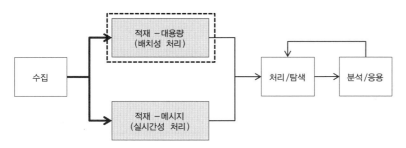

그림 4.3 빅데이터 적재 유형

적재는 빅데이터 시스템의 중심에 위치해 중요한 만큼, 관련 소프트웨어가 다양하면서 기술 복잡도도 매우 높은 편이다. 그래서 이번 파일럿 프로젝트에서도 1부와 2부로 분리 구성했다. 1부에서는 일 단위로 만들어지는 스마트카의 상태 정보 로그 파일(약 100MB) 적재를 다루고, 2부에서는 스마트카 운전자의 실시간 운행 정보인 실시간 로그(약 4K/1건) 분석 적재를 다룬다. 먼저 이번 장에서는 1부, 대용량 로그 파일의 적재를 설명하겠다.

4.2 빅데이터 적재에 활용하는 기술

하둡

하둡 소개

하둡은 너무나도 잘 알려진 빅데이터의 핵심 소프트웨어다. 빅데이터의 에코시스템들은 대부분 하둡을 위해 존재하고 하둡에 의존해서 발전해 가고 있다 해도 과언이 아니다. 하둡은 크게 두 가지 기능이 있는데, 첫 번째가 대용량 데이터를 분산 저장하는 것이고, 두 번째는 분산 저장된 데이터를 가공/분석 처리하는 기능이다. 하둡은 두 번째 기능인 데이터 가공/분석을 위해 분산 병렬 처리 기술을 사용하는데, 분산 컴퓨팅 기술은 하둡이 처음 개발되기 시작한 2005년 이전부터 이미 사용돼 왔지만 높은 투자비용으로 특정 분야에서만 활용되고 있었다. 하지만 구글에서 2003년에 『Google File System』, 2004년에 『MapReduce: Simplified Data Processing on Large Clusters』라는 논문을 발표하면서 구글의 검색 엔진 기술이 공개됐고, 이 논문을 기반으로 2005년, 하둡의 창시자인 더그 커팅이 넛치/루씬(Nutch/Lucene) 검색엔진의 서브 프로젝트로 하둡 프로젝트를 추진하면서 분산 컴퓨팅 기술의 저변 확대가 시작됐다. 이후 2006년에는 아파치 최상위 프로젝트로 독립되어 비약적인 발전을 거듭했고, 2013년 10월에는 하둡 2.0 정식 버전이 릴리스되면서 한층 더 강력한 빅데이터 기술로 자리매김하고 있다.

Tip _ 하둡의 맵리듀스

분산 병렬 처리에서의 핵심은 여러 컴퓨터에 분산 저장돼 있는 데이터로부터 어떻게 효율적으로 일을 나눠서(Map) 실행시킬 수 있느냐고, 다음으로 여러 컴퓨터가 나눠서 실행한 결과들을 어떻게 하나로 모으냐(Reduce)는 것이다. 이를 쉽고 편리하게 지원하는 프레임워크가 하둡의 맵리듀스(MapReduce)다. 맵리듀스는 분산 컴퓨팅 기술을 이해하는 중요한 열쇠로서, 기본 개념은 반드시 이해해 두도록 한다.

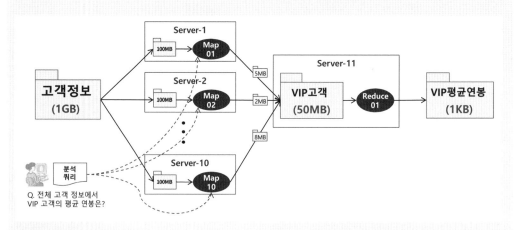

그림 4.4 MapReduce 기본 구조

❶ 고객정보가 담긴 1GB의 파일을 100MB 파일 10개로 나눠서 10대의 서버(하둡 데이터노드)에 분산 저장(나눠진 100MB 파일을 블록 파일이라 부르며, 일반적으로 128MB 블록 단위로 처리)

❷ 전체 고객정보에서 VIP 고객의 평균연봉 조회 쿼리를 실행. 10대의 서버에 분산 저장된 100MB의 고객정보 파일로부터 Map 프로그램이 각각 생성

❸ 실행된 Map 프로그램은 100MB의 고객정보 파일에서 VIP고객 정보만 추출한 후, 작아진 파일(2~8MB) 크기로 Server-11(Reduce)로 전송

❹ Server-11에서 Reduce 프로그램이 실행되어 Server-01(Map01)~Server-10(Map02)이 전송한 VIP 고객정보를 머지(50MB)해 평균을 구하고 결과 파일(1KB)을 생성

❶~❹ 과정은 대용량 데이터에 대한 처리를 여러 대의 서버들이 나누어 작업함으로써 한 대의 고성능 서버가 처리하기 힘든 작업을 신속하게 처리한다. 실제 MapReduce가 동작할 때는 한 대의 서버에 여러 개의 블록 파일이 저장되기도 하며, 여러 개의 Map/Reduce가 한 서버에서 동시 다발적으로 실행되기도 한다. 각 Map/Reduce가 실행되는 중에 중간 파일을 만들어 로컬 디스크에 임시 저장해 처리가 완료된 파일은 다음 작업 서버로 전송한다. MapReduce 프로그램에서는 내부적으론 Split, Spill, Sort, Partition, Fetch, Shuffle, Merge 등 다양한 메커니즘들이 작동하며 이 과정을 잘 이해하고 있어야 분산 환경에서 발생하는 다양한 문제에 빠르게 대처할 수 있다.

표 4.1 하둡의 기본 요소

공식 홈페이지	hadoop		http://hadoop.apache.org
주요 구성 요소		DataNode	블록(64MB or 128MB 등) 단위로 분할된 대용량 파일들이 DataNode의 디스크에 저장 및 관리
		NameNode	DataNode에 저장된 파일들의 메타 정보를 메모리상에서 로드해서 관리
		EditsLog	파일들의 변경 이력(수정, 삭제 등) 정보가 저장되는 로그 파일
		FsImage	NameNode의 메모리상에 올라와 있는 메타 정보를 스냅샷 이미지로 만들어 생성한 파일
	Ver. 1.x	SecondaryNameNode	NameNode의 FsImage와 EditsLog 파일을 주기적으로 유지 관리해 주는 체크포인팅 노드
		MapReduce v1	DataNode에 분산 저장된 파일이 스플릿(Map)되어 다양한 연산(정렬, 그루핑, 집계 등)을 수행한 뒤 그 결과를 다시 병합(Reduce)하는 분산 프로그래밍 기법
		JobTracker	맵리듀스의 잡을 실행하면서 태스크에 할당하고, 전체 잡에 대해 리소스 분배 및 스케줄링
		TaskTracker	JobTracker가 요청한 맵리듀스 프로그램이 실행되는 태스크이며, 이때 맵 태스크와 리듀스 태스크가 생성
	Ver. 2.x	Active/Stand-By NameNode	NameNode를 이중화해서 서비스 중인 Active NameNode와 실패 처리를 대비한 Standby NameNode로 구성
		MapReduce v2 / YARN	하둡 클러스터 내의 자원을 중앙 관리하고, 그 위에 다양한 애플리케이션을 실행 및 관리가 가능하도록 확장성과 호환성을 높인 하둡 2.x의 플랫폼
		ResourceManager	하둡 클러스터 내의 자원을 중앙 관리하면서, 작업 요청 시 스케줄링 정책에 따라 자원을 분배해서 실행시키고 모니터링
		NodeManager	하둡 클러스터의 DataNode마다 실행되면서 Container를 실행시키고 라이프 사이클을 관리
		Container	DataNode의 사용 가능한 리소스(CPU, 메모리, 디스크 등)를 Container 단위로 할당해서 구성
		ApplicationMaster	애플리케이션 실행되면 ApplicationMaster가 생성되며 ApplicationMaster는 NodeManager에게 애플리케이션이 실행될 Container를 요청하고, 그 위에서 애플리케이션을 실행 및 관리
		JournalNode	3개 이상의 노드로 구성되어 EditsLog를 각 노드에 복제 관리하며 Active NameNode는 EditsLog에 쓰기만을 수행하고 Standby NameNode는 읽기만을 실행

라이선스	Apache
유사 프로젝트	GFS(Google File System), Gluster, MogileFS, GridFS, Lustre

현재 하둡의 최신 버전은 2020년 3월 기준으로 3.2.1 버전이다. 3.x에서는 2.x의 구성요소와 큰 차이가 없지만 네임노드 안정성을 강화하고, HDFS의 효율성과 맵리듀스의 성능 등을 크게 개선했다. 파일럿 프로젝트에서는 Apache Hadoop 3.0.0을 사용하지만 3.x에 특화된 기능을 사용하지는 않는다.

하둡 아키텍처

하둡의 아키텍처는 1.x 버전에서 2.x 버전으로 넘어오면서 변화와 혁신을 가져왔고, 최근에는 3.x가 릴리스되면서 다시 한 번 큰 변화를 예고하고 있다. 먼저 하둡 1.x의 아키텍처를 그림 4.5를 통해 알아보자. 클라이언트에서 하둡에 파일을 읽기/쓰기를 할 때는 우선 NameNode를 참조해서 파일을 읽기/쓰기할 DataNode 정보를 전달받는다. 클라이언트는 해당 정보를 이용해 DataNode에 직접 연결해서 파일을 읽기/쓰기한다. 하둡에 적재된 데이터를 분석해야 할 때는 클라이언트가 JobTracker에게 맵리듀스 실행을 요청하게 되며, JobTracker가 스케줄링 정책에 따라 작업할 DataNode/TaskTracker를 선정한다.

선정된 TaskTracker에 맵리듀스 프로그램이 전달되어 저장된 파일들을 이용해 맵리듀스 작업들이 실행된다. 하지만 이와 같은 하둡 1.x의 아키텍처에는 몇 가지 문제점이 있었는데, 그중 하나가 NameNode의 이중화 기능 미지원으로 SPOF(Single Point Of Failure, 단일 장애 접점)가 존재한다는 점이다. 하둡의 파일을 적재/관리하기 위해서는 NameNode를 참조하는데, NameNode에 문제가 발생하면 하둡 클러스터 전체에 장애가 발생했던 것이다. 이를 보완하기 위해서는 NameNode에 추가적인 HA 작업을 해야 하고 그로 인한 관리의 복잡성과 비용이 증가했다. 또한 분산 병렬처리를 위한 맵리듀스를 실행할 때도 잡 스케줄링과 리소스 배분 정책이 효율적이지 못해 병목이 자주 발생했고, 이와 관련해서도 많은 개선점이 필요해졌다.

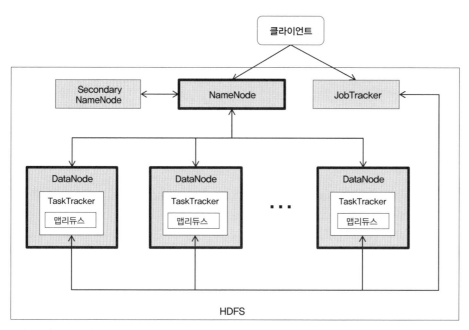

그림 4.5 하둡 1.x 아키텍처

하둡 2.x 아키텍처에는 1.x의 문제점을 개선하기 위한 다양한 컴포넌트가 교체 및 추가됐다. 먼저 그림 4.6을 보면 클라이언트가 DataNode로부터 파일을 읽고 쓰기 전에 NameNode를 참조하게 되는데, 이때 NameNode가 1.x 버전 때와 다르게 Active/Standby로 이중화돼 있음을 알 수 있다. 또한 NameNode의 메모리에서 관리되는 파일들의 네임스페이스 정보를 주기적으로 관리하기 위해 하둡 1.x에서 볼 수 없었던 JournalNode가 추가됐고 주키퍼까지 사용됐다.

무엇보다 하둡 2.x에서 가장 큰 변화는 1.x의 맵리듀스를 처리하던 JobTracker, TaskTracker를 대신해서 Resource Manager, Node Manager가 생긴 것이다. Resource Manager는 Node Manager의 리소스 현황들을 종합적으로 수집해가며 작업 실행을 위한 최적의 DataNode를 찾아줘서 효율적인 잡 스케줄링이 가능해졌고 1.x에서 발생했던 DataNode의 리소스 불균형 현상 문제도 해결했다. 또한 NodeManager의 Container, Application Master는 기존 1.x의 맵리듀스 잡 외에도 다양한 애플리케이션을 하둡의 DataNode에서 실행 및 관리할 수 있게 확장됐다. 이렇게 변화된 하둡 2.x 플랫폼을 YARN(Yet Another Resource Negotiator)이라고 하며, 하둡 생태계에 큰 변화를 가져왔다.

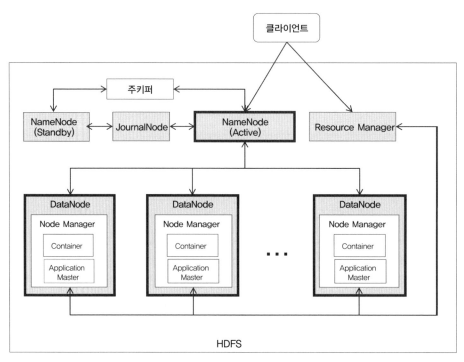

그림 4.6 하둡 2.x 아키텍처

하둡 활용 방안

그림 4.7은 파일럿 프로젝트에서 하둡의 역할을 설명한다. 스마트카 상태 정보 로그는 비교적 큰 크기(100MB 이상, 실제 환경에서는 GB 이상의 파일을 저장)의 파일로서, HDFS의 특정 디렉터리에 일자 단위로 파티션해서 적재한다. 이렇게 일 단위로 분리 적재된 데이터는 일/주/월/년별로 스마트카의 다양한 시계열 집계 분석을 효율적으로 수행할 수 있고, 데이터를 재적재해야 하는 경우 전체 데이터가 아닌 해당 파티션의 데이터만 재적재할 수 있다는 장점이 있다. 파일럿 환경에서는 이러한 일련의 작업을 처리하기 위해 주로 하이브를 사용하며, 대규모 하이브 작업에서는 분산 병렬 처리를 위해 맵리듀스 프로세스가 내부적으로 작동한다. 하이브에서 처리된 결과는 다시 HDFS의 특정 영역(Hive Data Warehouse)에 저장되고, 이 데이터를 스마트카의 고급 분석으로까지 확장해서 사용한다.

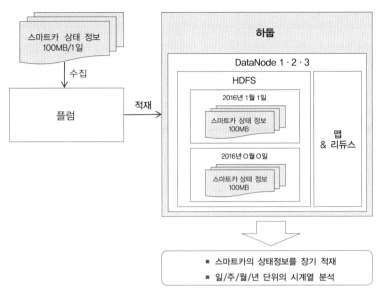

그림 4.7 파일럿 프로젝트에서의 하둡 활용 방안

주키퍼

주키퍼 소개

수십~수천 대의 서버에 설치돼 있는 빅데이터 분산 환경을 더욱 효율적으로 관리하기 위해서는 서버 간의 정보를 쉽고 안전하게 공유해야 한다. 공유된 정보를 이용해 서버 간의 중요한 이벤트(분산락, 순서제어, 부하 분산, 네임서비스 등)를 관리하면서 상호작용을 조율해 주는 코디네이터 시스템이 필요한데, 이것이 바로 분산 코디네이터인 아파치 주키퍼(Apache Zookeeper)다. 주키퍼는 하둡, HBase, 카프카, 스톰 등의 분산 노드 관리에 사용 중이다. 주키퍼는 최초 하둡의 서브 프로젝트로 시작했으나 현재는 아파치 최상위 프로젝트로 승격되어 독립적으로 발전하고 있다.

표 4.2 주키퍼의 기본 요소

공식 홈페이지	Apache Zookeeper	http://zookeeper.apache.org	
주요 구성 요소	Client	주키퍼의 ZNode에 담긴 데이터에 대한 쓰기, 읽기, 삭제 등의 작업을 요청하는 클라이언트	
	ZNode	주키퍼 서버에 생성되는 파일시스템의 디렉터리 개념으로, 클라이언트의 요청 정보를 계층적으로 관리(버전, 접근 권한, 상태, 모니터링 객체 관리 등의 기능 지원)	
	Ensemble	3대 이상의 주키퍼 서버를 하나의 클러스터로 구성한 HA 아키텍처	
	Leader Server	Ensemble 안에는 유일한 리더 서버가 선출되어 존재하며, 클라이언트의 요청을 받은 서버는 해당 요청을 리더 서버에 전달하고, 리더 서버는 모든 팔로워 서버에게 클라이언트 요청이 전달되도록 보장	
	Follower Server	Ensemble 안에서 한 대의 리더 서버를 제외한 나머지 서버로서, 리더 서버와 메시지를 주고받으면서 ZNode의 데이터를 동기화하고 리더 서버에 문제가 발생할 경우 내부적으로 새로운 리더를 선출하는 역할을 수행	
라이선스	Apache		
유사 프로젝트	Chubby, Doozerd, Consul		

주키퍼 아키텍처

주키퍼는 3대 이상의 홀수 개의 서버로 구성돼야 하며, 그중 반드시 1대는 리더(Leader) 서버가 되고 나머지 서버는 팔로워(Follower) 서버가 된다. 그림 4.8을 보면 팔로워 서버 1에 저장된 ZNode 정보는 리더 서버에 전달되고, 리더 서버는 다른 모든 팔로워 서버에 요청받은 ZNode 정보를 브로드캐스트한다.

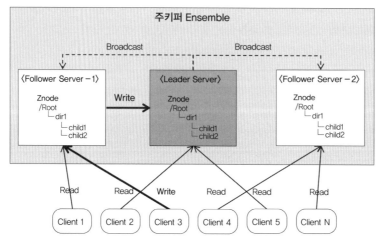

그림 4.8 주키퍼 아키텍처

주키퍼 활용 방안

스마트카 파일럿 프로젝트에서는 주키퍼를 직접적으로 활용하지는 않는다. 하지만 파일럿 프로젝트에서 사용하는 하둡, HBase, 카프카, 스톰의 내부에서 주키퍼에 의존해 클러스터 멤버십 기능 및 환경설정의 동기화 등을 사용하고 있어 없어서는 안 될 중요 소프트웨어다.

4.3 적재 파일럿 실행 1단계 – 적재 아키텍처

적재 요구사항

- **요구사항 1:** 차량의 다양한 장치로부터 발생하는 로그 파일을 수집해서 기능별 상태를 점검한다.
- **요구사항 2:** 운전자의 운행 정보가 담긴 로그를 실시간으로 수집해서 주행 패턴을 분석한다.

이번 장에서는 요구사항 1에 대해 집중적으로 다룰 것이다. 표 4.3에서는 요구사항 1의 적재 요건들을 좀 더 구체화했고 이와 관련된 기술적인 해결 방안들을 도출했다. 주요 기술 요소로 하둡, 플럼을 활용할 것이고, 이를 통해 스마트카 데이터를 안전하게 수집/적재하는 방법을 알아본다.

요구사항 구체화 및 분석

표 4.3 대용량 로그 파일의 적재 요구사항 분석

적재 요구사항 구체화	분석 및 해결 방안
1. 100대에 달하는 스마트카들의 상태 정보가 일 단위로 취합되어 제공된다.	플럼에서 수집 발생 시점의 날짜를 HdfsSink에 전달해서 해당 날짜 단위로 적재
2. 매일 100대의 스마트카 상태 정보는 약 100MB 정도이며, 220만 건의 상태 정보가 발생한다.	1년 적재 시 8억 건 이상의 데이터가 적재되며, 연 단위 분석에 하둡의 분산 병렬 처리 사용
3. 스마트카의 상태 정보 데이터의 발생일과 수집/적재되는 날짜가 다를 수 있다.	수집/적재되는 모든 데이터마다 데이터 발생일 외에 수집/적재 처리돼야 하는 처리일을 추가
4. 적재된 스마트카들의 상태 정보를 일 · 월 · 년 단위로 분석할 수 있어야 한다.	HDFS에 수집 일자별로 디렉터리 경로를 만들어서 적재
5. 적재 및 생성되는 파일은 HDFS의 특성을 잘 고려해야 한다.	플럼의 HdfsSink의 옵션을 파일럿 프로젝트의 HDFS에 최적화해서 설정
6. 적재가 완료된 후에는 원천 파일이 삭제돼야 한다.	플럼의 Source 컴포넌트 중 SpoolDir의 DeletePolicy 옵션을 활용

적재 아키텍처

표 4.3은 대용량 로그 파일을 적재하기 위한 요건으로 아키텍처는 그림 4.9와 같이 구성한다. 플럼의 Source 컴포넌트로 대용량 파일을 읽어들이고 Sink를 이용해 HDFS의 특정 경로에 적재하는 구성이다. HDFS에 적재할 때는 데이터의 포맷, 경로, 파티션 값을 신중하게 설정해야 하는데, 데이터 적재 정책 따라 뒤에서 이어질 탐색/분석을 위한 후처리 작업량과 복잡도가 달라질 수 있기 때문이다. 또한 HDFS에 적재된 데이터는 부분 수정/삭제가 어렵기 때문에 유형에 따라 특별한 관리 정책이 필요하다. 시계열 형식의 트랜잭션(거래, 이력 등) 데이터는 일자별 파티션 폴더를 구성해 파티션 단위로 데이터를 적재 및 수정하며, 마스터(고객정보, 상품정보 등) 데이터는 상대적으로 크기가 작아 전체 데이터셋을 교체해 버리는 방식을 주로 이용한다. 이러한 데이터 관리 정책을 통해 초기 적재 레이어에는 원천을 그대로 유지하며 데이터 레이크라 불리는 영역을 만들게 되고, 이후 데이터 가공 작업으로 데이터의 품질을 높이며 빅데이터 웨어하우스와 마트를 구성한다.

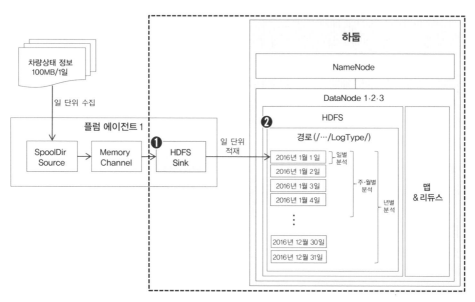

그림 4.9 파일럿 프로젝트의 대용량 로그 파일 적재 아키텍처

플럼의 HDFS Sink

플럼에서 가장 중요한 컴포넌트가 HDFS Sink다. 플럼의 Source에서 읽어들인 데이터를 하둡에 적재해야 하는데 이때 플럼의 HDFS Sink에서 다양한 옵션과 기능들을 사용할 수 있다.

❶ HDFS Sink의 기본 기능은 수집한 데이터를 HDFS의 특정 경로에 적재하는 것이다. 그림 4.9를 보면 적재할 때 사용될 파일 타입, 파일명, 배치 크기, 생성 파일 크기 등의 정보를 설정하게 된다. 이때 사용하는 옵션은 주변의

환경과 요구사항에 따라 최적화해야 하는데, 수집되는 데이터 양과 주기, 포맷, 향후 분석 형태 등을 고려해 설정한다.

HDFS의 파티션 적재

HDFS의 적재 경로를 하이브에서 인지할 수 있는 특정한 구분값(날짜, 시간, 코드 등)으로 파티셔닝한다.

❷ 파티션은 주로 날짜별 디렉터리로 만들어 관리하는데, 업무코드 + 날짜를 조합해서 고유한 파티션 경로를 구성한다. 향후 적재한 데이터를 하이브에서 사용하는데, 데이터 조회 시 전체 파일을 스캔하지 않고 파티션 조건에 해당하는 디렉터리만 직접 참조하고 수정할 수 있어 효율성이 좋아진다. 유사한 기능으로 하이브의 버킷도 있으니 참고하기 바란다.

4.4 적재 파일럿 실행 2단계 – 적재 환경 구성

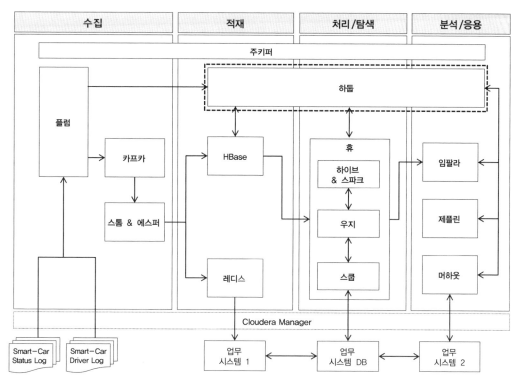

그림 4.10 파일럿 프로젝트 아키텍처에서의 하둡 영역

하둡 설치 _ ⌨ 실습

하둡은 이미 2장에서 CM을 이용해 설치를 완료했다. 그림 4.10을 보면 하둡은 수집, 적재, 처리, 분석의 전 영역에 걸쳐 모든 컴포넌트와 연결돼 설치 구성된다는 것을 알아두자.

하둡 웹 관리 화면에 접속해서 설치된 하둡의 상태 정보를 확인한다.

- URL: http://server01.hadoop.com:9870

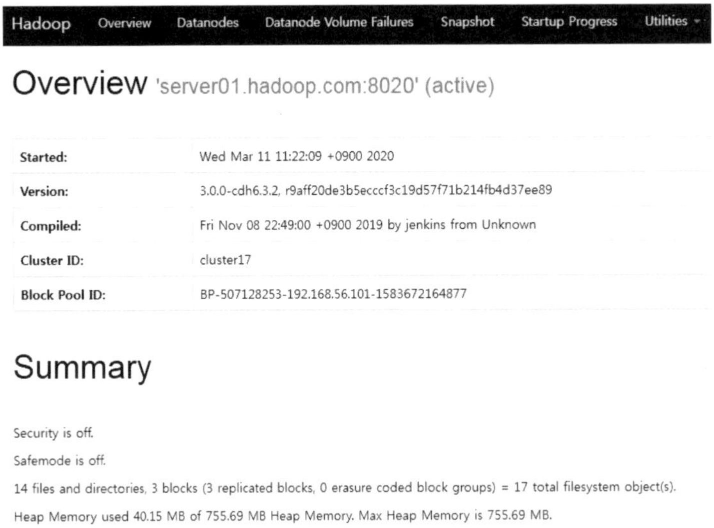

그림 4.11 하둡의 웹 관리 화면

하둡의 웹 관리 화면은 CM 홈에서 [HDFS] 선택 후, 상단의 [NameNode 웹 UI] 메뉴를 선택해서 접근할 수 있다. 하둡 클러스터의 오버뷰와 각종 설정들의 요약 정보(전체 용량, 사용률, 활성/비활성 노드, 네임노드 상태, 저널노드 상태 등)가 메인 화면에서 제공된다. 상단의 데이터노드 메뉴 등을 통해 다양한 하둡 클러스터 정보를 확인할 수 있다.

추가로 하둡은 주요 리소스를 관리 및 모니터링할 수 있는 웹 UI를 제공한다. 접속해서 확인해 보기 바란다. 파일럿 환경의 잡 히스토리 서버는 VM의 비정상 종료 및 리소스 부족 현상 등으로 셧다운이 자주 발생한다. 잡 모니터링 관련 기능에 문제가 발생할 경우 CM 홈의 [YARN (MR2 Include)] → [인스턴스]에서 JobHistory Server의 상태가 [시작됨] 상태인지 확인하고, 정지 상태이면 재시작한다.

- 리소스 매니저: http://server01.hadoop.com:8088/cluster
- 잡(Job) 히스토리: http://server01.hadoop.com:19888/jobhistory

참고로 파일럿 환경에 소프트웨어 설치가 진행될 때마다 CM의 모니터링이 각 서버들의 인스턴스에서 자원 부족 및 클록 오프셋 경고 메시지 등을 표시한다. 파일럿 환경에서는 크게 문제될 상황은 아니지만 일단 클록 오프셋을 조정해 눈에 거슬리는 경고 메시지를 줄일 수 있다. 예를 들어, 클록 오프셋을 조정하려면 CM 홈에서 상단의 [호스트] → [모든호스트] 메뉴를 선택하고, 우측 상단의 [구성] 버튼을 클릭한다. 검색창에 "클록 오프셋"을 입력한 후, 클록 오프셋 임곗값 설정 화면이 나타나면 경고/심각 항목에 모두 "안함"으로 설정한 후 저장한다. 클록 오프셋 말고도 다양한 경고 메시지들이 표시되는데, 파일럿 프로젝트의 환경에 맞춰 임곗값을 수정해 경고 메시지를 없앨 수 있다.

4.5 적재 파일럿 실행 3단계 – 적재 기능 구현

하둡에 스마트카 상태 정보 로그 파일을 적재하는 기능을 구현하기 위해 3장의 Flume Type I – SmartCarInfo를 수정한다.

SmartCar 에이전트 수정 _ ⌨ 실습

CM 홈 → [Flume] → [구성]을 선택해 플럼의 구성 정보 설정 화면으로 이동한다. 3장에서 만든 SmartCar_Agent의 구성 파일에서 Logger Sink의 구성 요소들을 HDFS Sink로 교체한다.

예제 4.1 SmartCar 에이전트에서 수정할 기존 Logger Sink

```
SmartCar_Agent.sources  = SmartCarInfo_SpoolSource DriverCarInfo_TailSource

SmartCar_Agent.channels = SmartCarInfo_Channel DriverCarInfo_Channel

SmartCar_Agent.sinks    = SmartCarInfo_LoggerSink DriverCarInfo_KafkaSink
                                    ❶ SmartCarInfo_HdfsSink로 교체
............ 〈중간 생략〉 ............

SmartCar_Agent.sinks.SmartCarInfo_LoggerSink.type = logger     ❷ HdfsSink로 교체


SmartCar_Agent.sources.SmartCarInfo_SpoolSource.channels = SmartCarInfo_Channel

SmartCar_Agent.sinks.SmartCarInfo_LoggerSink.channel = SmartCarInfo_Channel    ❸ HdfsSink
                                                                                  Channel로 교체

............ 〈이하 생략〉 ............
```

❶ SmartCarInfo_LoggerSink 리소스 이름을 HDFS Sink를 위한 SmartCarInfo_HdfsSink 리소스 이름으로 변경한다.

❷ 3장에서 SmartCarInfo가 수집한 데이터를 보기 위해 테스트용으로 설정했던 Logger Sink의 "SmartCar_Agent. sinks.SmartCarInfo_LoggerSink.type = logger"를 아래의 HDFS Sink로 교체한다.

```
SmartCar_Agent.sinks.SmartCarInfo_HdfsSink.type = hdfs
SmartCar_Agent.sinks.SmartCarInfo_HdfsSink.hdfs.path = /pilot-pjt/collect/%{logType}/wrk_
date=%Y%m%d
SmartCar_Agent.sinks.SmartCarInfo_HdfsSink.hdfs.filePrefix = %{logType}
SmartCar_Agent.sinks.SmartCarInfo_HdfsSink.hdfs.fileSuffix = .log
SmartCar_Agent.sinks.SmartCarInfo_HdfsSink.hdfs.fileType = DataStream
SmartCar_Agent.sinks.SmartCarInfo_HdfsSink.hdfs.writeFormat = Text
SmartCar_Agent.sinks.SmartCarInfo_HdfsSink.hdfs.batchSize = 10000
SmartCar_Agent.sinks.SmartCarInfo_HdfsSink.hdfs.rollInterval = 0
SmartCar_Agent.sinks.SmartCarInfo_HdfsSink.hdfs.rollCount = 0
SmartCar_Agent.sinks.SmartCarInfo_HdfsSink.hdfs.idleTimeout = 100
SmartCar_Agent.sinks.SmartCarInfo_HdfsSink.hdfs.callTimeout = 600000
SmartCar_Agent.sinks.SmartCarInfo_HdfsSink.hdfs.rollSize = 67108864
SmartCar_Agent.sinks.SmartCarInfo_HdfsSink.hdfs.threadsPoolSize = 10
```

자세한 설명은 잠시 뒤 전체 소스를 보면서 설명하겠다.

❸ SmartCarInfo_LoggerSink.channel의 채널 설정을 SmartCarInfo_HdfsSink.channel로 변경한다.

예제 4.2는 HDFS Sink로 교체한 전체 소스다. 변경 및 추가한 내용을 확인해 보자. 해당 예제는 C://예제소스/bigdata2nd-master/CH04/예제-4.2/SmartCar_Agent.conf 파일로 제공되니 참고한다.

예제 4.2 HDFS Sink로 교체한 플럼의 SmartCar 에이전트

```
SmartCar_Agent.sources  = SmartCarInfo_SpoolSource DriverCarInfo_TailSource
SmartCar_Agent.channels = SmartCarInfo_Channel DriverCarInfo_Channel
SmartCar_Agent.sinks    = SmartCarInfo_HdfsSink DriverCarInfo_KafkaSink
                                                ❶
SmartCar_Agent.sources.SmartCarInfo_SpoolSource.type = spooldir
SmartCar_Agent.sources.SmartCarInfo_SpoolSource.spoolDir = /home/pilot-pjt/working/car-batch-log
SmartCar_Agent.sources.SmartCarInfo_SpoolSource.deletePolicy = immediate
SmartCar_Agent.sources.SmartCarInfo_SpoolSource.batchSize = 1000
                                                                          ❷
SmartCar_Agent.sources.SmartCarInfo_SpoolSource.interceptors = timeInterceptor typeInterceptor
collectDayInterceptor filterInterceptor
```

```
SmartCar_Agent.sources.SmartCarInfo_SpoolSource.interceptors.timeInterceptor.type = timestamp
SmartCar_Agent.sources.SmartCarInfo_SpoolSource.interceptors.timeInterceptor.preserveExisting =
true
```
❸

```
SmartCar_Agent.sources.SmartCarInfo_SpoolSource.interceptors.typeInterceptor.type = static
SmartCar_Agent.sources.SmartCarInfo_SpoolSource.interceptors.typeInterceptor.key = logType
SmartCar_Agent.sources.SmartCarInfo_SpoolSource.interceptors.typeInterceptor.value = car-batch-log
```
❹

```
SmartCar_Agent.sources.SmartCarInfo_SpoolSource.interceptors.collectDayInterceptor.type = com.
wikibook.bigdata.smartcar.flume.CollectDayInterceptor$Builder
```
❺

```
SmartCar_Agent.sources.SmartCarInfo_SpoolSource.interceptors.filterInterceptor.type = regex_filter
SmartCar_Agent.sources.SmartCarInfo_SpoolSource.interceptors.filterInterceptor.regex = ^\\d{14}
SmartCar_Agent.sources.SmartCarInfo_SpoolSource.interceptors.filterInterceptor.excludeEvents = false
```

```
SmartCar_Agent.channels.SmartCarInfo_Channel.type = memory
SmartCar_Agent.channels.SmartCarInfo_Channel.capacity  = 100000
SmartCar_Agent.channels.SmartCarInfo_Channel.transactionCapacity  = 10000
```

```
SmartCar_Agent.sinks.SmartCarInfo_HdfsSink.type = hdfs
SmartCar_Agent.sinks.SmartCarInfo_HdfsSink.hdfs.path = /pilot-pjt/collect/%{logType}/wrk_
date=%Y%m%d
SmartCar_Agent.sinks.SmartCarInfo_HdfsSink.hdfs.filePrefix = %{logType}
SmartCar_Agent.sinks.SmartCarInfo_HdfsSink.hdfs.fileSuffix = .log
SmartCar_Agent.sinks.SmartCarInfo_HdfsSink.hdfs.fileType = DataStream
SmartCar_Agent.sinks.SmartCarInfo_HdfsSink.hdfs.writeFormat = Text
SmartCar_Agent.sinks.SmartCarInfo_HdfsSink.hdfs.batchSize = 10000
SmartCar_Agent.sinks.SmartCarInfo_HdfsSink.hdfs.rollInterval = 0
SmartCar_Agent.sinks.SmartCarInfo_HdfsSink.hdfs.rollCount = 0
SmartCar_Agent.sinks.SmartCarInfo_HdfsSink.hdfs.idleTimeout = 100
SmartCar_Agent.sinks.SmartCarInfo_HdfsSink.hdfs.callTimeout = 600000
SmartCar_Agent.sinks.SmartCarInfo_HdfsSink.hdfs.rollSize = 67108864
SmartCar_Agent.sinks.SmartCarInfo_HdfsSink.hdfs.threadsPoolSize = 10
```
❻

```
SmartCar_Agent.sources.SmartCarInfo_SpoolSource.channels = SmartCarInfo_Channel
SmartCar_Agent.sinks.SmartCarInfo_HdfsSink.channel = SmartCarInfo_Channel
```
❼

```
SmartCar_Agent.sources.DriverCarInfo_TailSource.type = exec
SmartCar_Agent.sources.DriverCarInfo_TailSource.command = tail -F /home/pilot-pjt/working/
driver-realtime-log/SmartCarDriverInfo.log
SmartCar_Agent.sources.DriverCarInfo_TailSource.restart = true
SmartCar_Agent.sources.DriverCarInfo_TailSource.batchSize = 1000


SmartCar_Agent.sources.DriverCarInfo_TailSource.interceptors = filterInterceptor2
SmartCar_Agent.sources.DriverCarInfo_TailSource.interceptors.filterInterceptor2.type = regex_filter
SmartCar_Agent.sources.DriverCarInfo_TailSource.interceptors.filterInterceptor2.regex = ^\\d{14}
SmartCar_Agent.sources.DriverCarInfo_TailSource.interceptors.filterInterceptor2.excludeEvents = false


SmartCar_Agent.sinks.DriverCarInfo_KafkaSink.type = org.apache.flume.sink.kafka.KafkaSink
SmartCar_Agent.sinks.DriverCarInfo_KafkaSink.topic = SmartCar-Topic
SmartCar_Agent.sinks.DriverCarInfo_KafkaSink.brokerList = server02.hadoop.com:9092
SmartCar_Agent.sinks.DriverCarInfo_KafkaSink.requiredAcks = 1
SmartCar_Agent.sinks.DriverCarInfo_KafkaSink.batchSize = 1000


SmartCar_Agent.channels.DriverCarInfo_Channel.type = memory
SmartCar_Agent.channels.DriverCarInfo_Channel.capacity= 100000
SmartCar_Agent.channels.DriverCarInfo_Channel.transactionCapacity = 10000


SmartCar_Agent.sources.DriverCarInfo_TailSource.channels = DriverCarInfo_Channel
SmartCar_Agent.sinks.DriverCarInfo_KafkaSink.channel = DriverCarInfo_Channel
```

❶ HDFS Sink 정보를 설정하기 위한 SmartCarInfo_HdfsSink 리소스를 선언했다.

❷ 3개의 Interceptor가 추가됐다. 타임스탬프를 활용하기 위한 "timeInterceptor"와 로그 유형에 해당하는 상수값을 정의하기 위한 "typeInterceptor", 마지막으로 수집 일자를 추가하기 위한 "collectDayInterceptor"다.

❸ "timeInterceptor"의 설정이다. 이렇게 타임스탬프 Interceptor를 추가하고 나면 플럼의 이벤트 헤더에 현재 타임스탬프가 설정되어 필요 시 헤더로부터 타임스탬프 값을 가져와 활용할 수 있다.

❹ "typeInterceptor"의 설정이다. 플럼의 해당 이벤트 내에서 사용할 상수를 선언하고 값을 설정한다. "logType"이라는 상수를 선언했고 값은 "car-batch-log"로 설정했다.

❺ "collectDayInterceptor"의 설정이다. 플럼 이벤트 바디에 수집된 당일의 작업 날짜(YYYYMMDD)를 추가하기 위한 인터셉터다. "collectDayInterceptor"는 플럼에서 기본으로 제공하는 Interceptor가 아닌 이번 파일럿 프

로젝트를 위해 추가로 개발한 사용자 정의 Interceptor다. C://예제소스/bigdata2nd-master/CH04/예제4.3/
CollectDayInterceptor.java 파일로 제공되니 참고한다.

예제 4.3 플럼의 사용자 정의 Interceptor - CollectDayInterceptor.java

```
… 〈중간 생략〉 …
public Event intercept(Event event) {
String eventBody = new String(event.getBody()) + "," + getToDate();
    event.setBody(eventBody.getBytes());
    return event;

}
… 〈중간 생략〉 …
```

예제 4.3은 CollectDayInterceptor.java에서 중요 부분만 발췌했다. 내용을 보면 플럼으로 수집되는 모든 데이터인
EventBody의 끝부분에 ","와 함께 getToDate() 함수를 호출해서 수집 날짜를 추가했다.

❻ 중요한 HDFS Sink의 상세 설정 값이다. 앞서 등록한 Interceptor의 값을 활용해 HDFS의 경로를 동적으로 파티
셔닝하는 "path" 설정과 적재 시 HDFS에 생성되는 파일명의 규칙, 파일의 크기(64MB) 등을 정의했다.

❼ 마지막으로 HDFS Sink인 SmartCarInfo_HdfsSink를 Memory Channel인 SmartCarInfo_Channel과 연결했다.

4.6 적재 파일럿 실행 4단계 - 적재 기능 테스트

앞서 작업한 스마트카의 상태 정보 로그 파일이 HDFS에 정상적으로 적재됐는지 확인해 보자. 관련
테스트를 하기 전에 플럼에 인터셉터를 추가하고 관련 Conf 파일을 수정한다.

플럼의 사용자 정의 Interceptor 추가 _ ⌨ 실습

사용자 정의 Interceptor인 CollectDayInterceptor를 플럼의 Library 디렉터리에 추가한다. C://
예제소스/bigdata2nd-master/CH04/ 디렉터리에 있는 사용자 Interceptor 파일인 bigdata.
smartcar.flume-1.0.jar를 플럼의 라이브러리 폴더에 추가한다.

- FTP 클라이언트인 파일질라 실행해 Server02에 접속

- 업로드 경로: /opt/cloudera/parcels/CDH/lib/flume-ng/lib

- C://예제소스/bigdata2nd-master/CH04/bigdata.smartcar.flume-1.0.jar 파일을 /opt/cloudera/parcels/CDH/lib/flume-ng/lib 경로에 업로드

플럼의 Conf 파일 수정 _ ⌨ 실습

플럼의 Conf 파일을 HDFS에 적재하는 Sink 구조로 변경한다.

01. CM 홈 → [Flume] → [구성]을 선택해서 예제 4.2의 내용을 플럼의 "구성파일"에서 직접 작성하거나 C://예제소스/bigdata2nd-master/CH04/예제4.2/SmartCar_Agent.conf 파일을 열어 전체 내용을 복사한 후 붙여넣는다.

02. 플럼의 [변경 내용 저장] 버튼을 클릭한다.

03. CM 홈으로 다시 이동해서 플럼을 재시작한다.

SmartCar 로그 시뮬레이터 작동 _ ⌨ 실습

SmartCar의 로그 시뮬레이터를 작동시킨다. 이번 4장에서는 스마트카의 상태 정보 로그 파일을 하둡에 적재해야 한다. 그러므로 2개의 시뮬레이터 중 CarLogMain.java만 작동시켜서 오늘 날짜의 스마트카 상태 정보 로그 파일을 만든다.

01. 먼저 Server02에 SSH로 접속하고 bigdata.smartcar.loggen-1.0.jar가 위치한 경로인 /home/pilot-pjt/working 으로 이동한다.

```
$ cd /home/pilot-pjt/working
```

02. 스마트카 로그 시뮬레이터를 아래의 자바 명령으로 백그라운드 방식으로 실행한다. 2016년 1월 1일의 100대의 스마트카에 상태 정보 로그를 만들어 보자.

```
$ java -cp bigdata.smartcar.loggen-1.0.jar com.wikibook.bigdata.smartcar.loggen.CarLogMain
20160101 100 &
```

03. 정상적으로 작동됐는지 다음 내용으로 확인해 본다.

- /home/pilot-pjt/working/SmartCar 경로에 SmartCarStatusInfo_20160101.txt 파일이 생성됐는지 확인한다. 2016년 1월 1일 날짜로 100대의 스마트카 상태 정보가 기록된 것을 확인할 수 있다. 최종 로그 파일의 크기는 100MB이고 생성되기까지 1~2분 정도 걸린다.

```
$ cd /home/pilot-pjt/working/SmartCar
$ tail -f SmartCarStatusInfo_20160101.txt
```

플럼 이벤트 작동 _ ⌨ 실습

플럼의 SmartCar 에이전트가 정상적으로 작동하고 있다면 SpoolDir이 참조하고 있는 /home/pilot-pjt/working/car-batch-log 경로에 파일이 생성됨과 동시에 플럼의 파일 수집 이벤트가 작동한다.

01. /home/pilot-pjt/working/SmartCar 경로에 만들어진 SmartCarStatusInfo_20160101.txt 파일을 플럼의 SmartCarInfo의 SpoolDir 경로인 /home/pilot-pjt/working/car-batch-log로 옮겨서 플럼의 File 이벤트가 작동되게 해보자.

```
$ mv /home/pilot-pjt/working/SmartCar/SmartCarStatusInfo_20160101.txt  /home/pilot-pjt/
working/car-batch-log/
```

02. 플럼의 실행 로그를 통해 SmartCarInfo_Agent가 정상적으로 작동하는지 확인한다. 아래의 디렉터리로 이동해서 tail 명령으로 플럼의 실행 로그를 확인해 보자.

```
$ cd /var/log/flume-ng/
$ tail -f /var/log/flume-ng/flume-cmf-flume-AGENT-server02.hadoop.com.log
```

그림 4.12와 같이 특별한 에러 없이 "Creating /pilot-pjt/collect…" 또는 "Updating checkpoint for file:…" 메시지가 나타나면 정상적으로 HDFS에 적재 중인 것이다. 완전히 적재되기까지 필자의 파일럿 PC를 기준으로 약 5~10분 정도 소요됐다.

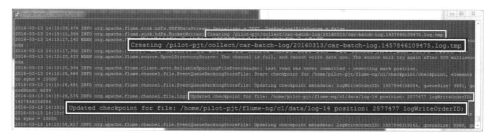

그림 4.12 플럼의 실행 로그 – SmartCarInfo_Agent 동작 확인

그림 4.13에서처럼 "…BucketWriter: Closing /pilot-pjt/…", "…BucketWriter: Renaming /pilot-pjt/…", 그리고 마지막으로 "…Writer callback called."라는 메시지가 보이면 모든 HDFS 적재가 성공적으로 끝난 것이다.

그림 4.13 플럼 실행 로그 – HDFS 적재 완료 확인

HDFS 명령어 확인 _ ⌨ 실습

아래의 HDFS CLI 명령어로도 적재되고 있는 스마트카의 로그 파일을 확인해 볼 수 있다. hdfs의 ls 명령 중 –R 옵션을 지정하면 해당 하위 디렉터리의 모든 파일 목록을 볼 수 있으니 참고하자.

```
$ hdfs dfs -ls -R /pilot-pjt/collect/car-batch-log/
```

그림 4.14 HDFS 명령어로 적재 중인 스마트카의 로그 파일 확인

그림 4.14에서 보면 스마트카 상태 정보 파일(100MB) 한 개가 64MB와 46MB의 2개로 나눠져 HDFS의 "wrk_date=작업일자" 파티션 디렉터리에 적재된 것을 확인할 수 있다.

다음 명령어를 통해 HDFS에 적재된 스마트카 상태 정보 파일의 내용을 직접 확인해 보자. 적재된 일자와 시간에 따라 파일 경로와 최종 파일명이 다를 수 있다.

```
$ hdfs dfs -cat "출력된 디렉터리/파일명.log"
```

다음은 필자의 환경에서 사용된 HDFS의 파일 내용 보기(cat) 명령이다. 파일의 경로는 독자의 파일럿 실행 일자와 환경에 따라 다르게 만들어지므로 주의해야 한다. 파일의 내용을 확인해 본다.

```
$ hdfs dfs -cat /pilot-pjt/collect/car-batch-log/wrk_date=20160529/car-batch-log.1464491838559.log
```

추가로 위 cat 명령어를 통해 HDFS의 파일의 내용을 확인할 때 파일의 크기가 크면 출력 시간도 오래 걸리고 시스템 I/O도 많이 발생한다. 단순 데이터 확인에는 아래의 tail 명령을 권장한다.

```
$ hdfs dfs -tail /pilot-pjt/collect/car-batch-log/wrk_date=20160529/car-batch-log.1464491838559.log
```

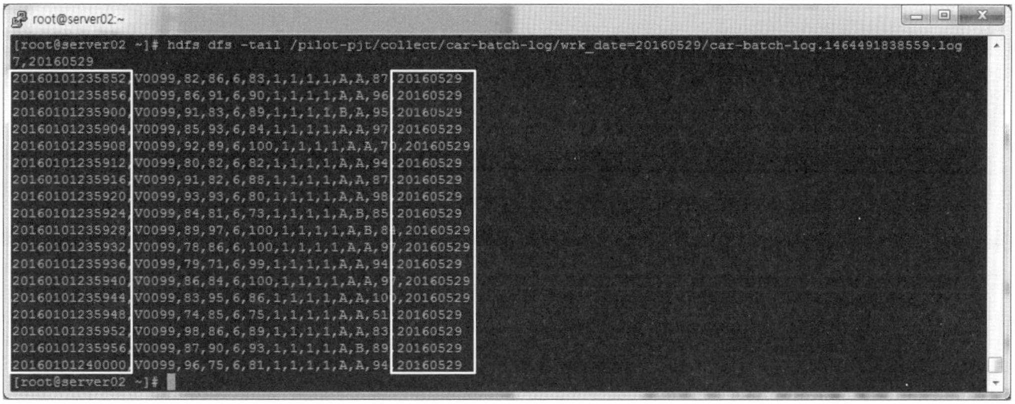

그림 4.15 HDFS 명령어로 적재 중인 스마트카의 로그 파일 내용 확인

그림 4.15를 보면 각 행의 내용이 모두 "20160101"로 시작된다. 로그 시뮬레이터 설정으로 스마트카 상태 정보 데이터를 "2016년 01월 01일"로 발생하게 했다. 또한 각 행의 끝에 붙은 "20160529"는 수집일자 정보로서, 플럼의 인터셉터가 붙여넣은 추가 정보다.

백그라운드로 실행했던 스마트카 로그 시뮬레이터를 모두 종료한다.

```
$ ps -ef | grep smartcar.log
$ kill -9 [pid]
```

4.7 마치며

4장에서는 스마트카에서 발생하는 대용량 로그 파일을 하둡에 적재했다. 대용량 파일을 하둡에 적재하는 아키텍처와 기술은 빅데이터에서 가장 기본이면서 중요한 내용이다. 최근에는 빅데이터에서 스피드(실시간) 데이터 처리를 위한 요건들이 생기고, 데이터 유형이 다양해지면서 수집/적재 기술들이 복잡해지고 있다. 5장에서는 이와 관련해서 스마트카의 실시간 데이터를 수집 및 적재하는 방법과 실시간 이벤트를 감지해 분석하는 방법도 알아본다.

05

빅데이터 적재 II
– 실시간 로그/분석 적재

빅데이터 적재 소개

1. 빅데이터 실시간 적재 개요

빅데이터 실시간 적재에 대한 기본 정의와 일반 적재와의 차이를 설명한다.

2. 빅데이터 실시간 적재에 활용하는 기술

빅데이터 실시간 적재에서 사용할 4가지 기술(HBase, 레디스, 스톰, 에스퍼)을 소개하고 각 기술별 주요 기능과 아키텍처, 활용 방안을 알아본다.

3. 실시간 적재 파일럿 실행 1단계 – 실시간 적재 아키텍처

스마트카 데이터의 실시간 적재와 관련된 요구사항을 구체화하고, 실시간 적재 요건을 해결하기 위한 파일럿 아키텍처를 제시한다.

4. 실시간 적재 파일럿 실행 2단계 – 실시간 적재 환경 구성

스마트카의 실시간 적재 아키텍처에 대한 설치 및 환경을 구성한다. HBase, 레디스, 스톰 순으로 설치하게 된다.

5. 실시간 적재 파일럿 실행 3단계 – 실시간 적재 기능 구현

카프카와 스톰을 이용해 실시간 데이터 처리 기능을 구현하고, HBase와 레디스에 적재하는 기능과 방식을 이해한다.

6. 실시간 적재 파일럿 실행 4단계 – 실시간 적재 기능 테스트

로그 시뮬레이터를 이용해 실시간 데이터를 발생시키고 카프카, 스톰의 기능을 점검한 후 HBase, 레디스에 적재된 실시간 데이터를 확인한다. 추가로 실시간 적재 개발 환경을 구성한다.

5.1 빅데이터 실시간 적재 개요

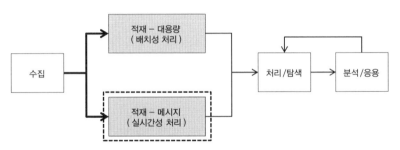

그림 5.1 빅데이터 구축 단계 – 실시간 적재

앞장에 이어서 이번에는 빅데이터 적재 2부로 스마트카 운전자의 실시간 운행 정보를 분석한 후 적재하는 영역을 다룬다. 적재 1부 – 대용량 로그 파일 적재는 큰 파일을 하둡에 장기간 저장해 놓고 대규모 배치 작업과 분석에 이용된다. 이번 2부 – 실시간 로그 분석에서는 작지만 대량으로 발생하는 메시지성 데이터를 실시간으로 분석(집계, 분류, 관계 등) 처리하며, 해당 결과를 인메모리에 저장해 주변 시스템과 빠르게 공유한다. 이때 대량의 메시지 데이터를 영구 저장하기 위해 하둡을 직접 이용하지는 않는다. 그 이유는 유입된 작은 메시지 한 건을 곧바로 하둡에 저장할 경우 한 개의 HDFS 파일이 생성되는데, 초당 수천 건의 트랜잭션이 발생하는 메시지의 경우 파일 개수가 기하급수적으로 늘어나고 이로 인해 하둡 클러스터에 지나친 오버헤드가 발생하기 때문이다. 이러한 문제를 해결하기 위해 중간에 메시지를 특정 크기로 모았다가 한꺼번에 적재하거나 대규모 트랜잭션 데이터를 처리하는 데 최적화된 칼럼 지향형 NoSQL 데이터베이스를 주로 사용한다.

5.2 빅데이터 실시간 적재에 활용하는 기술

HBase

HBase 소개

NoSQL 데이터베이스들은 데이터를 키/값(Key/Value) 구조로 단순화하고, 칼럼 또는 도큐먼트 형식의 제약사항이 적은 스키마 모델로 만들어 고성능 쓰기/읽기가 가능하다는 공통점을 가지고 있다. HBase는 하둡 기반의 칼럼 지향(Column-Oriented) NoSQL 데이터베이스로서 스키마 변경이 자유롭고, 리전이라는 수십~수백 대의 분산 서버로 샤딩과 복제 등의 기능을 지원해 성능과 안정성을 보장하는 특징을 띠고 있다. 특히 하둡의 확장성과 내고장성을 그대로 이용할 수 있어 대규모 실시간 데이터 처리를 위한 스피드 레이어 저장소에 HBase가 주로 사용된다. HBase는 구글의 BigTable 논문을 모델로 삼아 2006년 말에 개발이 시작됐고 2008년에 하둡의 서브 프로젝트가 됐다.

표 5.1 HBase의 기본 요소

공식 홈페이지	HBASE	http://hbase.apache.org
주요 구성 요소	HTable	칼럼 기반 데이터 구조를 정의한 테이블로서, 공통점이 있는 칼럼들의 그룹을 묶은 칼럼 패밀리와 테이블의 로우를 식별해서 접근하기 위한 로우키로 구성
	HMaster	HRegion 서버를 관리하며, HRegion들이 속한 HRegion 서버의 메타 정보를 관리
	HRegion	HTable의 크기에 따라 자동으로 수평 분할이 발생하고, 이때 분할된 블록을 HRegion 단위로 지정
	HRegionServer	분산 노드별 HRegionServer가 구성되며, 하나의 HRegionServer에는 다수의 HRegion이 생성되어 HRegion을 관리
	Store	하나의 Store에는 칼럼 패밀리가 저장 및 관리되며, MemStore와 HFile로 구성됨
	MemStore	Store 내의 데이터를 인메모리에 저장 및 관리하는 데이터 캐시 영역
	HFile	Store 내의 데이터를 스토리지에 저장 및 관리하는 영구 저장 영역
라이선스	Apache	
유사 프로젝트	BigTable, Cassandra, MongoDB	

HBase 아키텍처

HBase 아키텍처의 가장 큰 특징은 하둡의 HDFS를 기반으로 설치 및 구성된다는 것이다. 그로 인해 분산 데이터베이스 아키텍처를 채택하고 있으며 HDFS의 가용성과 확장성을 그대로 물려받았다. 클라이언트가 HBase에 데이터를 저장(Put)하는 아래의 설명을 통해 HBase의 주요 아키텍처를 이해해 본다.

그림 5.2를 보면 클라이언트가 HBase에 테이블에 특정 데이터를 저장하기 전 주키퍼를 통해 HTable의 기본 정보와 해당 HRegion의 위치 정보를 알아낸다. 그리고 해당 정보를 기반으로 클라이언트가 직접 HRegionServer로 연결되어 HRegion의 Memory 영역인 MemStore에 데이터를 저장한다. 이때 MemStore에 저장된 데이터는 특정 시점이 되면 HFile로 HDFS에 플러시(Flush)되고, HFile은 HRegion의 상황에 따라 최적의 HFile로 재구성되는 작업이 이뤄진다. 이러한 플러시 과정들을 Hbase에서는 Minor/Major Compaction이라 한다.

HBase에서 특정 데이터를 가져오는 과정을 보면 우선 주키퍼를 통해 로우키(RowKey)에 해당하는 데이터의 위치 정보를 알아내고 해당 HRegionServer의 Memory 영역인 MemStore에서 데이터를 가져옴으로써 디스크 I/O를 최소화하면서 빠른 응답 속도를 보장한다. 만일 데이터가 MemStore에서 플러시되어 존재하지 않으면 HFile 영역으로 이동해 데이터를 찾게 되는데, 이때 HBase와 HDFS 사이의 모든 데이터 스트림 라인들은 항상 열려 있으므로 레이턴시가 발생하지 않는다.

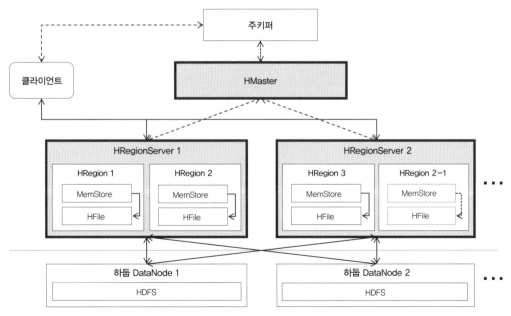

그림 5.2 HBase 아키텍처

HBase 활용 방안

앞서 3장의 수집 영역 개발에서 플럼을 이용해 수집한 스마트카 운전자의 운행 정보를 카프카까지 전송했다. 이번 장에서는 카프카에 저장돼 있는 데이터를 스톰이 받아서 HBase의 테이블에 모두 적재한다. 또한 HBase에 저장된 스마트카 운전자의 운행 정보를 특정 조건에 따라 필터링해서 신속하게 조회해 보고, 하이브 핸들러를 이용해 HBase에 저장된 데이터와 하이브 데이터를 동시에 활용해 본다.

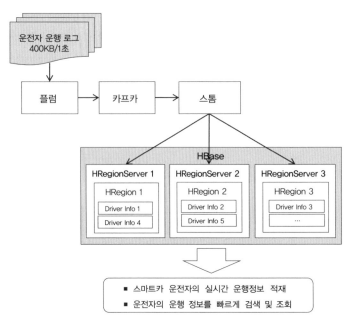

그림 5.3 파일럿 프로젝트에서의 HBase 활용 방안

레디스

레디스 소개

레디스(Redis)는 분산 캐시 시스템이면서 NoSQL 데이터베이스처럼 대규모 데이터 관리 능력도 갖춘 IMDG(In-Memory Data Grid) 소프트웨어다. 레디스는 키/값 형식의 데이터 구조를 분산 서버상의 메모리에 저장하면서 고성능의 응답 속도를 보장한다. 그리고 다양한 데이터 타입을 지원하기 때문에 데이터를 구조화해서 저장할 수 있어 단순 키/값 이상의 데이터 복잡성도 처리할 수 있다. 또한 인메모리 데이터를 영구적으로 저장할 수 있는 스냅샷 기능을 제공하며, 데이터의 유실에 대비해 AOF(Append Only File) 기능으로 정합성을 보장한다. NoSQL 데이터베이스에서 주요

특징인 데이터의 샤딩(Sharding)과 복제(Replication)도 지원하고 있어 높은 성능이 필요한 서비스에서 많이 사용된다. 레디스가 알려지기 시작한 것은 2009년 초반이었으며, 그 후로 많은 기능과 성능이 보완되면서 빠르게 버전업되고 있다. 2020년 3월 기준으로 안정 버전인 5.x 버전과 베타 버전인 6.0 버전까지 릴리스됐다.

표 5.2 레디스의 기본 요소

공식 홈페이지	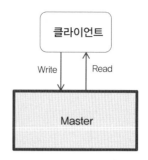 redis	http://www.redis.io
주요 구성 요소	Master	분산 노드 간의 데이터 복제와 Slave 서버의 관리를 위한 마스터 서버
	Slave	다수의 Slave 서버는 주로 읽기 요청을 처리하고, Master 서버는 쓰기 요청을 처리
	Sentinel	레디스 3.x부터 지원하는 기능으로, Master 서버에 문제가 발생할 경우 새로운 Master 를 선출하는 기능
	Replication	Master 서버에 쓰인 내용을 Slave 서버로 복제해서 동기화 처리
	AOF/Snapshot	데이터를 영구적으로 저장하는 기능으로, 명령어를 기록하는 AOF와 스냅샷 이미지 파일 방식을 지원
라이선스	BSD	
유사 프로젝트	jBoss Infinispan, MemCached, Mambase	

레디스 아키텍처

레디스의 아키텍처는 3.x에서부터 HA 기능이 강화되면서 클러스터의 완성도가 높아졌다. 요구사항과 데이터의 샤딩 및 복제 구성 방식에 따라 세 가지 아키텍처 구성이 가능하다.

그림 5.4는 Single Master 형식의 레디스 아키텍처 1을 보여준다. 이 아키텍처는 개발과 테스트 환경에 주로 사용된다. 하지만 설치하기가 쉽고 단일 서버만으로도 빠른 응답 속도와 안정적인 기능을 제공함으로써 소규모이면서 중요도가 비교적 낮은 시스템 간의 데이터 공유에 종종 사용되곤 한다.

그림 5.4 레디스 아키텍처 1 – Single Master

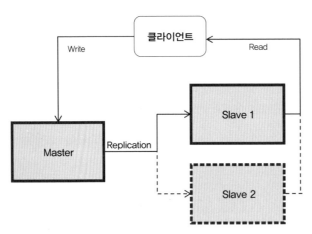

그림 5.5 레디스 아키텍처 2 – Single Master/Multi Slave

레디스 아키텍처 2는 레디스를 Master인 쓰기 노드와 Slave인 읽기 노드로 분리 구성한다. Master에 쓰여진 데이터는 복제를 통해 Slave 노드로 복제되면서 데이터 정합성을 유지한다. 그림 5.5의 레디스 아키텍처 2는 그림 5.4의 아키텍처 1과 비교했을 때 쓰기/읽기 노드를 분리해서 전체적인 성능을 향상시킨 구성이다. Slave 2 같이 읽기 노드를 추가해서 성능을 극대화할 수 있다.

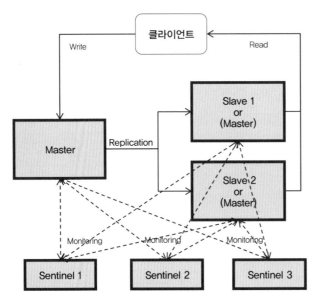

그림 5.6 레디스 아키텍처 3 – HA Master/Multi Slave

레디스 아키텍처 3은 버전 3.x부터 지원되는 HA 클러스터링 구조다. 앞서 설명한 아키텍처 2는 두 가지 문제점이 있는데, 첫 번째는 Master 서버 장애 발생 시 쓰기 요청이 실패하면서 데이터 유실이 발생할 수 있는 취약한 구조다. 두 번째는 클라이언트가 쓰기 노드와 읽기 노드를 알고 있어야 하므로 클라이언트 프로그램에 복잡도가 발생한다. 이러한 문제점을 극복하기 위해 레디스 3.x부터는 Sentinel이라는 노드 모니터링/제어 컴포넌트가 추가됐다. 즉, Sentinel이 노드들을 모니터링하고 있다가 Master 노드에 문제가 발생하면 Slave 노드 중 하나를 Master 노드로 지정하고, 문제가 됐던 Master 노드와 연결을 끊으면서 HA 기능을 제공한다.

레디스 활용 방안

파일럿 프로젝트에서는 스마트카 운전자의 상태 정보를 실시간으로 분석한다. 그리고 분석한 결과를 빠르게 저장하면서 주변 시스템과 공유하기 위한 저장소로 레디스를 활용한다. 그림 5.7을 보면 Storm에서 두 개의 경로로 분리되는 것을 볼 수 있다. 이때 HBase에는 운전자의 모든 상태 정보를 저장하고, 레디스에는 운전자의 특정 패턴을 감지한 이벤트 결과(과속한 운전자 정보)만 저장한다. 그럼 주변 응용 시스템에서 레디스에 적재된 정보를 빠르게 조회해서 활용하게 된다.

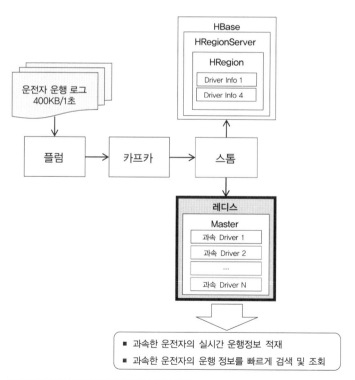

그림 5.7 파일럿 프로젝트에서의 레디스 활용 방안

스톰

스톰 소개

스톰(Storm)은 스피드 데이터를 인메모리 상에서 병렬 처리하기 위한 소프트웨어다. 빅데이터 3V 중 Velocity(속도)에 해당하는 스피드 데이터는 원천 시스템의 수많은 이벤트(클릭/터치, 위치, IoT 등)가 만들어 내며, 작지만 대규모의 동시다발적이라는 특성이 있다. 이 스피드 데이터를 실시간으로 분석할 수 있다면 원천에서 무슨 일이 발생하고 있는지 빠르게 알아낼 수 있어 마케팅과 리스크 등의 분야에서 활용 가치가 높다. 스톰은 이러한 스피드 데이터를 실시간으로 다루기 위해 모든 데이터를 인메모리 상에서 분산 병렬 처리하고, 분산 데이터를 통제하기 위한 강력한 기능(분리, 정제, 통합, 집계 등)과 아키텍처도 제공한다.

실시간 분산 처리 유형으로는 데이터 발생과 동시에 처리하는 완전 실시간 방식과 발생한 데이터를 적재한 후 빠르게 배치를 실행하는 마이크로 배치 방식이 있다. 스톰은 전자에 해당하는 완전 실시간 방식으로, 조금의 레이턴시도 허용되지 않는 아키텍처에 적용한다. 스톰은 지난 2011년 트위터가 백타이프라는 회사로부터 인수했고, 곧바로 오픈소스 프로젝트로 공개했다. 그 뒤 스톰의 기능이 강화됐고 대규모 인터넷 서비스에 적용되기 시작했으며, 2014년 9월 아파치 최상위 프로젝트로 승격됐다.

표 5.3 스톰의 기본 요소

공식 홈페이지		APACHE STORM™ http://storm.apache.org/
주요 구성 요소	Spout	외부로부터 데이터를 유입받아 가공 처리해서 튜플을 생성, 이후 해당 튜플을 Bolt에 전송
	Bolt	튜플을 받아 실제 분산 작업을 수행하며, 필터링(Filtering), 집계(Aggregation), 조인(Join) 등의 연산을 병렬로 실행
	Topology	Spout-Bolt의 데이터 처리 흐름을 정의, 하나의 Spout와 다수의 Bolt로 구성
	Nimbus	Topology를 Supervisor에 배포하고 작업을 할당, Supervisor를 모니터링하다 필요 시 페일오버(Fail-Over) 처리
	Supervisor	Topology를 실행할 Worker를 구동시키며 Topology를 Worker에 할당 및 관리
	Worker	Supervisor 상에서 실행 중인 자바 프로세스로 Spout와 Bolt를 실행
	Executor	Worker 내에서 실행되는 자바 스레드
	Tasker	Spout 및 Bolt 객체가 할당
라이선스	Apache	
유사 프로젝트	Samza, S4, Akka, Spark Stream	

스톰 아키텍처

스톰의 아키텍처를 이해하기 위해서는 먼저 Nimbus와 Supervisor의 역할을 알아야 한다. 그림 5.8을 보면 Nimbus가 자바 프로그램으로 구성된 Topology Jar를 배포하기 위해 주키퍼로부터 Supervisor 정보를 알아낸다. 그 후 해당 Topology Jar 파일을 각 Supervisor에 전송하면 Supervisor는 해당 Node에서 Worker, Executor를 만들고, Spout과 Bolt가 실행되기 위한 Task도 할당한다. Supervisor가 정상적으로 배포되면, External Source Application 1에서 발생한 데이터가 Spout를 통해 유입되기 시작한다. 이를 다시 Bolt가 전달받아 데이터를 분산 처리하고, 처리 결과는 Bolt를 통해 타깃 시스템인 External Target Application 2로 전송된다. 이때 Task, Executor 개수를 증가시키면서 대규모 병렬 처리가 가능해지고 Spout와 Bolt의 성능이 향상된다.

스톰의 아키텍처는 매우 견고한 장애 복구 기능도 제공한다. 만약 특정 Supervisor가 생성한 Worker 프로세스에 심각한 문제가 발생해 종료되면 Supervisor는 새로운 Worker 프로세스를 다시 생성한다. 이때 처리 중이던 데이터들(튜플)은 이전 수신지로 롤백되고 Topology가 다시 정상적으로 복구되면 롤백 시점부터 다시 처리하면서 데이터의 정합성을 보장한다.

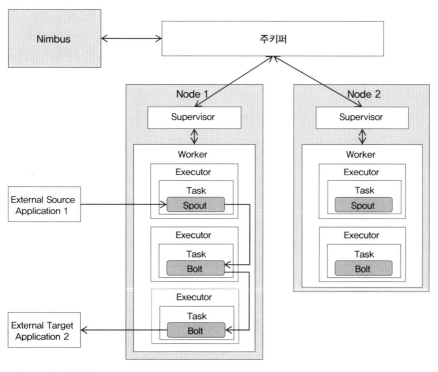

그림 5.8 스톰 아키텍처

스톰 활용 방안

스톰은 파일럿 프로젝트에서 스마트카 운전자의 실시간 운행 정보를 대상으로 데이터 라우팅과 스트리밍 처리에 활용될 것이다. 일단 카프카의 Spout를 통해 유입되는 모든 운전자의 운행 정보 데이터는 두 개의 Bolt(HBase Bolt, Redis Bolt)로 나눠져서 처리되는데, HBase Bolt는 모든 운행 정보를 정제 없이 HBase 서버에 곧바로 적재하며, 레디스 Bolt는 에스퍼라는 룰 엔진이 감지한 이상 운행 패턴의 정보만 레디스 서버에 적재한다.

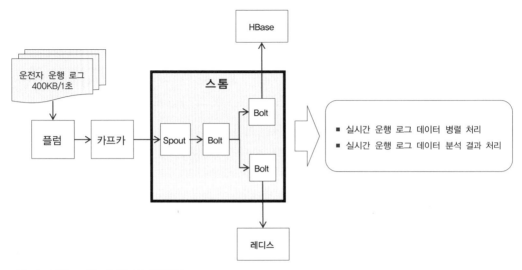

그림 5.9 파일럿 프로젝트에서의 스톰 활용 방안

에스퍼

에스퍼 소개

에스퍼(Esper)의 경우 실시간 스트리밍 데이터의 복잡한 이벤트 처리가 필요할 때 사용하는 룰 엔진이다. 스톰이 대규모의 실시간 데이터를 단순 가공 및 추출 처리하는 데는 문제없지만 실시간으로 발생하는 데이터로부터 복잡한 패턴을 찾고, 그 패턴에 따른 이벤트를 처리하는 것은 쉬운 일이 아니다. 실시간으로 발생하는 데이터 간의 관계를 복합적으로 판단 및 처리하는 것을 CEP(Complex Event Processing)라고 하는데, 에스퍼가 바로 CEP 기능을 제공한다. 에스퍼를 이용하면 CEP 처리를 위한 다양한 조건과 복합 이벤트를 하나의 룰로 쉽게 정의할 수 있어 CEP 처리 및 관리가 수월해진다.

에스퍼는 빅데이터 기술이 등장하기 이전부터 개발이 활발히 진행됐으며, 현재도 룰엔진이 필요한 다양한 사이트에서 사용되고 있다. 지난 2006년 EsperTech사로부터 에스퍼 0.7.0 알파 버전이 최초로 공개됐고, 2014년에 5.x가 정식으로 릴리스됐다. 이후에도 계속해서 새로운 버전들이 릴리스되는 중이다.

표 5.4 에스퍼의 기본 요소

공식 홈페이지	⊟ EsperTech	http://www.espertech.com
주요 구성 요소	Event	실시간 스트림으로 발생하는 데이터들의 특정 흐름 또는 패턴을 정의
	EPL	유사 SQL을 기반으로 하는 이벤트 데이터 처리 스크립트 언어
	Input Adapter	소스로부터 전송되는 데이터를 처리하기 위한 어댑터 제공 (CSV, Socket, JDBC, Http 등)
	Output Adapter	타깃으로 전송하는 데이터를 처리하기 위한 어댑터 제공 (HDFS, CSV, Socket, Email, Http 등)
	Window	실시간 스트림 데이터로부터 특정 시간 또는 개수를 설정한 이벤트들을 메모리 상에 등록한 후 EPL을 통해 결과를 추출
라이선스	GPL	
유사 프로젝트	Drools	

Tip _ 오픈소스 컴플라이언스 이슈

빅데이터의 소프트웨어들은 대부분이 오픈소스로 이뤄져 있다. 이 가운데 하둡을 중심으로 대부분 아파치 라이선스를 채택하고 있다. 아파치 라이선스의 경우 제약사항이 적어 다양한 비즈니스 모델에 적용해도 크게 문제되지 않는다. 하지만 간혹 오픈소스이지만 상업적 활용이 어렵고 소스 공개 의무가 있어 컴플라이언스 이슈가 발생하는 라이선스가 있다. 대표적으로 GPL, AGPL 등이 있는데, 에스퍼가 GPL 2.0 라이선스를 채택하고 있어 주의할 필요가 있다.

에스퍼 아키텍처

앞서 설명했듯이 에스퍼는 CEP(Complex Event Processing) 엔진이다. 여기서 엔진은 단순 자바 라이브러리 프로그램으로, 설치와 사용은 매우 간단하다. 그로 인해 애플리케이션 서버(톰캣, 제이보스, OSGI, 스톰 등) 또는 애플리케이션의 컨텍스트에 에스퍼 라이브러리를 설치하고, 해당 라이브러리를 이용해 CEP 프로그래밍을 하는 단순한 아키텍처를 가지고 있다.

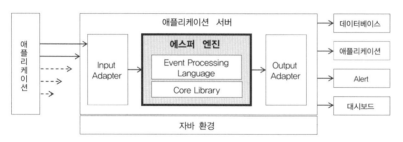

그림 5.10 에스퍼 아키텍처 1

하지만 에스퍼의 EPL(Event Processing Language)을 이용해 대규모 분산 아키텍처를 구성할 때는 룰을 통합 관리하고, 분산 노드에 일관되게 적용하기 위해 그림 5.11처럼 다소 복잡한 구성이 필요하다. 이때 분산된 응용 서버에 에스퍼 엔진을 설치하고, 에스퍼 엔진들이 동일한 EPL 룰을 동적으로 일괄 로딩하기 위해 EPL 공유 저장소가 이용된다.

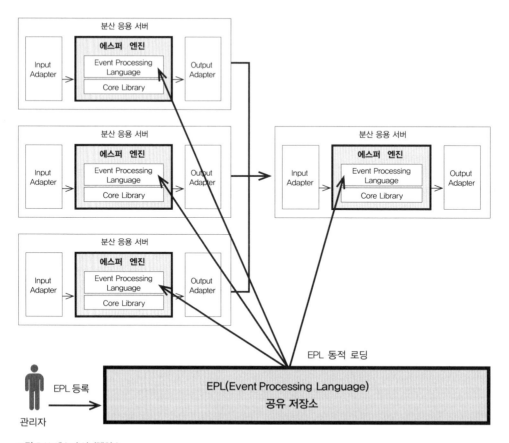

그림 5.11 에스퍼 아키텍처 2

에스퍼 활용 방안

파일럿 프로젝트에서는 운전자의 운행 데이터를 실시간으로 분석하기 위해 에스퍼 EPL을 활용한다. EPL은 30초 동안의 평균 시속을 체크해서 80km/h를 초과하는 운전자 이벤트 정보를 실시간으로 감지할 수 있도록 룰을 정의한다. 해당 이벤트 데이터는 감지 즉시 레디스에 적재되어 과속한 차량 정보만 관리할 수 있게 된다.

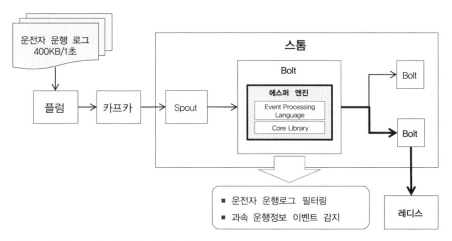

그림 5.12 파일럿 프로젝트에서의 에스퍼 활용 방안

5.3 실시간 적재 파일럿 실행 1단계 – 실시간 적재 아키텍처

실시간 적재 요구사항

- **요구사항 1:** 차량의 다양한 장치로부터 발생하는 로그 파일을 수집해서 기능별 상태를 점검한다.
- **요구사항 2:** 운전자의 운행 정보가 담긴 로그를 실시간으로 수집해서 주행 패턴을 분석한다.

요구사항 2는 실시간 분석 결과를 적재하기 위한 요건으로 이를 좀 더 구체화하고, 적용할 기술 검토와 해결 방안들을 알아본다.

요구사항 구체화 및 분석

표 5.5 실시간 로그 적재 요구사항 분석

실시간 적재 요구사항 구체화	분석 및 해결 방안
1. 1초 간격으로 발생하는 100명의 운행 정보(운행 정보 1건: 약 4KB)는 손실 없이 적재해야 한다.	카프카와 스톰을 이용해 수집한 데이터에 대해 분산 처리 및 무결성을 보장하며, 분산 처리가 완료된 데이터는 HBase에 적재
2. 적재한 운행 정보를 대상으로 조건 검색이 가능해야 하며, 필요 시 수정도 가능해야 한다.	HBase의 테이블에 적재된 데이터는 스캔 조건으로 검색하며, 저장 (Put) 기능을 이용해 기적재한 데이터에 대해 칼럼 기반으로 수정
3. 운전자의 운행 정보 중 30초를 기준으로 평균 속도가 80Km/h를 초과한 정보는 분리 적재한다.	에스퍼의 EPL에서 사용자별로 운행 정보를 그루핑하고, 30초의 윈도우 타임(Window Time) 조건으로 평균 시속 집계 및 임계치별 이벤트를 정의
4. 과속한 차량을 분리 적재하기 위한 조건은 별도의 룰로 정의하고 쉽게 수정할 수 있어야 한다.	과속 기준을 80Km/h에서 100Km/h로 변경해야 할 경우 EPL의 평균 속도를 체크하는 조건값만 수정
5. 분리 적재한 데이터는 외부 애플리케이션이 빠르게 접근하고 조회할 수 있게 해야 한다.	실시간 이벤트로 감지된 데이터는 인메모리 기반 저장소인 레디스에 적재해서 외부 애플리케이션에서 빠르게 조회
6. 레디스에 적재한 데이터는 저장소의 공간을 효율적으로 사용하기 위해 1주일이 경과하면 영구적으로 삭제한다.	레디스 클라이언트 라이브러리인 제디스(Jedis) 클라이언트를 이용해 데이터 적재 시 만료(Expire) 시간을 설정해 자동으로 영구 삭제 처리

실시간 적재 아키텍처

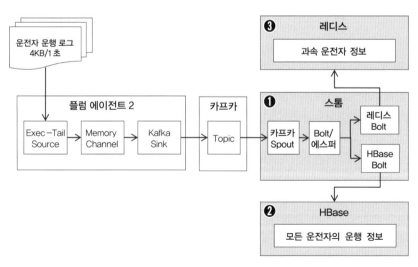

그림 5.13 파일럿 프로젝트의 실시간 로그 적재 아키텍처

3장에서는 플럼의 DriverCarInfo 에이전트에서 수집한 운전자 운행 정보를 카프카의 토픽에 실시간으로 전송했다. 5장에서는 스톰의 카프카-Spout를 이용해 카프카의 토픽에 저장돼 있는 운전자 운행 정보를 가져와 처리하고, 카프카-Bolt에서 이벤트 조건에 따라 레디스와 HBase에 각각 분리 적재한다.

스톰의 실시간 데이터 처리

스톰은 카프카로부터 수신받은 운행 정보 데이터를 분산 처리하고, 최종 목적지 저장소에 적재하는 역할을 수행한다. 이때 빠르게 유입되는 데이터로부터 의미 있는 패턴을 발견하기 위해 에스퍼 엔진을 이용한다.

❶ 스톰의 Spout가 카프카의 토픽으로부터 운전자의 실시간 운행 정보를 수신받아 첫 번째 볼트에 전송한다. 해당 Bolt에서는 모든 운행 정보를 HBase Bolt로 전송하면서, 에스퍼의 EPL에서 정의한 조건에 따라 과속한 차량의 정보를 레디스 Bolt에 전송한다.

HBase에 모든 운전자 운행 정보 적재

❷ HBase의 테이블에는 "차량번호+발생일시"를 로우키로 해서 8개의 칼럼(발생 일시, 차량 번호, 가속 페달, 브레이크 페달, 운전대 회전각, 방향지시등, 주행 속도, 주행 구역)의 구조로 모든 스마트카 운전자의 운행 정보가 적재된다.

레디스에 과속한 운전자 정보 적재

❸ 레디스에 적재될 때는 현재 날짜를 키로 해서 과속한 차량의 정보를 세트 데이터 구조로 적재한다. 적재 영속 시간은 5시간으로 하며, 이후에 만료 처리되어 메모리에서 자동으로 삭제된다.

5.4 실시간 적재 파일럿 실행 2단계 – 실시간 적재 환경 구성

5장에서는 3개의 소프트웨어를 추가로 설치한다. 먼저 CM을 이용해 HBase를 Sever01~03에 있는 3대의 데이터노드에 설치한다. 그 밖에 레디스와 스톰은 CM에 포함돼 있지 않은 소프트웨어로서 별도의 패키지로 설치한다.

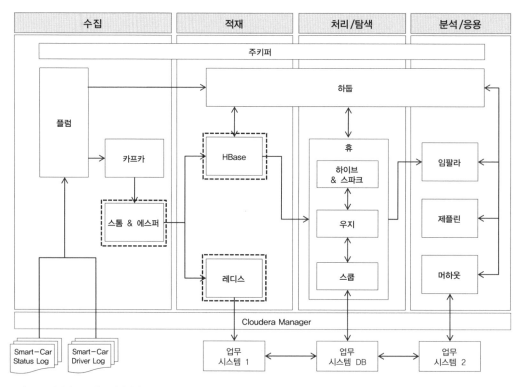

그림 5.14 파일럿 프로젝트 아키텍처에서 스톰, HBase, 레디스가 차지하는 영역

HBase 설치 _ ⌨ 실습

01. CM의 [홈]에서 [서비스 추가] 화면으로 이동한다. 추가할 서비스 유형 중 세 번째 항목인 [HBase]를 선택하고 우측 하단의 [계속] 버튼을 클릭한다.

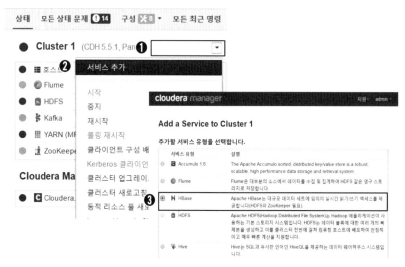

그림 5.15 CM을 이용한 HBase 설치 – HBase 컴포넌트 선택

02. HBase의 Master와 RegionServer 설치 위치를 지정한다. 기본 위치로 Master는 Server01에, RegionServer는 3개의 DataNode에 각각 설치되므로 Server01~03 모두 선택한다. (2.5장에서 Server01에 데이터 노드 추가 작업을 하지 않았다면 Server02, Server03만 선택한다.) 추가로 스리프트 서버(Thrift Server)는 Server01에 설치하며, REST 서버는 사용하지 않는다.

> **저사양 파일럿 환경:** HBase의 모든 설치 위치를 Server02로 지정한다.

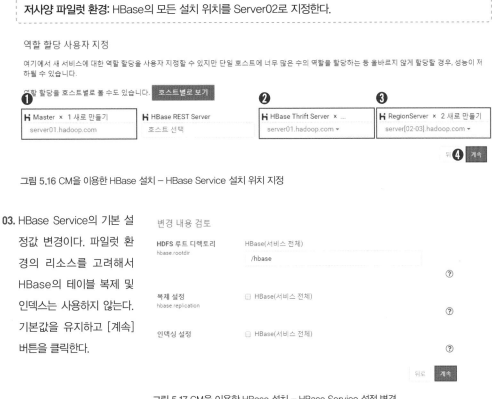

그림 5.16 CM을 이용한 HBase 설치 – HBase Service 설치 위치 지정

03. HBase Service의 기본 설정값 변경이다. 파일럿 환경의 리소스를 고려해서 HBase의 테이블 복제 및 인덱스는 사용하지 않는다. 기본값을 유지하고 [계속] 버튼을 클릭한다.

변경 내용 검토

HDFS 루트 디렉토리   HBase(서비스 전체)
hbase.rootdir   /hbase

복제 설정   ☐ HBase(서비스 전체)
hbase.replication

인덱싱 설정   ☐ HBase(서비스 전체)

그림 5.17 CM을 이용한 HBase 설치 – HBase Service 설정 변경

04. HBase 설치 및 기본적인 환경 구성 명령이 그림 5.18처럼 실행된다. 완료되면 [계속] 버튼을 클릭한다.

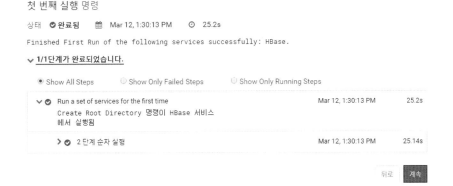

첫 번째 실행 명령

상태 ✔ 완료됨   📅 Mar 12, 1:30:13 PM   ⏱ 25.2s

Finished First Run of the following services successfully: HBase.

∨ 1/1단계가 완료되었습니다.

◉ Show All Steps   ○ Show Only Failed Steps   ○ Show Only Running Steps

∨ ✔ Run a set of services for the first time   Mar 12, 1:30:13 PM   25.2s
     Create Root Directory 명령이 HBase 서비스
     에서 실행됨

  ❯ ✔ 2 단계 순차 실행   Mar 12, 1:30:13 PM   25.14s

그림 5.18 CM을 이용한 HBase 설치 – HBase 설치 실행 명령

05. HBase 설치가 정상적으로 완료되면 그림 5.19와 같이 완료창이 나타난다. [완료] 버튼을 누르면 CM의 홈 화면으로 이동한다.

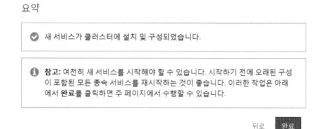

그림 5.19 CM을 이용한 HBase 설치 – HBase 설치 완료

06. HBase의 Thrift Http 서버를 활성화한다. CM 홈에서 [HBase] → [구성]을 선택하고 검색란에 "HBase Thrift Http 서버 설정"을 입력한다. "HBase(서비스 전체)" 항목을 체크하고 [변경 내용 저장] 버튼을 클릭한다.

07. HBase의 서비스를 시작 또는 재시작한다. 그럼 HBase의 Master 서버와 3개의 RegionServer 기동 화면이 활성화될 것이다.

그림 5.20 CM을 이용한 HBase 설치 – HBase 시작

08. HBase의 설치 및 기동이 완료됐다. HBase처럼 규모가 있는 컴포넌트가 설치되면 이미 설치된 소프트웨어(주키퍼, HDFS, YARN 등)의 클라이언트 설정값에 변동이 발생한다. 클라이언트 재배포를 통해 변경사항을 반영한다.

그림 5.21 CM을 이용한 HBase 설치 – 클라이언트 재배포

09. HBase가 정상적으로 설치됐는지 확인하기 위해 HBase 셸에서 테스트용 테이블을 만들고, 해당 테이블에 Put/Get 명령을 실행해 보자. Server02에 root 계정으로 로그인해서 다음 명령을 실행한다.

```
$ hbase shell
$ hbase(main):001:0> create 'smartcar_test_table', 'cf'
$ hbase(main):002:0> put 'smartcar_test_table', 'row-key1', 'cf:model', 'Z0001'
$ hbase(main):003:0> put 'smartcar_test_table', 'row-key1', 'cf:no' , '12345'
$ hbase(main):003:0> get 'smartcar_test_table', 'row-key1'
```

Test 테이블을 삭제한다.

```
$ hbase(main):003:0> disable 'smartcar_test_table'

$ hbase(main):003:0> drop 'smartcar_test_table'

$ hbase(main):003:0> exit
```

10. HBase 웹 관리자 화면에 접속하면 HBase의 다양한 상태를 모니터링할 수 있다.

> **저사양 파일럿 환경:** HBase를 Server02에 설치했으므로 server02.hadoop.com:16010으로 접속한다.

- URL: http://server01.hadoop.com:16010

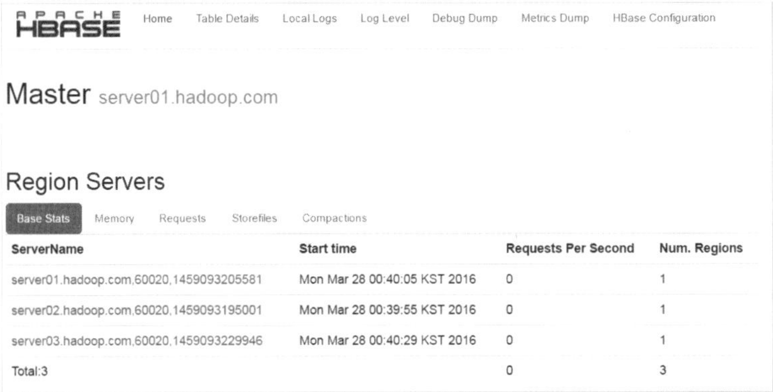

그림 5.22 CM을 이용한 HBase 설치 – 웹 관리 화면

HBase 웹 관리 화면은 CM의 홈에서 [HBase]를 선택하고 상단의 [HBase 웹 UI] 메뉴를 통해서도 접근할 수 있다.

> **저사양 파일럿 환경:** HBase 서비스를 정지한다.
>
> - HBase는 자원 소모가 높은 서버이므로 사용하지 않을 때는 일시 정지한다. 저사양 파일럿 환경에서는 HBase 외에도 각 단계를 진행하면서 취사선택해야 하는 서비스들이 있다. 불편하지만 안정적인 파일럿 환경을 유지하기 위해 미사용 서버는 중지시킨다.
> - **HBase 서비스:** CM 홈 → [HBase] → [정지]

레디스 설치 _ ⌨ 실습

빅데이터 실시간 적재 저장소로 HBase에 이어서 레디스를 설치해 보자. 레디스는 CM의 소프트웨어 컴포넌트로 포함돼 있지 않다. 따라서 레디스 설치 패키지를 이용해 Server02에 직접 설치한다.

01. 레디스를 설치하기 위한 기본 환경 구성을 시작한다. Server02에 root 계정으로 로그인하고, 먼저 gcc와 tcl을 설치한다. 특별한 문제가 없다면 아래 yum 설치 명령으로 관련 라이브러리가 설치되고 마지막에 "Complete!" 메시지가 나타날 것이다.

참고로 yum 명령중 "removing mirrorlist with no valid mirrors:.." 에러가 발생하면 아래 "Tip_CentOS Mirror 리스트 변경" 명령을 모두 실행 한다.

```
$ yum install -y gcc*
$ yum install -y tcl
```

Tip _ CentOS Mirror 리스트 변경

```
$ echo "http://vault.centos.org/6.10/os/x86_64/" > /var/cache/yum/x86_64/6/base/mirrorlist.txt
$ echo "http://vault.centos.org/6.10/extras/x86_64/" > /var/cache/yum/x86_64/6/extras/mirrorlist.txt
$ echo "http://vault.centos.org/6.10/updates/x86_64/" > /var/cache/yum/x86_64/6/updates/mirrorlist.txt
$ echo "http://vault.centos.org/6.10/sclo/x86_64/rh" > /var/cache/yum/x86_64/6/centos-sclo-rh/mirrorlist.txt
$ echo "http://vault.centos.org/6.10/sclo/x86_64/sclo" > /var/cache/yum/x86_64/6/centos-sclo-sclo/mirrorlist.txt
```

02. 레디스 5.0.7을 내려받아 빌드 및 설치를 진행한다. 아래의 명령들을 차례대로 실행하면 된다.

```
$ cd /home/pilot-pjt
$ wget http://download.redis.io/releases/redis-5.0.7.tar.gz
$ tar -xvf redis-5.0.7.tar.gz
$ cd /home/pilot-pjt/redis-5.0.7
$ make
$ make install
$ cd /home/pilot-pjt/redis-5.0.7/utils
$ chmod 755 install_server.sh
```

마지막으로 인스톨 스크립트를 실행한다. 여러 차례 확인 메시지가 나타나는데 이때 엔터키를 입력하면 된다.

```
$ ./install_server.sh
```

레디스 인스턴스의 포트, 로그, 데이터 파일 등의 설정값 및 위치 정보를 물어보면 기본값을 그대로 유지하고 엔터키를 누른다. 아래 vi 명령으로 레디스 서버 기동 여부를 확인해 본다.

```
$ vi /var/log/redis_6379.log
```

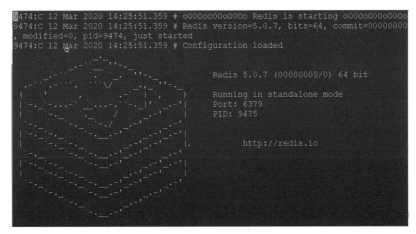

그림 5.23 레디스 설치 – 설치 완료 및 서버 시작

03. 레디스가 성공적으로 설치됐는지 점검한다.

다음 명령을 실행해 "Redis is running"이라는 메시지가 나타나는지 확인한다.

```
$ service redis_6379 status
```

레디스 서비스를 시작/종료하는 명령은 다음과 같다.

- 시작: `service redis_6379 start`
- 종료: `service redis_6379 stop`

04. 레디스 서버에 원격 접근을 하기 위해 설정 파일을 열어 그림 5.23.1처럼 수정한다. 설정 파일은 /etc/redis/6379. conf에 위치해 있다.

```
$ vi /etc/redis/6379.conf
```

- 바인딩 IP 제한 해제: "bind 127.0.0.1" 부분을 주석으로 처리

```
# bind 127.0.0.1
```

- 패스워드 입력 해제: "protected-mode yes" 부분을 찾아 "yes" → "no"로 변경

```
protected-mode no
```

```
# JUST COMMENT THE FOLLOWING LINE.
# ~~~~~~~~~~~~~~~~~~~~~~~~~~~~~~~~~~~~~~~~~~~~~~~~~~~~~~~~~~~~~~~~~~~~~~~~~~~~~
# bind 127.0.0.1
#
# Protected mode is a layer of security protection, in order to avoid that
# Redis instances left open on the internet are accessed and exploited.
#
# When protected mode is on and if:
#
# 1) The server is not binding explicitly to a set of addresses using the
#    "bind" directive.
# 2) No password is configured.
#
# The server only accepts connections from clients connecting from the
# IPv4 and IPv6 loopback addresses 127.0.0.1 and ::1, and from Unix domain
# sockets.
#
# By default protected mode is enabled. You should disable it only if
# you are sure you want clients from other hosts to connect to Redis
# even if no authentication is configured, nor a specific set of interfaces
# are explicitly listed using the "bind" directive.
protected-mode no
```

그림 5.23.1 레디스 서버에 원격 접근 설정

레디스 서버를 재시작한다.

```
$ service redis_6379 restart
```

05. 레디스 CLI를 통해 간단히 레디스 서버에 데이터를 저장(Set)/조회(Get)를 해본다. "key:1"이라는 키로 "Hello!BigData" 값을 레디스 서버에 저장하고 다시 조회한다. 마지막으로 "key:1"의 데이터를 삭제하고 레디스 CLI를 종료한다.

```
$ redis-cli
$ 127.0.0.1:6379> set key:1 Hello!BigData
$ 127.0.0.1:6379> get key:1
$ 127.0.0.1:6379> del key:1
$ 127.0.0.1:6379> quit
```

스톰 설치 _ 🎹 실습

실시간 분산 처리기인 스톰을 설치한다. 스톰도 CM에서 지원하지 않는 컴포넌트다. 따라서 직접 스톰의 설치 파일을 내려받아 Server02에 설치해 보자.

01. Server02에 root 계정으로 접속해서 스톰 설치를 위한 tar 파일을 다운로드한다.

```
$ cd /home/pilot-pjt
```

```
$ wget http://archive.apache.org/dist/storm/apache-storm-1.2.3/apache-storm-1.2.3.tar.gz
$ tar -xvf apache-storm-1.2.3.tar.gz
$ ln -s apache-storm-1.2.3 storm
```

02. 스톰의 환경설정 파일을 수정한다. "storm.yaml" 파일을 열어서 그림 5.24의 내용을 참고해서 동일하게 입력한다 (참고로 띄어쓰기도 정확히 입력해야 한다).

```
$ cd /home/pilot-pjt/storm/conf
$ vi storm.yaml
```

```
storm.zookeeper.servers:
 - "server02.hadoop.com"

storm.local.dir: "/home/pilot-pjt/storm/data"

nimbus.seeds: ["server02.hadoop.com"]

supervisor.slots.ports:
 - 6700

ui.port: 8088
```

그림 5.24 스톰 설치 – storm.yaml 파일 수정

내용을 잠시 살펴보면 총 5개의 스톰 설정값이 있다. 첫 번째 설정은 주키퍼 정보이고, 두 번째는 스톰이 작동하는데 필요한 데이터 저장소, 세 번째는 스톰의 Nimbus 정보다. 네 번째는 Worker의 포트로서, 포트의 개수만큼 멀티 Worker가 만들어진다. 파일럿 프로젝트에서는 6700번 포트의 단일 워커만 작동시킨다. 마지막으로 스톰 UI 접속 포트를 설정했다.

03. 스톰의 로그 레벨을 조정한다. 기본값이 "info"로 돼 있는데 스톰에서는 대규모 트랜잭션 데이터가 유입되면서 과도한 로그로 인해 성능 저하와 디스크 공간 부족이 발생할 수 있다. 이 같은 문제를 방지하기 위해 두 개의 파일을 수정한다. cluster.xml과 worker.xml 파일인데, 해당 파일의 75번째 줄과 91번째 줄 사이의 logger 설정에서 level="info"로 돼 있는 부분을 level="error"로 모두 변경한다.

```
$ cd /home/pilot-pjt/storm/log4j2
$ vi cluster.xml
$ vi worker.xml
```

04. 스톰 명령을 편리하게 사용하기 위해 root 계정의 프로파일에 스톰의 패스를 설정한다.

```
$ vi /root/.bash_profile
```

그림 5.25와 같이 "/home/pilot-pjt/storm/bin" 경로를 추가한다.

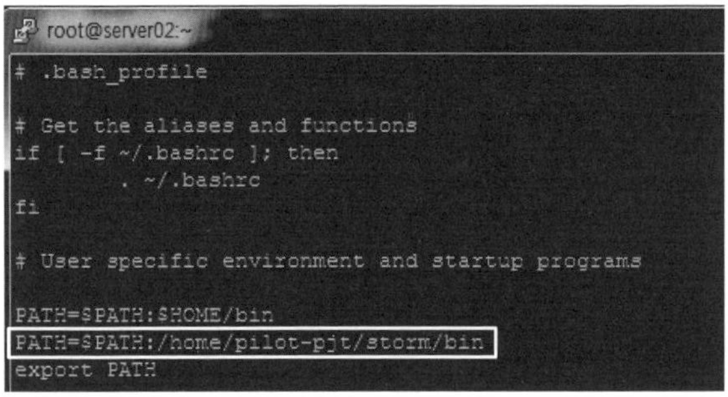

그림 5.25 스톰 설치 – 스톰의 패스 설정

수정한 root 계정의 프로파일 정보를 다시 읽어온다.

```
$ source /root/.bash_profile
```

05. 2장에서 설정했던 자바 명령의 링크 정보가 파일럿 환경을 구성하는 도중 변경되는 경우가 있다. 먼저 java -version을 실행한 후 "1.8.x"가 아니면 다음 명령을 실행해 JDK 1.8 링크로 변경한다.

```
$ java -version
```

1.8.x 버전으로 설정돼 있지 않다면 아래 링크 재설정 명령을 실행한다(자바 버전을 나타내는 1.8 뒤에 붙는 서브 버전(0_181)은 설치 시점에 따라 달라질 수 있다).

```
$ rm /usr/bin/java
$ rm /usr/bin/javac
$ ln -s /usr/java/jdk1.8.0_181-cloudera/bin/javac /usr/bin/javac
$ ln -s /usr/java/jdk1.8.0_181-cloudera/bin/java /usr/bin/java
```

06. 기본적인 스톰 설치가 끝났다. 이번에는 리눅스가 재시작할 때도 스톰이 자동으로 실행되도록 설정한다. 총 3개의 스톰 서비스(Nimbus, Supervisor, UI)가 있고 3개의 자동 실행 스크립트가 필요하다.

```
- storm-nimbus , storm-supervisor , storm-ui
```

예제 5.1은 스톰의 Nimbus 서비스 등록 스크립트다. 깃허브의 https://gist.github.com/yulrizka에서 제공한 소스를 파일럿 프로젝트에 맞게 수정했다.

예제 5.1 스톰 서비스 등록 스크립트 – Nimbus

```
#!/bin/bash
# /etc/init.d/storm-nimbus
# Startup script for storm-nimbus
# chkconfig: 2345 20 80
# description: Starts and stops storm-nimbus
#. /etc/init.d/functions
```

```
stormBin=/home/pilot-pjt/storm/bin/storm
stormSvc=$(echo $0 | cut -d'-' -f2)
desc="Storm $stormSvc daemon"
outFile="/var/log/storm/storm-$stormSvc.out"
stormUser=root
pidFile=/var/run/storm/storm-$stormSvc.pid

if ! [ -f $stormBin ]; then
  echo "storm binary not found."
  exit 5
fi

if [ -f /etc/sysconfig/storm ]; then
  . /etc/sysconfig/storm
fi

start() {
  echo "Starting $desc (storm-$stormSvc): "
  su $stormUser -c "nohup $stormBin $stormSvc >>$outFile 2>&1 &"
  RETVAL=$?

  return $RETVAL
}

      …… 〈 이하 생략 〉 ……
```

07. 스톰의 서비스 등록 파일은 C://예제소스/bigdata2nd-master/CH05/예제5.1/ 경로에 있는 3개의 파일(storm-nimbus, storm-supervisor, storm-ui)을 활용한다. 해당 파일을 Server02에 업로드한다.

- FTP 클라이언트 파일질라 실행

- 업로드 경로: /etc/rc.d/init.d

- C://예제소스/bigdata2nd-master/CH05/예제5.1/ 경로에 있는 3개의 파일(storm-nimbus, storm-supervisor, storm-ui)을 Server02의 /etc/rc.d/init.d 디렉터리에 업로드한다.

08. 업로드한 세 파일의 권한을 변경한다.

```
$ chmod 755 /etc/rc.d/init.d/storm-nimbus
$ chmod 755 /etc/rc.d/init.d/storm-supervisor
$ chmod 755 /etc/rc.d/init.d/storm-ui
```

09. 서비스 등록 스크립트에 대한 Log 및 Pid 디렉터리를 만들어 준다.

```
$ mkdir /var/log/storm
$ mkdir /var/run/storm
```

10. 세 파일에 대해 아래의 service/chkconfig 등록 명령을 각각 실행한다.

```
$ service storm-nimbus start
$ service storm-supervisor start
$ service storm-ui start
```

11. 아래의 명령으로 스톰이 정상적으로 구동됐는지 확인한다.

```
$ service storm-nimbus status
$ service storm-supervisor status
$ service storm-ui status
```

모두 "…is running" 상태인지 확인한다. 파일럿 개발 환경에 따라 Running 시점은 차이가 날 수 있다.

12. 스톰 UI에 접속해서 스톰의 중요 상태들을 모니터링할 수 있다.

- URL: http://server02.hadoop.com:8088

Storm UI

Cluster Summary

Version	Supervisors	Used slots	Free slots	Total slots	Executors	Tasks
1.2.3	1	0	1	1	0	0

Nimbus Summary

Search:

Host	Port	Status	Version	Up Time
server02.hadoop.com	6627	Leader	1.2.3	1m 33s

Showing 1 to 1 of 1 entries

Topology Summary

Search:

Name	Owner	Status	Uptime	Num workers	Num executors	Num tasks	Replication count	Assigned Mem (MB)	Scheduler Info
No data available in table									

그림 5.26 스톰 설치 – 웹 관리 화면

5.5 실시간 적재 파일럿 실행 3단계 – 실시간 적재 기능 구현

실시간 적재 기능 구현은 스톰의 Spout와 Bolt의 프로그램 구현 단계에 해당한다. 운전자의 운행 정보가 실시간으로 카프카에 적재되고 이를 스톰의 Spout가 읽어서 Bolt로 전달한다. 그림 5.27은 파일럿 프로젝트에서 실시간 처리와 적재를 위한 스톰 Topology를 보여준다. Topology 안의 5개 컴포넌트는 모두 자바 프로그램이며, 해당 프로그램을 통해 실시간 적재 기능을 구현한다.

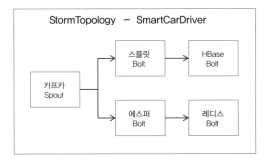

그림 5.27 스톰의 실시간 적재 기능 구현 Topology

파일럿 프로젝트에서는 스톰의 자바 프로그램 소스를 상세히 다루지 않는다. 실시간 적재에 사용되는 Spout과 Bolt의 핵심 소스 위주로만 설명할 것이다. 추가로 레디스에 적재된 데이터를 실시간으로 가져오는 클라이언트 애플리케이션도 살펴본다. 관련 자바 프로그램들을 독자들이 직접 배포/설치해 파일럿 프로젝트의 실시간 적재 기능들을 테스트한다.

카프카 Spout 기능 구현

스톰 Spout의 기본 기능은 외부 시스템과의 연동을 통해 스톰의 Topology로 데이터를 가져오는 것이다. 파일럿 프로젝트에서는 카프카에 적재된 데이터를 가져오기 위해 카프카-Spout를 사용한다.

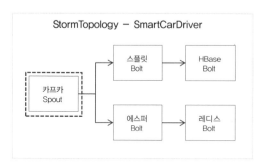

그림 5.28 스톰의 실시간 적재 기능 구현 – 카프카 Spout

카프카 Spout는 카프카로부터 수신받은 데이터를 두 개의 Bolt(Split/Esper)에 라우팅한다. 아래 카프카 Spout의 주요 소스를 살펴보자.

예제 5.2 카프카 Spout 생성 – SmartCarDriverTopology.java

```
String zkHost = "server02.hadoop.com:2181";                                    ❶

TopologyBuilder driverCarTopologyBuilder = new TopologyBuilder();


BrokerHosts brkBost = new ZkHosts(zkHost);

String topicName = "SmartCar-Topic";

String zkPathName = "/SmartCar-Topic";
```

```
SpoutConfig spoutConf = new SpoutConfig(brkBost, topicName, zkPathName, UUID.randomUUID().  ❷
toString());

spoutConf.scheme = new SchemeAsMultiScheme(new StringScheme());

spoutConf.useStartOffsetTimeIfOffsetOutOfRange=true;

spoutConf.startOffsetTime=kafka.api.OffsetRequest.LatestTime();


KafkaSpout kafkaSpout = new KafkaSpout(spoutConf);
```

```
driverCarTopologyBuilder.setSpout("kafkaSpout", kafkaSpout, 1);                    ❸
```

```
driverCarTopologyBuilder.setBolt("splitBolt", new SplitBolt(),1).allGrouping("kafkaSpout");
driverCarTopologyBuilder.setBolt("esperBolt", new EsperBolt(),1).allGrouping("kafkaSpout");    ❹
```

❶ 카프카에 접속하기 위한 서버와 토픽 정보를 정의하고, KafkaSpout이 작동하는 워커의 구성 정보도 설정한다.

❷ KafkaSpout 객체를 생성한다. 주키퍼 서버 정보, 카프카 토픽 정보, 메시지 형식, 메시지 수신 방식 등을 설정한다.

❸ KafkaSpout 객체를 스톰의 Topology에 설정한다. "고유 ID", "Kafka Spout 객체", "병렬 처리 힌트"를 설정한다.

❹ KafkaSpout가 수신받은 데이터를 어떻게 라우팅할지에 대한 설정이다. 스톰 Topology의 그루핑 설정으로 All-Grouping 기능을 이용해 앞서 설정한 "kafkaSpout"로부터 받은 데이터를 두 개의 Bolt(Split/Esper)에 동일하게 전달하는 것이다.

Split Bolt 기능 구현

Split Bolt는 카프카-Spout로부터 전달받은 메시지를 HBase의 칼럼 필드 단위로 분리하기 위한 작업을 수행한다.

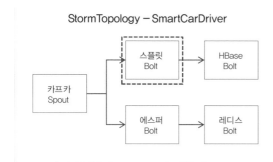

그림 5.29 스톰의 실시간 적재 기능 구현 - Split Bolt

다음은 Split Bolt의 주요 소스다.

예제 5.3 Split Bolt 소스 – SplitBolt.java

```java
public void execute(Tuple tuple, BasicOutputCollector collector) {
String tValue = tuple.getString(0);
```

```java
//발생일시(14자리), 차량번호, 가속페달, 브레이크페달, 운전대회전각, 방향지시등, 주행속도, 운행지역
String[] receiveData = tValue.split("\\,");                                      ❶
```

```java
collector.emit(new Values(new StringBuffer(receiveData[0]).reverse() + "-" + receiveData[1],
                receiveData[0], receiveData[1], receiveData[2], receiveData[3],   ❷
                receiveData[4], receiveData[5], receiveData[6], receiveData[7]));
}
```

```java
public void declareOutputFields(OutputFieldsDeclarer declarer) {
declarer.declare(new Fields( "r_key", "date", "car_number", "speed_pedal", "break_pedal",
                "steer_angle", "direct_light", "speed", "area_number"));          ❸
}
```

❶ KafkaSpout에서 전달한 데이터가 튜플(Tuple) 형식으로 수신된다. 그리고 튜플에 들어 있는 데이터를 콤마(",") 단위로 분리해서 배열에 담는다. 참고로 스톰의 메시지 단위 하나를 튜플이라고 하는데, 각 스톰의 레이어 간 (Spout → Bolt, Bolt → Bolt 등) 메시지 전달 단위로 생각하면 된다.

❷ 스마트카 운전자의 실시간 운행 정보 데이터셋의 형식을 정의한다. 해당 데이터를 배열로 구조화하고 데이터를 다음 단계로 전송한다. 빅데이터의 비정형 로그 데이터가 정형 데이터로 변환되는 과정으로 볼 수 있다.

❸ ❷ 단계에서 설정한 9개의 값과 순서별로 일치하는 필드명은 다음과 같다.

- **r_key**: HBase 테이블에서 사용할 로우키
- **date**: 운행 데이터 발생 일시
- **car_num**: 스마트카의 고유 차량 번호
- **speed_pedal**: 과속 페달 단계
- **break_pedal**: 브레이크 페달 단계
- **steer_angle**: 운전대 회전 각도
- **direct_light**: 방향 지시등
- **speed**: 차량 속도
- **area**: 차량 운행 지역

여기서 r_key는 HBase 테이블에서 로우키로 활용되는 중요 필드로, "date + car_num"
을 조합한 값이다. 이때 date에는 타임스탬프를 리버스한(뒤집은) 값이 매핑되는데, 예를 들
어 "20160125134517"을 뒤에서부터 읽어 "71543152106102"로 변환한 값이 된다. date 값
을 리버스한 이유는 HBase에 데이터를 저장할 때 로우키의 HexString 값을 기준으로 저장
할 Region을 결정하는 메커니즘 때문이다. 파일럿 프로젝트에서 사용할 로우키로는 동일 패턴
(20160125XXXXXX+차량번호)의 값이 지속적으로 생성되며, 로우키의 유사 HexString 값이 만
들어져 특정 Region으로만 부하가 집중되는 문제가 발생한다(핸드폰 번호(010-XXX-XXX)나
위치정보(GPS, IP) 등을 로우키로 활용할 때도 주의해야 한다). 또한 Region은 특정 크기가 되
면 자동 분할되는데, 이때 서비스가 일시 중단되는 현상이 발생하기도 한다. 이 같은 문제를 방지
하기 위해 HBase 테이블을 생성할 때 사용할 Region을 미리 스플릿(Pre-Split)해서 여러 개의
RegionServer에 분리 생성해 놓고, 데이터를 저장할 때 로우키를 리버스해 HexString 시작값을
다양하게 발생시키고, 여러 RegionServer로 부하를 분산시킴으로써 저장 속도를 극대화할 수 있
다. 이 같은 HBase의 로우키 메커니즘은 데이터 설계 단계에서부터 중요하게 검토해야 할 사항이
니 참고하기 바란다.

HBase Bolt 기능 구현

HBase Bolt는 스마트카 운전자의 모든 운행 데이터를 최종적으로 적재하는 기능을 수행한다. 앞서
Split Bolt가 분리한 필드명을 HBase의 테이블의 칼럼명과 일치시켜 칼럼 단위로 저장한다.

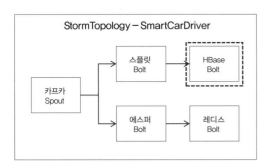

그림 5.30 스톰의 실시간 적재 기능 구현 – HBase Bolt

HBaseBolt도 HBase의 데이터를 적재하기 위해 HBase에 연결된 주키퍼의 연결 정보가 필요하며, 저장하고자 하는 테이블의 로우키와 칼럼 패밀리 정보도 알고 있어야 한다.

예제 5.4 HBase Bolt 생성 – SmartCarDriverTopology.java

```
TupleTableConfig hTableConfig = new TupleTableConfig("DriverCarInfo", "r_key");

hTableConfig.setZkQuorum("server02.hadoop.com");

hTableConfig.setZkClientPort("2181");

hTableConfig.setBatch(false);


hTableConfig.addColumn("cf1", "date");

hTableConfig.addColumn("cf1", "car_number");

hTableConfig.addColumn("cf1", "speed_pedal");              ❶

hTableConfig.addColumn("cf1", "break_pedal");

hTableConfig.addColumn("cf1", "steer_angle");

hTableConfig.addColumn("cf1", "direct_light");

hTableConfig.addColumn("cf1", "speed");

hTableConfig.addColumn("cf1", "area_number");
```

```
HBaseBolt hbaseBolt = new HBaseBolt(hTableConfig);                ❷
```

```
DriverCarTopologyBuilder.setBolt("HBASE", hbaseBolt, 1).shuffleGrouping("splitBolt");   ❸
```

❶ HBase의 데이터를 적재하기 위한 Config 정보를 설정한다. "DriverCarInfo" 테이블에 "r_key"를 로우키로 정의하고, 칼럼 패밀리 "cf1"에 해당하는 8개의 칼럼명(date, car_number, speed_pedal, break_pedal, steer_angle, direct_light, speed, area_number) 정보와 Zookeeper 연결 정보도 정의한다.

❷ 설정한 HBase의 Config 정보(hTableConfig)를 이용해 HBaseBolt 객체를 생성한다.

❸ HBaseBolt 객체를 스톰의 Topology에 설정한다. "고유 ID", "HBaseBolt 객체", "병렬 처리 힌트"를 설정하고, SplitBolt로부터 데이터를 전달받기 위해 그루핑명을 예제 5.2의 ④에서 설정한 SplitBolt의 ID인 "splitBolt"로 설정했다.

에스퍼 Bolt 기능 구현

에스퍼 Bolt는 스마트카 운전자 가운데 과속을 하는 운전자를 찾아 이벤트를 발생시키는 기능이다.

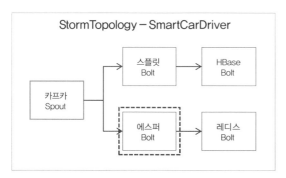

그림 5.31 스톰의 실시간 적재 기능 구현 – 에스퍼 Bolt

에스퍼 Bolt의 이벤트 구현은 에스퍼 CEP 엔진을 이용하며, 이때 EPL 쿼리로 30초 Window-Time 기준으로 평균 속도 80Km/h를 초과한 운전자를 찾기 위한 룰을 작성한다. 그리고 해당 차량 번호와 평균 속도를 초과한 시점의 시간 정보를 다음 Bolt에 전달한다. 소스가 다소 길어 3개의 영역으로 나눠서 설명하겠다.

예제 5.5 에스퍼 Bolt 소스 1 – EsperBolt.java에서 에스퍼의 EPL 쿼리 정의 및 이벤트 함수 등록

```
int avgOverSpeed = 80;

int windowTime  = 30;


String overSpeedEpl =  "SELECT date, carNumber, speedPedal, breakPedal, "
        + "steerAngle, directLight, speed , areaNumber "                       ❶
        + " FROM DriverCarInfoBean.win:time_batch("+windowTime+" sec) "
        + " GROUP BY carNumber HAVING AVG(speed) > " + avgOverSpeed;


EPStatement driverCarinfoStmt = espService.getEPAdministrator().createEPL(overSpeedEpl);
```

```
driverCarinfoStmt.addListener((UpdateListener) new OverSpeedEventListener());            ❷
```

❶ 실시간으로 유입되는 스트림 데이터를 대상으로 매 30초 동안 평균 속도 80Km/h를 초과한 스마트카 운전자를 감지하기 위한 에스퍼 EPL 쿼리를 정의한다. EPL 쿼리를 보면 From 절에서 윈도우 타임(Window-Time)이라는 기능을 이용해 실시간 스트림 데이터를 "Group By"한 데이터를 메모리상에 올려 놓고 30초 단위로 평균 속도를 계산하게 된다.

❷ ❶에서 정의한 EPL 쿼리 조건에 일치하는 데이터가 발생했을 때 호출될 이벤트 함수를 등록한다. 함수명은 OverSpeedEventListener()다.

Tip _ 에스퍼 EPL 동적 로딩

앞의 예제 소스를 보면 에스퍼의 룰인 EPL을 EsperBolt.java에 직접 작성했다. 하지만 EPL은 업무 룰이 바뀔 때마다 빈번하게 수정되므로 프로그램 안에 직접 하드코딩하는 것은 좋은 방법이 아니다. 실제 환경에서는 EPL 쿼리를 별도의 공유 저장소를 구축해 통합 보관하고, 스톰의 Bolt 같은 프로그램이 이 저장소로부터 EPL 쿼리를 주기적으로 로딩하거나 역으로 스톰의 Bolt로 푸시하는 아키텍처를 구성한다. 앞서 소개한 그림 5.11의 에스퍼 아키텍처 2를 보면 EPL의 공유 저장소를 카프카 또는 레디스로 만들고, 비즈니스 요건 변경으로 EPL 수정이 발생하면 스톰의 Bolt가 공유 저장소로부터 EPL을 수신받아 동적으로 교체하는 방식으로 EPL 쿼리를 관리하게 된다.

다음으로 예제 5.5의 ❷에서 등록한 에스퍼 이벤트 함수를 살펴보자.

예제 5.6 에스퍼 Bolt 소스 2 – EsperBolt.java의 에스퍼 이벤트 함수

```
private class OverSpeedEventListener implements UpdateListener{
    @Override
    public void update(EventBean[] newEvents, EventBean[] oldEvents) {
        if (newEvents != null) {
            try {
                isOverSpeedEvent = true;    ❶
            } catch (Exception e) {
                System.out.println("Failed to Listener Update" + e);
            }
        }
    }
}
```

❶ 예제 5.6은 EPL로 정의한 이벤트 조건이 발생할 때 호출되는 OverSpeedEventListener() 함수다. 이벤트 발생 시 에스퍼 Bolt의 멤버 변수인 isOverSpeedEvent를 true 값으로 설정해서 해당 조건의 이벤트가 발생했음을 인지할 수 있게 한다.

이제 에스퍼의 기능을 이용해 운전자의 실시간 운행 데이터를 처리하기 위한 모든 작업을 마쳤다. 그럼 다시 Bolt의 고유 기능으로 넘어와서 튜플로부터 데이터를 받아 처리하는 프로그램 소스를 확인해 보자.

예제 5.7 에스퍼 Bolt 소스 3 – EsperBolt.java의 EPL 쿼리 정의 및 이벤트 함수 등록

```
String tValue = tuple.getString(0);

                                                                          ❶
//발생일시(14자리), 차량번호, 가속페달, 브레이크페달, 운전대회전각, 방향지시등, 주행속도, 운행지역
String[] receiveData = tValue.split("\\,");
```

```
DriverCarInfoBean driverCarInfoBean =new DriverCarInfoBean();

driverCarInfoBean.setDate(receiveData[0]);
driverCarInfoBean.setCarNumber(receiveData[1]);
driverCarInfoBean.setSpeedPedal(receiveData[2]);
driverCarInfoBean.setBreakPedal(receiveData[3]);
driverCarInfoBean.setSteerAngle(receiveData[4]);                          ❷
driverCarInfoBean.setDirectLight(receiveData[5]);
driverCarInfoBean.setSpeed(Integer.parseInt(receiveData[6]));
driverCarInfoBean.setAreaNumber(receiveData[7]);
```

```
espService.getEPRuntime().sendEvent(driverCarInfoBean);
```

```
if(isOverSpeedEvent) {
    //발생일시(14자리), 차량번호
    collector.emit(new Values(    driverCarInfoBean.getDate().substring(0,8),
    driverCarInfoBean.getCarNumber()+"-"+driverCarInfoBean.getDate())));   ❸
    isOverSpeedEvent = false;
}
```

❶ 예제 5.3의 SplitBolt와 유사한 코드로서 튜플로부터 받은 데이터를 콤마(",")로 분리해서 배열에 담는다.

❷ 에스퍼에서 이벤트를 처리하기 위해 자바 VO(Value Object)를 사용했다. 스마트카 운전자의 운행 정보를 객체화한 DriverCarInfoBean이라는 VO를 생성하고 ❶에서 분리한 운행 정보를 설정한 뒤 에스퍼 엔진에 등록한다.

❸ 과속 이벤트가 발생하면 해당 데이터를 다음 Bolt로 전송한다. 이때 과속 "발생일자"와 "과속 차량번호 + 타임스탬프"를 데이터로 전송한다. 뒤에서 "발생 일시"는 레디스의 키로 사용되고 "과속 차량번호 + 타임스탬프"는 Set 데이터 타입의 값으로 사용된다.

레디스 Bolt 기능 구현

레디스 Bolt는 과속 차량의 데이터가 발생한 경우에만 작동하며, 레디스 서버에 "과속 일자"를 키로 하고 과속한 운전자의 "차량번호+타임스탬프" 데이터를 값으로 적재한다.

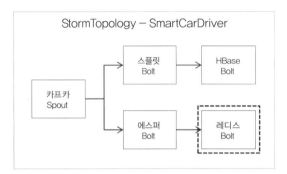

그림 5.32 스톰의 실시간 적재 기능 구현 – 레디스 Bolt

레디스 Bolt 구현의 핵심은 레디스 클라이언트 라이브러리인 제디스(Jedis)다. 아래 소스는 JedisPoolConfig를 이용한 RedisBolt 생성과 Topology 등록 방법을 보여준다.

예제 5.8 레디스 Bolt 생성 – SmartCarDriverTopology.java

```
String redisServer = "server02.hadoop.com";

int redisPort = 6379;

JedisPoolConfig jedisPoolConfig = new JedisPoolConfig.Builder().setHost(redisServer).    ❶
setPort(redisPort).build();

RedisBolt redisBolt = new RedisBolt(jedisPoolConfig);
```

```
driverCarTopologyBuilder.setBolt("REDIS", redisBolt, 1).shuffleGrouping("esperBolt");    ❷
```

❶ 레디스의 클라이언트를 이용하기 위해 JedisPoolConfig를 설정한다. 레디스 서버 주소와 포트 정보를 Config로 설정하고, 해당 Config를 이용해 RedisBolt 객체를 생성한다.

❷ 생성한 RedisBolt 객체를 스톰의 Topology에 등록한다. "고유 ID", "RedisBolt 객체", "병렬 처리 힌트"를 설정하고, EsperBolt로부터 데이터를 전달받기 위해 그루핑명을 예제 5.2의 ❹에서 설정한 EsperBolt ID인 "esperBolt"로 설정했다.

다음으로 AbstractJedisBolt 클래스를 상속하고 제디스 라이브러리를 이용하고 있는 RedisBolt 소스를 살펴보자.

예제 5.9 레디스 Bolt 소스 – RedisBolt.java

```
String date = input.getStringByField("date");                          ❶
String car_number = input.getStringByField("car_number");
```

```
JedisCommands jedisCommands = null;

jedisCommands = getInstance();                                         ❷
jedisCommands.sadd(date, car_number);
jedisCommands.expire(date, 604800);
```

❶ 튜플 타입인 input 객체에는 에스퍼 Bolt에서 전송한 과속 운전자의 "과속날짜"와 "차량번호" 데이터가 있다. 이 데이터를 String 타입의 "date", "car_number" 변수에 각각 할당한다.

❷ 레디스 클라이언트 라이브러리인 JedisCommands를 이용한다. ①에서 생성한 과속날짜(date)를 키로 하고, 차량번호(car_number)를 세트 타입의 값으로 해서 레디스 서버에 적재한다. 추가로 적재 데이터에 대한 만료 시간을 604800초(1주일)로 설정해서 적재 후 1주일이 경과하면 해당 과속 운행 데이터는 영구적으로 삭제되게 한다.

레디스 클라이언트 애플리케이션 구현

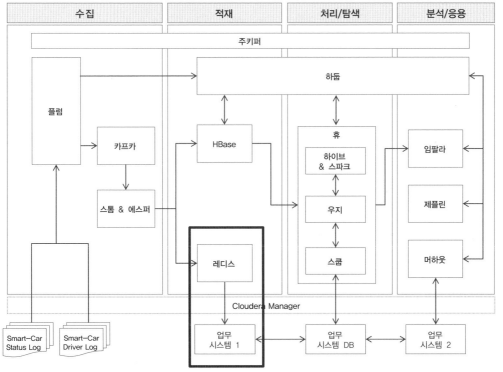

그림 5.33 레디스 클라이언트 애플리케이션

앞서 레디스 Bolt에서 레디스 서버에 적재한 과속 차량 정보는 스피드 데이터로부터 추출된 유용한
정보다. 이처럼 가치 있는 실시간 정보는 주변 업무 시스템에서 곧바로 활용할 수 있어야 한다. 예제
5.10은 레디스 클라이언트 라이브러리인 제디스를 이용해 실시간 과속 차량 정보를 업무 시스템 입
장에서 활용하는 예제다.

예제 5.10 레디스 클라이언트 애플리케이션 – RedisClient.java

```java
public void run() {
    Set<String> overSpeedCarList = null;
    int cnt = 1;
    try {
        while(true) {
            overSpeedCarList = jedis.smembers(key);
            if(overSpeedCarList.size() > 0) {
                for (String list : overSpeedCarList) {
                    System.out.println(list);                          ❶
                }
                jedis.del(key);
            }else{
                System.out.println("\nEmpty Car List...\n");           ❷
            }

            Thread.sleep(10 * 1000);
        }
    } catch (Exception e) {
        e.printStackTrace();
    } finally {
        if( jedis != null ) jedis.close();      }
    }
}
```

❶ 레디스에는 날짜를 키로 해서 과속 차량의 데이터셋이 저장돼 있다. 키(날짜)에 해당하는 과속 차량 정보가 발생하
면 즉시 가져와서 출력한다.

❷ 레디스에서 가져온 키의 데이터를 삭제한다.

HBase 테이블 생성 _ ⌨ 실습

파일럿 프로젝트에서 수집한 운전자의 모든 운행 정보는 HBase에 적재된다. 예제 5.11은 스톰의 HBase–Bolt 관련 소스코드를 일부 발췌한 것으로, 수신받은 튜플 데이터(스마트카 운전자 데이터)를 HBase에 모두 적재한다.

예제 5.11 HBase의 HTable 구성 정보 – SmartCarDriverTopology.java

```
TupleTableConfig hTableConfig = new TupleTableConfig("DriverCarInfo", "r_key");    ❶
hTableConfig.setZkQuorum("server02.hadoop.com");
hTableConfig.setZkClientPort("2181");
hTableConfig.setBatch(false);
hTableConfig.addColumn("cf1", "date");
hTableConfig.addColumn("cf1", "car_number");
hTableConfig.addColumn("cf1", "speed_pedal");
hTableConfig.addColumn("cf1", "break_pedal");
hTableConfig.addColumn("cf1", "steer_angle");
hTableConfig.addColumn("cf1", "direct_light");
hTableConfig.addColumn("cf1", "speed");
hTableConfig.addColumn("cf1", "area_number");
                        ❷        ❸

HBaseBolt hbaseBolt = new HBaseBolt(hTableConfig);

DriverCarTopologyBuilder.setBolt("HBASE", hbaseBolt, 1).shuffleGrouping("splitBolt");
```

❶ 실시간 데이터를 적재할 HBase 테이블명("DriverCarInfo")과 로우키명("r_key")을 설정한다.

❷ "DriverCarInfo" 테이블에서 사용하는 칼럼 패밀리명 "cf1"을 설정한다.

❸ 칼럼 패밀리명 "cf1"에서 사용할 필드명을 설정한다.

예제 5.11이 정상적으로 실행되려면 예제상에서 설정한 HBase 테이블(DriverCarInfo), 로우키(r_key), 칼럼 패밀리(cf1)가 HBase 서버상에 생성돼 있어야 한다. 다음 명령을 통해 HBase 테이블을 생성해 보자.

> **저사양 파일럿 환경**: 정지된 HBase 서비스를 시작한다.
>
> ▪ **HBase 서비스**: CM 홈 → [HBase] → [시작]

Server01에 접속해 아래 명령을 실행하고 콘솔에서 "CREATE, Table Name: default: Driver CarInfo.."라는 메시지가 출력되는지 확인한다(저사양 파일럿 환경에서는 Server02에 접속해 실행한다).

> **저사양 파일럿 환경**: 리전 스플릿 수를 2로 설정한다.
>
> - 리전 스플릿 개수 옵션: -c 2

```
$ hbase org.apache.hadoop.hbase.util.RegionSplitter DriverCarInfo HexStringSplit -c 4 -f cf1
```

해당 명령은 HBase에 DriverCarInfo 테이블을 만든다. RegionSplitter를 이용했고, 칼럼 패밀리로 "cf1"을 사용하는 4개의 Region을 미리 생성하기 위한 옵션을 지정했다. 이때 4개의 Region에 접근하는 방식은 로우키의 HexString 값을 이용하게 했다. 이처럼 테이블의 Region을 사전에 분리 생성해 놓는 이유는 초기 대량의 데이터 발생을 고려해 여러 개의 Region을 미리 만들어 성능과 안정성을 확보할 수 있기 때문이다. 또한 Region이 특정 크기에 도달하면 자동으로 분리(샤딩)되는데, 이러한 분리 과정에서 서비스가 일시적으로 중단되는 현상도 미연에 방지할 수 있다.

스톰 Topology 배포 _ ⌨ 실습

스톰의 Topology는 그림 5.34에 나와 있는 Spout, Bolt의 구성과 동작 방식 등을 정의한 하나의 자바 프로그램이다.

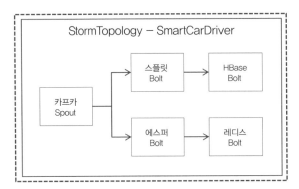

그림 5.34 실시간 적재 처리를 위한 스톰 Topology

스톰의 Topology(예제 5.1~5.9) 작성이 완료되면 Nimbus를 통해 해당 Topology가 Supervisor에 배포되고, Supervisor의 Worker 위에 실시간 데이터를 처리하기 위한 스톰의 런타임 환경이 만들어진다. 아래의 절차를 걸쳐 파일럿 프로젝트에서 운전자의 실시간 운행 정보를 처리하는 스톰의 Toploogy를 배포해 보자.

01. 스톰에서 사용하는 자바 프로그램 소스를 미리 컴파일해서 패키징해 놓았다. 파일의 위치는 C://예제소스/ bigdata2nd-master/CH05/bigdata.smartcar.storm-1.0.jar다. 이 jar 파일을 Server02에 업로드한다.

- FTP 클라이언트 파일질라 실행

- 업로드 경로: /home/pilot-pjt/working

- C://예제소스/bigdata2nd-master/CH05/bigdata.smartcar.storm-1.0.jar 파일을 Server02의 /home/ pilot-pjt/working 디렉터리에 업로드

02. 업로드한 bigata.smartcar.storm-1.0.jar 파일에 포함된 스톰의 Topology 파일을 storm 명령을 통해 DriverCarInfo라는 이름으로 배포한다. 배포하기 전 스톰 Nimbus, Supervisor, Ui 서버가 정상 실행 중인지 확인 한다.

```
$ cd /home/pilot-pjt/working
$ storm jar bigdata.smartcar.storm-1.0.jar com.wikibook.bigdata.smartcar.storm.
SmartCarDriverTopology DriverCarInfo
```

아래 메시지가 마지막에 출력되는지 확인한다.

```
"o.a.s.StormSubmitter - Finished submitting topology: DriverCarInfo"
```

03. 스톰 Topology가 정상적으로 배포됐는지 확인해보자. 크롬 브라우저를 통해 아래의 스톰 관리자 UI로 접속해서 Topology summary의 DriverCarInfo라는 Topology가 활성화됐는지 확인한다.

- **URL:** http://server02.hadoop.com:8088

Topology Summary

Name	▲ Owner	Status	Uptime	Num workers	Num executors	Num tasks	Replication count	Assigned Mem (MB)
DriverCarInfo	root	ACTIVE	2m 11s	1	6	6	1	768

Showing 1 to 1 of 1 entries

그림 5.35 스톰 Topology의 상태 확인 – Summary

[DriverCarInfo Topology]를 클릭하고 들어가면 Topology 전체뿐 아니라 앞서 설명한 카프카-Spout, 에 스퍼-Bolt, 레디스-Bolt 등의 상태를 상세히 모니터링할 수 있다. 또한 페이지 중간 정도에 있는 Topology Visualization의 [Show Visualization] 버튼을 클릭하면 버튼을 활성화하면 배포한 Topology의 구조부터 데이터 처리량을 실시간으로 모니터링할 수 있다.

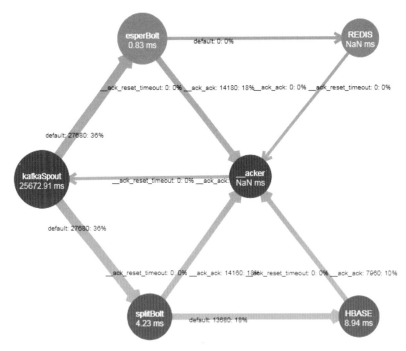

그림 5.36 스톰 Topology의 상태 확인 – Visualization

04. 스톰 Tolophogy를 제거해야 할 경우 다음의 kill 명령을 이용한다.

- storm kill "배포 시 사용했던 Topology 이름"

```
storm kill "DriverCarInfo"
```

또는 스톰 관리자 UI에서 해당 Topology의 상세 보기에서 [Kill] 버튼을 클릭해서 제거할 수 있다.

그런 다음 수정한 Topology 파일을 다시 업로드하고 storm 명령을 통해 재배포한다.

5.6 실시간 적재 파일럿 실행 4단계 – 실시간 적재 기능 테스트

실시간 적재를 위한 기능 구현과 추가적인 환경 구성 작업을 모두 마쳤다. 이제부터 실시간 적재 기능이 정상적으로 작동하는지 테스트해보자. 실시간 적재 기능을 테스트하기 위해서는 스마트카 운전자의 실시간 운행 정보를 발생시키는 로그 시뮬레이터를 작동시킬 것이다. 그리고 해당 로그 파일을 플럼이 수집해서 카프카에 전송하고 스톰이 다시 수신받아 모든 운행 데이터를 HBase에 적재한다. 그중 에스퍼의 속도 위반 룰에 감지된 차량은 레디스로 적재한다.

기능 테스트를 수행하기에 앞서 CM에 접속해서 하둡, 플럼, 카프카, HBase, 주키퍼 등이 정상적으로 작동 중인지 확인하고 스톰과 레디스 서버도 리눅스의 service 명령을 통해 정상적으로 작동하는지 점검한다.

로그 시뮬레이터 작동 _ ⌨ 실습

로그 시뮬레이터가 설치돼 있는 Server02에 접속해서 DriverLogMain을 작동시킨다. 2016년 1월 3일 10대의 스마트카 운전자의 정보만 생성해 테스트한다. 로그가 생성됨과 동시에 플럼의 수집 이벤트가 작동하면 플럼 → 카프카 → 스톰 → HBase 순으로 데이터가 수집 및 적재된다.

```
$ cd /home/pilot-pjt/working
$ java -cp bigdata.smartcar.loggen-1.0.jar com.wikibook.bigdata.smartcar.loggen.DriverLogMain
  20160103 10 &
```

운전자의 실시간 로그가 정상적으로 발생하는지 확인해 본다.

```
$ cd /home/pilot-pjt/working/driver-realtime-log
$ tail -f SmartCarDriverInfo.log
```

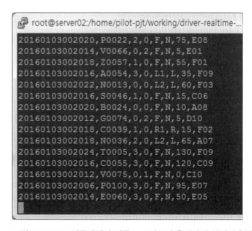

그림 5.37 로그 시뮬레이터 작동 − 스마트카 운전자의 실시간 운행 정보

HBase에 적재 데이터 확인 _ ⌨ 실습

01. HBase 셸의 count 명령으로 실시간으로 적재되고 있는 운전자 정보를 확인해 본다.

```
$ hbase shell
$ hbase(main):001:0> count 'DriverCarInfo'
```

DriverCarInfo 테이블에 적재된 데이터의 로우 수를 1000 단위로 출력한다.

```
hbase(main):006:0> count 'DriverCarInfo'
Current count: 1000,  row: 00530020106102-B0002
Current count: 2000,  row: 01140030106102-A0001
Current count: 3000,  row: 01740030106102-A0001
Current count: 4000,  row: 02330030106102-A0001
Current count: 5000,  row: 03000030106102-A0001
Current count: 6000,  row: 03540030106102-A0001
Current count: 7000,  row: 04200020106102-B0002
Current count: 8000,  row: 04801020106102-B0002
Current count: 9000,  row: 05400030106102-A0001
Current count: 10000  row: 20011030106102-A0001
Current count: 11000  row: 20160103000246Y0007
Current count: 12000  row: 20411020106102-U0008
Current count: 13000  row: 21030020106102-U0008
Current count: 14000  row: 21610030106102-T0007
Current count: 15000  row: 22220020106102-U0008
```

그림 5.38 HBase 적재 확인 – count 명령

count 명령에 따른 row 값을 보면 예제 5.2의 Split Bolt에서 구현한 대로 로우키 값이 "타임스탬프-리버스값 + 차량번호" 형식으로 적재된 것을 확인할 수 있다.

02. 다음의 Scan 명령으로 DriverCarInfo 테이블에 적재된 칼럼 기반 구조의 데이터를 살펴보자. 그냥 scan 명령을 내리면 모든 데이터가 조회되므로 LIMIT 옵션으로 20개 데이터만 조회하자.

```
$ hbase(main):001:0> scan 'DriverCarInfo', {LIMIT=>20}
```

```
00001030106102-Y0012    column=cf1:area_number, timestamp=1461423214693, value=E06
00001030106102-Y0012    column=cf1:break_pedal, timestamp=1461423214693, value=0
00001030106102-Y0012    column=cf1:car_number, timestamp=1461423214693, value=Y0012
00001030106102-Y0012    column=cf1:date, timestamp=1461423214693, value=20160103010000
00001030106102-Y0012    column=cf1:direct_light, timestamp=1461423214693, value=N
00001030106102-Y0012    column=cf1:speed, timestamp=1461423214693, value=23
00001030106102-Y0012    column=cf1:speed_pedal, timestamp=1461423214693, value=3
00001030106102-Y0012    column=cf1:steer_angle, timestamp=1461423214693, value=F
00001030106102-Z0019    column=cf1:area_number, timestamp=1461423214795, value=D03
00001030106102-Z0019    column=cf1:break_pedal, timestamp=1461423214795, value=0
00001030106102-Z0019    column=cf1:car_number, timestamp=1461423214795, value=Z0019
00001030106102-Z0019    column=cf1:date, timestamp=1461423214795, value=20160103010000
00001030106102-Z0019    column=cf1:direct_light, timestamp=1461423214795, value=N
00001030106102-Z0019    column=cf1:speed, timestamp=1461423214795, value=60
00001030106102-Z0019    column=cf1:speed_pedal, timestamp=1461423214795, value=3
00001030106102-Z0019    column=cf1:steer_angle, timestamp=1461423214795, value=F
00001030106102-Z0020    column=cf1:area_number, timestamp=1461423214785, value=D04
00001030106102-Z0020    column=cf1:break_pedal, timestamp=1461423214785, value=0
00001030106102-Z0020    column=cf1:car_number, timestamp=1461423214785, value=Z0020
00001030106102-Z0020    column=cf1:date, timestamp=1461423214785, value=20160103010000
00001030106102-Z0020    column=cf1:direct_light, timestamp=1461423214785, value=N
00001030106102-Z0020    column=cf1:speed, timestamp=1461423214785, value=25
00001030106102-Z0020    column=cf1:speed_pedal, timestamp=1461423214785, value=1
00001030106102-Z0020    column=cf1:steer_angle, timestamp=1461423214785, value=F
20 row(s) in 1.4290 seconds
```

그림 5.39 HBase 적재 확인 – Scan 명령 1

그림 5.39의 경우 독자마다 다른 리스트와 결괏값이 표시되는데, HBase의 칼럼 기반 테이블 구조로 돼 있다. 이를 좀 더 이해하기 쉽게 표로 구성하면 다음과 같다.

표 5.6 HBase의 DriverCarInfo 테이블에 적재된 데이터 모습

	cf1							
RowKey	area_number	break_pedal	car_number	date	direct_light	speed	speed_pedal	steer_angle
00001030106102−Y0012	E06	0	Y0012	20160103 010000	N	23	3	F
00000030106102−Z0019	D03	0	Z0019	20160103 010000	N	60	3	F
00001030106102−Z0020	D04	0	Z0020	20160103 010000	N	25	1	F

얼핏 보면 RDBMS의 테이블과 유사한 구조 같지만 로우키와 칼럼 패밀리(cf1)를 기준으로 RowKey → Column-Family → Field → Version → Value 순으로 데이터를 본다. 이 가운데 Version은 표 5.6에서 표현되지는 않았지만 Field의 Value 데이터가 바뀔 때마다 타임스탬프를 통해 버전을 관리한다. 또한 칼럼 패밀리를 여러 개로 생성해서 특징이 유사한 칼럼들을 그루핑해서 데이터를 관리할 수도 있다.

표시된 데이터 가운데 특정 로우키 하나를 선택해서 Scan 명령의 조건절을 추가해보자. 필자는 표 5.6에서 마지막 로우키인 "00001030106102−Z0020"을 이용했다.

```
$ hbase(main):001:0> scan 'DriverCarInfo', {STARTROW=>'00001030106102-Z0020', LIMIT=>1}
```

```
hbase(main):010:0> scan 'DriverCarInfo', {STARTROW=>'00001030106102-Z0020', LIMIT=>1}
ROW                         COLUMN+CELL
 00001030106102-Z0020        column=cf1:area_number, timestamp=1461423214785, value=D04
 00001030106102-Z0020        column=cf1:break_pedal, timestamp=1461423214785, value=0
 00001030106102-Z0020        column=cf1:car_number, timestamp=1461423214785, value=Z0020
 00001030106102-Z0020        column=cf1:date, timestamp=1461423214785, value=20160103010000
 00001030106102-Z0020        column=cf1:direct_light, timestamp=1461423214785, value=N
 00001030106102-Z0020        column=cf1:speed, timestamp=1461423214785, value=25
 00001030106102-Z0020        column=cf1:speed_pedal, timestamp=1461423214785, value=1
 00001030106102-Z0020        column=cf1:steer_angle, timestamp=1461423214785, value=F
1 row(s) in 0.0720 seconds
```

그림 5.40 HBase 적재 확인 − Scan 명령 2

로우키인 "00001030106102−Z0020"으로 조회된 결과를 보면 아래와 같다.

- **car_number**: Z0020 → 스마트카 차량 번호가 Z0020인 운전자의
- **date**: 20160103010000 → 2016년 1월 3일 01시 00분 00초 운행 정보는
- **speed**: 25 → 시속 25Km/h로 주행
- **speed_pedal**: 1 → 가속 페달을 1단계 진행
- **steer_angle**: F → 핸들은 직진 중
- **break_pedal**: 0 → 브레이크는 밟지 않은 상태
- **direct_light**: N → 깜박이는 켜지 않은 상태

- area_number: D04 → D04 지역을 운행

다음으로는 2016년 01월 03일 D04 지역을 운행했던 모든 스마트카 운전자의 차량번호와 지역번호를 출력해보자. (로그 시뮬레이터의 상황에 따라 D04 지역의 운행 기록이 없을 수도 있다. 이때는 다른 운행 지역으로 바꿔서 입력한다.) 날짜 조건을 이용하는 방법은 테이블의 타임스탬프를 이용하거나, 날짜 필드가 있으면 직접 이용하거나 또는 아래 명령어처럼 로우키에 포함된 날짜 정보를 이용할 수 있다. 본 파일럿 프로젝트에서는 로우키를 역변환했으므로 검색하고자 하는 날짜 조건인 "2016년 01월 03일"을 "30106102"로 바꿔서 조회해야 한다.

```
$ hbase(main):001:0> scan 'DriverCarInfo', {COLUMNS=>['cf1:car_number','cf1:area_number']
,FILTER=>"RowFilter(=,'regexstring:30106102') AND SingleColumnValueFilter( 'cf1' , 'area_
number' , = , 'regexstring:D04' )"}
```

```
85631030106102-I0014       column=cf1:car_number, timestamp=1461423769210, value=I0014
85641030106102-I0014       column=cf1:area_number, timestamp=1461423920515, value=D04
85641030106102-I0014       column=cf1:car_number, timestamp=1461423920515, value=I0014
85711030106102-I0014       column=cf1:area_number, timestamp=1461423484409, value=D04
85711030106102-I0014       column=cf1:car_number, timestamp=1461423484409, value=I0014
85711030106102-T0010       column=cf1:area_number, timestamp=1461423484367, value=D04
85711030106102-T0010       column=cf1:car_number, timestamp=1461423484367, value=T0010
85721030106102-Z0019       column=cf1:area_number, timestamp=1461423635722, value=D04
85721030106102-Z0019       column=cf1:car_number, timestamp=1461423635722, value=Z0019
85741030106102-I0014       column=cf1:area_number, timestamp=1461423935662, value=D04
85741030106102-I0014       column=cf1:car_number, timestamp=1461423935662, value=I0014
85741030106102-P0006       column=cf1:area_number, timestamp=1461423935528, value=D04
85741030106102-P0006       column=cf1:car_number, timestamp=1461423935528, value=P0006
85801030106102-I0014       column=cf1:area_number, timestamp=1461423350670, value=D04
85801030106102-I0014       column=cf1:car_number, timestamp=1461423350670, value=I0014
85801030106102-Z0019       column=cf1:area_number, timestamp=1461423350792, value=D04
85801030106102-Z0019       column=cf1:car_number, timestamp=1461423350792, value=Z0019
85841030106102-Z0020       column=cf1:area_number, timestamp=1461423950848, value=D04
85841030106102-Z0020       column=cf1:car_number, timestamp=1461423950848, value=Z0020
85950030106102-Z0020       column=cf1:area_number, timestamp=1461423214641, value=D04
85950030106102-Z0020       column=cf1:car_number, timestamp=1461423214641, value=Z0020
798 row(s) in 10.7160 seconds
```

그림 5.41 HBase 적재 확인 – Scan 명령 3

2016년 01월 03일 D04 지역을 운행했던 스마트카 차량은 총 798대로 상세 내용은 그림 5.41과 같다.

03. HBase 웹관리자에 접속해서 적재한 데이터가 앞서 실행했던 Pre-Split 명령에 의해 3개의 HRegionServer로 골고루 분산 적재됐는지 확인한다.

- URL: http://server01.hadoop.com:16010/

저사양 파일럿 환경: HBase를 Server02에 설치했으므로 http://server02.hadoop.com:16010/으로 접속한다.

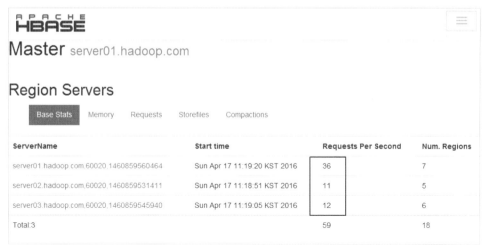

그림 5.42 HBase 적재 확인 – 웹 관리자

그림 5.42를 보면 Server01에 36개, Server02에 11개, Server03에 12개 수준으로 초당 적재되고 있어 3개의 RegionServer에 분산 적재되고 있음을 확인할 수 있다.

레디스에 적재된 데이터 확인 _ ⌨ 실습

레디스에는 스마트카 운전자 중 과속한 차량의 정보가 들어 있다. 스톰의 에스퍼Bolt에서 에스퍼의 EPL을 이용해 일자별로 30초의 윈도우 타임 동안 평균 속도 80Km/h를 초과한 스마트카를 찾아 내는 기능을 구현했다. 레디스 CLI의 smembers 명령을 통해 실시간 과속 차량 정보를 확인해 보자. 다음과 같이 "20160103"을 키로 Set 데이터 타입으로 적재돼 있는 과속 차량 리스트를 조회한다.

Server02에 SSH로 접속해 다음 레디스 명령을 실행한다.

```
$ redis-cli
$ 127.0.0.1:6379> smembers 20160103
```

그림 5.43 레디스 적재 확인 – 과속 운행 차량에 대한 정보 및 시간

2대의 스마트카 차량이 과속한 것을 감지했다. 과속 차량 정보는 로그 시뮬레이터가 무작위로 시뮬레이션하므로 독자들의 파일럿 환경에 따라 레디스에 등록 및 조회되는 시점이 다소 차이가 날 수 있다.

레디스 클라이언트 애플리케이션 작동 _ ⌨ 실습

레디스 클라이언트 애플리케이션을 작동시킨다. 레디스로부터 2016년 01월 03일에 발생되는 과속 차량 정보를 10초 간격으로 가져오는 프로그램이다.

먼저 C://예제소스/bigdata2nd-master/CH05/bigdata.smartcar.redis-1.0.jar 파일을 Server02 의 /home/pilot-pjt/working 디렉터리에 업로드한다.

- FTP 클라이언트 파일질라 실행

- 업로드 경로: /home/pilot-pjt/working

- C://예제소스/bigdata2nd-master/CH05/bigdata.smartcar.redis-1.0.jar 파일을 Server02의 /home/pilot-pjt/working 경로에 업로드

PuTTY 콘솔로 Server02에 접속해서 레디스 클라이언트 애플리케이션을 실행한다.

```
$ cd /home/pilot-pjt/working
$ java -cp bigdata.smartcar.redis-1.0.jar com.wikibook.bigdata.smartcar.redis.OverSpeedCarInfo
  20160103
```

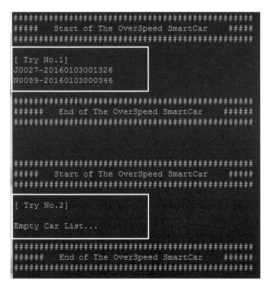

그림 5.44 레디스 클라이언트에서 감지한 과속 스마트카 정보

필자의 파일럿 환경에서는 레디스 클라이언트 애플리케이션을 실행한 후 차량번호 "N0089", "J0027"번에 해당하는 스마트카가 각각 "2016년 01월 03일 00시 03분 46초", "2016년 01월 03

일 00시 13분 26초"에 과속 위반 차량으로 발견됐다. 10초 뒤인 "[Try No. 2]"에서는 발견되지 않았다. 해당 애플리케이션을 계속 실행해 두면 스톰 및 에스퍼에서 발견한 과속 차량을 실시간으로 감지해서 레디스로부터 가져오게 된다.

레디스에 과속 차량 정보까지 확인됐으면 로그 시뮬레이터를 종료한다.

```
$ ps -ef | grep smartcar.log
$ kill -9 [pid] [pid]
```

> **저사양 파일럿 환경:** 수집/적재 서비스를 일시 정지시킨다.
>
> 다음 6장, 7장의 탐색/분석 단계를 진행할 때 수집/적재 기능이 항상 필요하지는 않다. 파일럿 프로젝트를 원활하게 진행하기 위해 앞으로는 수집/적재 기능들을 일부 정지시켜가며 진행하겠다. 관련 소프트웨어로는 플럼, 카프카, 스톰, 레디스, HBase 등이 있다. 아래 명령으로 관련 수집/적재 기능을 정지시킨다.
>
> - **플럼 서비스:** CM 홈 → [Flume] → [정지]
> - **카프카 서비스:** CM 홈 → [Kafka] → [정지]
> - **스톰 서비스:** Server02에 SSH로 접속한 후 다음 명령을 실행
>   ```
>   $ service storm-ui stop
>   $ service storm-supervisor stop
>   $ service storm-nimbus stop
>   ```
> - **레디스 서비스:** Server02에 SSH로 접속한 후 다음 명령을 실행
>   ```
>   $ service redis_6379 stop
>   ```
> - **HBase 서비스:** CM 홈 → [HBase] → [정지]

표 5.7은 파일럿 프로젝트의 전체 소프트웨어에 대한 시작 및 중지 명령이니 참고하기 바란다.

표 5.7 파일럿 컴포넌트의 시작/중지 명령

소프트웨어	시작 명령	종료 명령
클러스터 전체	CM 홈 → [Cluster 1] → [시작]	CM 홈 → [Cluster 1] → [정지]
Cloudera Management Service 전체	CM 홈 → [Cloudera Management Service] → [시작]	CM 홈 → [Cloudera Management Service] → [정지]
주키퍼	CM 홈 → [Zookeeper] → [시작]	CM 홈 → [Zookeeper] → [정지]
HDFS	CM 홈 → [HDFS] → [시작]	CM 홈 → [HDFS] → [정지]
YARN	CM 홈 → [YARN] → [시작]	CM 홈 → [YARN] → [정지]

소프트웨어	시작 명령	종료 명령
플럼	CM 홈 → [Flume] → [시작]	CM 홈 → [Flume] → [정지]
카프카	CM 홈 → [Kafka] → [시작]	CM 홈 → [Kafka] → [정지]
스톰	# Server02에 SSH로 접속한 후 다음 명령을 실행 service storm-nimbus start service storm-supervisor start service storm-ui start	# Server02에 SSH로 접속한 후 다음 명령을 실행 service storm-nimbus stop service storm-supervisor stop service storm-ui stop
레디스	Server02에 SSH로 접속한 후 다음 명령을 실행 service redis_6379 start	Server02에 SSH로 접속한 후 다음 명령을 실행 service redis_6379 stop
HBase	CM 홈 → [HBase] → [시작]	CM 홈 → [HBase] → [정지]
하이브	CM 홈 → [Hive] → [시작]	CM 홈 → [Hive] → [정지]
우지	CM 홈 → [Oozie] → [시작]	CM 홈 → [Oozie] → [정지]
휴	CM 홈 → [Hue] → [시작]	CM 홈 → [Hue] → [정지]
스파크	CM 홈 → [Spark] → [시작]	CM 홈 → [Spark] → [정지]
임팔라	CM 홈 → [Impala] → [시작]	CM 홈 → [Impala] → [정지]
제플린	# Server02에 SSH로 접속한 후 다음 명령을 실행 $ zeppelin-daemon.sh start	# Server02에 SSH로 접속한 후 다음 명령을 실행 $ zeppelin-daemon.sh stop

실시간 개발 환경 구성 _ ⌨ 실습

파일럿 프로젝트의 프로그램 개발 환경을 구성해 보자. 이번 장은 프로그래밍 또는 자바 개발 환경
에 익숙하지 않은 독자를 위해 구성했다. 파일럿 프로젝트에서 사용 중인 자바 소스 커스터마이징이
필요하면 이번 장을 참고해 실습을 진행한다. 그렇지 않으면 가볍게 읽고 넘어가도록 한다.

01. 2장에서 설치한 이클립스를 실행한다.

02. 이클립스 메뉴에서 [File] → [Import] → [General] → [Existing Projects into Workspace]를 선택하고 [Next] 버
튼을 클릭한다.

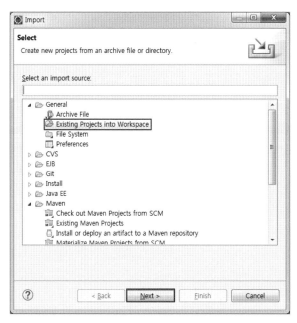

그림 5.45 실시간 개발 환경 구성 – Workspace 가져오기 1

03. [Browse…] 버튼을 클릭하고 C://예제소스/bigdata2nd-master/workspace/bigdata.smartcar.storm 경로를
선택한 후 [확인] 버튼을 클릭한다.

그림 5.46 실시간 개발 환경 구성 – Workspace 가져오기 2

04. 마지막으로 [Finish] 버튼을 클릭하면 이클립스 파일럿 프로젝트 개발 환경이 완성된다. 임포트된 이클립스 프로젝트는 메이븐(Maven) 프로젝트다. 좌측의 [Package Explorer]를 보면 실시간 개발 환경을 위한 스톰의 자바 패키지와 메이븐의 pom.xml 파일을 확인할 수 있다. 참고로 본 파일럿 프로젝트의 대부분의 소스는 깃허브에서 제공하는 오픈소스 소프트웨어를 활용했고, 이 책에서 제공하는 파일럿 프로젝트 소스도 아파치 2.0 라이선스를 적용했다.

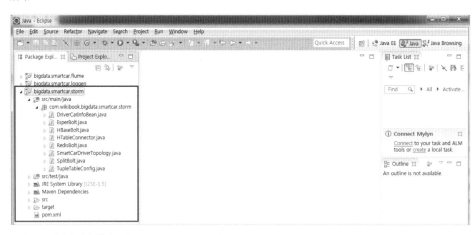

그림 5.47 실시간 개발 환경 구성 – Workspace 가져오기 3

05. 프로그램을 수정해 보겠다. com.wikibook.bigdata.smartcar.storm 패키지의 EsperBolt.java 파일을 선택한다. 37번째 줄부터 44번째 줄을 보면 에스퍼의 EPL 쿼리가 보인다. 마치 RDBMS의 SQL 같지만 자세히 보면 42번째 줄의 From 절에서 에스퍼 EPL만의 독특한 함수를 볼 수 있다.

```
EsperBolt.java ⊠
 1  package com.wikibook.bigdata.smartcar.storm;
 2
 3⊕ import java.util.Map;
19
20
21  public class EsperBolt extends BaseBasicBolt{
22
23      private static final long serialVersionUID = 1L;
24
25      private EPServiceProvider espService;
26
27      private boolean isOverSpeedEvent = false;
28
29⊖     public void prepare(Map stormConf, TopologyContext context) {
30
31          Configuration configuration = new Configuration();
32          configuration.addEventType("DriverCarInfoBean", DriverCarInfoBean.class.getName());
33
34          espService = EPServiceProviderManager.getDefaultProvider(configuration);
35          espService.initialize();
36
37          int avgOverSpeed = 80;
38          int windowTime  = 30;
39
40          String overSpeedEpl =  "SELECT date, carNumber, speedPedal, breakPedal, "
41                              + "steerAngle, directLight, speed , musicNumber "
42                              + " FROM DriverCarInfoBean.win:time_batch("+windowTime+" sec) "
43                              + " GROUP BY carNumber HAVING AVG(speed) > " + avgOverSpeed;
44
```

```
45            EPStatement driverCarinfoStmt = espService.getEPAdministrator().createEPL(overSpeedEpl);
46
47            driverCarinfoStmt.addListener((UpdateListener) new OverSpeedEventListener());
48    }
49
50
```

그림 5.48 실시간 개발 환경 구성 – EsperBolt.java 소스

EPL 쿼리를 해석해 보면 차량번호별로 그루핑해서 최근 30초 동안 평균 속도가 80Km/h를 초과한 운전자를 찾는 것이다. 간단하게 과속의 기준이 되는 평균 속도를 30Km/h로 바꿔 보자. 어린이 보호 구역이라면 충분히 가능한 시나리오다.

- 37번째 줄의 avgOverSpeed 변수의 값을 80에서 30으로 변경

  int avgOverSpeed = 80; → int avgOverSpeed = 30;

06. 메이븐의 install 명령을 통해 수정한 소스를 빌드하고 패킹하는 작업을 한다.

- 좌측 [Package Explorer]의 pom.xml 파일을 연다.
- 이클립스 상단 메뉴의 [Run] → [Run As] → [Maven install] 메뉴를 선택한다.

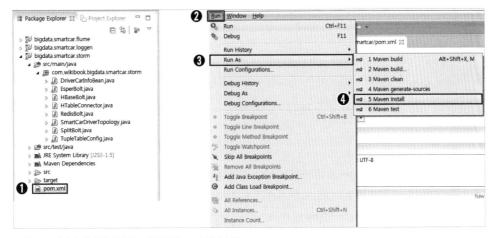

그림 5.49 실시간 개발 환경 구성 – 메이븐의 install 명령 실행

빌드와 패킹이 시작된다. 이클립스 하단의 [Console] 창에서 그림 5.50과 같이 빌드 성공 메시지를 확인한다.

```
Problems  @ Javadoc  Declaration  Search  Console  History  Maven Workspace Build  Maven Repositories

<terminated> C:\Program Files\Java\jdk1.7.0_80\jre\bin\javaw.exe (2016. 4. 17. 오후 8:18:15)
[INFO] ------------------------------------------------------------------------
[INFO] BUILD SUCCESS
[INFO] ------------------------------------------------------------------------
[INFO] Total time: 57.555 s
[INFO] Finished at: 2016-04-17T20:19:16+09:00
[INFO] Final Memory: 83M/470M
[INFO] ------------------------------------------------------------------------
```

그림 5.50 실시간 개발 환경 구성 – BUILD SUCCESS

간혹 다음과 같은 메시지와 함께 빌드가 실패하기도 한다.

"No compiler is provided in this environment. Perhaps you are running on a JRE rather than a JDK?"

이것은 이클립스 프로젝트의 JRE(자바 런타임 환경)이 잘못 설정됐을 때 발생하는 에러다. 이 경우 [프로젝트] → [Properties] → [Java Build Path] → [Libraries] 에서 "Jre System Library…"를 선택하고 [Edit] 버튼을 눌러 현재 파일럿 PC에 맞는 자바 런타임 환경 정보를 선택하면 된다.

07. 빌드가 성공적으로 끝나면 [Package Explorer]의 target 디렉터리 밑에 bigdata.smartcar.storm-1.0.jar 파일이 생성돼 있을 것이다. 해당 jar 파일을 Server02의 /home/pilot-pjt/working 디렉터리에 업로드한다.

- FTP 클라이언트 파일질라 실행

- 업로드 경로: /home/pilot-pjt/working

- 스톰 Topology를 재배포한다.

```
$ storm kill DriverCarInfo
$ storm jar bigdata.smartcar.storm-1.0.jar com.wikibook.bigdata.smartcar.storm.
SmartCarDriverTopology DriverCarInfo
```

08. 변경된 EsperBolt.java 소스가 잘 반영됐는지 테스트해 본다. 수집 기능 및 로그 시뮬레이터의 DriverLogMain을 실행한다. 과속 이벤트의 평균 속도를 80Km/h에서 30Km/h로 변경했기 때문에 레디스에는 변경 전보다 많은 과속 차량들이 감지되어 적재될 것이다. 소스 수정 및 배포 테스트가 정상적으로 끝난 것을 확인했으면 다시 에스퍼의 EPL의 과속 조건을 80Km/h로 변경한 후 재배포해서 소스를 원상 복귀시킨다. 이제 파일럿 프로젝트의 소스도 수정하고 빌드할 수 있는 환경을 갖게 됐다. 추가 기능을 구현해 보고 다양한 수집/적재 테스트를 시도해 보길 바란다.

C://예제소스/bigdata2nd-master/workspace/ 경로에는 이번 파일럿 프로젝트에서 사용 중인 5개의 이클립스 메이븐 프로젝트가 존재한다. [Import Project]를 통해 상세한 소스를 확인할 수 있으며, 커스터마이징을 통해 자신만의 파일럿 프로젝트 환경도 만들어 보기 바란다.

- bigdata.smartcar.flume – 플럼 프로젝트

- bigdata.smartcar.loggen – 로그 시뮬레이터 프로젝트

- bigdata.smartcar.mahout – 머하웃 프로젝트

- bigdata.smartcar.redis – 레디스 프로젝트

- bigdata.smartcar.storm – 스톰 프로젝트

5.7 마치며

5장 실시간 로그/분석 적재를 마지막으로 전처리 파트를 마치겠다. 스마트카의 실시간 데이터 적재를 위해 HBase, 레디스, 스톰, 에스퍼 등을 사용했고, 각 소프트웨어의 아키텍처와 주요 기능을 파악했다. 실시간 데이터를 적재하기도 전에 신속하게 분석해서 그 결과를 외부 응용 시스템에 전달하는 CEP 기능도 간단히 테스트했다. 6장에서는 4, 5장에서 적재한 스마트카 데이터를 이용해 다양한 빅데이터 탐색과 분석을 진행한다. 빅데이터의 최종 목표는 분석을 통한 인사이트 도출과 가치 창출인데, 이를 위해 필요한 기술과 방법을 6, 7장에서 집중적으로 알아본다.

06

빅데이터 탐색

빅데이터 탐색 소개

1. 빅데이터 탐색 개요

빅데이터 탐색에 대한 기본 정의 및 RDBMS 기반의 탐색과 빅데이터 탐색의 차이점을 이해한다.

2. 빅데이터 탐색에 활용되는 기술

빅데이터 탐색에 사용할 4가지 기술(하이브, 스파크, 우지, 휴)를 소개하고 각 기술별 주요 기능과 아키텍처, 활용 방안을 알아본다.

3. 탐색 파일럿 실행 1단계 - 탐색 아키텍처

스마트카의 빅데이터 탐색과 관련된 요구사항을 구체화하고, 탐색 요구사항을 해결하기 위한 파일럿 아키텍처를 설명한다.

4. 탐색 파일럿 실행 2단계 - 탐색 환경 구성

스마트카 탐색 아키텍처를 실제로 설치 및 환경을 구성한다. 하이브, 우지, 휴, 스파크 순으로 설치한다.

5. 탐색 파일럿 실행 3단계 - 휴를 이용한 데이터 탐색

휴의 웹 UI를 통해 데이터 탐색 환경을 전반적으로 이해한다. HDFS/HBase/Hive Editor 등을 이용해 하둡에 적재된 스마트카 데이터셋을 탐색한다.

6. 탐색 파일럿 실행 4단계 - 데이터 탐색 기능 구현 및 테스트

스마트카 데이터셋 탐색 결과를 이용해 5가지 주제 영역에 해당하는 분석 마트를 도출하고, 각 영역별 후처리 워크플로 작업을 한다.

6.1 빅데이터 탐색 개요

빅데이터 처리 및 탐색 영역은 적재된 데이터를 가공하고 이해하는 단계다. 특히 데이터를 이해하는 과정에서는 데이터들의 패턴, 관계, 트렌드 등을 찾게 되는데, 이를 탐색적 분석(EDA, Exploratory Data Analysis)이라고도 한다. 탐색적 분석을 하기 위해서는 2V(Volume, Variety)의 비정형 데이터를 정교한 후처리 작업(필터링, 클린징, 통합, 분리 등)으로 정형화한 저장소가 필요한데, 이곳이 바로 빅데이터 웨어하우스다.

빅데이터 처리/탐색의 최종 결과물은 빅데이터 웨어하우스 기반의 마트이며, 이를 빅데이터 분석/응용에 활용한다.

그림 6.1 빅데이터 구축 단계 - 처리/탐색

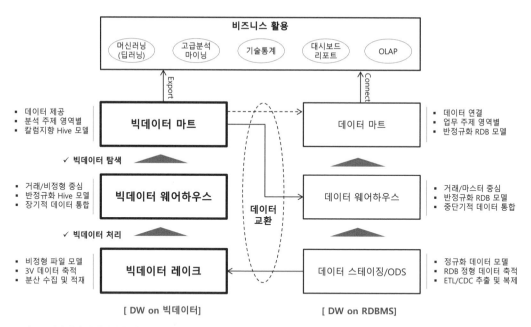

그림 6.2 빅데이터 처리/탐색과 웨어하우스

그림 6.2를 보면 빅데이터 기반 DW(Data Warehouse)는 크게 3개의 영역으로 구성돼 있으며, 전통적인 RDBMS 기반 DW 구조와도 유사하다. 두 DW 시스템은 서로 상호보완적인 역할을 하고 있으며, 이와 관련해서 그림 6.3의 하이브리드 DW 아키텍처에서 추가로 설명했다. 빅데이터 기반 DW는 Hive DW라고도 부르는데, 그림 6.2의 3개 영역이 하이브와 그 주변 기술로 만들어지기 때문이다. 레이크 영역은 앞서 소개했던 플럼, 스톰 등에서 수집한 3V의 데이터들이 모이는 곳이며, 크고 작은 비정형(반정형) 파일들이 축적된다. 빅데이터 레이크의 파일들은 빅데이터 처리 기술을 통해 하이브 모델로 가공되는데, 이때 데이터 추출/정제/검증/분리/통합 등의 작업을 거쳐 반정규화된 하이브 테이블로 만들어진다. 하이브 기반의 빅데이터 웨어하우스가 만들어지면 SQL 기반의 다양한 애드혹 분석으로 EDA를 진행하며, 그 결과를 집계/요약해서 빅데이터 마트를 생성한다. 빅데이터 마트는 외부 시스템에서 빠르게 조회 및 제공돼야 하므로 칼럼지향형(ORC/Parquet) 하이브 테이블로 설계하며, 분석 주제 영역별로 마트화한다. 이러한 빅데이터 웨어하우스를 만들기 위해서는 다양한 빅데이터 기술들이 이용되는데, 하이브(Hive)를 중심으로 피그(Pig), 스파크(Spark), 우지(Oozie), 임팔라(Impala), 휴(Hue) 등의 소프트웨어들이 있다. 파일럿 환경에서 대규모 빅데이터 웨어하우스를 구축해 보기는 어렵지만, 스마트카 4개 주제영역별 데이터셋을 이용해 빅데이터 레이크부터 마트까지 어떠한 과정을 통해 만들어 지는지 이번장을 통해 경험해 본다.

Tip _ 하이브리드 DW 아키텍처

전통적인 데이터 웨어하우스의 단점으로 데이터의 증가에 따른 확장성 부족과 그로 인한 높은 비용 발생 이슈가 있다. 방안으로 기존 RDBMS 기반의 데이터 웨어하우스에서는 중단기적인 데이터만 보관하고, 장기간 보관이 필요한 데이터는 빅데이터 웨어하우스에 저장하게 하는 것이다. 또한 대규모 비정형 및 실시간성 데이터도 빅데이터 웨어하우스에 보관함으로써 RDBMS 대비 운용 비용을 절감(30 ~ 50% 정도)시킨다. 이후 빠른 응답이 필요한 작업은 RDBMS가 담당하고, 높은 처리량이 필요한 작업을 빅데이터가 담당함으로써 상호 보완적인 역할을 하는 아키텍처를 하이브리드 DW라고 부르며, 그림 6.3과 같이 구성한다.

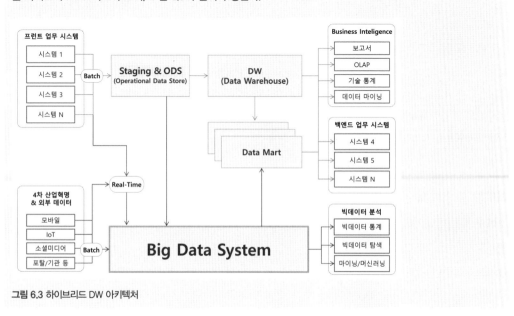

그림 6.3 하이브리드 DW 아키텍처

6.2 빅데이터 탐색에 활용되는 기술

하이브

하이브 소개

하둡 초창기에는 적재된 데이터를 탐색/분석하기 위한 도구로 맵리듀스(MapReduce)를 주로 이용했다. 하지만 맵리듀스는 복잡도가 높은 프로그래밍 기법이 필요했고, 이는 업무 분석가 및 관리자들에게 빅데이터에 접근하는 것을 어렵게 만들었다. 이를 해결하기 위해 페이스북에서 SQL과 매우 유사한 방식으로 하둡 데이터에 접근성을 높인 하이브를 개발했다. 그후로 하이브가 오픈소스로 공개되면서 2016년 2월 하이브 2.0이 릴리스됐고 빅데이터의 가장 대표적인 SQL on Hadoop 제품으로 자리 잡았다.

표 6.1 하이브의 기본 요소

공식 홈페이지	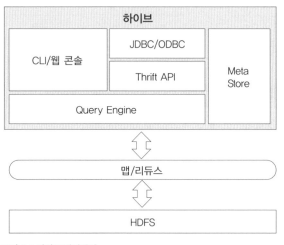	http://hive.apache.org
주요 구성 요소	CLI	사용자가 하이브 쿼리를 입력하고 실행할 수 있는 인터페이스(Hive Server1 기반의 CLI와 Hive Server2 기반의 Beeline이 있음)
	JDBC/ODBC Driver	하이브의 쿼리를 다양한 데이터베이스와 연결하기 위한 드라이버를 제공
	Query Engine	사용자가 입력한 하이브 쿼리를 분석해 실행 계획을 수립하고 하이브 QL(Query Language)을 맵리듀스 코드로 변환 및 실행
	MetaStore	하이브에서 사용하는 테이블의 스키마 정보를 저장 및 관리하며, 기본적으로 더비 DB(Derby DB)가 사용되나 다른 DBMS(MySQL, PostgreSQL 등)로 변경 가능
라이선스	Apache	
유사 프로젝트	Impala, Tajo, Spark-SQL, Presto	

하이브 아키텍처

하이브의 아키텍처에서 가장 큰 특징은 하이브 클라이언트에서 작성한 QL(Query Language)이 맵리듀스 프로그램으로 변환되어 실행된다는 것이다. 그림 6.4에서 CLI, 웹 콘솔 등을 통해 하이브 QL을 작성하면 쿼리 엔진(Query Engine)에 있는 SQL 파서가 하이브 QL을 맵리듀스 프로그램으로 변환하고, 이 맵리듀스 프로그램이 하둡 클러스터에 전송되어 여러 데이터노드에서 분산 실행된다. 이 과정에서 하이브의 MetaStore가 매우 중요한 역할을 하는데, 하이브 DW에서 정의한 데이터베이스, 테이블, 파티션 정보 등이 모두 MetaStore에서 저장 및 관리되기 때문이다. 결국 하이브 QL이 작동하면 항상 MetaStore를 참고해 하이브의 런타임 환경이 만들어진다. 또한 하이브는 쓰리프트 API를 제공하는데, 클라이언트 프로그램이 API를 호출해 다양한 하이브 액션(Action)을 외부에서도 실행할 수 있게 된다.

그림 6.4 하이브 아키텍처

하이브 활용 방안

파일럿 프로젝트에서는 하이브를 이용해 스마트카 데이터셋을 다양한 각도로 탐색 및 가공한다. 하이브 QL로 스마트카 데이터에 대한 조회, 결합, 분리, 변환, 정제 등의 작업을 수행해 스마트카 DW를 구성하고, 다시 DW에서 2,3차 탐색과 고급 분석을 진행해 스마트카 분석마트를 만든다. 그림 6.5를 보면 4장에서 수집 및 적재한 데이터가 하이브의 External(빅데이터 레이크) 영역에 적재돼 있는데, 이를 정제해서 Managed(빅데이터 웨어하우스) 영역으로 옮기고 주제 영역별 Mart를 구성하기 위해 하이브가 주로 사용된다.

Tip _ 하이브 External? or Managed?

하이브의 데이터 아키텍처는 External 영역과 Managed 영역으로 구분된다. 데이터 제어와 관리에서 두 영역에 차이가 있는데, 스키마에 디펜던시가 작은 영역이 External 영역이고 그 반대가 Managed 영역이다. 비정형의 3V 데이터가 쌓이는 빅데이터 레이크 영역을 External에, 여기서 정형화한 빅데이터 웨어하우스나 마트 영역은 Managed 영역에 만든다(참고로 마트 영역은 성능과 연동 등을 고려해 하이브가 아닌 별도의 RDBMS에 구성하기도 한다).

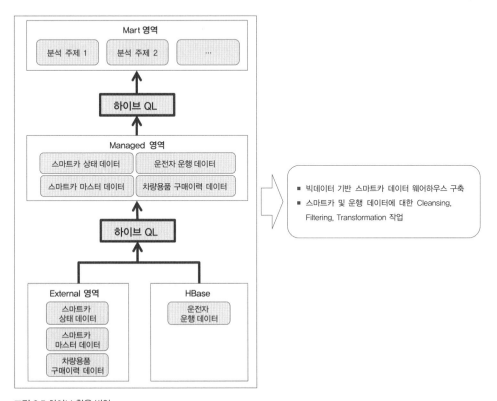

그림 6.5 하이브 활용 방안

Tip _ 피그란?

하둡 에코시스템 가운데 하이브와 유사한 목적으로 맵리듀스의 복잡성을 해결하기 위한 피그(Pig)라는 프로젝트가 있다. 피그는 SQL 대신 피그 라틴(Pig Latin)이라는 언어를 제공해서 하이브보다는 절차적인 요소가 많이 사용되는 특징이 있다. 하이브가 테이블을 기반으로 한 데이터 가공, 적재, 탐색 등에 최적화됐다면 피그는 HDFS 파일에 직접 접근해 다양한 데이터 처리 함수와 제어문으로 복잡한 데이터 파이프라인을 처리하는 데 적합하다.

피그 설치 및 활용법을 유튜브에 올려 놓았으니 참고하기 바란다.

- 실무로 배우는 빅데이터 기술(확장편): https://bit.ly/bigdata2nd

스파크

스파크 소개

하이브는 복잡한 맵리듀스를 하이브 QL로 래핑해 접근성을 높일 수 있었지만 맵리듀스 코어를 그대로 사용함으로써 성능면에서는 만족스럽지 못했다. 그로 인해 반복적인 대화형 연산 작업에서는 하이브가 적합하지 않았다. 이러한 하이브의 단점을 극복하기 위한 다양한 시도가 있었는데, 그중 하나가 스파크다. 스파크는 UC 버클리의 AMPLab에서 2009년 개발했는데 2010년 오픈소스로 공개됐고, 2013년 6월 아파치 재단으로 이관되어 최상위 프로젝트가 됐다. 빅데이터 분야에서 가장 핫한 기술 중 하나로 2016년 3월 안정 버전인 1.6.1이 릴리스됐고, 최근 3.0 버전까지 릴리스됐다.

표 6.2 스파크 기본 요소

공식 홈페이지	APACHE **Spark**™	http://spark.apache.org
주요 구성 요소	Spark RDD	스파크 프로그래밍의 기초 데이터셋 모델
	Spark Driver / Executors	Driver는 RDD 프로그램을 분산 노드에서 실행하기 위한 Task의 구성, 할당, 계획 등을 수립하고, Executor는 Task를 실행 관리하며, 분산 노드의 스토리지 및 메모리를 참조
	Spark Cluster Manager	스파크 실행 환경을 구성하는 클러스터 관리자로 Mesos, YARN, Spark Standalone이 있음
	Spark SQL	SQL 방식으로 스파크 RDD 프로그래밍을 지원
	Spark Streaming	스트리밍 데이터를 마이크로타임의 배치로 나누어 실시간 처리
	Spark MLib	스파크에서 머신러닝 프로그래밍(군집, 분류, 추천 등)을 지원
	Spark GraphX	다양한 유형의 네트워크(SNS, 하이퍼링크 등) 구조 분석을 지원
라이선스	Apache	
유사 프로젝트	Impala, Tajo, Tez	

스파크 아키텍처

스파크의 가장 큰 특징은 고성능 인메모리 분석이다. 기존 맵리듀스 기반의 하이브 또는 피그의 경우 하둡의 로컬 디스크에 의존해 대량의 데이터를 로드하고 생성함으로써 높은 IO 발생과 그로 인한 레이턴시를 피할 수 없었다. 스파크는 이러한 단점을 극복하기 위해 데이터 가공 처리를 인메모리에서 빠르게 처리한다. 여기에 스파크 SQL, 스파크 스트리밍, 스파크 머신러닝 등의 기능을 제공하고 있어 활용성이 높고 다양한 클라이언트 언어(파이썬, 자바, 스칼라 등)와 라이브러리를 지원해 범용성도 뛰어나다. 또한 스파크 코어의 주요 기능(스케줄링, 자원관리, 장애복구, RDD 관리 등)에 API로 접근할 수 있어 유연한 아키텍처 구성이 가능하다. 이러한 스파크 엔진은 대규모 분산 노드에서 최적의 성능을 낼 수 있는데, 스파크의 분산 노드로 아파치 메소스(Apache Mesos), 하둡 얀(Hadoop Yarn)을 이용한다. 데이터소스 영역은 높은 호환성을 보장함으로써 HDFS, HBase, 카산드라(Cassandra), 일래스틱 서치(Elastic Search) 등을 연결해 이용할 수 있다.

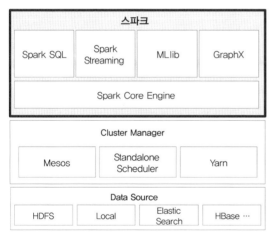

그림 6.6 스파크 아키텍처

스파크 활용 방안

앞서 설명한 스파크는 다양한 클라이언트 프로그래밍 언어(파이썬, 자바, 스칼라 등)를 지원하고, SQL을 이용해 데이터에 액세스할 수도 있다. 이번 장에서는 스파크 셸에서 스파크-SQL API를 이용해 추가로 적재될 "스마트카 마스터" 데이터를 조회 및 정제하는 작업을 해보겠다.

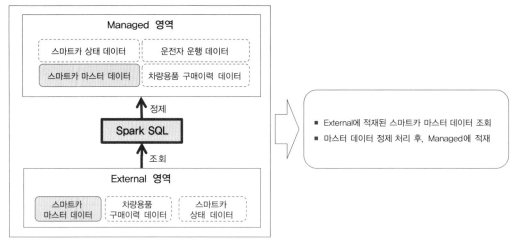

그림 6.7 스파크 활용 방안

우지

우지 소개

하이브, 피그, 스파크 등을 이용해 빅데이터의 처리, 탐색, 분석하는 과정은 복잡한 선후행 관계를 맺고 반복적으로 진행된다. 대규모 빅데이터 시스템에서는 수집 및 적재된 수백 개 이상의 데이터셋을 대상으로 다양한 후처리 잡(Job)이 데이터 간의 의존성을 지켜가며 복잡하게 실행된다. 이 같은 복잡한 데이터 파이프라인 작업을 위해 방향성 있는 비순환 그래프(DAG; Direct Acyclic Graph)로 잡의 시작, 처리, 분기, 종료점 등의 액션(Action) 등을 정의하는 워크플로가 필요해졌다. 이것이 바로 아파치 우지(Apache Oozie)다. 우지는 2008년 야후!에서 개발했고 2010년 오픈소스로 공개됐다. 2011년에는 아파치 오픈소스에 인큐베이션됐으며, 2012년 아파치 최상위 프로젝트로 승격되어 2019년 5.2 버전까지 릴리스된 상태다.

표 6.4 우지의 기본 요소

공식 홈페이지	OOZIE	http://oozie.apache.org
주요 구성 요소	Oozie Workflow	주요 액션에 대한 작업 규칙과 플로우를 정의
	Oozie Client	워크플로를 Server에 전송하고 관리하기 위한 환경
	Oozie Server	워크플로 정보가 잡으로 등록되어 잡의 실행, 중지, 모니터링 등을 관리
	Control 노드	워크플로의 흐름을 제어하기 위한 Start, End, Decision 노드 등의 기능을 제공
	Action 노드	잡의 실제 수행 태스크를 정의하는 노드로서 하이브, 피그, 맵리듀스 등의 액션으로 구성
	Coordinator	워크플로 잡을 실행하기 위한 스케줄 정책을 관리

라이선스	Apache
유사 프로젝트	Azkaban, Cascading, Hamake, Airflow

우지 아키텍처

우지 클라이언트에서 작성한 워크플로는 우지 서버로 전송되어 메타화되고 RDBMS에 저장된다. 우지 서버에 있는 Coordinator는 우지에 등록된 워크플로를 스케줄링해주며, 이때 워크플로 엔진 이 Action 노드와 Control 노드의 정보를 해석하면서 관련 태스크를 하둡의 클러스터에서 실행시 킨다. 주요 Action Task로는 하이브, 피그, 스쿱(Sqoop) 등이 있고 관련 Action은 최종적으로 하 둡의 맵리듀스 프로그램을 기반으로 작동한다. 그리고 실행 중인 태스크의 라이프 사이클을 우지 서 버가 시작부터 종료까지 추적하면서 모니터링 정보를 제공한다. 최근 하둡 2.x부터는 얀을 기반으 로 더욱 다양한 애플리케이션을 실행할 수 있게 됐고, 우지에서도 이를 지원하기 위한 다양한 태스 크 Action들이 추가되고 있다.

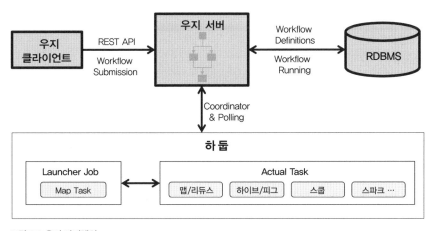

그림 6.8 우지 아키텍처

우지 활용 방안

파일럿 프로젝트에서는 우지를 활용해 후처리 작업을 정의하고 프로세스화한다. 적재된 데이터를 External → Managed → Mart로 이동시키기 위해 다양한 하이브 QL들이 이용되고, 이를 약속된 시간에 따라 스케줄링해서 실행해야 하는데, 이때 우지의 워크플로를 활용한다.

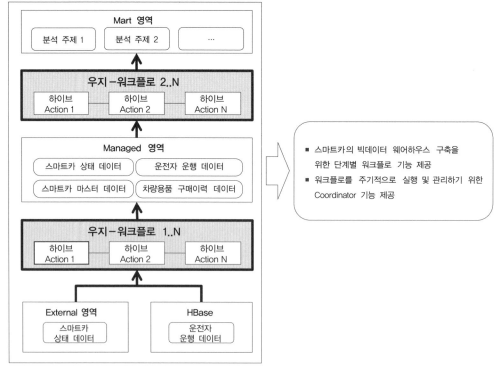

그림 6.9 우지 활용 방안

휴

휴 소개

빅데이터 탐색/분석은 장기간의 반복 작업이면서 그 과정에 있어 많은 도구들이 활용된다. 주로 하둡을 기반으로 하이브, 피그, 우지, 스쿱, 스파크 등이 해당되며 이를 일반 분석가 또는 업무 담당자들이 각 서버에 직접 접속해 사용하기에는 어려움이 많다. 빅데이터 기술이 성숙해지면서 이러한 기술의 복잡도를 숨기고 접근성과 편의성을 높인 소프트웨어들이 만들어졌는데, 그중 하나가 바로 클라우데라에서 만든 휴(Hue)다. 휴는 다양한 하둡의 에코시스템의 기능들을 웹 UI로 통합 제공한다. 오픈소스로 깃허브에 공개돼 있으며, 2020년 현재 공식 사이트에서 4.x 버전까지 릴리스됐다.

표 6.4 휴의 기본 요소

공식 홈페이지	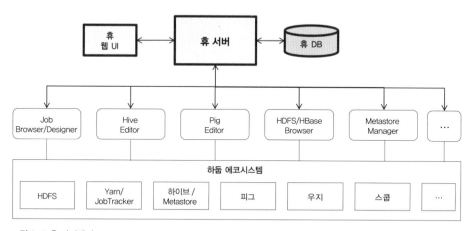 http://gethue.com	
주요 구성 요소	Job Designer	우지의 워크플로 및 Coordinator를 웹 UI에서 디자인
	Job Browser	등록한 잡의 리스트 및 진행 상황과 결과 등을 조회
	Hive Editor	하이브 QL을 웹 UI에서 작성, 실행, 관리
	Pig Editor	피그 스크립트를 웹 UI에서 작성, 실행, 관리
	HDFS Browser	하둡의 파일시스템을 웹 UI에서 탐색 및 관리
	HBase Browser	HBase의 HTable을 웹 UI에서 탐색 및 관리
라이선스	Apache	
유사 프로젝트	NDAP, Flamingo, Ambari	

휴 아키텍처

휴는 하둡 에코시스템들을 통합하기 위해 자체 플러그인을 설치하거나 API를 연동해서 에코시스템들의 주요 기능들을 웹 UI로 제공한다. 휴의 데이터베이스에서는 휴에 로그인하는 사용자의 계정 관리와 휴에서 사용할 컴포넌트(잡, 하이브, 피그, 우지 등)의 메타 정보 등을 관리한다.

그림 6.10 휴 아키텍처

휴 활용 방안

휴에서는 HDFS, HBase, 하이브, 임팔라를 편리하게 사용하기 위한 웹 에디터를 제공한다. 웹 에디터를 이용해 "스마트카 상태 데이터", "스마트카 운전자의 운행 데이터" 등을 직관적으로 탐색할 수 있다. 또한 6장에서 추가로 필요로 하는 데이터셋인 "스마트카 마스터 데이터"와 "스마트카 차량 물품 구매 이력 데이터"를 임포트하는 작업도 진행한다. 스마트카 분석 마트를 만들기 위해서는 5 개의 주제 영역별 데이터웨어하우스 작업이 필요한데, 이때는 휴의 Job Designer를 이용해 우지의 워크플로를 5개의 주제 영역별로 작성하고 실행한다.

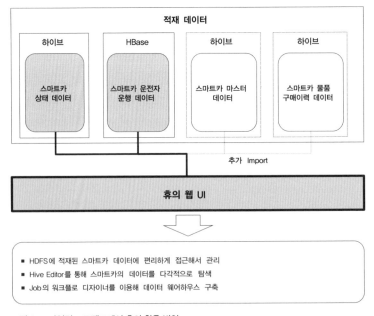

그림 6.11 파일럿 프로젝트에서 휴의 활용 방안

6.3 탐색 파일럿 실행 1단계 – 탐색 아키텍처

탐색 요구사항

- **요구사항 1**: 차량의 다양한 장치로부터 발생하는 로그 파일을 수집해서 기능별 상태를 점검한다.
- **요구사항 2**: 운전자의 운행 정보가 담긴 로그를 실시간으로 수집해서 주행 패턴을 분석한다.

이번 실습에서는 요구사항 1에서 스마트카 차량의 기능별 상태를 점검하고, 요구사항 2의 주행 패턴을 분석하기 위해서 적재된 데이터를 탐색 및 가공해서 분석하기 쉬운 데이터셋으로 재구성한다. 표 6.5는 관련 요구사항을 구체화하고, 이를 위한 기술 요건과 해결 방안을 설명한다. 요구사항 구체화 열의 5번 항목을 보면 4개의 데이터셋에서 1개가 추가되어 5개의 주제 영역으로 확장됐다.

요구사항 구체화 및 분석

표 6.5 탐색 요구사항 분석

탐색 요구사항 구체화	분석 및 해결 방안
1. 적재된 데이터는 하이브의 데이터 웨어하우스로 관리돼야 한다.	초기 HDFS에 적재된 영역을 하이브의 External 영역으로 정의하고, 하이브의 데이터 웨어하우스 기능을 이용해 External → Managed → Mart 영역을 단계적으로 구성
2. 데이터 마트 구축에 필요한 데이터를 추가로 구성할 수 있어야 한다.	스마트카의 기본정보 데이터, 운전자의 차량용품 구매 이력 데이터셋을 HDFS 명령어로 External 영역으로 추가 적재
3. 하이브의 데이터 웨어하우스의 이력성 데이터들은 일자별로 관리돼야 한다.	데이터 웨어하우스의 External 영역은 작업 처리일을 기준으로 파티션을 구성하며, Managed 영역은 데이터 생성일 기준으로 파티셔닝
4. 분석 마트가 만들어지는 일련의 과정들은 워크플로로 만들어져 관리돼야 한다.	데이터 웨어하우스를 만들기 위한 하이브 QL을 Job Designer에 등록해서 워크플로로 만들고 완성된 워크플로는 스케줄러에 등록 및 관리
5. 최종 마트로 만들어질 데이터셋들은 주제 영역별로 구성돼야 한다.	스마트카 빅데이터 분석 마트의 주제 영역을 4+1개로 확장 ❶ 스마트카의 상태 모니터링 정보 ❷ 스마트카 운전자의 운행 기록 정보 ❸ 이상 운전 패턴 스마트카 정보 ❹ 운전자의 차량용품 구매 이력 정보 ❺ 긴급 점검이 필요한 스마트카 정보

탐색 아키텍처

수집 및 적재된 스마트카의 원천 데이터를 탐색해서 최종 분석 마트 데이터까지 만들어가는 과정을 설명한다.

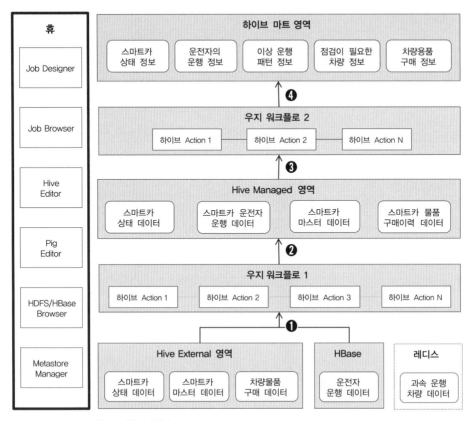

그림 6.12 파일럿 프로젝트의 탐색 아키텍처

❶ 먼저 External에 적재된 데이터를 휴에서 제공하는 Hive Editor를 이용해 SQL과 유사한 방식으로 조회한다. 또한 HBase에 적재된 데이터도 Hive HBase 핸들러를 이용해 마치 RDBMS에 데이터가 적재돼 있는 것처럼 데이터를 탐색한다.

❷ External과 HBase에 적재된 데이터를 작업일자 기준으로 후처리 작업을 하며, 하이브의 Managed 영역에는 스마트카로부터 발생한 생성일자를 기준으로 2차 적재한다. 필요 시 데이터를 필터링 및 클린징 처리하거나 통합, 분리 작업을 수행한다. External 영역 → Managed 영역으로 데이터를 이동시킬 때는 하이브 QL을 이용하고 우지의 워크플로를 통해 일련의 작업들을 자동화한다.

❸ Managed에 만들어진 데이터는 곧바로 탐색과 분석에 활용된다. External 영역보다 데이터가 구조화됐고 내용들이 정제되면서 정형 데이터로 전환된 것이다. 이 단계에서 다양한 사용자들(관리자, 개발자, 분석가 등)이 업무 요건에 필요한 애드혹 조회를 해가며 탐색적 분석을 수행한다. 이때부터 비즈니스 분석가들이 빅데이터의 인사이트를 얻기 시작하는 단계이며, 의사결정에 필요한 다양한 정보들이 도출된다.

❹ ❸단계에서 데이터 엔지니어 또는 분석가들이 많은 시간과 노력을 들여 다양한 애드혹 분석 작업들을 반복 수행하며 가치 있는 정보들이 발견된다. 그리고 이러한 애드혹 작업의 결과는 재사용이 가능하도록 마트화하고, 외부 업무 시스템에 제공할 수 있어야 한다. 이를 위해 우지의 워크플로를 이용해 ❸번의 주요 결과물을 프로세스화하고 자동화하게 된다. 참고로 이번 파일럿 프로젝트에서는 데이터 모델이 단순한 소규모 파일럿 프로젝트임을 고려해 ❸, ❹의 단계를 통합해서 하나의 과정으로 진행한다.

6.4 탐색 파일럿 실행 2단계 – 탐색 환경 구성

4개의 소프트웨어(하이브, 우지, 휴, 스파크)를 추가 설치한다. 4개의 소프트웨어는 빅데이터의 탐색적 분석을 지원하는 도구로 활용된다.

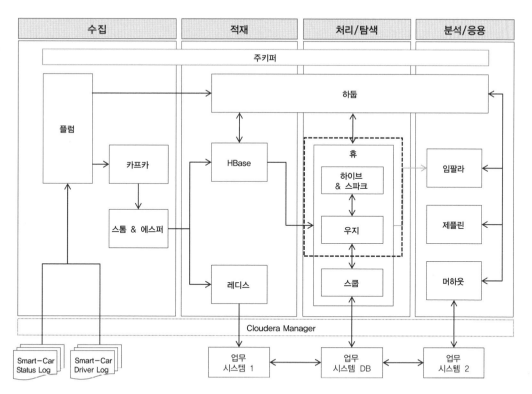

그림 6.13 파일럿 프로젝트 아키텍처에서의 하이브, 우지, 휴가 차지하는 영역

저사양 파일럿 환경: 미사용 수집/적재 서비스를 일시 중지시킨다.

- **플럼 서비스:** CM 홈 → [Flume] → [정지]
- **카프카 서비스:** CM 홈 → [Kafka] → [정지]
- **스톰 서비스:** Server02에 SSH로 접속한 후 다음 명령을 실행

  ```
  $ service storm-ui stop
  $ service storm-supervisor stop
  $ service storm-nimbus storp
  ```

- **레디스 서비스:** Server02에 SSH로 접속한 후 다음 명령을 실행

  ```
  $ service redis_6379 stop
  ```

저사양 파일럿 환경에서는 6,7장 탐색/분석 단계 실습 시 사용하지 않는 수집/적재 기능은 중지하고 진행한다.

하이브 설치 _ ⌨ 실습

01. CM의 홈에서 [서비스 추가] 화면으로 이동한다. 추가할 서비스 유형 중 하이브(Hive)를 선택하고 우측 하단의 [계속] 버튼을 클릭한다.

그림 6.14 CM을 이용한 하이브 설치 – 하이브 컴포넌트 설치

02. 하이브 작동에 필요한 의존성을 선택한다. HBase가 포함된 항목을 선택한 후 [계속] 버튼을 클릭한다.

그림 6.15 CM을 이용한 하이브 설치 – 하이브 의존성 선택

03. 하이브와 관련된 컴포넌트 중 설치해야 할 프로그램은 4개(Gateway, MetaStore, WebHCat Server, HiveServer2)다. 이 가운데 WebHCat Server는 설치하지 않으며 WebHCat Server를 제외하고 모두 Server02 에 설치한다. 그림 6.16처럼 하이브 설치에 필요한 컴포넌트를 배치하고 [계속] 버튼을 클릭한다.

그림 6.16 CM을 이용한 하이브 설치 – 하이브 서비스의 설치 위치 지정

04. 하이브의 MetaStore로 사용되는 데이터베이스를 설정한다. 기본값을 그대로 유지하고 테스트 연결이 성공적으로 끝나면 [계속] 버튼을 클릭한다.

그림 6.17 CM을 이용한 하이브 설치 – 데이터베이스 설정

05. 하이브의 데이터웨어하우스 디렉터리와 메타스토어의 포트 번호를 기본값으로 유지한 상태에서 [계속] 버튼을 클릭한다.

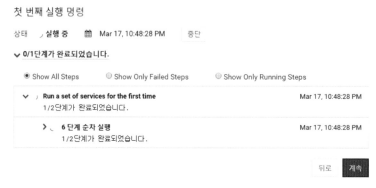

그림 6.18 CM을 이용한 하이브 설치 – 변경 내용 검토

06. 하이브의 컴포넌트들이 설치되면서 다양한 환경 구성 정보도 설정되기 시작한다. 설치가 성공적으로 완료되면 [계속] 버튼을 눌러 진행하자.

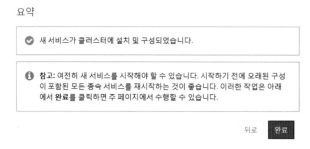

그림 6.19 CM을 이용한 하이브 설치 – 설치 및 구성 실행

07. 설치 및 구성이 완료됐다. [완료] 버튼을 클릭한다.

요약

> ✅ 새 서비스가 클러스터에 설치 및 구성되었습니다.

> ℹ️ **참고:** 여전히 새 서비스를 시작해야 할 수 있습니다. 시작하기 전에 오래된 구성이 포함된 모든 종속 서비스를 재시작하는 것이 좋습니다. 이러한 작업은 아래에서 **완료**를 클릭하면 주 페이지에서 수행할 수 있습니다.

뒤로   완료

그림 6.20 CM을 이용한 하이브 설치 – 설치 및 구성 완료

우지 설치 _ ⌨ 실습

01. CM의 홈에서 [서비스 추가] 화면으로 이동한다. 추가할 서비스 유형 중 우지(Oozie)를 선택하고 우측 하단의 [계속] 버튼을 클릭한다.

그림 6.21 CM을 이용한 우지 설치 – 우지 컴포넌트 설치

02. 우지 작동에 필요한 의존성을 선택한다. HBase가 포함된 항목을 선택한 후 [계속] 버튼을 클릭한다.

그림 6.22 CM을 이용한 우지 설치 – 우지 의존성 선택

03. 우지 서버를 설치할 서버를 선택한다. 위치를 Server02로 변경하고 [계속] 버튼을 누른다.

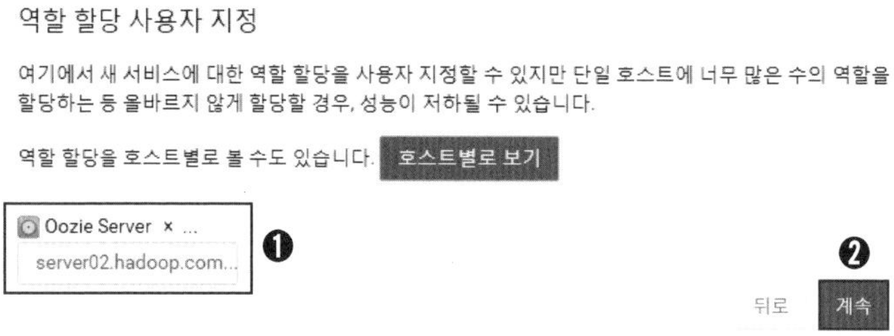

역할 할당 사용자 지정

여기에서 새 서비스에 대한 역할 할당을 사용자 지정할 수 있지만 단일 호스트에 너무 많은 수의 역할을 할당하는 등 올바르지 않게 할당할 경우, 성능이 저하될 수 있습니다.

역할 할당을 호스트별로 볼 수도 있습니다. [호스트별로 보기]

◉ Oozie Server × ...
   server02.hadoop.com... ❶

❷ 뒤로 [계속]

그림 6.23 CM을 이용한 우지 설치 – 우지 서비스의 설치 위치 지정

04. 우지에서 사용하는 데이터베이스를 설정한다. 기본값을 유지하고 테스트 연결만 확인한 후, [계속] 버튼을 누른다.

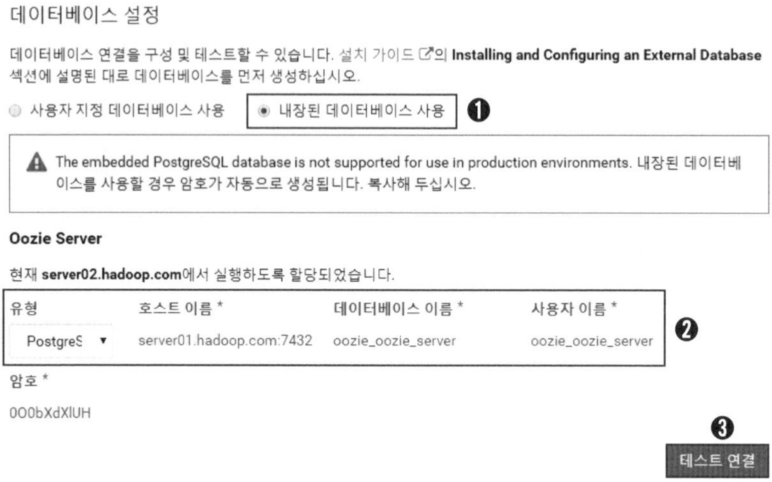

데이터베이스 설정

데이터베이스 연결을 구성 및 테스트할 수 있습니다. 설치 가이드 ☑의 **Installing and Configuring an External Database** 섹션에 설명된 대로 데이터베이스를 먼저 생성하십시오.

◯ 사용자 지정 데이터베이스 사용   ◉ 내장된 데이터베이스 사용 ❶

⚠ The embedded PostgreSQL database is not supported for use in production environments. 내장된 데이터베이스를 사용할 경우 암호가 자동으로 생성됩니다. 복사해 두십시오.

Oozie Server

현재 **server02.hadoop.com**에서 실행하도록 할당되었습니다.

유형	호스트 이름 *	데이터베이스 이름 *	사용자 이름 *	
PostgreS ▼	server01.hadoop.com:7432	oozie_oozie_server	oozie_oozie_server	❷

암호 *

OO0bXdXlUH

❸ [테스트 연결]

그림 6.24 CM을 이용한 우지 설치 – 데이터베이스 설정

05. 우지의 ShareLib 루트 디렉터리와 우지 서버의 데이터 디렉터리 설정 정보를 입력하는 단계다. 기본값으로 유지한 상태에서 [계속] 버튼을 클릭한다.

변경 내용 검토

ShareLib 루트 디렉터리   Oozie(서비스 전체)
oozie.service.WorkflowAppServi
ce.system.libpath   /user/oozie

                                      ⑦

Oozie Server 데이터 디렉터리   Oozie Server Default Group
   /var/lib/oozie/data

                                        ⑦

뒤로 [계속]

그림 6.25 CM을 이용한 우지 설치 – 변경 내용 검토

06. 우지 컴포넌트의 설치 및 구성이 시작된다. 설치가 완료되면 [계속] 버튼을 누르고 우지 설치 완료 화면으로 이동한다.

그림 6.26 CM을 이용한 우지 설치 – 설치 및 구성

07. 마지막으로 우지의 설치 완료 화면이 나타난다. [완료] 버튼을 눌러 설치를 종료한다.

그림 6.27 CM을 이용한 우지 설치 – 설치 및 구성 완료

08. 우지가 실행하는 잡들의 기본 메모리 값을 파일럿 환경에 맞게 조정한다. CM 홈에서 [Oozie] → [구성]을 선택하고 검색에서 "Launcher Memory"로 조회한다. 기본 메모리 값을 2GB에서 1GB로 수정한다.

- 변경 전: 2GB   - 변경 후: 1GB

변경이 완료되면 우지 서비스를 재시작한다.

휴 설치 _ 🖮 실습

01. 휴를 설치하기 위해서는 Python 2.7이 설치돼 있어야 한다. 아래 명령을 통해 Server02에 Python 2.7을 설치한다.

```
$ yum install centos-release-scl
$ yum install scl-utils
$ yum install python27
$ source /opt/rh/python27/enable
```

설치한 파이썬 버전이 2.7인지 확인한다.

```
$ python --version
```

파이썬 패키지인 psycopg2를 설치한다.

```
$ yum --enablerepo=extras install epel-release
$ yum install python-pip
$ yum install postgresql-devel
$ bash -c "source /opt/rh/python27/enable; pip install psycopg2==2.6.2 --ignore-installed"
```

02. CM의 홈에서 [서비스 추가] 화면으로 이동한다. 추가할 서비스 유형 중 휴(Hue)를 선택하고 우측 하단의 [계속] 버튼을 클릭한다. 이후 휴 작동에 필요한 의존성을 선택하는데, 그림 6.28처럼 모든 컴포넌트를 포함한 항목을 선택한 후 [계속] 버튼을 클릭한다.

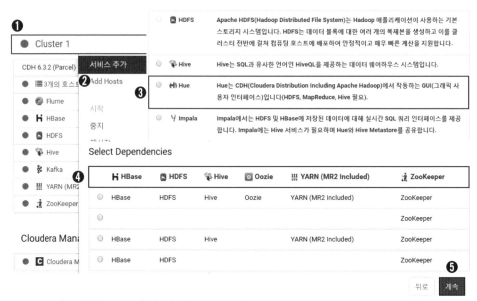

그림 6.28 CM을 이용한 휴 설치 – 휴 컴포넌트 설치 및 의존성 선택

03. 휴 서버만 Server02에 선택 설치하고, 로드 밸런서는 사용하지 않으므로 로드 밸런서 설치 위치는 선택 해제 후 [계속] 버튼을 클릭한다. 이어서 나오는 설정 화면에서는 데이터베이스 연결만 테스트하고 [계속] 버튼을 클릭한다.

역할 할당 사용자 지정

여기에서 새 서비스에 대한 역할 할당을 사용자 지정할 수 있지만 단일 호스트에 너무 많은 수의 역할을 할당하는 등
을 바르지 않게 할당할 경우, 성능이 저하될 수 있습니다.

역할 할당을 호스트별로 볼 수도 있습니다. [호스트별로 보기]

Hue Server × ...	Load Balancer
server02.hadoop.com...	호스트 선택 ▾
❶	❷ 선택해제

❸

[뒤로] [계속]

그림 6.29 CM을 이용한 휴 설치 – 휴 컴포넌트의 설치 위치 지정

04. 휴를 설치하고 주요 환경 정보 등을 구성하기 시작한다. 설치가 성공적으로 완료되면 [계속] 버튼을 클릭한다.

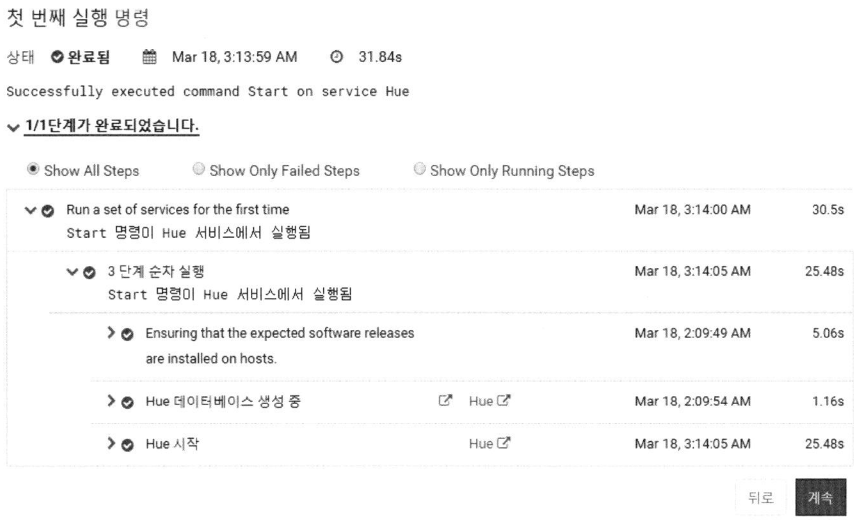

그림 6.30 CM을 이용한 휴 설치 – 설치 및 구성

05. 설치가 성공적으로 완료됐다. [완료] 버튼을 눌러 휴 설치를 종료한다.

그림 6.31 CM을 이용한 휴 설치 – 설치 및 구성 완료

06. 휴의 설정 정보 중 Time Zone을 변경한다. CM 홈 → [Hue] → [구성]에서 검색에 "시간대"라고 입력하면 Time Zone 설정창이 나타난다. 이곳에서 시간대를 "Asia/Seoul"로 설정한다.

- **변경 전:** America/Los_Angeles
- **변경 후:** Asia/Seoul

07. 추가로 휴에서 HBase 브라우저를 사용하기 위한 옵션을 설정한다. CM 홈 → [Hue] → [구성]에서 검색에 "HBase Thrift 서버"라고 입력하면 관련 옵션창이 나타난다. 이곳에서 HBase Thrift Server를 선택한다. 저사양의 파일럿 환경이라면 HBase Thrift Server (server02)로 표기돼 있을 것이다.

- **선택:** HBase Thrift Server (server01)

설정을 모두 변경한 후 CM 홈 → [Hue] → [재시작]을 차례로 선택해 휴 서버를 재시작한다.

스파크 설치 _ ⌨ 실습

01. CM의 홈에서 [서비스 추가] 화면으로 이동한다. 추가할 서비스 유형 중 스파크(Spark)를 선택하고 우측 하단의 [계속] 버튼을 클릭한다. 의존성 선택 화면이 나오면 HBase가 포함된 항목을 선택하고 [계속] 버튼을 클릭한다.

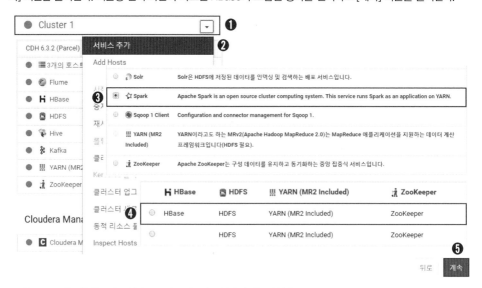

그림 6.32 CM을 이용한 스파크 설치 – 스파크 컴포넌트 설치 및 의존성 선택

02. 스파크 서비스가 설치될 위치를 지정한다. 스파크의 History Server 및 Gateway를 Server02에만 설치하겠다. 설치 위치를 그림 6.33처럼 server02.hadoop.com으로 모두 변경하고 [계속] 버튼을 클릭한다. 변경 내용 검토 화면에서는 기본값을 유지하고 [계속] 버튼을 클릭한다.

그림 6.33 CM을 이용한 스파크 설치 – 스파크 컴포넌트의 설치 위치 지정

03. 스파크 컴포넌트의 설치 및 구성이 시작된다. 작업이 완료되면 [계속] 버튼을 클릭한다.

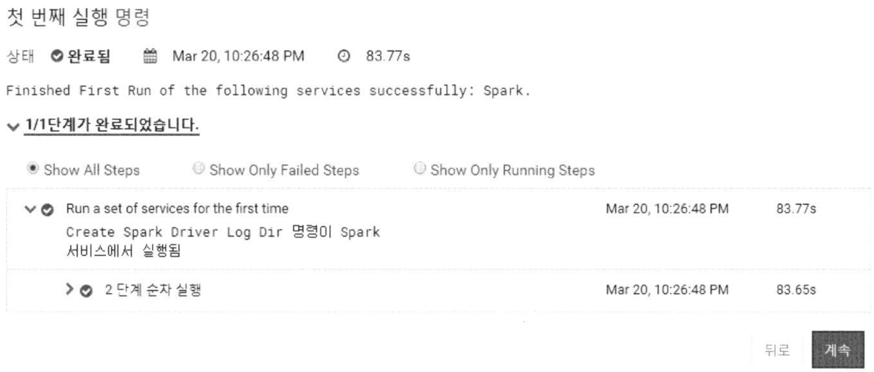

첫 번째 실행 명령

상태 ✔완료됨 📅 Mar 20, 10:26:48 PM ⏱ 83.77s

Finished First Run of the following services successfully: Spark.

∨ **1/1단계가 완료되었습니다.**

◉ Show All Steps   ◯ Show Only Failed Steps   ◯ Show Only Running Steps

∨ ✔ Run a set of services for the first time   Mar 20, 10:26:48 PM   83.77s
        Create Spark Driver Log Dir 명령이 Spark
        서비스에서 실행됨

    ❯ ✔ 2 단계 순차 실행   Mar 20, 10:26:48 PM   83.65s

뒤로   계속

그림 6.34 CM을 이용한 스파크 설치 – 설치 및 구성

04. 스파크 설치가 완료됐다.

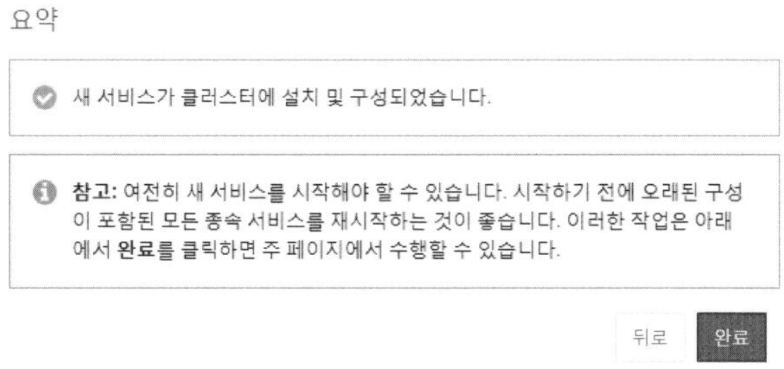

요약

✔ 새 서비스가 클러스터에 설치 및 구성되었습니다.

ℹ **참고:** 여전히 새 서비스를 시작해야 할 수 있습니다. 시작하기 전에 오래된 구성
이 포함된 모든 종속 서비스를 재시작하는 것이 좋습니다. 이러한 작업은 아래
에서 **완료**를 클릭하면 주 페이지에서 수행할 수 있습니다.

뒤로   완료

그림 6.35 CM을 이용한 스파크 설치 – 설치 및 구성 완료

05. 스파크를 YARN에서 작동하도록 구성했으므로 YARN 서비스와 스파크를 재시작한다.

- **YARN 재시작:** CM의 홈 메뉴에서 [YARN(MR2 Included)]를 선택한 후 [재시작]을 선택/실행한다.
- **Spark 클라이언트 구성 배포:** CM의 홈 메뉴에서 Spark에 활성화된 [클라이언트 구성 배포] 아이콘을 선택/실행
  한다.
- **Spark 시작:** CM의 홈 메뉴에서 Spark 메뉴를 선택하고 [시작] 버튼을 클릭한다.

06. 스파크가 정상적으로 설치됐는지 확인하기 위해 스파크 히스토리 서버에 접속해 본다. 스파크 애플리케이션을 실
행하면 이곳에서 애플리케이션 목록과 잡, 스테이지 등을 모니터링할 수 있다.

- 스파크 히스토리 서버: http://server02.hadoop.com:18088/

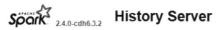

History Server

Event log directory: hdfs://server01.hadoop.com:8020/user/spark/applicationHistory

Last updated: 2020-03-20 22:37:35

Client local time zone: Asia/Seoul

No completed applications found!

Did you specify the correct logging directory? Please verify your setting of *spark.history.fs.logDirectory* listed above and whether you have the permissions to access it.
It is also possible that your application did not run to completion or did not stop the SparkContext.

Show incomplete applications

그림 6.36 스파크 히스토리 서버

탐색 환경의 구성 및 설치 완료

이렇게 해서 하이브, 우지, 휴, 스파크의 설치가 모두 끝났다. 그림 6.37은 모든 설치/구성이 정상적으로 이뤄진 CM의 홈 화면이다. 새로운 컴포넌트들이 추가됐으므로 안정적인 서비스를 위해 클러스터를 재시작한다. 또한 6, 7장부터는 주로 탐색과 분석이 진행되는데, 이때 저사양 파일럿 환경에서는 수집, 적재 및 모니터링 기능(플럼, 카프카, 레디스, 스톰, HBase, Cloudera Management Service)을 모두 정지해서 추가 리소스 확보를 권장한다.

그림 6.37 탐색 환경 구성 완료 및 클라우데라 관리 서비스 중지

6.5 탐색 파일럿 실행 3단계 – 휴를 이용한 데이터 탐색

이번에는 휴에 접속해 로그인한 후 휴의 편리한 기능들을 이용해 스마트카 데이터를 탐색해 보겠다.
먼저 다음과 같은 방법으로 휴에 접속한다. 둘 중 한 가지 방법을 이용하면 된다.

- **휴 접속 방법 1:** http://server02.hadoop.com:8888/
- **휴 접속 방법 2:** CM의 홈 → [Hue] → 상단의 Hue 웹 UI

처음으로 접속하면 계정 생성 화면이 활성화된다. 아이디와 패스워드를 모두 "admin"으로 지정한
후 계정을 생성하면 휴의 초기 설정 페이지가 활성화된다.

HDFS에 적재된 데이터 확인 _ ⌨ 실습

휴의 파일 브라우저 기능을 이용해 HDFS에 적재된 스마트카의 상태 정보 데이터를 확인하자. CLI
로 HDFS 명령을 실행할 필요 없이 기본적인 HDFS의 명령들을 웹 UI에서 마우스 클릭만으로 실행
할 수 있다.

01. 좌측 상단의 드롭다운 메뉴를 클릭하고 [파일] 메뉴를 선택하면 admin 계정의 홈 디렉터리인 /user/admin 위치
가 표시된다.

그림 6.38 휴를 이용한 HDFS 탐색 – 파일 브라우저

02. 디렉터리의 위치를 파일럿 프로젝트의 적재 위치로 변경해 보자. 상단 경로 정보의 /user/admin에서 root 경로
("/")를 클릭해 /pilot-pjt/collect/car-batch-log/wrk_date=20200311 경로까지 이동한다. 필자의 경우 wrk_
date가 "20200311"로 만들어져서 적재된 스마트카 상태 정보 파일이 보인다.

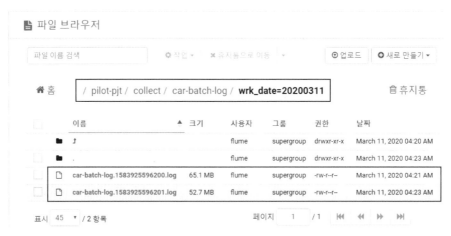

그림 6.39 파일 브라우저 경로 변경

03. 스마트카 상태 정보 파일을 클릭하면 적재된 파일의 내용도 직접 확인할 수 있다.

그림 6.40 파일 브라우저로 적재된 파일의 내용 보기

HBase에 적재된 데이터 확인 _ ⌨ 실습

이번에는 휴의 Data Browsers 기능을 이용해 HBase에 적재된 스마트카 운전자의 운행 정보를 확인해보자.

저사양 파일럿 환경: 정지된 HBase 서비스를 시작한다.

- **HBase 서비스:** CM 홈 → [HBase] → [시작]

---

01. 좌측 상단의 드롭다운 메뉴를 클릭하고 [HBase] 메뉴를 선택하면 HBase에 만들어진 테이블 목록이 나타난다. 앞서 스마트카 운전자의 모든 운행 정보가 적재된 DriverCarInfo 테이블이 나타나면 이 테이블을 클릭한다.

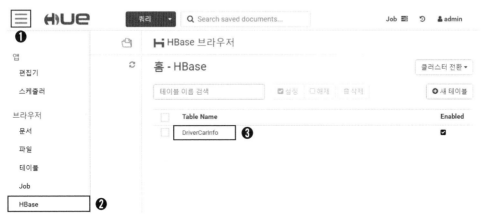

그림 6.41 HBase Browser 사용

02. DriverCarInfo 테이블의 상세 정보를 보면 로우키를 기준으로 적재된 스마트카 운전자의 운행 정보를 확인할 수 있다. HBase Browser를 이용하면 HBase에 적재된 칼럼 기반 데이터를 직관적으로 조회 및 관리할 수 있다.

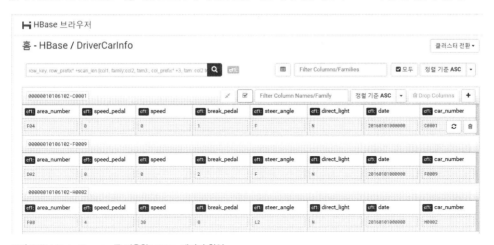

그림 6.42 HBase Browser를 이용한 HBase 테이터 확인

저사양 파일럿 환경: HBase 서비스를 정지시킨다.

- **HBase 서비스:** CM 홈 → [HBase] → [정지]

하이브를 이용한 External 데이터 탐색 _ ⌨ 실습

앞서 HDFS 파일 브라우저로 탐색한 /pilot-pjt/collect/car-batch-log/wrk_date=20200311의 위치는 플럼에서 수집한 데이터를 1차로 적재한 곳이며, 하이브 External 영역에 해당한다. 하이브 QL을 이용해 이곳의 데이터를 탐색하기 위해서는 적재된 데이터를 하이브의 테이블 구조와 매핑시킨 메타 정보가 필요하다. 아래 실습을 통해 하이브 QL로 데이터 탐색을 시작해 본다.

01. 상단 중앙의 쿼리 콤보박스를 내려서 [편집기] → [Hive]를 선택해 하이브 에디터로 이동한다.

그림 6.43 하이브 쿼리 편집기 실행

02. 하이브 쿼리를 이용해 스마트카 상태 정보를 탐색하기 위한 하이브의 External 테이블을 생성하고 실행해 보자. 쿼리 에디트 창에 그림 6.44와 똑같이 입력한 후 [실행] 버튼을 누른다. 참고로 해당 QL은 C://예제소스/bigdata-master/CH06/HiveQL/그림-6.44.hql 파일로 제공된다. 해당 파일을 하이브 에디터로 드래그 앤드 드롭하면 편리하게 이용할 수 있다.

```
 1 create external table if not exists SmartCar_Status_Info (
 2 reg_date string,
 3 car_number string,
 4 tire_fl string,
 5 tire_fr string,
 6 tire_bl string,
 7 tire_br string,
 8 light_fl string,
 9 light_fr string,
10 light_bl string,
11 light_br string,
12 engine string,
13 break string,
14 battery string,
15 )
16 partitioned by( wrk_date string )
17 row format delimited
18 fields terminated by ','
19 stored as textfile
20 location '/pilot-pjt/collect/car-batch-log/'
```

그림 6.44 스마트카 상태 정보 테이블을 External로 생성

그림 6.44의 쿼리를 보면 앞서 적재한 "스마트카 상태 정보"의 파일 위치, 형식, 구조 등의 정보를 하이브 테이블로 정의하고 있다. 이렇게 하면 External에 적재해 놓은 파일을 대상으로 하이브 스키마로 정의해 메타스토어에 등록된다. 이로써 하이브 조회 QL로 해당 파일에 접근해 탐색할 수 있다. 추가로 16번째 줄을 보면 "partitioned by(wrk_date string)"이라는 구문이 있다. 이는 작업일자(wrk_date)를 기준으로 파티션 관리를 정의한 구문이다. 파티션의 중요성에 대해서는 4장의 적재 아키텍처에서 설명한 바 있다.

03. "스마트카 상태 정보"를 위한 하이브 테이블을 생성했으면 이제 작업일자를 기준으로 파티션 정보를 생성해 보자. 필자의 파일럿 환경에서 스마트카 상태 정보 파일를 수집한 날짜는 "2020년 03월 11일"이고, 수집한 데이터를 후처리한 작업 일자도 "2020년 03월 11일"이다. 아래와 같이 Alter Table 명령을 실행해 작업 일자 기준으로 파티션 정보를 추가한다. 참고로 파티션 일자는 독자의 파일럿 환경에서 작업했던 날짜로 입력해야 한다.

```
1 ALTER TABLE SmartCar_Status_Info ADD PARTITION(wrk_date='20200311');
```

그림 6.45 스마트카 상태 정보 테이블에 파티션 정보 추가

파티션이 정의된 테이블에서는 파티션에 해당하는 데이터를 적재할 때 해당 파티션 정보로 Add Partition을 반드시 수행해야 한다. 간혹 데이터만 적재한 후 Add Partition을 수행하지 않고 데이터를 조회해서 데이터가 조회되지 않는 실수를 범하는 경우가 있으니 주의하기 바란다.

04. 하이브의 External 테이블로 만들어진 SmartCar_Status_Info 테이블에서 단순 SELECT 쿼리를 실행해 보자. 쿼리 절의 끝에 "limit 5"로 조회 개수를 제한했다. "limit" 절을 이용해 부하를 최소화하고 빠르게 데이터를 조회해 볼 수 있다. (참고로 Ctrl + Enter 단축키를 이용하면 편집기 상에서 커서가 위치한 곳의 쿼리가 실행된다.)

```
1 select * from SmartCar_Status_Info limit 5;
```

그림 6.46 스마트카 상태 정보 테이블 조회

		smartcar_status_info.reg_date	smartcar_status_info.car_number	smartcar_status_info.tire_fl	smartcar_status_info.tire_fr
	1	20160101000000	F0001	91	76
	2	20160101000004	F0001	81	97
	3	20160101000008	F0001	87	100
	4	20160101000012	F0001	100	84
	5	20160101000016	F0001	88	100

그림 6.47 스마트카 상태 정보 테이블을 조회한 결과

05. 이번에는 조건절을 포함하는 하이브 쿼리를 실행한다. 스마트카의 배터리 상태가 "60" 이하였던 차량들을 찾아보고, 배터리 평균값도 구해본다. 그림 6.48의 쿼리를 실행할 때는 높은 지연 시간이 발생할 것이다. 필자의 파일럿 환경에서는 216만 건이 적재돼 있는데 해당 쿼리를 수행할 때 총 2분 4초가 걸렸다.

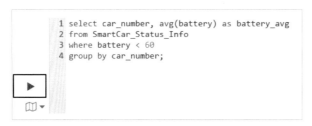

```
1 select car_number, avg(battery) as battery_avg
2 from SmartCar_Status_Info
3 where battery < 60
4 group by car_number;
```

그림 6.48 스마트카 상태 정보 테이블에 대한 조건 조회

		car_number	battery_avg
	1	A0061	54.413698630136984
	2	A0096	54.601503759398497
	3	B0057	54.441958041958038
	4	B0066	54.360273972602741
	5	B0073	54.385714285714286
	6	C0074	54.557103064066851
	7	D0008	54.608870967741936

그림 6.49 스마트카 상태 정보 테이블에 대한 조건 조회 결과

06. 실행된 하이브 쿼리 모니터링은 출력되는 로그창을 통해서도 확인할 수 있지만 그림 6.50처럼 [Job Browser] 메뉴를 통해 맵리듀스로 변환되어 실행된 Job 정보도 확인할 수 있다.

그림 6.50 하이브 실행 모니터링 – Job Browser

실행 중이거나 종료된 잡(Job)의 맵(Map)과 리듀스(Reduce)의 진행 상태를 모니터링할 수 있고, 우측에 위치한 [중지] 버튼을 이용해 강제로 종료할 수도 있다.

Tip _ 하이브의 특징

하이브는 하둡에 적재돼 있는 파일의 메타정보(파일의 위치, 이름, 포맷 등)를 테이블의 스키마 정보와 함께 메타스토어에 등록하고, 하이브 쿼리를 수행할 때 메타스토어의 정보를 참조해 마치 RDBMS에서 데이터를 조회 및 탐색하는 것 같은 기능을 제공한다. 하지만 하이브 쿼리는 RDBMS 쿼리와 외형만 유사할 뿐 내부 메커니즘은 전혀 다르다. 다음은 하이브 QL의 5가지 주요 특징이다.

1. **하이브 쿼리는 맵리듀스로 변환되어 실행:** 일부 하이브 쿼리를 제외한 대부분의 하이브 쿼리는 맵리듀스로 변환되어 하둡의 잡에서 실행 및 관리된다. 하나의 하이브 쿼리는 복잡도에 따라 여러 개의 잡이 순차적으로 만들어지고, 다시 잡 안에서는 데이터의 크기와 조건절에 따라 여러 개의 맵과 리듀스 작업이 생성되어 실행된다.

2. **대화형 온라인 쿼리 사용에 부적합:** 하이브 쿼리는 맵리듀스로 변환되어 실행되기까지는 최소 10~30초 이상의 준비 시간이 필요하며, 처리량이 높은 대규모 배치 작업에 최적화돼 있다. 극단적인 예를 들면 RDBMS에서 0.5초면 수행되는 가벼운 쿼리를 하이브에서 실행하면 50여 초 이상 걸릴 수 있다. 하지만 RDBMS에서 50여분 수행되던 무거운 쿼리를 하이브에서 실행하면 단 50여 초만에 수행이 완료될 수 있다.

3. **데이터의 부분적인 수정(Update/Delete) 불가:** 데이터의 부분적인 수정 불가는 HDFS의 특징이다. HDFS를 기반으로 작동하는 하이브는 그 특징을 그대로 계승했다고 할 수 있다. 그로 인해 하이브 테이블에서는 부분 수정 및 삭제 처리를 할 수 없고 전체 데이터를 덮어쓰기해야 한다. 이러한 문제로 하이브로 처리할 데이터를 적재할 때는 특정 파티션 단위로 적재해 필요 시 해당 파티션만 덮어쓰는 방식의 데이터 설계를 한다. 참고로 하이브 0.14부터는 INSERT, UPDATE, DELETE, MERGE 문을 ORC Stored 형식에서 부분적으로 지원한다.

4. **대규모 병렬분산 처리가 불가능한 경우:** 하이브는 처리량이 높은 대규모 병렬분산 처리에 최적화돼 있지만 일부 요건에 따라 대규모 분산 처리가 어려울 수 있다. 예를 들어, RDBMS에서 주로 사용되는 전체 정렬을 단순 하이브 QL로 실행하면 하나의 리듀스만 실행되어 급격한 성능 저하가 발생한다. 또한 대규모 조인이나, 그루핑이 발생하면 분산된 노드들끼리 대량의 데이터를 주고받으면서 네트워크 레이턴시가 높아져 응답 속도가 크게 떨어진다. 대용량 하이브 QL을 수행할 때는 데이터의 분산과 로컬리티를 반드시 고려한 쿼리 플랜을 세워야 한다.

5. **트랜잭션 관리 기능이 없어 롤백 처리 불가:** 하나의 하이브 쿼리는 여러 개의 잡과 맵리듀스 프로그램으로 실행되며, 로컬 디스크에 중간 파일들을 만들어낸다. 이때 특정 맵리듀스 작업 하나가 실패하면 이미 성공한 잡들이 롤백 처리되지 않는다. 단지 실패한 잡을 재실행하기 위해 노력할 뿐이다. 이러한 기본 원칙으로 인해 하이브에서는 트랜잭션 관리 기능이 존재하지 않는다. 참고로 하이브 0.14부터는 ACID를 부분적으로 지원하고 있으나 제약사항이 많아 자주 사용되지는 않는다.

하이브가 SQL과 유사한 인터페이스를 제공하기 시작하면서 하둡 에코시스템들이 급성장하게 됐고, 빅데이터 벤더들은 하이브의 단점을 극복한 소프트웨어들을 만들기 시작했다. 관련 제품으로 임팔라, 테즈(Tez), 스파크 SQL, 드릴(Drill) 등이 있다. 이 제품들의 공통적인 특징은 인메모리 또는 DAG(Directed Acyclic Graph) 기술로 대용량의 배치 처리에 대해서도 빠른 응답속도를 보장한다는 것이다. 하지만 최근 동향을 보면 해당 제품들이 하이브를 완전히 대체하지는 못하고, 하이브리드 형태로 하이브와 공존하고 있는 모습이다. 빅데이터의 특성상 장시간에 걸친 배치성 잡에는 하이브를 이용하고, 빠른 의사결정이 필요한 잡에는 임팔라, 테즈 등을 선택적으로 사용한다.

하이브를 이용한 HBase 데이터 탐색 _ ⌨ 실습

5장에서 HBase에 저장된 "스마트카 운전자의 운행정보" 데이터를 HBase의 CLI를 이용해 조회했었다. HBase의 CLI는 곧바로 사용해 볼 수는 있지만 조작법과 명령어가 어려운 편이라 데이터 탐색에 불편함이 있다. 이를 위해 하이브 QL로 좀 더 편리하게 HBase의 테이블을 탐색하는 방법을 알아본다.

> **저사양 파일럿 환경:** HBase 서비스를 시작한다.
>
> - **HBase 서비스:** CM 홈 → [HBase] → [시작]

01. 휴 상단 메뉴의 쿼리 콤보박스에서 [편집기] → [Hive]를 선택해 하이브의 쿼리 편집기로 이동한다. 그리고 하이브의 External 테이블을 생성하는데, HBaseStorageHandler를 이용해 SmartCar_Drive_Info 테이블을 만든다.

```
 1  CREATE EXTERNAL TABLE SmartCar_Drive_Info(
 2    r_key string,
 3    r_date string,
 4    car_number string,
 5    speed_pedal string,
 6    break_pedal string,
 7    steer_angle string,
 8    direct_light string,
 9    speed string,
10    area_number string)
11  STORED BY 'org.apache.hadoop.hive.hbase.HBaseStorageHandler'
12  WITH SERDEPROPERTIES (
13    "hbase.columns.mapping" = "cf1:date,cf1:car_number,
14                               cf1:speed_pedal,
15                               cf1:break_pedal,
16                               cf1:steer_angle,
17                               cf1:direct_light,
18                               cf1:speed,
19                               cf1:area_number")
20  TBLPROPERTIES(
21    "hbase.table.name" = "DriverCarInfo");
22
23
24 |
```

그림 6.51 하이브의 External 테이블로 HBase의 DriverCarInfo 테이블을 정의

그림 6.51의 쿼리를 Query Editor에서 작성하고 [실행] 버튼을 누른다. 쿼리를 잠시 살펴보면 11번째 줄에서 저장 방식을 HBaseStorageHandler로 정의했고, 13번째 줄부터 21번째 줄까지는 5장에서 만든 HBase의 DriverCarInfo 테이블과 칼럼 패밀리에 해당하는 필드 정보를 하이브 테이블과 매핑해 생성하고 있다.

02. 그림 6.51의 쿼리가 정상적으로 실행되면 이제 SmartCar_Drive_Info 테이블의 정보가 메타스토어에 등록되고, 하이브 쿼리를 통해 HBase에 적재된 데이터를 탐색할 수 있다. 그림 6.52의 간단한 SELECT 쿼리를 실행해 결과를 확인한다.

그림 6.52 HBase의 DriverCarInfo 테이블을 하이브의 SmartCar_Drive_Info 테이블로 조회

저사양 파일럿 환경: HBase 서비스를 정지시킨다.

- **HBase 서비스:** CM 홈 → [HBase] → [정지]

데이터셋 추가 _ ⌨ 실습

이번 6장에서 두 개의 데이터셋을 추가로 적재한다고 했다. 바로 "스마트카 마스터 데이터"와 "스마트카 차량용품 구매 이력 데이터"다. 해당 데이터는 외부 데이터로 간주하고 C://예제소스/bigdata2nd-master/CH06 경로에 미리 생성해둔 CarMaster.txt와 CarItemBuyList_202003.txt를 이용한다. 휴 파일 브라우저의 업로드 기능을 이용해 이 두 개의 파일을 적재하고 하이브의 External Table로 정의한다.

01. 휴의 파일 브라우저 기능을 실행한다. 그리고 디렉터리의 위치를 /pilot-pjt/collect로 이동한다.

그림 6.53 파일 브라우저를 이용한 데이터셋 추가 1

02. /pilot-pjt/collect 위치에서 "car-master" 디렉터리를 생성한 후 "car-master" 디렉터리로 이동한다.

그림 6.54 파일 브라우저를 이용한 데이터셋 추가 2

03. 업로드 기능을 이용해 C://예제소스/bigdata2nd-master/CH06/CarMaster.txt 파일을 HDFS의 /pilot-pjt/ collect/car-master 경로에 업로드한다.

그림 6.55 파일 브라우저를 이용한 데이터셋 추가 3

04. 파일 브라우저에서 앞서 업로드한 CarMaster.txt 파일을 열어본다. /pilot-pjt/collect/car-master/CarMaster.txt 파일을 선택한다.

그림 6.56 파일 브라우저를 이용한 데이터셋 추가 4

스마트카 마스터 데이터셋의 스키마 구조는 "|"(파이프)로 분리되어 총 9개의 항목이 있다.

- "차량번호" | "성별" | "나이" | "결혼여부" | "지역" | "직업" | "차량용량" | "차량연식" | "차량모델"

05. 두 번째 추가 데이터셋인 CarItemBuyList_202003.txt 파일도 같은 방식으로 업로드한다. 휴의 파일 브라우저를 이용해 HDFS 상의 /pilot-pjt/collect 경로에 "buy-list" 디렉터리를 생성하고, C://예제소스/bigdata2nd-master/CH06/CarItemBuyList_202003.txt 파일을 /pilot-pjt/collect/buy-list 디렉터리로 업로드한다. 업로드 결과가 그림 6.57처럼 표시될 것이다.

📋 파일 브라우저

↩ 뒤로   🏠 홈

🔄 새로 고침

▥ 바이너리로 보기   / pilot-pjt / collect / buy-list / **CarItemBuyList_202003.txt**

⬇ 다운로드

```
M0014,Item-018,2,202003
G0035,Item-015,3,202003
I0090,Item-009,3,202003
K0095,Item-018,5,202003
Y0042,Item-020,2,202003
W0023,Item-030,2,202003
Y0036,Item-023,3,202003
T0026,Item-028,1,202003
Q0044,Item-008,1,202003
```

최종 수정 날짜
2020.03.27 오후 9시 42분 +09:00

사용자
admin

그림 6.57 파일 브라우저를 이용한 데이터셋 추가 5

스마트카의 상품 구매 이력 데이터셋의 스키마 구조는 ","(콤마)로 분리되고 총 4개의 항목이 있다.

- "차량번호", "구매 상품코드", "만족도(1–5)", "구매월"

06. 추가한 두 개의 데이터셋인 "스마트카 마스터"와 "스마트카 상품 구매 이력"을 하이브의 External 테이블로 정의한다. 휴 상단 메뉴의 [Query Editor] → [Hive]를 선택해 하이브의 쿼리 편집기로 이동한 후 스마트카 마스터 테이블인 SmartCar_Master를 생성한다.

```
1  CREATE EXTERNAL TABLE SmartCar_Master (
2  car_number string,
3  sex string,
4  age string,
5  marriage string,
6  region string,
7  job string,
8  car_capacity string,
9  car_year string,
10 car_model string
11 )
12 row format delimited
13 fields terminated by '|'
14 stored as textfile
15 location '/pilot-pjt/collect/car-master'
```

그림 6.58 하이브 External 테이블 생성 – 스마트카 마스터 정보

그림 6.58의 15번째 줄을 보면 앞서 파일 브라우저로 업로드한 "스마트카 마스터" 파일의 경로를 지정하고 있음을 확인할 수 있다.

07. "스마트카 마스터" 테이블의 데이터를 하이브 쿼리를 이용해 확인한다.

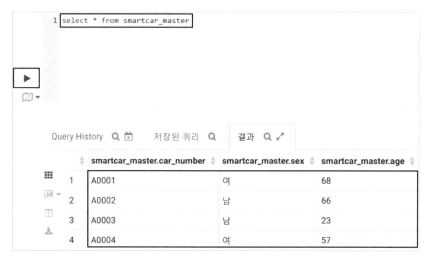

```
1  select * from smartcar_master
```

Query History 🔍 📅   저장된 쿼리 🔍   결과 🔍 ⤢

		smartcar_master.car_number	smartcar_master.sex	smartcar_master.age
	1	A0001	여	68
	2	A0002	남	66
	3	A0003	남	23
	4	A0004	여	57

그림 6.59 하이브 External 테이블 조회 – 스마트카 마스터 정보

08. "스마트카 차량용품 구매 이력"에 대한 하이브 테이블인 SmartCar_Item_BuyList를 생성한다.

```
 1 CREATE EXTERNAL TABLE SmartCar_Item_BuyList (
 2 car_number string,
 3 item string,
 4 score string,
 5 month string
 6 )
 7 row format delimited
 8 fields terminated by ','
 9 stored as textfile
10 location '/pilot-pjt/collect/buy-list'
```

그림 6.60 하이브 External 테이블 생성 – 스마트카 상품 구매 이력 정보

그림 6.60의 10번째 줄을 보면 앞서 파일 브라우저로 업로드한 "스마트카 용품 구매이력" 파일의 경로를 지정하고 있음을 확인할 수 있다.

09. "스마트카 상품 구매 이력" 테이블의 데이터를 하이브 쿼리를 이용해 확인한다.

```
 1 select * from smartcar_item_buylist limit 10;
```

Query History 🔍 🗓   저장된 쿼리 🔍   결과 🔍 ↗

		smartcar_item_buylist.car_number	smartcar_item_buylist.item
	1	M0014	Item-018
	2	G0035	Item-015
	3	I0090	Item-009
	4	K0095	Item-018

그림 6.61 하이브 External 테이블 조회 – 스마트카 상품 구매 이력 정보

스파크를 이용한 추가 데이터셋 탐색 _ ⌨ 실습

이번에는 앞서 추가한 두 개의 데이터셋 가운데 "스마트카 마스터 데이터"를 스파크-SQL을 이용해 탐색한다. 이때 스파크를 이용하는 다양한 방법(Spark Submit, Spark CLI, Spark ML, Spark Shell, Spark R 등)이 있지만 이번 장에서는 Spark-Shell을 사용한다. 7장에서는 제플린이라는 소프트웨어를 통해 스파크를 웹UI에서 좀더 편리하게 사용해 본다. "스마트카 마스터 데이터"를 보면

Age가 18 이하인 데이터는 차량의 실소유주가 아닐 수 있어 이를 정제하는 작업을 진행한다.

01. 스파크가 설치된 Server02에 SSH를 통해 접속한 후 스파크-셸을 실행한다. 정상적인 스파크-셸 기동이 완료되면 "scala)" 프롬프트가 나타난다.

```
$ spark-shell
```

그림 6.62 스파크-셸 시작

02. 스파크-SQL 컨텍스트를 이용해 하이브에서 생성한 "스마트카 마스터 데이터"인 SmartCar_Master 테이블을 조회할 수 있다. "Age)= 18" 조건으로 스파크-SQL 컨텍스트를 정의해 스파크 DataFrame 변수인 smartcar_master_df에 할당한다.

```
$ scala> val smartcar_master_df = spark.sqlContext.sql("SELECT * from SmartCar_Master where
age >= 18")
```

03. 스파크-SQL로 Age가 18 이상으로 만들어진 DataFrame을 출력한다. 상위 20개의 항목이 표시되고, Age 필드를 보면 18 미만인 데이터는 보이지 않는다.

```
$ scala> smartcar_master_df.show()
```

```
scala> smartcar_master_df.show()
+---------+---+---+--------+------+--------+------------+--------+---------+
|car_number|sex|age|marriage|region|     job|car_capacity|car_year|car_model|
+---------+---+---+--------+------+--------+------------+--------+---------+
|    A0001| 여| 32|    미혼|  서울|프리랜서|        1000|    2009|        F|
|    A0002| 남| 53|    미혼|  충남|    주부|        2500|    2015|        A|
|    A0003| 여| 62|    기혼|  대전|  회사원|        2500|    2012|        B|
|    A0004| 남| 31|    미혼|  광주|  공무원|        2000|    2010|        D|
|    A0005| 남| 67|    미혼|  대구|  공무원|        1700|    2002|        C|
|    A0006| 여| 30|    미혼|  인천|  전문직|        2000|    2016|        D|
|    A0007| 남| 61|    미혼|  전남|개인사업|        1700|    2003|        E|
|    A0008| 여| 20|    미혼|  충북|개인사업|        1500|    2013|        G|
|    A0009| 여| 60|    미혼|  경남|프리랜서|        3500|    2015|        D|
|    A0010| 여| 69|    미혼|  제주|개인사업|        1200|    2003|        A|
|    A0011| 남| 29|    기혼|  충남|    주부|        1000|    2008|        G|
|    A0012| 여| 53|    미혼|  세종|    학생|        2500|    2006|        E|
|    A0013| 여| 43|    미혼|  인천|  전문직|        1500|    2016|        E|
|    A0014| 남| 63|    미혼|  대구|  공무원|        1500|    2006|        C|
|    A0015| 남| 45|    미혼|  충남|프리랜서|        1700|    2012|        F|
|    A0017| 남| 48|    미혼|  충북|프리랜서|        1000|    2010|        B|
|    A0018| 여| 70|    기혼|  경북|개인사업|        2000|    2004|        H|
|    A0019| 남| 32|    기혼|  인천|    주부|        1700|    2004|        C|
|    A0020| 남| 65|    기혼|  대구|    주부|        3500|    2009|        F|
|    A0021| 여| 22|    기혼|  대구|  전문직|        2000|    2001|        A|
+---------+---+---+--------+------+--------+------------+--------+---------+
only showing top 20 rows
```

그림 6.63 스파크-SQL을 이용한 조회 결과 출력

04. Age가 18세 이상으로 정제된 데이터셋을 하이브의 Managed 테이블인 SmartCar_Master_Over18에 별도로 저장한다.

```
$ scala> smartcar_master_df.write.saveAsTable("SmartCar_Master_Over18")
```

05. 휴의 [Query 편집기] → [Hive]로 이동해서 스파크-SQL에서 만든 테이블인 SmartCar_Master_Over18가 생성됐는지 확인해 보고 SmartCar_Master_Over18에 "Age > 18"에 해당하는 데이터만 존재하는지 하이브 QL로 조회해 본다.

- Select * from SmartCar_Master_Over18 where Age > 18 limit 10

06. 표 6.6은 동일 쿼리를 파일럿 환경의 하이브와 스파크에서 각각 실행했을 때 수행 시간을 비교한 결과다. 개인 PC의 가상 환경에서 실행한 결과지만 인메모리 기반의 스파크가 3배 이상 빠른 응답 속도로 측정됐다.

- **실행 쿼리:** select * from SmartCar_Master_Over18 where age > 30 and sex = '남'

표 6.6 파일럿 환경에서 하이브 vs. 스파크 성능 비교

	Client	수행시간	환경
Hive	Hue > Hive Editor	62 Sec	- OS: 가상화 리눅스 x 3 - CPU: i7
Spark	Spark-Shell > Spark-SQL	20 Sec	- Mem: 16G - H/D: 256 GB - Hadoop: DataNode x 3

> **저사양 파일럿 환경:** 스파크 서비스를 정지시킨다.
> - **스파크 서비스:** CM 홈 → [Spark] → [정지]

6.6 탐색 파일럿 실행 4단계 – 데이터 탐색 기능 구현 및 테스트

이번에는 앞에서 배운 탐색 기술들을 이용해 데이터 마트를 만들어 보겠다. 주로 External에 적재된 데이터를 Managed로 통합하는 하이브 QL이 이용되며, 일련의 작업들을 우지의 워크플로로 정의해 배치 잡으로 실행한다. 총 5개 주제 영역에 대한 데이터 마트를 구성하며, 5개의 우지 워크플로를 휴의 Job Designer에서 만든다. 참고로 실제 환경에서는 Data Warehouse와 Mart 영역을 단계별로 분리 구성하지만 파일럿 프로젝트의 특성상 하나의 단계로 통합해 진행한다.

- **주제 영역 1**: 스마트카 상태 모니터링 정보

- **주제 영역 2**: 스마트카 운전자 운행기록 정보

- **주제 영역 3**: 이상 운전 패턴 스마트카 정보

- **주제 영역 4**: 긴급 점검이 필요한 스마트카 정보

- **주제 영역 5**: 운전자의 차량용품 구매 이력 정보

표 6.7 탐색 단계의 5가지 주제 영역

	주제 영역 1	주제 영역 2	주제 영역 3	주제 영역 4	주제 영역 5
주제 영역	스마트카 상태 모니터링 정보	스마트카 운전자 운행 기록 정보	이상 운전 패턴 스마트카 정보	긴급 점검이 필요한 스마트카 정보	운전자의 차량용품 구매 이력 정보
이용할 테이블	스마트카 마스터 데이터(SmartCar_Master_Over18) 스마트카 상태 정보 데이터(SmartCar_Status_Info)	스마트카 마스터 데이터(SmartCar_Master_Over18) 스마트카 운전자 운행 데이터(SmartCar_Drive_Info_2)	스마트카 운전자 운행기록 정보(Managed_SmartCar_Drive_Info)	스마트카 상태 모니터링 정보(Managed_SmartCar_Status_Info)	스마트카 마스터 데이터(SmartCar_Master_Over18) 스마트카 차량용품 구매 이력 데이터(SmartCar_Item_BuyList)
워크플로 이름	Subject 1 – Workflow	Subject 2 – Workflow	Subject 3 – Workflow	Subject 4 – Workflow	Subject 5 – Workflow
스케줄러 이름	Subject 1 – Coordinator	Subject 2 – Coordinator	Subject 3 – Coordinator	Subject 4 – Coordinator	Subject 5 – Coordinator
수행 주기	01:00 / 1Day	02:00 / 1Day	03:00 / 1Day	04:00 / 1Day	05:00 / 1Day
생성할 Mart 테이블	Managed_SmartCar_Status_Info	Managed_SmartCar_Drive_Info	Managed_SmartCar_Symptom_Info	Managed_SmartCar_Emergency_Check_Info	Managed_SmartCar_Item_BuyList_Info

스마트카 상태 정보 데이터 생성 _ ⌨ 실습

로그 시뮬레이터를 이용해 오늘 날짜의 "스마트카 상태 정보 데이터"를 생성한다. 필자의 경우 로그 시뮬레이터를 작동시킨 날짜가 2020년 3월 22일이었고 100대의 스마트카를 지정했다. 독자들도 파일럿 프로젝트를 수행하는 시점의 날짜를 반드시 입력하고 사용하기 바란다. 우선 로그 시뮬레이터가 설치돼 있는 Server02에 SSH를 통해 접속하고 다음 명령어들을 실행해 본다.

> **저사양 파일럿 환경:** 플럼 서비스를 시작한다.
>
> - **플럼 서비스:** CM 홈 → [Flume] → [시작]

```
$ cd /home/pilot-pjt/working
$ java -cp bigdata.smartcar.loggen-1.0.jar com.wikibook.bigdata.smartcar.loggen.CarLogMain
  20200322 100 &
```

/home/pilot-pjt/working/SmartCar/의 위치에 SmartCarStatusInfo_20200322(실행일).txt
파일이 100MB 파일 크기로 생성된 것을 확인한 후, 로그 시뮬레이터를 종료한다.

```
$ cd /home/pilot-pjt/working/SmartCar/
$ ls -ltrh SmartCarStatusInfo_20200322.txt
$ ps -ef | grep smartcar.log
$ kill -9 [pid]
```

스마트카 상태 정보 데이터 적재 _ ⌨ 실습

스마트카 상태 정보 데이터를 플럼의 수집 디렉터리로 옮긴다. 플럼이 수집 작업을 시작한다.

```
$ mv /home/pilot-pjt/working/SmartCar/SmartCarStatusInfo_20200322.txt /home/pilot-pjt/working/
  car-batch-log/
```

플럼이 수집해서 하둡에 적재 완료되기까지 약 5~10여 분의 시간이 걸린다.

스마트카 상태 정보 데이터 적재 확인 _ ⌨ 실습

오늘 날짜의 스마트카 상태 정보가 HDFS에 정상적으로 적재됐는지 확인한다.

```
$ hdfs dfs -ls -R /pilot-pjt/collect/car-batch-log/
```

크기가 각각 65MB, 52MB인 두 개의 파일이 HDFS에 만들어져 있어야 한다. wrk_date=20200322
디렉터리 아래에 .tmp인 파일이 있으면 아직 플럼에서 적재 중이니 완료될 때까지 기다린다.

스마트카 운전자 운행 로그 생성 _ ⌨ 실습

이번에는 로그 시뮬레이터를 이용해 오늘 날짜로 100대의 "스마트카 운전자의 운행 데이터"를 생성
한다. 플럼, 카프카, 스톰, 레디스, Hbase 서버가 정상 상태인지 먼저 확인하도록 한다. 특히 스톰
의 경우 자동 스타트가 안 되는 경우가 많으니 스톰의 Nimbus와 Supervisor의 기동 상태를 꼭 확
인해 본다.

저사양 파일럿 환경: 아래 서비스들이 정지돼 있다면 시작시킨다.

- **플럼 서비스:** CM 홈 → [Flume] → [시작]

- **카프카 서비스:** CM 홈 → [Kafka] → [시작]

- **스톰 서비스:** Server02에 SSH로 접속해 다음 명령을 실행

  ```
  $ service storm-nimbus start
  $ service storm-supervisor start
  $ service storm-ui start
  ```

- **레디스 서비스:** Server02에 SSH로 접속해 다음 명령을 실행

  ```
  $ service redis_6379 start
  ```

- **HBase 서비스:** CM 홈 → [HBase] → [시작]

수집/적재 기능이 모두 정상이면 스마트카의 실시간 운행 로그 데이터를 다음 명령으로 생성한다. 아래 명령의 "20200322"는 필자가 실행시킨 시점의 날짜다. 각자의 실행 날짜로 바꿔 설정한다.

저사양 파일럿 환경: 스마트카 대수를 10 이하로 조정한다.

저사양 환경에서 스마트카 100대로 시뮬레이션 하면, 서버에서 병목 현상과 타임아웃 등의 문제가 발생할 수 있다. 이를위해 스마트카 대수 옵션을 10 이하로 설정한다.

```
$ cd /home/pilot-pjt/working
$ java -cp bigdata.smartcar.loggen-1.0.jar com.wikibook.bigdata.smartcar.loggen.DriverLogMain 20200322 100 &
```

스마트카 운전자의 운행 로그 확인 _ ⌨ 실습

실시간 운행 로그 데이터가 정상적으로 생성됐는지 확인한다. /home/pilot-pjt/working/driver-realtime-log/에 SmartCarDriverInfo.log 파일이 생성됐을 것이다. 로그는 24시간을 기준으로 지속적으로 생성된다. tail 명령으로 실시간 로그가 계속 기록되는지 확인해 보자.

```
$ cd /home/pilot-pjt/working/driver-realtime-log
$ tail -f SmartCarDriverInfo.log
```

스마트카 운전자의 운행 데이터 적재 확인 _ ⌨ 실습

오늘 날짜의 모든 운행 데이터가 HBase에 정상적으로 적재됐는지 휴를 통해 확인해 보자.

휴에 접속해 [좌측 메뉴 펼치기] → [HBase] → [DriverCarInfo] 테이블을 선택해 실행일자("2020 0322")의 운행 데이터가 생성됐는지 확인한다. HBase 브라우저 검색에 실행 일자를 역변환한 로우키의 prefix "00000022300202"를 입력하면 등록된 로우키 목록이 자동 완성되어 나타난다. 이 가운데 아무 로우키나 선택하고 뒤에 콤마(",")를 입력하고 [검색] 버튼을 클릭하면 해당 로우키 스마트카 운전자의 실시간 운행 정보가 HBase에서 조회된다.

그림 6.63.1 HBase 브라우저로 적재 데이터 확인

레디스 CLI를 실행해 오늘 날짜로 과속한 스마트카 차량 정보를 확인한다. 로그 시뮬레이터 상황에 따라 아직 과속 차량이 발생하지 않았을 수도 있다.

```
$ redis-cli
$ 127.0.0.1:6379> smembers 20200322
```

과속 차량이 3대 이상 발견되면 스마트카 운전자에 대한 운행 로그 시뮬레이터도 종료시킨다. 앞서 실행했던 스마트카 상태 정보 로그 시뮬레이터도 강제로 종료한다.

```
$ ps -ef | grep smartcar.log
$ kill -9 [pid] [pid]
```

저사양 파일럿 환경: 수집/적재 기능을 정지시킨다.

- **플럼 서비스**: CM 홈 → [Flume] → [정지]
- **카프카 서비스**: CM 홈 → [Kafka] → [정시]
- **스톰 서비스**: Server02에 SSH로 접속한 후 다음 명령을 실행

```
$ service storm-ui stop
$ service storm-supervisor stop
$ service storm-nimbus stop
```

- **레디스 서비스:** Server02에 SSH로 접속한 후 다음 명령을 실행

    ```
    $ service redis_6379 stop
    ```

- **HBase 서비스:** CM 홈 → [HBase] → [정지]

주제 영역 1. 스마트카 상태 정보 모니터링 – 워크플로 작성 _ ⌨ 실습

현재 하이브의 External에는 2020년 03월 22일 날짜로 "스마트카 상태 정보 데이터"가 적재돼 있다. 이 데이터를 우지 워크플로를 이용해 Managed 영역으로 매일 옮기고, 이때 "스마트카 마스터 데이터"와 Join을 통해 데이터를 통합하는 작업을 한다. 워크플로의 하이브 작업에 사용될 하이브 QL은 C://예제소스/bigdata2nd-master/CH06/HiveQL/ 경로에서 확인할 수 있다.

> **저사양 파일럿 환경:** 우지 서비스를 시작한다.
>
> - **우지 서비스:** CM 홈 → [Oozie] → [시작]

01. 주제 영역 1에서 사용할 작업 디렉터리를 만든다.

- 휴의 좌측 드롭박스 메뉴에서 [문서] 메뉴를 선택해 내 문서 기능을 실행한다.

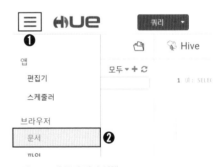

그림 6.64 내 문서 관리 실행

- 하이브 스크립트 파일을 저장하기 위한 작업 폴더를 "workflow"라는 이름으로 생성한다.

그림 6.65 작업 폴더 생성

- workflow 폴더 밑에 하위 작업 폴더로 "hive_script"를 추가로 생성한다(그림 6.66 참고).

- hive_script 폴더 밑에 하위 작업 폴더로 "subject1"을 생성한다.

- hive_script 폴더 밑에 나머지 주제 영역에서도 사용할 subject2, subject3, subject4, subject5 폴더를 각각 생성한다.

그림 6.66 주제 영역에 사용할 디렉터리 생성

02. 주제 영역 1에서 사용할 하이브 스크립트 파일 3개를 만든다. 먼저 내 문서에서 /workflow/hive_script/subject1 위치로 이동한다. [새 문서] → [Hive 쿼리]를 선택한다.

그림 6.67 주제 영역 1에 사용할 하이브 파일 생성

03. 하이브 쿼리를 작성할 수 있는 에디터가 그림 6.68처럼 활성화된다.

그림 6.68 하이브 쿼리 에디터

04. 하이브 에디트 창에 그림 6.69처럼 "Create Table.." DDL 문장을 입력하고 상단의 [저장] 버튼을 클릭한다. 파일명 입력창이 나타나면 파일명을 "create_table_managed_smartcar_status_info.hql"로 입력하고 [Save] 버튼을 클릭한다. 하이브 QL은 C://예제소스/bigdata2nd-master/CH06/HiveQL/그림-6.69.hql로 제공되므로 참고한다.

```
1  create table if not exists Managed_SmartCar_Status_Info (
2  car_number string,
3  sex string,
4  age string,
5  marriage string,
6  region string,
7  job string,
8  car_capacity string,
9  car_year string,
10 car_model string,
11 tire_fl string,
12 tire_fr string,
13 tire_bl string,
14 tire_br string,
15 light_fl string,
16 light_fr string,
17 light_bl string,
18 light_br string,
19 engine string,
20 break string,
21 battery string,
22 reg_date string
23 )
24 partitioned by( biz_date string )
25 row format delimited
26 fields terminated by ','
27 stored as textfile;
```

그림 6.69 주제 영역 1에 사용할 하이브 테이블 쿼리 작성

그림 6.69의 하이브 CREATE TABLE 문은 하이브의 Managed 영역에 주제 영역 1에 대한 Mamaged_SmartCar_Status_Info라는 테이블을 만든다. 첫 줄에 "if not exists"라는 절을 이용해 테이블이 없으면 만들고 이미 있으면 무시하게 한다. 칼럼을 보면 기존 External 영역에서 만든 SmartCar_Status_Info 테이블 칼럼과 SmartCar_Master 테이블의 칼럼이 합쳐져 있는 것을 확인할 수 있다.

05. 계속해서 내 문서 /workflow/hive_script/subject1의 위치에 두 번째 하이브 스크립트 파일을 만들어 본다. subject1 디렉터리에서 [새 문서] → [Hive 쿼리]를 선택한다.

06. 하이브 에디트 창에 External의 SmartCar_Status_Info 테이블에 작업 일자(오늘 날짜)를 기준으로 파티션 정보를 추가하는 스크립트를 작성한 후 저장한다. 파일 이름 입력창이 나타나면 이름을 "alter_partition_smartcar_status_info.hql"로 입력하고 [Save] 버튼을 클릭한다.

```
1  alter table SmartCar_Status_Info add if not exists partition(wrk_date='${working_day}');
```

그림 6.70 주제 영역 1에 사용할 파티션 생성

그림 6.70의 ALTER 쿼리를 보면 SmartCar_Status_Info 테이블에 wrk_date(작업일 또는 수집일) 필드를 기준으로 동적 파티션값(${working_day})이 사용되는데, 해당 값은 우지 예약 작업의 매개변수인 "today"에 할당된 값으로부터 가져올 것이다. Today 매개변수에 대한 설명은 다음의 예약 작업 설정 단계에서 설명한다.

07. 내 문서의 /workflow/hive_script/subject1 위치에 세 번째 하이브 스크립트 파일을 만든다. [새 문서] → [Hive 쿼리]를 선택한다.

08. 하이브 에디트 창이 활성화되면 먼저 동적 파티션을 생성하기 위한 하이브 환경변수 값을 설정해야 한다. 동적 파티션은 지정된 특정 필드값을 기준으로 자동 파티션되는 기능인데, 다음의 옵션을 반드시 지정해야 한다.

- set hive.exec.dynamic.partition = true;
- set hive.exec.dynamic.partition.mode = nonstrict;

동적 파티션 설정에 이어서 External 영역에 생성돼 있는 두 테이블인 SmartCar_Master_Over18과 SmartCar_Status_Info를 조인해서 조회된 데이터를 앞서 만든 Managed 테이블인 Managed_SmartCar_Status_Info에 삽입하는 하이브 스크립트를 작성하고 [저장] 버튼을 클릭한다. 파일명은 "insert_table_managed_smartcar_status_info.hql"로 지정한다.

```
 Hive      ↺    Add a name...   Add a description...      ⮑   💾   ⋮

 1  set hive.exec.dynamic.partition=true;
 2  set hive.exec.dynamic.partition.mode=nonstrict;
 3
 4  insert overwrite table Managed_SmartCar_Status_Info partition(biz_date)
 5  select
 6    t1.car_number,
 7    t1.sex,
 8    t1.age,
 9    t1.marriage,
10    t1.region,
11    t1.job,
12    t1.car_capacity,
13    t1.car_year,
14    t1.car_model,
15    t2.tire_fl,
16    t2.tire_fr,
17    t2.tire_bl,
18    t2.tire_br,
19    t2.light_fl,
20    t2.light_fr,
21    t2.light_bl,
22    t2.light_br,
23    t2.engine,
24    t2.break,
25    t2.battery,
26    t2.reg_date,
27    substring(t2.reg_date, 0, 8) as biz_date
28  from  SmartCar_Master_Over18 t1 join SmartCar_Status_Info t2
29  on t1.car_number = t2.car_number and t2.wrk_date = '${working_day}';
```

그림 6.71 주제 영역 1의 Managed 테이블에 데이터를 생성하는 쿼리 작성

그림 6.71의 하이브 쿼리에서 SmartCar_Master_Over18 테이블은 6.5장에서 스파크-SQL로 조회했던 결과를 저장한 테이블이다.

09. 상단의 쿼리 콤보박스에서 [스케줄러] → [Workflow]를 선택해서 실행할 워크플로를 만든다(좌측 드롭박스 메뉴의 [스케줄러]를 선택해도 된다).

그림 6.72 휴의 워크플로 생성

10. 첫 번째 작업으로 주제 영역 1의 데이터를 관리하기 위해 Managed 영역에 하이브 테이블을 만드는 작업을 추가한다. 워크플로의 작업 툴 박스에서 "Hive 쿼리(HiveServer2 스크립트)" 작업을 워크플로의 첫 번째 작업 노드에 드래그 앤드 드롭한다.

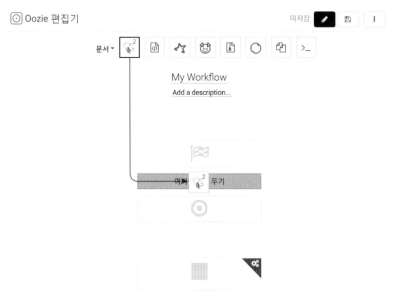

그림 6.73 Hive 쿼리 작업 생성

11. 사용할 Hive 쿼리 스크립트 파일을 선택한다. 앞 단계에서 만든 내 문서의 /workflow/hive_script/subject1에 만들어 놓은 create_table_managed_smartcar_statis_info.hql을 선택한 후 [추가] 버튼을 누른다.

그림 6.74 Hive 쿼리 작업 파일 선택

12. 두 번째 작업으로 데이터를 가져올 External 영역의 SmartCar_Status_Info 테이블에 오늘 날짜로 파티션 정보를 설정하는 하이브 작업을 만든다. 워크플로의 작업 툴박스에서 "Hive 쿼리" 작업을 워크플로의 두 번째 작업 노드에 드래그 앤드 드롭한다.

그림 6.75 Hive 쿼리 작업 생성

13. 사용할 Hive 쿼리 스크립트 파일을 선택한다. 앞 단계에서 만든 내 문서의 /workflow/hive_script/subject1에 만들어 놓은 alter_partition_smartcar_status_info.hql을 선택한 후, [추가] 버튼을 클릭한다.

그림 6.76 Hive 쿼리 작업 파일 선택

14. 그림 6.71의 하이브 스크립트 안에서 정의한 작업일자(수집일자) 매개변수인 ${working_day}의 값을 그림 6.77의 워크플로 매개변수와 연결한다. 이때 working_day 매개변수에 ${today}를 설정하는데, 이 값은 잠시 후 우지의 예약 스케줄러에서 정의해 등록한다.

- working_day=${today}

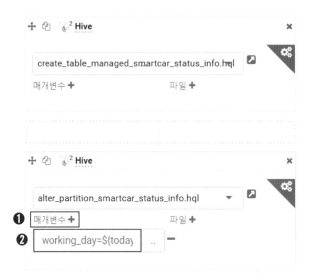

그림 6.77 Hive 쿼리 작업의 매개변수 설정

working_day의 값으로는 워크플로가 실행되는 시점에 YYYYMMDD 형식의 날짜값이 들어올 것이다. 만약 임의의 값을 강제로 설정하고 싶다면 "working_day=20200301"처럼 "20200301"을 직접 입력하면 된다.

15. 마지막 작업으로 첫 번째 작업에서 만든 Managed_SmartCar_Status_Info 테이블에 데이터를 저장하기 위한 하이브 작업을 만든다. 워크플로의 작업 툴박스에서 "Hive 쿼리" 작업을 워크플로의 네 번째 작업 노드에 드래그 앤 드롭한다.

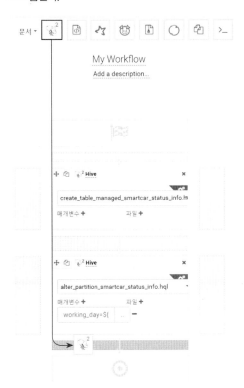

그림 6.78 Hive 쿼리 작업 생성

16. 사용할 Hive 쿼리 스크립트 파일을 선택한다. 앞 단계에서 만든 내 문서의 /workflow/hive_script/subject1에 있는 insert_table_managed_smartcar_status_info.hql을 선택한 후, [추가] 버튼을 클릭한다.

그림 6.79 Hive 쿼리 작업 파일 선택

17. 이번에도 하이브 스크립트 안에서 정의한 작업일자(수집일자) 매개변수인 ${working_day}의 값을 워크플로의 매개변수와 연결한다. working_day 매개변수에 ${today}를 설정하는데 이 값은 잠시 후 우지의 예약 작업의 Scheduler 설정 단계에서 정의한다.

   ▪ working_day = ${today}

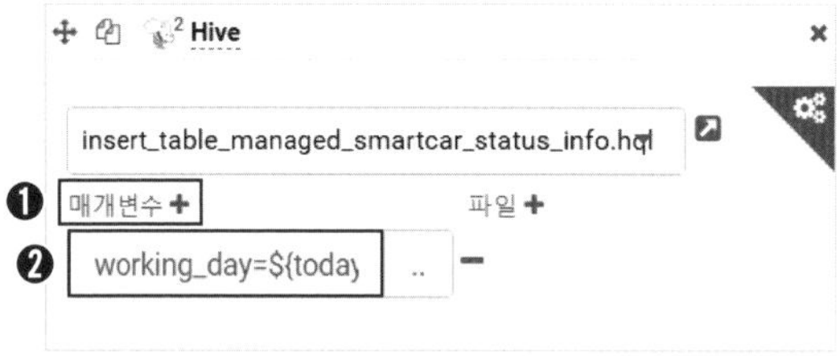

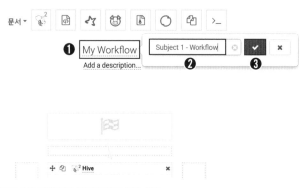

   그림 6.80 Hive 쿼리 작업의 매개변수 설정

18. 워크플로의 이름을 지정한다. 워크플로 상단의 "My Workflow"를 클릭하고, "Subject 1 – Workflow"로 변경한 후 [확인] 버튼을 클릭한다.

   그림 6.81 주제 영역 1의 워크플로 이름 설정

19. 워크플로 작성을 완료한다. 우측 상단의 [저장] 버튼을 누른다.

   그림 6.82 주제 영역 1 워크플로 저장 및 완료

20. 이제 작성한 워크플로를 작동하기 위한 예약 작업을 생성한다. 그림 6.83처럼 상단의 쿼리 콤보박스에서 [스케줄러] → [예약]을 선택한다.

그림 6.83 휴의 예약 작업 생성

21. 예약 작업의 이름을 "Subject 1 – 예약"으로 입력한다.

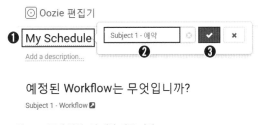

그림 6.84 주제 영역 1의 예약 이름 지정

22. 예약 작업에서 사용할 워크플로를 선택한다. 앞서 만든 주제 영역 1의 워크플로인 "Subject 1 – Workflow"를 선택한다.

그림 6.85 주제 영역 1의 예약 작업에서 작동시킬 워크플로 선택

23. 예약 작업의 워크플로를 주기적으로 실행하기 위한 일종의 배치 잡 스케줄러다. 그림 6.86처럼 스케줄러 실행 주기와 옵션 값을 설정한다. 시작일자와 종료일자는 파일럿 프로젝트 실습일자에 맞춰 입력한다.

간격은 얼마입니까?

다음 마다 일 다음에서 1 : 0

◈ 숨기기

☐ 고급 구문

시간대 Asia/Seoul ▾

원본 📅 2020-03-23 🕐 00:00

-> 📅 2020-12-31 🕐 23:59

그림 6.86 주제 영역 1 예약 작업의 작동 스케줄링 설정

그림 6.86의 설정에 대한 워크플로의 스케줄링 내용은 다음과 같다.

- **실행 간격:** 매일, 01시
- **시작 일자:** 2020년 03월 23일, 00시 00분
- **종료 일자:** 2020년 12월 31일, 23시 59분
- **시간대:** Asia/Seoul

위 설정은 2020년 03월 23일부터 2020년 12월 31일까지, 매일 새벽 01시에 예약 작업과 연결돼 있는 워크플로가 작동한다. 참고로 이번 파일럿 프로젝트에서 5개의 주제 영역에 대한 예약 작업을 60분 간격으로 등록할 것이다.

Tip _ 워크플로 즉시 실행하기

그림 6.86의 설정대로라면 익일 새벽 1시가 돼서야 워크플로의 작동 여부를 확인할 수 있다. 테스트를 위해 워크플로를 즉시 실행할 수 있는 좀 더 쉬운 방법이 있는데, [내 문서]에서 실행할 워크플로를 선택하고 들어가 상단의 [수정] 버튼을 클릭하고 매개변수의 작업 일자(매개변수: working_day=YYYYMMDD)를 그림 6.87처럼 독자의 파일럿 상황에 맞춰 직접 입력한 후 상단의 [저장] → [제출] 버튼을 차례로 누르면 워크플로가 즉시 실행된다. 매개변수 설정이 필요없는 워크플로는 곧바로 [저장] → [제출]을 선택하면 된다.

매개변수의 작업 일자는 아래의 내용을 참고해 입력 한다.

- 주제영역1: 플럼이 하둡에 적재한 날짜

※ 진행중인 파일럿 프로젝트의 적재 작업일자 값으로, 모를경우 하둡 적재경로인

"/pilot-pjt/collect/car-batch-log/wrk_date=YYYYMMDD"에 디렉토리의 날짜값을 참고 한다. 아래 명령으로 확인할 수 있다.

$ hdfs dfs -ls -R /pilot-pjt/collect/car-batch-log/

- 주제영역2: 스마트카 시뮬레이션 날짜(로그시뮬레이터 실행시 설정한 날짜로, 책기준 "20200322" 입력)

- 주제영역3: 스마트카 시뮬레이션 날짜(로그시뮬레이터 실행시 설정한 날짜로, 책기준 "20200322" 입력)

- 주제영역4: 스마트카 시뮬레이션 잘짜(로그시뮬레이터 실행시 설정한 날짜로, 책기준 "20200322" 입력)

- 주제영역5: 미사용

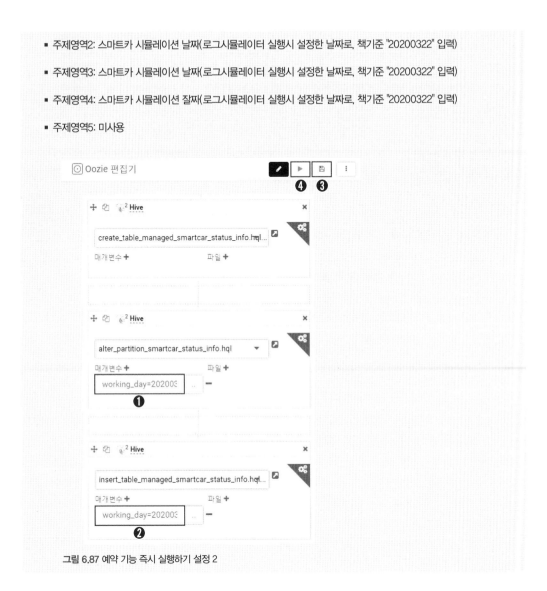

그림 6.87 예약 기능 즉시 실행하기 설정 2

24. 워크플로에서 사용할 매개변수인 today 값을 설정한다.

매개 변수

| working_day | | 매개변수 ▾ | ${coord:formatTime(coord:dateTzOffset(coord:nominalTime(), 'Asia/Seoul'), yyyyMMdd')} | ⁻ |

✚ 매개변수 추가

그림 6.88 주제 영역 1 예약 작업의 수행일자 매개변수 설정

앞서 워크플로의 하이브 작업에서 작업일자(수집일자) 매개변수를 "working_day=${today}"로 등록했다. today의 값을 예약 작업의 내장 함수를 통해 다음과 같이 설정한다.

```
${coord:formatTime(coord:dateTzOffset(coord:nominalTime(), "Asia/Seoul"), 'yyyyMMdd')}
```

25. 우지의 예약 작업 설정이 모두 끝났다. [저장] 버튼을 누르고 작성을 완료한다.

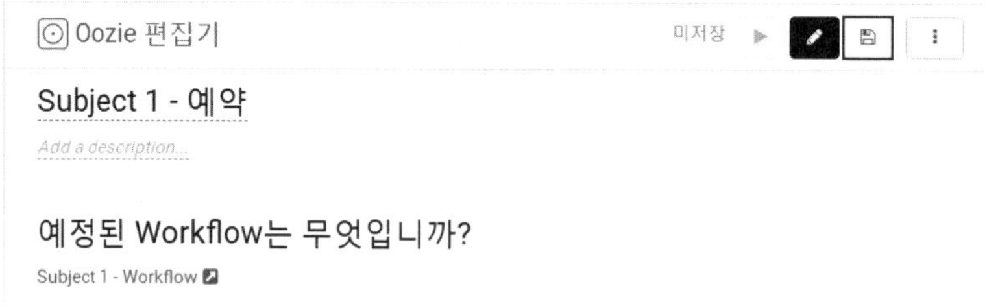

그림 6.89 주제 영역 1의 예약 기능 저장 및 완료

26. 작성이 완료된 예약 작업을 우측 상단의 [제출] 버튼을 클릭해 실행한다.

그림 6.90 주제 영역 1의 예약 기능 제출 및 실행

27. 제출된 예약 작업 상태를 확인해 본다. 우측 상단의 [Job] 버튼을 클릭하고 잡 브라우저에서 [일정]을 선택한다. 앞서 등록한 "Subject 1 – 예약"이 설정한 스케줄러 시간에 따라 "PREP(준비)", "Running(실행)" 상태 등으로 표기되며, 매일 새벽 01시가 되면 등록된 워크플로가 작동하게 된다.

그림 6.91 예약 기능 모니터링 1

28. 잡 브라우저에서는 등록된 잡의 현황, 진행 상태, 처리 이력과 결과 등을 확인할 수 있다.

그림 6.92 잡 브라우저 모니터링

특정 워크플로가 실행 중일 때는 그림 6.93처럼 작업 진행 상태를 프로그레스바로 곧바로 확인할 수 있다.

그림 6.93 실행 중인 워크플로 모니터링

예약된 작업들이 활성화되어 실행될 때는 우측 상단에 [Job Browser]의 버튼 우측에 실행 중인 잡의 개수가 표시된다. [작업 미리보기]를 클릭하면 실행 중이거나 종료된 잡의 상세 정보를 확인할 수 있다.

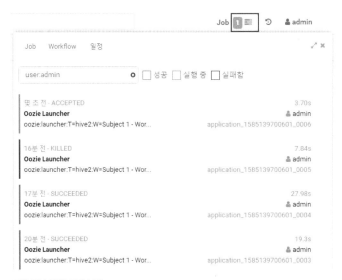

그림 6.94 작업 미리 보기

29. "Subject 1 – Workflow"가 정상적으로 작동했으면, 휴의 Hive Editor로 이동해서 그림 6.95와 같이 하이브 QL을 작성해서 실행한다. "biz_date=20200322"의 날짜는 독자들의 파일럿 환경의 실행 일자에 맞춰 입력해야 한다.

참고로 워크플로를 통해 만들어지는 managed_smartcar_status_info 같은 테이블이 하이브 편집기에서 곧바로 표기되지 않아 하이브 편집기에서 해당 테이블 관련 쿼리를 실행할 때 에러가 발생할 수 있다. 이때는 하이브 테이블 목록 상단의 [새로고침] 버튼을 클릭해 테이블 목록을 새롭게 갱신한다.

```
1 select * from managed_smartcar_status_info
2 where biz_date = '20200322' limit 10
```

그림 6.95 주제 영역 1 워크플로의 실행 결과 확인 1

실행 결과는 다음과 같다. 가장 우측 열의 biz_date 칼럼에 날짜가 "20200322"인 것을 확인할 수 있다.

	tatus_info.battery	managed_smartcar_status_info.reg_date	managed_smartcar_statu
1		20200322000000	20200322
2		20200322000004	20200322
3		20200322000008	20200322
4		20200322000012	20200322
5		20200322000016	20200322

그림 6.96 주제 영역 1 워크플로의 실행 결과 확인 2

30. 한번 등록한 예약 작업은 종료 기간까지 계속 활성화된 상태로 남아 있게 되어 파일럿 환경의 리소스를 차지하게 된다. 파일럿 환경에서는 매일 워크플로가 실행될 필요가 없으니 실행 및 테스트가 끝난 작업은 휴 좌측 드롭박스 메뉴의 [Job] → [일정]을 선택해 실행 중인 예약 작업들을 모두 중지시킨다.

주제 영역 2. 스마트카 운전자 운행 기록 정보 – 워크플로 작성 _ ⌨ 실습

주제 영역 2부터는 많은 부분이 주제 영역 1과 유사한 작업이 반복되므로 지면상 약식으로 진행한다. 이번 장의 워크플로 작성이 어렵게 느껴지는 독자의 경우 주제 영역 1을 다시 한번 꼼꼼히 살펴보기 바란다.

이번 주제 영역 2의 워크플로는 2020년 03월 22일자로 HBase의 테이블에 적재된 "스마트카 운전자의 운행 데이터"를 우지 워크플로를 이용해 하이브의 Managed 영역인 Mart 테이블로 매일 이동시키는 프로세스다. 기억을 되살려 보면 HBase에 적재된 "스마트카 운전자 운행 데이터"는 하이브의 HBase 핸들러라는 것을 이용해 하이브의 테이블(SmartCar_Drive_Info)에 연결해서 하이브의 조회로 확인이 가능했다. 이를 이용해 "스마트카 운전자 운행 데이터"와 "스마트카 마스터 데이터"를 조인해서 좀 더 확장된 스마트카 운전자 운행 데이터를 만든다. 워크플로의 하이브 작업에 사용되는 하이브 QL은 C://예제소스/bigdata2nd-master/CH06/HiveQL/의 경로에서 제공되므로 필요 시 해당 파일을 열어 참고한다.

> **저사양 파일럿 환경:** HBase 서비스를 시작한다.
>
> - **HBase 서비스:** CM 홈 → [HBase] → [시작]

01. 휴의 좌측 드롭박스 메뉴에서 [문서]를 선택해 [내 문서]에 생성해 놓은 주제 영역 2의 작업 디렉터리로 이동한다.

- 휴 내 문서: /workflow/hive_script/subject2

02. 주제 영역 2에서는 사용할 하이브 스크립트 파일 4개를 작성한다. 먼저 내 문서의 /workflow/hive_script/subject2로 이동해서 우측 상단의 [새 문서] → [Hive 쿼리]를 클릭한다.

03. 스마트카 운전자의 운행 기록을 저장하기 위한 CREATE TABLE 스크립트를 작성하고, 상단의 [저장] 버튼을 클릭해 파일 이름을 "create_table_smartcar_drive_info_2.hql"로 입력한 후 저장한다.

```
create external table if not exists SmartCar_Drive_Info_2 (
  r_key string,
  r_date string,
  car_number string,
  speed_pedal string,
  break_pedal string,
  steer_angle string,
  direct_light string,
  speed string,
  area_number string
)
partitioned by( wrk_date string )
row format delimited
fields terminated by ','
stored as textfile
location '/pilot-pjt/collect/drive-log/'
```

그림 6.97 주제 영역 2의 운행 기록을 관리하기 위한 하이브 테이블 생성 쿼리

그림 6.97의 SmartCar_Drive_Info_2 테이블은 HBase의 테이블에 연결된 SmartCar_Driver_Info 데이터를 하이브 테이블로 재구성하기 위해 생성한 테이블이다.

04. 계속해서 내 문서의 /workflow/hive_script/subject2에 두 번째 하이브 스크립트 파일을 만들어 본다. subject2 디렉터리에서 [새 문서] → [Hive 쿼리]를 클릭한다.

05. 하이브 에디터 창이 활성화되면 Hbase의 테이블에 연결된 SmartCar_Drive_Info 테이블로부터 "2020년 03월 22일"에 발생한 운행 데이터를 조회해서 하이브 테이블인 SmartCar_Drive_Info_2에 등록하기 위한 동적 파티션 설정과 쿼리를 작성한다. 상단의 [저장] 버튼을 클릭하고 파일 이름은 "insert_table_smartcar_drive_info_2.hql" 로 입력하고 저장한다.

- set hive.exec.dynamic.partition=true;

- set hive.exec.dynamic.partition.mode=nonstrict;

```
 1  set hive.exec.dynamic.partition=true;
 2  set hive.exec.dynamic.partition.mode=nonstrict;
 3
 4  insert overwrite table SmartCar_Drive_Info_2 partition(wrk_date)
 5  select
 6    r_key ,
 7    r_date ,
 8    car_number ,
 9    speed_pedal ,
10    break_pedal ,
11    steer_angle ,
12    direct_light ,
13    speed ,
14    area_number ,
15    substring(r_date, 0, 8) as wrk_date
16  from SmartCar_Drive_Info
17  where substring(r_date, 0, 8) = '${working_day}';
```

그림 6.98 주제 영역 2의 운행 데이터 생성 하이브 쿼리

06. 내 문서의 /workflow/hive_script/subject2에 세 번째 하이브 스크립트 파일을 만든다. subject2 디렉터리에서 [새 문서] → [Hive 쿼리]를 클릭한다.

07. 하이브 에디트 창이 활성화되면 하이브의 Managed 영역에 운행 데이터를 저장하기 위한 테이블 생성 스크립트 를 작성하고 저장한다. 파일 이름은 "create_table_managed_smartcar_drive_info.hql"로 지정한다. 아래 그림 6.99를 자세히 보면 "스마트카 마스터" 데이터와 "스마트카 운전자의 운행" 데이터가 결합된 테이블로 생성하는 것 을 확인할 수 있다.

그림 6.99 주제 영역 2의 Managed 테이블 생성 하이브 쿼리

08. 마지막으로 내 문서의 /workflow/hive_script/subject2에 네 번째 하이브 스크립트 파일을 만든다. subject2 디렉터리에서 [새 문서] → [Hive 쿼리]를 클릭한다.

09. 하이브 에디트 창이 활성화되면 "스마트카 운전자 운행" 데이터와 "스마트카 마스터" 데이터를 조인한 후, 삽입하는 하이브 스크립트를 동적 파티션 설정과 함께 작성한다. 파일 이름을 "insert_table_managed_smartcar_drive_info.hql"로 입력해 저장한다.

- set hive.exec.dynamic.partition=true;
- set hive.exec.dynamic.partition.mode=nonstrict;

```
1  set hive.exec.dynamic.partition=true;
2  set hive.exec.dynamic.partition.mode=nonstrict;
3
4  insert overwrite table Managed_SmartCar_drive_Info partition(biz_date)
5  select
6    t1.car_number,
7    t1.sex,
8    t1.age,
9    t1.marriage,
10   t1.region,
11   t1.job,
12   t1.car_capacity,
13   t1.car_year,
14   t1.car_model,
15   t2.speed_pedal,
16   t2.break_pedal,
17   t2.steer_angle,
18   t2.direct_light ,
19   t2.speed ,
20   t2.area_number ,
21   t2.r_date,
22   substring(t2.r_date, 0, 8) as biz_date
23 from  SmartCar_Master_Over18 t1 join SmartCar_Drive_Info_2 t2
24 on t1.car_number = t2.car_number and substring(t2.r_date,0,8) = '${working_day}';
```

그림 6.100 주제 영역 2의 Managed 테이블에 데이터를 생성하는 하이브 쿼리

10. 이제 워크플로를 만든다. 휴 상단 쿼리 콤보박스 메뉴의 [스케줄러] → [Workflow]를 선택해 워크플로를 작성한다.

11. 첫 번째 작업으로 워크플로 작성을 위한 우지 편집기가 나타나면 상단의 작업 툴 박스에서 "Hive 쿼리" 작업을 선택해 워크플로의 첫 번째 작업 노드에 드래그 앤드 드롭한다.

12. 사용할 Hive 스크립트 파일을 선택한다. 앞 단계에서 만든 create_table_smartcar_drive_info_2.hql을 선택한 후 [추가] 버튼을 클릭한다.

13. 두 번째 작업을 위해 워크플로의 작업 툴박스에서 "Hive 쿼리" 작업을 선택해 워크플로의 두 번째 작업 노드에 드래그 앤드 드롭한다.

14. 사용할 Hive 스크립트 파일을 선택한다. 앞 단계에서 만든 insert_table_smartcar_drive_info_2.hql을 선택한 후 [추가] 버튼을 클릭한다.

15. [매개변수+]를 누르고 working_day의 매개변수에 우지의 예약 스케줄러에서 정의할 ${today} 매개변수를 할당한다.
- working_day=${today}

16. 세 번째 마지막 작업을 위해 워크플로의 작업 툴박스에서 "Hive 쿼리" 작업을 워크플로의 세 번째 작업 노드에 드래그 앤 드롭한다.

17. 사용할 Hive 스크립트 파일을 선택한다. create_table_managed_smartcar_drive_info.hql을 선택한 후 [추가] 버튼을 클릭한다.

18. 네 번째 작업을 위해 워크플로의 작업 툴박스에서 "Hive 쿼리" 작업을 워크플로의 네 번째 작업 노드에 드래그 앤 드 드롭한다.

19. 사용할 Hive 스크립트 파일을 선택한다. 앞 단계에서 만든 insert_table_managed_smartcar_drive_info.hql을 선택한 후 [추가] 버튼을 클릭한다.

20. [매개변수+]를 누르고 working_day의 매개변수에 우지의 예약 스케줄러에서 정의할 ${today} 매개변수를 할당한다.
    - working_day=${today}

21. 워크플로의 이름을 작성한다. 워크플로 상단의 "My Workflow"를 클릭하고 "Subject 2 – Workflow"로 변경한 후 [확인] 버튼을 클릭한다.

22. 워크플로 작성을 완료한다. 우측 상단의 [저장] 버튼을 누른다.

23. 이제 작성한 워크플로를 작동하기 위한 예약 작업을 생성한다. 쿼리 콤보박스 메뉴의 [스케줄러] → [예약]을 선택한다.

24. 먼저 예약 작업 이름을 입력한다. 상단의 [My Schedule]를 클릭하고 "Subject 2 – 예약"으로 입력한다.

25. 예약 작업이 사용할 워크플로를 선택한다. "예정된 Workflow는 무엇입니까?"라는 메시지의 하단에 있는 "Workflow 선택…"을 클릭해 앞서 만든 주제 영역 2의 워크플로인 "Subject 2 – Workflow"를 선택한다.

26. 예약 작업 워크플로를 실행하기 위한 스케줄 값을 입력한다.
    - **실행 간격:** 매일, 02시
    - **시작 일자:** 2020년 03월 23일, 00시 00분
    - **종료 일자:** 2020년 12월 31일, 23시 59분
    - **시간대:** Asia/Seoul

27. 예약 작업에서 사용할 매개변수인 working_day 값을 예약 작업의 매개변수로 정의한다.
    앞서 워크플로의 하이브 작업에서는 매개변수를 "working_day=${today}"로 등록했다. working_day 값을 예약 작업의 내장 함수를 통해 설정한다.

    ```
    ${coord:formatTime(coord:dateTzOffset(coord:nominalTime(), "Asia/Seoul"), 'yyyyMMdd')}
    ```

28. 우지의 예약 작업 설정이 모두 끝났다. [저장] 버튼을 클릭해 작성을 완료한다.

29. 작성이 완료된 예약 작업을 우측 상단의 [제출] 버튼을 클릭해 실행한다. 참고로 이번 주제 영역 2의 워크플로는 처리량이 많은 작업으로 필자의 파일럿 환경에서 약 10여 분 정도 실행됐다.

30. 제출된 예약 작업 상태를 확인해 본다. 좌측 드롭박스 메뉴에서 [Job] → [일정]을 선택한다. 앞서 등록한 "Subject 2 – 예약"이 "Running" 상태로, 매일 새벽 02시가 되면 등록된 워크플로(Subject 2 – Workflow)를 작동시키게 된다. 새벽 2시까지 기다릴 수 없으니 앞서 주제 영역 1에서 설명한 "Workflow 즉시 실행해 보기"를 참고해 곧바로 실행해 본다.

31. "Subject 2 – Workflow"가 정상적으로 작동됐는지 확인한다. 휴의 Hive Editor로 이동해서 그림 6.101과 같이 하이브 QL을 작성해서 실행한다. "biz_date=20200322" 날짜는 독자들의 파일럿 환경의 실행 날짜와 맞춰야 한다.

그림 6.101 주제 영역 2 워크플로의 실행 결과 확인

주제 영역 2를 정리하자면 앞서 만든 워크플로는 매일 새벽 2시가 되면 HBase에 적재돼 있는 2020년 03월 22일자의 "스마트카 운전자 운행 데이터"를 모두 하이브의 테이블로 옮기는 작업을 선행하게 된다. 그런 다음 "스마트카 마스터 데이터"와 조인 작업으로 운전자 기본정보를 추가해서 확장된 "스마트카 운전자 운행기록 정보" 마트 데이터를 최종적으로 만든다.

> **저사양 파일럿 환경:** HBase 서비스를 정지한다.
>
> - **HBase 서비스:** CM 홈 → [HBase] → [정지]

주제 영역 3. 이상 운전 패턴 스마트카 정보 – 워크플로 작성 _ ⌨ 실습

주제 영역 3의 워크플로는 2020년 03월 22일에 스마트카 운전자의 운행 기록을 분석해서 과속, 급제동, 급회전이 빈번한 차량들을 스코어링한 마트 데이터를 생성한다. 과속과 급제동의 경우, 당일(22일)의 차량별로 가속 페달과 브레이크 페달의 평균값을 구하고, 관련 표준편차 값은 과거의 모든 데이터를 대상으로 산출해서 과속/급제동 표준값이 각각 "2" 이상인 차량의 경우만 "비정상(abnormal)"인 차량으로 판단했다. 급회전의 경우 당일(22일) 기준으로 Left/Right 회전각 "2-3" 단계를 "1000"번 이상 했을 경우 급회전이 빈번한 "비정상(abnormal)" 차량으로 지정했다. 워크플로의 하이브 작업에 사용되는 하이브 QL은 C://예제소스/bigdata2nd-master/CH06/HiveQL/의 경로에서 제공되므로 필요 시 해당 파일을 열어 복사/붙여넣기 하면 된다.

01. 휴의 좌측 드롭박스 메뉴에서 [문서]를 선택해 [내 문서]에 생성해 놓은 주제 영역 3의 작업 디렉터리로 이동한다.

- 휴 내 문서: /workflow/hive_script/subject3

02. 주제 영역 3에서는 사용할 하이브 스크립트 파일을 두 개 작성한다. 먼저 내 문서의 /workflow/hive_script/subject3으로 이동해서 [새 문서] → [Hive 쿼리]를 차례로 선택한다.

03. 하이브 에디트 창이 나타나고 운전자의 이상 운행 패턴을 관리하기 위한 하이브 테이블 스크립트를 작성하고 [저장] 버튼을 클릭한다. 파일명은 "create_table_managed_smartcar_symptom_info.hql"로 지정한다.

```
1  create table if not exists Managed_SmartCar_Symptom_Info (
2  car_number string,
3  speed_p_avg string,
4  speed_p_symptom string,
5  break_p_avg string,
6  break_p_symptom string,
7  steer_a_cnt string,
8  steer_p_symptom string,
9  biz_date string
10 )
11 row format delimited
12 fields terminated by ','
13 stored as textfile;
14
```

그림 6.102 주제 영역 3의 Managed 테이블을 생성하는 하이브 쿼리

04. 계속해서 내 문서의 /workflow/hive_script/subject3 위치에 두 번째 하이브 스크립트 파일을 만들어 본다. "subject3" 디렉터리에서 [새 문서] → [Hive 쿼리]를 선택한다.

05. 하이브 에디트 창이 나타나고 운전자의 이상 운행 패턴을 Select/Insert하는 하이브 쿼리 스크립트를 작성하고 [저장] 버튼을 클릭한다. 파일명은 "insert_table_managed_smartcar_symptom_info.hql"로 지정한다.

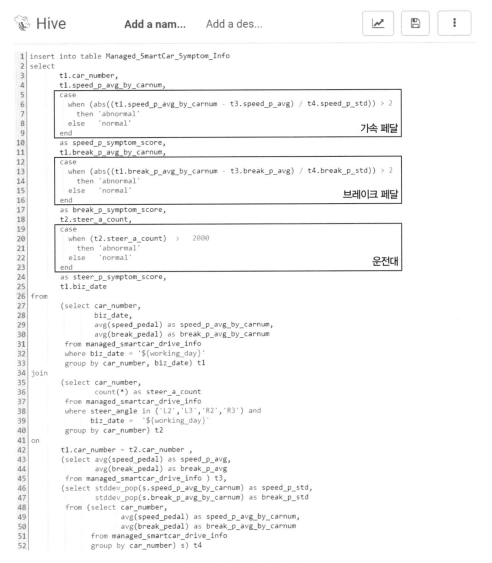

```
1  insert into table Managed_SmartCar_Symptom_Info
2  select
3         t1.car_number,
4         t1.speed_p_avg_by_carnum,
5         case
6           when (abs((t1.speed_p_avg_by_carnum - t3.speed_p_avg) / t4.speed_p_std)) > 2
7             then 'abnormal'
8           else   'normal'                                                      가속 페달
9         end
10        as speed_p_symptom_score,
11        t1.break_p_avg_by_carnum,
12        case
13          when (abs((t1.break_p_avg_by_carnum - t3.break_p_avg) / t4.break_p_std)) > 2
14            then 'abnormal'
15          else   'normal'                                                      브레이크 페달
16        end
17        as break_p_symptom_score,
18        t2.steer_a_count,
19        case
20          when (t2.steer_a_count)  >   2000
21            then 'abnormal'
22          else   'normal'                                                      운전대
23        end
24        as steer_p_symptom_score,
25        t1.biz_date
26  from
27       (select car_number,
28               biz_date,
29               avg(speed_pedal) as speed_p_avg_by_carnum,
30               avg(break_pedal) as break_p_avg_by_carnum
31        from managed_smartcar_drive_info
32        where biz_date = '${working_day}'
33        group by car_number, biz_date) t1
34  join
35       (select car_number,
36               count(*) as steer_a_count
37        from managed_smartcar_drive_info
38        where steer_angle in ('L2','L3','R2','R3') and
39              biz_date =  '${working_day}'
40        group by car_number) t2
41  on
42       t1.car_number = t2.car_number ,
43       (select avg(speed_pedal) as speed_p_avg,
44               avg(break_pedal) as break_p_avg
45        from managed_smartcar_drive_info ) t3,
46       (select stddev_pop(s.speed_p_avg_by_carnum) as speed_p_std,
47               stddev_pop(s.break_p_avg_by_carnum) as break_p_std
48        from (select car_number,
49                     avg(speed_pedal) as speed_p_avg_by_carnum,
50                     avg(break_pedal) as break_p_avg_by_carnum
51              from managed_smartcar_drive_info
52              group by car_number) s) t4
```

그림 6.103 주제 영역 3의 Managed 테이블에 데이터를 생성하는 하이브 쿼리

그림 6.103의 하이브 쿼리는 한 번의 실행으로 "스마트카 운전자 운행 정보(Managed_SmartCar_Drive_Info)"로부터 차량 번호별 스피드 페달, 운전대, 브레이크 페달의 데이터 분석 결과를 Managed_SmartCar_Symptom_Info 테이블에 저장한다. 쿼리를 자세히 살펴보면 전체 평균과 표준편차 값을 구하고, 당일(2020년 03월 22일)에 차량별 편차를 구해 이상 차량임을 판단하고 있는데, 이러한 처리 과정을 데이터의 피처 엔지니어링(Feature

Engineering)이라고 하며, 기존의 변수를 가공해 새로운 변수와 정보를 추가하는 과정에 해당한다. 참고로 해당 쿼리가 실행될 때 Job Browser를 모니터링해 보면 7개의 잡과 10여 개 이상의 맵리듀스가 실행되는 것을 확인할 수 있다. 총 수행 시간도 필자의 파일럿 환경에서 10여 분 정도 소요되는 다소 무거운 하이브 쿼리다.

Tip _ 빅데이터 분석을 위한 탐색 및 전처리 작업

일반적으로 빅데이터 인사이트는 탐색 단계에서 80% 이상이 발견되고, 나머지 20%는 분석 단계에서 검증하며 얻게 된다. 특히 탐색 단계에서는 데이터의 전처리 작업의 비중이 매우 높은데 일련의 과정들을 그림 6.104로 정의할 수 있다. 크게 4개의 단계가 있으며, 사용하는 분석 기법과 알고리즘, 분석 환경에 맞게 선택적으로 수행하게 된다. 파일럿 프로젝트에서는 그림 6.104의 모든 전처리 작업을 다루지는 않는다. 빅데이터 모델러, 데이터 엔지니어, 분석가에 관심 있는 독자라면 향후 이 분야의 이론과 기술들을 좀 더 집중적으로 공부해 보길 바란다.

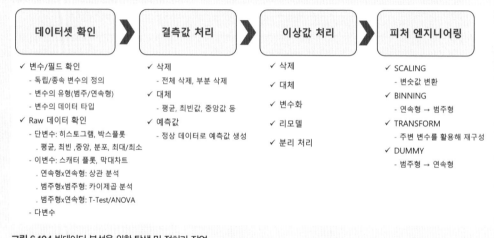

그림 6.104 빅데이터 분석을 위한 탐색 및 전처리 작업

06. 이제 워크플로를 만든다. 휴 상단의 쿼리 콤보박스의 [스케줄러] → [Workflow]를 선택해 우지 편집기로 이동한다.

07. 첫 번째 작업으로 워크플로의 작업 툴박스에서 "Hive 쿼리" 작업을 워크플로의 첫 번째 작업 노드에 드래그 앤드 드롭한다.

08. 사용할 Hive 스크립트 파일을 선택한다. 앞 단계에서 내 문서의 /workflow/hive_script/subject3에 만들어 둔 create_table_managed_ smartcar_symptom_info.hql을 선택한 후 [추가] 버튼을 클릭한다.

09. 두 번째 작업을 위해 워크플로의 작업 툴박스에서 "Hive 쿼리" 작업을 워크플로의 두 번째 작업 노드에 드래그 앤드 드롭한다.

10. 사용할 Hive 스크립트 파일을 선택한다. 앞 단계에서 만든 내 문서의 /workflow/hive_script/subject3에 insert_table_managed_smartcar_symptom_info.hql을 선택한 후 [추가] 버튼을 클릭한다.

11. [매개변수+]를 누르고 working_day의 매개변수에 우지의 예약 스케줄러에서 정의할 "${today}" 매개변수를 할당한다.

   - working_day=${today}

12. 워크플로의 이름을 작성한다. 워크플로 상단의 [My Workflow]를 클릭하고, "Subject 3 − Workflow"로 변경한 후 [확인] 버튼을 누른다.

13. 워크플로 작성을 완료한다. 우측 상단의 [저장] 버튼을 누른다.

14. 이제 작성한 워크플로를 작동하기 위한 예약 작업을 생성한다. 상단의 쿼리 콤보박스에서 [스케줄러] → [예약]을 차례로 선택한다.

15. 먼저 예약 작업 이름을 입력한다. 상단의 [My Scheduler]를 클릭하고 "Subject 3 − 예약"으로 입력한다.

16. 예약 작업이 사용할 워크플로를 선택한다. "예정된 Workflow는 무엇입니까?"라는 메시지 하단에 있는 "Workflow 선택…"을 클릭해 앞서 만든 주제 영역 3의 워크플로인 "Subject 3 − Workflow"를 선택한다.

17. 예약 작업 워크플로를 실행시키기 위한 스케줄 값을 입력한다.

   - **실행 간격:** 매일, 03시
   - **시작 일자:** 2020년 03월 23일, 00시 00분
   - **종료 일자:** 2020년 12월 31일, 23시 59분
   - **시간대:** Asia/Seoul

18. 워크플로에서 사용할 매개변수인 today 값을 예약 작업의 매개변수로 정의한다.
   앞서 워크플로의 하이브 작업에서는 매개변수를 "working_day=${today}"로 등록했다. today의 값을 Coordinator의 내장 함수를 통해 설정한다.

   ```
   ${coord:formatTime(coord:dateTzOffset(coord:nominalTime(), "Asia/Seoul"), 'yyyyMMdd')}
   ```

19. 우지의 예약 작업 설정이 모두 끝났다. [저장] 버튼을 클릭해 작성을 완료한다.

20. 작성이 완료된 예약 작업을 우측 상단의 [제출] 버튼을 클릭해 실행한다.

21. 제출된 예약 작업 상태를 확인해 본다. 좌측 상단의 드롭박스 메뉴에서 [Job] → [일정]을 차례로 선택한다. 앞서 등록한 "Subject 3 − 예약"이 "Running" 상태로, 매일 새벽 03시가 되면 등록된 워크플로를 작동시키게 된다. 새벽 3시까지 기다릴 수 없으니 앞서 주제 영역 1에서 설명한 "워크플로 즉시 실행해 보기"를 참고해 곧바로 실행해 본다.

22. "Subject 3 − Workflow"가 정상적으로 작동했는지 확인한다. 상단의 쿼리 콤보박스에서 [편집기] → [Hive]를 선택해 하이브 에디터에서 그림 6.105와 같이 하이브 조회 쿼리를 작성해 실행한다. 참고로 "biz_date=20200322"의 날짜는 독자들의 파일럿 환경의 biz_date 날짜로 맞춰야 한다.

그림 6.105 주제 영역 3 워크플로의 실행 결과 확인

23. "비정상 스마트카 운행" 데이터를 차트로 재구성해 보면 좀 더 직관적으로 데이터를 탐색할 수 있다. 먼저 그림 6.106의 하이브 쿼리 실행 결과에서 [차트] 버튼을 선택한다.

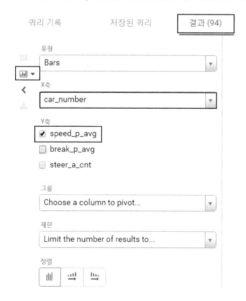

그림 6.106 주제 영역 3 워크플로의 실행 결과 확인 – 차트 선택

차트의 종류로 "Bars(막대)"를 선택한다. 첫 번째로 가속 페달의 비정상 패턴 차량을 조회해서 과속/난폭 운전 가능성이 예상되는 차량들을 찾아보자.

이를 위해 X축에서는 "car_number"를 선택하고, Y축에서는 "speed_p_avg"를 선택한다.

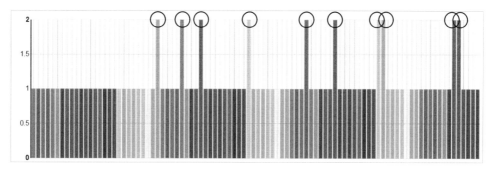

그림 6.107 주제 영역 3 워크플로의 실행 결과 확인 – 차트 보기 1

조회 결과를 보면 차량별 가속 페달의 편차가 매우 높은 스마트카 차량 10대가 발견됐다.

두 번째로 브레이크 페달에서 비정상 패턴을 보이는 차량을 조회해서 급정지/난폭 운전의 가능성이 예상되는 차량들을 찾아보자.

이를 위해 X축에서는 "car_number"를 유지하고, Y축에서는 "speed_p_avg" 선택을 해제하고 "break_p_avg"를 선택한다.

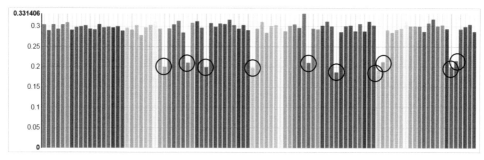

그림 6.108 주제 영역 3 워크플로의 실행 결과 확인 – 차트 보기 2

조회 결과를 보면 차량별 브레이크 페달의 편차가 지나치게 낮은 스마트카 차량 10대가 발견됐다.

세 번째로 운전대의 비정상 패턴을 보이는 차량을 조회해서 급회전/난폭 운전의 가능성이 예상되는 차량들을 찾아보자.

이를 위해 X축에서는 "car_number"를 유지하고, Y축에서는 "break_p_avg" 선택을 해제하고 "steer_a_cnt"를 선택한다.

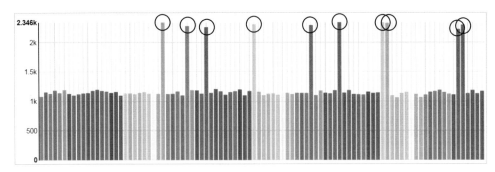

그림 6.109 주제 영역 3 워크플로의 실행 결과 확인 – 차트 보기 3

조회된 결과를 보면 차량별 운전대 회전각이 평균보다 지나치게 높은 스마트카 차량 10대가 발견됐다.

위 3개의 차트를 분석해 보면 이상 운행 패턴을 보이는 운전자는 가속 페달, 브레이크 페달, 운전대 사용 패턴도 모두 비정상인 것으로 파악됐다. 결국 3개의 변수(가속 페달, 브레이크 페달, 운전대)들은 서로 연관성이 매우 높다는 사실을 알 수 있다.

주제 영역 3에서는 하이브의 단순 기술적 통계량으로 이상 징후 차량들을 탐색했다. 여기서 스코어링된 차량 중 특정값에 비정상 판정을 받은 차량의 경우 속도, 브레이크, 회전에 있어서도 다른 차량보다 수치가 지나치게 크거나/낮게 나타난다는 것을 확인했다. 하이브를 잘 이용하면 빅데이터에 적재돼 있는 대용량 데이터도 쉽고 빠르게 탐색적 분석을 할 수 있다.

주제 영역 4. 긴급 점검이 필요한 스마트카 정보 – 워크플로 작성 _ ⌨ 실습

주제 영역 4의 워크플로는 2020년 03월 22일 스마트카의 다양한 센서로부터 수집된 데이터(타이어, 라이트, 브레이크, 엔진, 배터리)를 분석해 긴급 점검이 필요한 스마트카 차량 리스트를 찾아내는 것이다. 이번 하이브 쿼리 역시, 파일럿 프로젝트에서 실행하기에는 다소 무겁고 시간이 많이 소요되는 맵리듀스 잡들을 만들어낸다. 하지만 이번 작업을 통해 "긴급 점검 차량" 마트 데이터를 만들면 이후부터는 단순 쿼리로 빠르게 긴급 점검 차량들을 조회해 볼 수 있게 된다. 워크플로의 하이브 작업에 사용되는 하이브 QL은 C://예제소스/bigdata2nd-master/CH06/HiveQL/에서 확인할 수 있으므로 필요 시 해당 파일을 열어서 복사한 후 붙여넣는 식으로 활용한다.

01. 휴의 좌측 드롭박스 메뉴에서 [문서]를 선택해 [내 문서]에 생성해 놓은 주제 영역 4의 작업 디렉터리로 이동한다.

- **휴 내 문서:** /workflow/hive_script/subject4

02. 주제 영역 4에서는 하이브 스크립트 파일 2개를 작성한다. 먼저 내 문서의 /workflow/hive_script/subject4로 이동한 후 [새 문서] → [Hive 쿼리]를 선택한다.

03. 하이브 에디터가 나타나면 스마트카 장비의 상태를 관리하기 위한 테이블 생성 스크립트를 작성하고 저장한다. 파일 이름은 create_table_managed_smartcar_emergency_check_info.hql로 입력한다.

```
1  create table if not exists Managed_SmartCar_Emergency_Check_Info (
2  car_number string,
3  tire_check string,
4  light_check string,
5  engine_check string,
6  break_check string,
7  battery_check string,
8  biz_date string
9  )
10 row format delimited
11 fields terminated by ','
12 stored as textfile;
```

그림 6.110 주제 영역 4의 Managed 테이블을 생성하는 하이브 쿼리

04. 계속해서 내 문서의 /workflow/hive_script/subject4에 두 번째 하이브 스크립트 파일을 만든다. "subject4" 디렉터리에서 [새 문서] → [Hive 쿼리]를 선택한다.

05. 하이브 에디트 창이 나타나면 긴급 점검이 필요한 스마트카를 Select/Insert하는 쿼리를 그림 6.111처럼 작성한 후 저장한다. 파일 이름은 insert_table_managed_smartcar_emergency_check_info.hql로 입력한다.

그림 6.111의 하이브 쿼리를 실행하면 스마트카의 6가지 점검 상태를 분석해서 그 결과를 "스마트카 긴급 점검 차량 정보(Managed_SmartCar_Emergency_Check_Info)" 마트 테이블에 저장한다. 쿼리의 내용을 자세히 살펴보면, 주요 필드들을 가공해 스마트카 상태 점검을 위한 새로운 변수를 만들어 내는 피처 엔지니어링(Feature Engineering) 쿼리로 구성돼 있다. 또한 RDBMS에서 자주 사용하는 Left Outer 조인 쿼리가 사용되는 것을 확인할 수 있다. 참고로 해당 하이브 QL은 대용량 쿼리로서, 실행 중에 8개 이상의 맵리듀스 잡과 태스크가 만들어지고 총 실행 시간은 10여 분 정도 된다.

Hive　　Add a nam...　　Add a des...

```
1  insert into table Managed_SmartCar_Emergency_Check_Info
2
3  select
4          t1.car_number,
5          t2.symptom as tire_symptom,
6          t3.symptom as light_symptom,
7          t4.symptom as engine_symptom,
8          t5.symptom as break_symptom,
9          t6.symptom as battery_symptom,
10         t1.biz_date
11 from
12         (select distinct car_number as car_number, biz_date
13          from managed_smartcar_status_info  where biz_date = '${working_day}') t1
14
15 left outer join (  select                                         타이어 점검
16                        car_number,
17                        avg(tire_fl) as tire_fl_avg ,
18                        avg(tire_fr) as tire_fr_avg ,
19                        avg(tire_bl) as tire_bl_avg ,
20                        avg(tire_br) as tire_br_avg ,
21                        'Tire Check' as symptom
22                    from managed_smartcar_status_info where biz_date ='${working_day}'
23                    group by car_number
24                    having  tire_fl_avg < 80
25                        or tire_fr_avg < 80
26                        or tire_bl_avg < 80
27                        or tire_br_avg < 80 ) t2
28 on t1.car_number = t2.car_number
29
30 left outer join (  select                                         라이트 점검
31                        distinct car_number,
32                        'Light Check' as symptom
33                    from managed_smartcar_status_info
34                    where biz_date = '${working_day}' and (light_fl = '2'
35                                                        or light_fr = '2'
36                                                        or light_bl = '2'
37                                                        or light_br = '2')) t3
38 on t1.car_number = t3.car_number
39
40 left outer join (  select                                         엔진 점검
41                        distinct car_number,
42                        'Engine Check' as symptom
43                    from managed_smartcar_status_info
44                    where biz_date = '${working_day}' and engine = 'C' ) t4
45 on t1.car_number = t4.car_number
46
47 left outer join (  select                                         브레이크 점검
48                        distinct car_number,
49                        'Brake Check' as symptom
50                    from managed_smartcar_status_info
51                    where biz_date = '${working_day}' and break = 'C' ) t5
52
53 on t1.car_number = t5.car_number
54
55 left outer join (  select                                         베터리 점검
56                        car_number,
57                        avg(battery) as battery_avg,
58                        'Battery Check' as symptom
59                    from managed_smartcar_status_info where biz_date = '${working_day}'
60                    group by car_number having battery_avg < 30 ) t6
61 on t1.car_number = t6.car_number
62
63 where t2.symptom is not null or t3.symptom is not null
64                        or t4.symptom is not null
65                        or t5.symptom is not null
66                        or t6.symptom is not null
```

그림 6.111 주제 영역 4의 Managed 테이블에 데이터를 생성하는 하이브 쿼리

06. 이제 워크플로를 만든다. 휴의 상단 쿼리 콤보박스에서 [스케줄러] → [Workflow]를 선택해서 우지 편집기를 실행한다.

07. 첫 번째 작업으로 워크플로의 작업 툴박스에서 "Hive 쿼리" 작업을 워크플로의 첫 번째 작업 노드에 드래그 앤드 드롭한다.

08. 사용할 Hive 스크립트 파일을 선택한다. 앞 단계에서 만든 내 문서의 /workflow/hive_script/subject4에 create_table_smartcar_emergency_check_info.hql을 선택한 후 [추가] 버튼을 클릭한다.

09. 두 번째 작업을 위해 워크플로의 작업 툴박스에서 "Hive 쿼리" 작업을 워크플로의 두 번째 작업 노드에 드래그 앤드 드롭한다.

10. 사용할 Hive 스크립트 파일을 선택한다. 앞 단계에서 만든 내 문서의 /workflow/hive_script/subject4에 insert_table_managed_smartcar_emergency_check_info.hql을 선택한 후 [추가] 버튼을 클릭한다.

11. [매개변수+]를 누르고 working_day의 매개변수에 우지의 예약 스케줄러에서 정의할 ${today} 매개변수를 할당한다.
- working_day=${today}

12. 워크플로의 이름을 작성한다. 워크플로 상단의 [My Workflow]를 클릭하고, "Subject 4 – Workflow"로 변경한 후 [확인] 버튼을 클릭한다.

13. Workflow 작성을 완료 한다. 우측 상단의 [저장] 버튼을 클릭한다.

14. 이제 작성한 워크플로를 작동하기 위한 예약 작업을 생성한다. 상단의 쿼리 콤보박스에서 [스케줄러] → [예약] 메뉴를 선택한다.

15. 먼저 예약 작업 이름을 입력한다. 상단의 [My Scheduler]를 클릭하고 "Subject 4 – 예약"으로 입력한다.

16. 예약 작업이 사용할 워크플로를 선택한다. "예정된 Workflow는 무엇입니까?"라는 메시지 하단에 있는 "Workflow 선택…"을 클릭해 앞서 만든 주제 영역 4의 워크플로인 "Subject 4 – Workflow"를 선택한다.

17. 예약 작업이 워크플로를 실행하기 위한 스케줄 값을 입력한다.
- **실행 간격:** 매일, 04시
- **시작 일자:** 2020년 03월 23일, 00시 00분
- **종료 일자:** 2020년 12월 31일, 23시 59분
- **시간대:** Asia/Seoul

18. 워크플로에서 사용할 매개변수인 today 값을 예약 작업의 매개변수로 정의한다.

앞서 워크플로의 하이브 작업에서는 매개변수를 "working_day=${today}"로 등록했다. today의 값을 예약 작업의 내장 함수를 통해 설정한다.

```
${coord:formatTime(coord:dateTzOffset(coord:nominalTime(), "Asia/Seoul"), 'yyyyMMdd')}
```

19. 우지의 예약 작업 설정이 모두 끝났다. [저장] 버튼을 클릭해 작성을 완료한다.

20. 작성이 완료된 예약 작업을 우측 상단의 [제출] 버튼을 클릭해 실행한다.

21. 제출된 예약 작업 상태를 확인해 보자. 좌측 상단의 드롭박스 메뉴를 클릭해 [Job] → [일정]을 차례로 선택한다. 앞서 등록한 "Subject 4 – 예약"이 "Running" 상태로, 매일 새벽 04시가 되면 등록된 워크플로를 작동시키게 된다. 새벽 4시까지 기다릴 수 없으니 앞서 주제 영역 1에서 소개한 "워크플로 즉시 실행해 보기"를 참고해 곧바로 실행해 본다.

22. "Subject 4 – Workflow"가 정상적으로 작동했는지 확인한다. 휴의 Hive Editor로 이동해서 그림 6.112와 같이 하이브 QL을 작성해서 실행한다. "2020년 03월 22일 긴급 점검이 필요한 스마트카 차량"의 정보가 조회될 것이다. 필자의 경우 33대의 차량에 대해 긴급 점검 대상으로 조회됐다. "biz_date=20220322"의 날짜는 독자들의 파일럿 환경의 날짜로 맞춰야 한다.

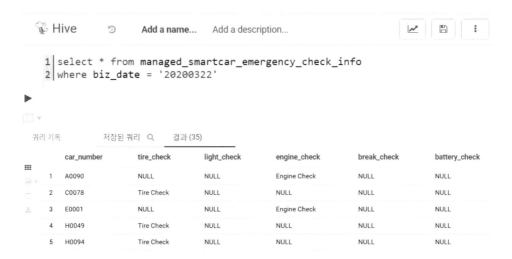

그림 6.112 주제 영역 4 워크플로의 실행 결과 확인

주제 영역 4에서는 긴급 점검이 필요한 스마트카 정보를 찾아봤다. 이때 긴급 점검 대상 차량을 판단하기 위해 기준값들이 사용되며, 과거 운행 데이터로부터 탐색적 분석을 진행해 관련 지표를 정의한다. 지표의 신뢰도를 높이기 위해 대규모 데이터를 확보하고, 관련 업무 전문가로부터 영향력 있는 변수를 도출하는 작업도 진행된다.

주제 영역 5. 스마트카 운전자 차량용품 구매 이력 정보 – 워크플로 작성 _ ⌨ 실습

이번 주제 영역 5의 워크플로는 2020년 03월 스마트카 운전자들이 구매한 "스마트카 차량용품 구매 이력"과 "스마트카 마스터 데이터"를 결합한 데이터셋을 만들고, 차량번호별 구매한 상품 리스트를 로컬 파일시템에 생성하는 것이다. 스마트카 차량용품 구매 이력 데이터는 SmartCar_Item_BuyList 테이블로 구성돼 있고, 스마트카 마스터 데이터는 앞서 여러 번 사용했던 SmartCar_Master_Over18 테이블을 이용할 것이다. 워크플로의 하이브 작업에 사용되는 하이브 QL은 C://예제소스/bigdata2nd-master/CH06/HiveQL/에서 제공되므로 필요 시 해당 파일을 열어 복사및 붙여넣기 방식으로 이용한다.

01. 휴의 좌측 드롭박스 메뉴에서 [문서]를 선택해 [내 문서]에 생성해 놓은 주제 영역 5의 작업 디렉터리로 이동한다.

- 휴 내 문서: /workflow/hive_script/subject5

02. 주제 영역 5에서는 하이브 스크립트 파일을 두 개 작성한다. 먼저 내 문서의 /workflow/hive_script/subject5 위치로 이동해서 [새 문서] → [Hive 쿼리]를 선택한다.

03. 하이브 에디터가 나타나면 구매 이력을 관리하기 위한 하이브 테이블 생성 스크립트를 그림 6.113처럼 작성하고 저장한다. 파일 이름은 create_table_smartcar_item_buylist_info.hql로 입력한다.

그림 6.113 주제 영역 5의 Managed 테이블을 생성하는 하이브 쿼리

04. 계속해서 내 문서의 /workflow/hive_script/subject5의 위치에 두 번째 하이브 스크립트 파일을 만들어 본다. subject5 디렉터리에서 [새 문서] → [Hive 쿼리]를 선택한다.

05. 하이브 에디트 창이 나타나면 동적 파티션을 설정하고 "차량 물품 구매리스트"와 "스마트카 마스터" 데이터를 조인하는 하이브 스크립트를 작성하고 저장한다. 파일 이름은 insert_table_managed_smartcar_item_buylist_info. hql로 입력한다.

- set hive.exec.dynamic.partition=true;
- set hive.exec.dynamic.partition.mode=nonstrict;

```
1  set hive.exec.dynamic.partition=true;
2  set hive.exec.dynamic.partition.mode=nonstrict;
3
4  insert overwrite table Managed_SmartCar_Item_BuyList_Info partition(biz_month)
5  select
6      t1.car_number,
7      t1.sex,
8      t1.age,
9      t1.marriage,
10     t1.region,
11     t1.job,
12     t1.car_capacity,
13     t1.car_year,
14     t1.car_model,
15     t2.item,
16     t2.score,
17     t2.month as biz_month
18   from
19     SmartCar_Master_Over18 t1 join SmartCar_Item_Buylist t2
20   on
21     t1.car_number = t2.car_number
22   where
23     t2.month = '202003'
```

그림 6.114 주제 영역 5의 Managed 테이블에 데이터를 생성하는 하이브 쿼리

이번 주제 영역 5의 동적 파티션은 월(Month) 단위다. 앞의 주제 영역 1~4는 일(Day) 단위였다. 그림 6.114의 하이 브 QL의 마지막 줄을 보면 "2020년 03월"에 해당하는 물품 구매 데이터를 가져오는 것을 확인할 수 있다.

06. 내 문서의 /workflow/hive_script/subject5에 세 번째 하이브 스크립트 파일을 만들어 본다. subject5 디렉터리 에서 [새 문서] → [Hive 쿼리]를 선택한다.

07. 하이브 에디트 창이 나타나면 구매한 상품 리스트를 조회해서 로컬 파일시스템의 특정 위치인 "/home/ pilot-pjt/item-buy-list"에 파일을 생성하는 하이브 스크립트를 작성하고 저장한다. 파일 이름은 local_ save_managed_smartcar_item_buylist_info.hql로 입력한다.

```
1 insert overwrite local directory '/home/pilot-pjt/item-buy-list'
2 ROW FORMAT DELIMITED
3 FIELDS TERMINATED BY ','
4 select car_number, concat_ws("," , collect_set(item))
5 from managed_smartcar_item_buylist_info
6 group by car_number
```

그림 6.115 주제 영역 5의 차량별 상품 구매 리스트 결과 파일 생성

그림 6.115의 하이브 QL은 SELECT 쿼리를 실행한 결과를 로컬 디렉터리인 /home/pilot-pjt/item-buy-list에 생성하는 하이브 쿼리다. SELECT 구문을 보면 collect_set() 함수를 이용해 차량번호별로 그루핑한 결과를 하나의 상품 리스트로 구성한다.

08. 이제 워크플로를 만든다. 휴의 상단 쿼리 콤보박스에서 [스케줄러] → [WorkFlow]를 선택해 우지 편집기를 실행한다.

09. 첫 번째 작업으로 워크플로의 작업 툴박스에서 "Hive 쿼리" 작업을 워크플로의 첫 번째 작업 노드에 드래그 앤드 드롭한다.

10. 사용할 Hive 스크립트 파일을 선택한다. 앞 단계에서 만든 내 문서의 /workflow/hive_script/subject5에 create_table_managed_smartcar_item_buylist_info.hql을 선택한 후 [추가] 버튼을 클릭한다.

11. 두 번째 작업을 위해 워크플로의 작업 툴박스에서 "Hive 쿼리" 작업을 워크플로의 두 번째 작업 노드에 드래그 앤드 드롭한다.

12. 사용할 Hive 스크립트 파일을 선택한다. 앞 단계에서 내 문서의 /workflow/hive_script/subject5 위치에 만들었던 insert_table_managed_smartcar_item_buylist_info.hql을 선택한 후 [추가] 버튼을 누른다.

13. 세번째 작업을 위해 Workflow의 작업 툴박스에서 "Hive 쿼리" 작업을 Workflow의 세 번째 작업 노드에 드래그 앤드 드롭한다.

14. 사용할 Hive 스크립트 파일을 선택한다. 앞 단계에서 내 문서의 /workflow/hive_script/subject5 위치에 만들었던 local_save_managed_smartcar_item_buylist_info.hql을 선택한 후 [추가] 버튼을 누른다

15. 워크플로의 이름을 작성한다. 워크플로 상단의 [My Workflow]를 클릭하고, "Subject 5 – Workflow"로 변경한 후 [확인] 버튼을 클릭한다.

16. 워크플로 작성을 완료한다. 우측 상단의 [저장] 버튼을 누른다.

17. 이제 작성한 워크플로를 작동시키기 위한 예약 작업을 생성한다. 상단의 쿼리 콤보박스에서 [스케줄러] → [예약]을 선택한다.

18. 먼저 예약 작업의 이름을 입력한다. 상단의 [My Scheduler]를 클릭하고 "Subject 5 – 예약"으로 입력한다.

19. 예약 작업이 사용할 워크플로를 선택한다. "예정된 Workflow는 무엇입니까?"라는 메시지 하단에 있는 "Workflow 선택…"을 클릭해 앞서 만든 주제 영역 5의 워크플로 "Subject 5 – Workflow"를 선택한다.

20. 예약 작업이 워크플로를 실행시키기 위한 스케줄 값을 입력한다.

- **실행 간격:** 매일, 05시
- **시작 일자:** 2020년 03월 23일, 00시 00분
- **종료 일자:** 2020년 12월 31일, 23시 59분
- **시간대:** Asia/Seoul

21. 우지의 예약 작업 설정이 모두 끝났다. [저장] 버튼을 누르고 작성을 완료한다.

22. 작성이 완료된 예약 작업을 우측 상단의 [제출] 버튼을 클릭해 실행한다.

23. 제출된 예약 작업 상태를 확인해 본다. 좌측 상단의 드롭박스 메뉴를 클릭해 [Job] → [일정]을 차례로 선택한다. 앞서 등록한 "Subject 5 – 예약"이 "Running" 상태로, 매일 새벽 05시가 되면 등록된 워크플로를 작동시키게 된다. 새벽 5시까지 기다릴 수 없으니 앞서 주제 영역 1에서 소개한 "워크플로 즉시 실행해 보기"를 참고해 곧바로 실행해 본다.

24. "Subject 5 – Workflow"가 정상적으로 작동했는지 확인한다. 상단 쿼리 콤보박스에서 [편집기] → [Hive]를 선택해 하이브 에디터 창에 그림 6.116과 같이 하이브 QL을 "biz_month=202003" 조건으로 작성해서 실행한다.

그림 6.116 주제 영역 5 워크플로의 실행 결과 확인 1

차량 번호별로 용품을 구매한 리스트 파일이 Server02의 로컬 파일 시스템에 생성됐는지 확인한다. Server02에 PuTTY로 SSH 접속한 후 다음 명령을 실행한다.

```
$ more /home/pilot-pjt/item-buy-list/000000_0
```

```
A0001,Item-021,Item-030,Item-004,Item-019,Item-020,Item-014,Item-009,Item-025,Item-016,Item-018,Item-024,Item-00
8,Item-013,Item-007,Item-011,Item-028,Item-017,Item-022,Item-026,Item-029,Item-027,Item-001,Item-023,Item-005,It
em-015,Item-012
A0002,Item-011,Item-012,Item-005,Item-006,Item-007,Item-015,Item-014,Item-027,Item-025,Item-028,Item-002,Item-00
3,Item-016,Item-010,Item-030,Item-021,Item-009,Item-022,Item-017,Item-026,Item-024
A0003,Item-008,Item-029,Item-030,Item-010,Item-016,Item-026,Item-006,Item-018,Item-028,Item-021,Item-02
2,Item-009,Item-020,Item-014,Item-013,Item-024,Item-019,Item-025,Item-002,Item-023
A0004,Item-029,Item-012,Item-008,Item-021,Item-003,Item-017,Item-011,Item-002,Item-020,Item-024,Item-028,Item-01
6,Item-006,Item-001,Item-023,Item-015,Item-019,Item-009,Item-005
A0005,Item-010,Item-011,Item-009,Item-014,Item-015,Item-026,Item-030,Item-020,Item-029,Item-013,Item-004,Item-00
2,Item-024,Item-008,Item-001,Item-022,Item-017,Item-028,Item-005,Item-023,Item-016,Item-025,Item-018,Item-006,It
em-027
A0006,Item-030,Item-022,Item-011,Item-028,Item-005,Item-006,Item-029,Item-009,Item-023,Item-01
6,Item-004,Item-021,Item-001,Item-003,Item-027,Item-024,Item-018,Item-017,Item-020,Item-012,Item-008
A0007,Item-002,Item-028,Item-016,Item-030,Item-022,Item-004,Item-019,Item-008,Item-014,Item-018,Item-023,Item-00
5,Item-009,Item-007,Item-003,Item-015,Item-012,Item-013,Item-027,Item-017,Item-024,Item-011,Item-006
A0009,Item-025,Item-026,Item-010,Item-012,Item-002,Item-001,Item-028,Item-009,Item-004,Item-020,Item-003,Item-01
7,Item-007,Item-021,Item-019,Item-006,Item-013,Item-022,Item-024,Item-005,Item-008,Item-018,Item-015,Item-011
A0010,Item-015,Item-028,Item-022,Item-018,Item-021,Item-014,Item-002,Item-026,Item-027,Item-019,Item-026,Item-004,Item-02
3,Item-030,Item-012,Item-003,Item-006,Item-009,Item-005,Item-024,Item-016,Item-011,Item-008
```

그림 6.117 주제 영역 5 워크플로의 실행 결과 확인 2

그림 6.117을 보면 차량 번호별로 그루핑된 상품 구매 리스트를 볼 수 있다. 7장에서는 이 구매 리스트 정보를 분석해서 상품 추천 모델을 만들게 된다.

저사양 파일럿 환경: 수집/적재 서비스를 정지한다.

- **플럼 서비스:** CM 홈 → [Flume] → [정지]

- **카프카 서비스:** CM 홈 → [Kafka] → [정지]

- **스톰 서비스:** Server02에 SSH로 접속한 후 다음 명령을 실행

  ```
  $ service storm-ui stop
  $ service storm-supervisor stop
  $ service storm-nimbus stop
  ```

- **레디스 서비스:** Server02에 SSH로 접속한 후 다음 명령을 실행

  ```
  $ service redis_6379 stop
  ```

- **HBase 서비스:** CM 홈 → [HBase] → [정지]

- **우지 서비스:** CM 홈 → [Oozie] → [정지]

6.7 마치며

6장에서는 데이터 탐색 시 활용되는 기술인 하이브, 스파크, 우지, 휴 등에 사용되는 기술과 기법들을 알아보고, 초기 적재된 데이터셋들을 탐색 및 가공해서 좀 더 활용도가 높은 새로운 데이터셋들로 만들었다. 스마트카의 마트를 구성하기 위해 5가지 주제 영역을 도출했고, 각 영역별 워크플로를 작성해 실행 스케줄링을 수립했다. 이번 장에서는 다소 많은 분량의 내용을 다뤘는데, 탐색은 프로젝트의 모든 참여자(개발자, 분석가, 관리자, 고객)가 협업 작업을 하며, 빅데이터 분석의 방향성을 결정 짓는 매우 중요한 단계이기 때문이다. 이제 다음 7장에서는 6장에서 만든 마트 데이터를 이용해 머신러닝 기반의 고급 분석을 진행해 본다.

07
빅데이터 분석

빅데이터 분석 소개

1. 빅데이터 분석 개요

빅데이터 분석에 대한 기본 정의와 활용 범위를 설명한다.

2. 빅데이터 분석에 활용하는 기술

빅데이터 분석에서 사용할 5가지 기술(임팔라, 제플린, 머하웃, 스파크ML, 스쿱)을 소개하고 각 기술별 주요 기능과 아키텍처, 활용 방안을 알아본다.

3. 분석 파일럿 실행 1단계 – 분석 아키텍처

스마트카의 빅데이터 분석과 관련한 요구사항을 구체화하고, 분석 요구사항을 해결하기 위한 파일럿 아키텍처를 제시한다.

4. 분석 파일럿 실행 2단계 – 분석 환경 구성

스마트카의 빅데이터 분석 아키텍처를 실제로 설치 및 환경을 구성한다. 임팔라, 스쿱, 제플린, 머하웃 순으로 설치하게 된다.

5. 분석 파일럿 실행 3단계 – 임팔라를 이용한 데이터 실시간 분석

임팔라로 스마트카 데이터셋을 인메모리 기반으로 실시간 조회 및 분석한다. 또한 하이브에서 사용했던 쿼리를 임팔라에서 실행 및 비교한다.

> **6. 분석 파일럿 실행 4단계 – 제플린을 이용한 실시간 분석**
> 제플린의 웹 유저 인터페이스를 이용해 스마트카 운행 지역 분석을 위한 스파크 SQL을 작성 및 실행한다.

> **7. 분석 파일럿 실행 5단계 – 머하웃과 스파크ML을 이용한 데이터 마이닝**
> 스마트카 데이터셋을 이용해 3가지 머신러닝을 실행한다. 추천(Recommendation), 분류(Classification), 군집(Clustering) 분석을 진행한다.

> **8. 분석 파일럿 실행 6단계 – 스쿱을 이용한 분석 결과 외부 제공**
> 탐색/분석된 스마트카 데이터셋을 외부 RDBMS로 제공한다.

7.1 빅데이터 분석 개요

빅데이터 탐색 단계가 데이터를 관찰하고 이해하며 전처리하는 과정이라면 빅데이터 분석은 탐색과 분석을 반복하며 의미 있는 데이터를 추출해 문제를 찾고 인사이트를 얻어 의사결정을 내리는 단계다. 필요시 의사 결정을 돕기위한 요약 정보를 만들어 제공 한다. 사실 탐색과 분석의 경계는 매우 모호하지만 목적에 따라 분석의 유형은 아래 5가지로 정의할 수 있다.

- **기술 분석**: 분석 초기 데이터의 특징을 파악하기 위해 선택, 집계, 요약 등 양적 기술 분석을 수행
- **탐색 분석**: 업무 도메인 지식을 기반으로 대규모 데이터셋의 상관관계나 연관성을 파악
- **추론 분석**: 전통적인 통계분석 기법으로 문제에 대한 가설을 세우고 샘플링을 통해 가설을 검증
- **인과 분석**: 문제 해결을 위한 원인과 결과 변수를 도출하고 변수의 영향도를 분석
- **예측 분석**: 대규모 과거 데이터를 학습해 예측 모형을 만들고, 최근의 데이터로 미래를 예측

그림 7.1 빅데이터 구축 단계 – 분석/응용

다양한 분석 기술을 통해 빅데이터의 가치는 "Raw 데이터 → 정보 → 통찰력 → 가치" 순으로 변하게 된다. 이 가운데 통찰력을 갖게 되는 단계에서 빅데이터의 활용 효익이 만들어지기 시작하는데, 주로 상품 및 서비스 개발, 마케팅 및 캠페인 지원, 리스크 관리 등의 영역에서 주요 의사결정을 내릴 때 빅데이터를 이용한다.

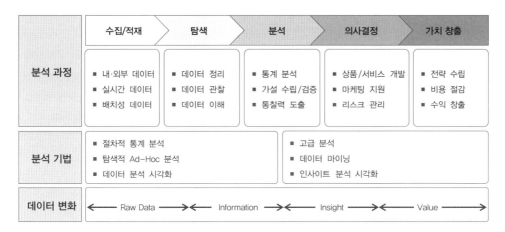

그림 7.2 빅데이터 분석 프로세스

빅데이터 분석은 기존 전통적인 분석과 어떤 차이가 있을까? 두 가지 큰 차이점이 있는데 2V(Volume, Variety)와 관련성이 있다. 먼저 빅데이터 분석의 최대 장점은 저비용 고효율이다. 앞에서 여러 번에 걸쳐 강조했듯이 빅데이터 분석은 대규모(Volume) 데이터를 분석할 때 오픈소스의 강력한 분산 기술과 낮은 하드웨어/소프트웨어 비용으로 수평적 선형 확장이 가능하다. 반면 RDBMS 기반의 분석은 수직적 성능 향상과 고비용의 제한적인 확장성만 지원해 대규모 데이터를 분석할 때 한계가 발생한다. 두 번째로 빅데이터는 내부(정형) 데이터와 외부(비정형: SNS, 포털, 날씨, 뉴스, 위치 등) 데이터를 결합해 분석 시 다양한(Variety) 관점을 제공할 수 있다. 외부 빅데이터를 보유한 조직은 기존의 내부 데이터와 결합해 분석 시야가 넓어지고, 당면한 비즈니스 문제를 해결하기 위한 인과 및 상관관계 같은 정보의 발견이 내부 데이터만으로 분석할 때보다 커져 차별화된 인사이트 도출이 가능해진다. 여기에 더해 머신러닝(딥러닝) 모델의 변수로 외부 데이터를 적극 활용해 예측 모델의 정확도를 높여 미래를 내다볼 수 있는 분석력도 강화된다.

스마트카 빅데이터 분석에 SNS, 포털, 날씨, 뉴스, 위치 정보 등이 결합된다면 스마트카 사용자들이 SNS에 남긴 라이프로그와 운행 패턴과의 연관성을 분석해 매우 정밀한 고객 세그먼테이션 및 프로파일링으로 차별화된 타겟 마케팅이 가능해진다. 또한 스마트카의 상태 및 운행 이력 데이터와 외부의 날씨, 도로지형, 교통상황을 결합해 분석함으로써 스마트카의 고장 및 결함에 대한 패턴과 원인을 실시간으로 찾아 해결함으로써 안전한 스마트카 운행이 가능해질 것이다.

Tip _ 고객 라이프스테이지 분석

빅데이터를 선도적으로 도입한 산업 분야는 금융, 통신, e커머스 등의 고객 마케팅 영역이었다. 효과적인 마케팅을 위해서는 고객별로 개인화되고 차별화된 마케팅 전략이 필요한데 이때 필요한 정보가 고객의 라이프스테이지 분석이다. 라이프스테이지 분석은 사람의 라이프사이클을 단계별로 정의해, 각 단계별로 대응 전략을 수립해 고객을 효과적으로 관리하는 것이다. 하지만 빅데이터 이전의 라이프스테이지 분석은 단순히 인구 통계학적(성별, 연령대, 소득, 직장, 거주지 등)인 세그먼테이션에서 시작해 연령대의 변화에 따라 추정하는 것이 대부분이었다. 이러한 정보는 정적이었고, 고객이 직접 정보를 업데이트해야 하는 수고 탓에 현행화하기가 어려워 정확도가 떨어졌다.

사람의 라이프스테이지는 낮과 밤이 다르고, 평일과 주말이 다르고, 집에 있을 때와 외출하거나 직장에 있을 때가 다르다. 생애 주기로 봤을 때는 학생, 직장인, 결혼, 이사, 출산, 자녀결혼, 은퇴 등의 삶의 이벤트가 끊임없이 발생한다. 이와 함께 사회적 이벤트(정치, 경제, 스포츠 등)로 영향을 받고, IT기술과 유행/취미의 트렌드도 개인의 라이프스테이지에 큰 영향을 준다. 현재 고객이 어떤 라이프스테이지에 머물러 있는지, 어떠한 사회적 현상에 큰 영향을 받으며, 최근 무슨 고민을 하는지 알 수가 있게 해주는 것이 빅데이터 기반 라이프스테이지 분석이다.

기계 및 시스템들이 작업의 흐름을 로그로 남기듯, 사람도 본인의 라이프스테이지에 대해 라이프 로그를 남기기 시작했다. 라이프 로그들은 소셜미디어, 구매이력, 위치정보, VOC, 블로그 등은 물론 기업의 접촉/거래 이력과 인터넷상의 다양한 버즈들이 해당되며, 이 라이프 로그가 4차산업 혁명 시대로 넘어오면서 어마어마하게 발생했고 기업들이 이정보를 이용해 고객의 경험을 직간접적으로 이용할 수 있게 된 것이다. 만약 과거부터 현재까지의 라이프 로그를 추적해 분석할 수 있다면 고객의 라이프 패턴을 찾아 미래의 라이프 이벤트를 예측할 수 있으며, 고객이 어떤 행동을 하기 전의 생각을 미리 읽어내서 선제안함으로써 고객을 감동시키는 마케팅 전략의 수립도 가능해진다. 그러기 위해서는 먼저 라이프스테이지의 로그를 빅데이터에 저장해 조직의 밸류체인과 연관지어 분석을 수행해야 한다. 그 후 차별화된 고객 세그먼테이션들로 온오프라인의 고객 행동이력들을 이해하면서 새로운 비즈니스와 수익 창출로 이어지게 된다.

7.2 빅데이터 분석에 활용 기술

임팔라

임팔라 소개

2008년 하이브가 맵리듀스를 대체하는 SQL on Hadoop의 도구로 자리 잡았다. 하지만 생태계에서는 하이브의 배치성 분석에 만족하지 못하고, 빅데이터 분석을 인메모리 기반의 실시간 온라인 분석으로까지 확대되길 원했다. 이에 대한 변화는 구글에서 먼저 시작됐는데, 관련 기술이 적용된 드레멜(Dremel) 논문을 2010년에 발표한 것이다. 이 논문의 영향을 받은 클라우데라는 곧바로 임팔라(Impala) 개발에 착수하고, 2012년 10월 실시간 빅데이터 분석 질의가 가능한 임팔라를 오픈소스로 발표했다.

표 7.1 임팔라의 기본 요소

공식 홈페이지	cloudera IMPALA	http://impala.apache.org/	
주요 구성 요소	Impalad	하둡의 데이터노드에 설치되어 임팔라의 실행 쿼리에 대한 계획, 스케줄링, 엔진을 관리하는 코어 영역	
	Query Planner	임팔라 쿼리에 대한 실행 계획을 수립	
	Query Coordinator	임팔라 잡리스트 및 스케줄링을 관리	
	Query Exec Engine	임팔라 쿼리를 최적화해서 실행하고, 쿼리 결과를 제공	
	Statestored	분산 환경에 설치돼 있는 Impalad의 설정 정보 및 서비스를 관리	
	Catalogd	임팔라에서 실행된 작업 이력들을 관리하며, 필요 시 작업 이력을 제공	
라이선스	Apache		
유사 프로젝트	Tez, Spark SQL, Drill, Tajo		

임팔라 아키텍처

임팔라의 아키텍처는 하둡의 분산 노드에서 대규모 실시간 분석을 위해 Impalad, Statestored, Catalogd라는 컴포넌트가 설치된다. Impalad는 HDFS의 분산 노드 상에서 실행 계획과 질의 작업을 수행하는 데몬이고, Statestored는 Impalad의 기본 메타 정보부터 각 분산 노드에 설치돼 있는 Impalad를 관리하는 역할을 한다. 마지막으로 Catalogd는 Impalad와 Statestored와 통신하면서 임팔라 SQL의 실행과 변경 이력을 관리한다.

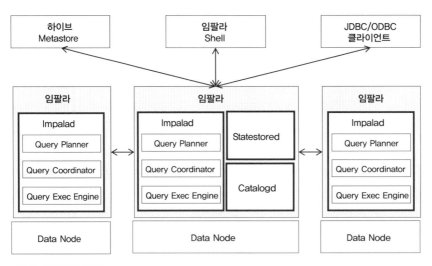

그림 7.3 임팔라 아키텍처

임팔라 활용 방안

여기서는 임팔라를 활용해 6장의 하이브 쿼리를 임팔라 쿼리로 바꾸고, 스마트카 데이터셋을 실시간 탐색한다. 하이브의 쿼리는 대부분 임팔라 쿼리와 호환 가능하며, 하이브 대비 빠른 응답 속도를 보장한다.

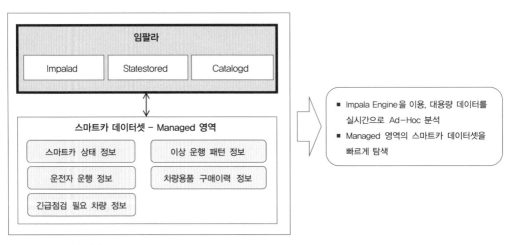

그림 7.4 임팔라 활용 방안

제플린

제플린 소개

대용량 데이터를 효과적으로 탐색 및 분석하기 위해서는 대용량 데이터셋을 빠르게 파악하고 이해하기 위한 분석 및 시각화 툴이 필요하다. 이와 관련해서 가장 잘 알려진 프로그램이 R과 파이썬이다. 하지만 R의 경우 하둡의 분산 파일을 직접 참조할 수 없고 분산 병렬처리가 어려워 하둡의 대규모 데이터를 분석하는 데 어려움이 있다. RHive, RHadoop, RHipe 같은 도구로 HDFS와 직접 연결해 병렬처리가 가능하도록 구성할 수 있지만 복잡도가 높아지고 안정적인 사용을 위해서는 추가 비용이 발생한다. 이러한 요건들을 해결하고자 스파크를 기반으로 하는 제플린(Zeppelin)이 탄생했다. 제플린은 국내 스타트업 기업인 NFLaps에서 2013년부터 주도하고 있는 오픈소스 프로젝트로서, 2014년 12월 아파치 재단에 인큐베이팅됐고 2016년 05월 아파치 최상위 프로젝트로 승격됐다.

표 7.2 제플린 기본 요소

공식 홈페이지	Apache Zeppelin	http://zeppelin.apache.org	
주요 구성 요소	NoteBook	웹 상에서 제플린의 인터프리터 언어를 작성하고 명령을 실행 및 관리할 수 있는 UI	
	Visualization	인터프리터의 실행 결과를 곧바로 웹 상에서 다양한 시각화 도구로 분석해 볼 수 있는 기능	
	Zeppelin Server	NoteBook을 웹으로 제공하기 위한 웹 애플리케이션 서버로서 인터프리터 엔진 및 인터프리터 API 등을 지원	
	Zeppelin Interpreter	데이터 분석을 위한 다양한 인터프리터를 제공하며, 스파크, 하이브, JDBC, 셸 등이 있으며 필요 시 인터프리터를 추가 확장	
라이선스	Apache		
유사 프로젝트	Jupyter, Theia, RStudio		

제플린 아키텍처

제플린을 이용하면 웹 UI의 NoteBook에서 스파크 또는 스파크 SQL을 작성해 하둡 클러스터에 작업을 요청하고, 처리 결과를 다시 웹 UI에서 시각화해서 볼 수 있다. 이때 제플린의 클라이언트와 서버 사이에 REST 또는 웹소켓 통신을 요청하게 되며, 요청된 결과에 해당하는 인터프리터가 작동해서 타깃 시스템에 작업을 요청하게 된다. 제플린은 스파크뿐 아니라 다양한 확장 인터프리터(스파크, 하이브, 플링크(Flink), R, 카산드라 등)를 제공한다.

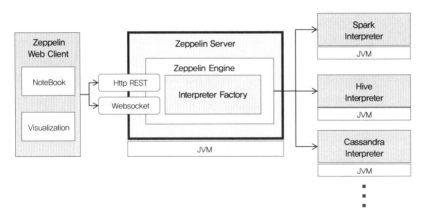

그림 7.5 제플린 아키텍처

제플린 활용 방안

6장 데이터 탐색을 통해 만든 5개의 마트 데이터를 대상으로 제플린에서 스파크 SQL을 이용해 다양한 애드혹 분석을 수행한다. 우선 스파크-SQL을 이용해 5개의 주제 영역별 마트 데이터에 접근해 데이터를 추출, 처리, 분석하고 그 결과를 제플린의 시각화 기능을 이용해 다양하게 분석한다. 또한 스파크ML을 이용해 머신러닝의 분류와 군집으로 스마트카의 이상징후 예측과 고객의 성향 분석 작업도 진행한다.

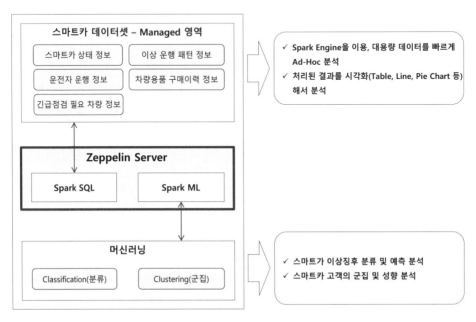

그림 7.6 제플린 활용 방안

머하웃

머하웃 소개

머하웃(Mahout)은 하둡 생태계에서 머신러닝 기법을 이용해 데이터 마이닝을 수행하는 툴이다. 머신러닝을 다루는 프레임워크는 머하웃 말고도 다양한 분야에서 발전해 오고 있다. 가장 유명한 R을 비롯해 래피드마이너(RapidMiner), 웨카(Weka), 파이썬 진영의 사이킷런(scikit-learn), 텐서플로(TensorFlow) 등이 이에 해당한다. 하지만 이러한 제품들은 대규모의 데이터셋을 분석할 수 있게 설계되지 않고 분산 환경에서 실행하기가 어렵다. 머하웃은 하둡에서 분산 머신러닝을 하기 위해 2008년 검색엔진 루씬의 서브 프로젝트로 시작됐고 하둡의 분산 아키텍처를 바탕으로 텍스트 마이닝, 군집, 분류 등과 같은 머신러닝 기반 기술이 내재화되면서 2010년 4월 아파치 최상위 프로젝트로 승격됐다.

표 7.3 머하웃의 기본 요소

공식 홈페이지	mahout		http://mahout.apache.org
주요 구성 요소		추천 (Recommendation)	사용자들이 관심을 가졌던 정보나 구매했던 물건의 정보를 분석해서 추천하는 기능으로, 유사한 사용자를 찾아서 추천하는 "사용자 기반 추천"과 항목 간 유사성을 계산해서 추천 항목을 생성하는 "아이템 기반 추천" 등이 존재
		분류 (Classification)	데이터셋의 다양한 패턴과 특징을 발견해 레이블을 지정하고 분류하는 기능으로, 주요 알고리즘으로 나이브 베이지안, 랜덤 포레스트, 로지스틱 회귀 등을 지원
		군집 (Clustering)	대규모 데이터셋에서 새로운 특성으로 데이터의 군집들을 발견하는 기능으로, 주요 알고리즘으로 K-Means, Fuzzy C-Means, Canopy 등을 지원
		감독학습 (Supervised Learning)	학습을 위한 데이터셋을 입력해서 분석 모델을 학습시키는 머신러닝 기법으로, 학습된 분석 모델을 이용해 예측하고 최적화하는 데 사용하고, 분류와 회귀 분석 기법이 이에 해당
		비감독학습 (Unsupervised Learning)	학습 데이터셋을 제공하지 않고 데이터의 특징적인 패턴을 발견하는 머신러닝 기법으로서 사람이 구분 및 그루핑하기 어려운 현상들을 자동으로 그루핑하는 데 사용하며, 군집 기법이 여기에 해당
라이선스	Apache		
유사 프로젝트	R, RapidMiner, Weka, TensorFlow, Spark ML, Scikit-learn		

머하웃 아키텍처

머하웃은 하둡의 분산 환경 위에 맵리듀스를 기반으로 고급 분석을 지원하는 라이브러리 패키지다. 하둡 클러스터 관점에서 보면 머하웃의 머신러닝 알고리즘이 맵리듀스에서 작동하도록 구현됐기 때문에 선형 확장으로 대규모(테라급 이상) 머신러닝 작업이 가능한 아키텍처를 가지고 있다. 주요 관련 라이브러리로는 추천, 분류, 군집이 있다.

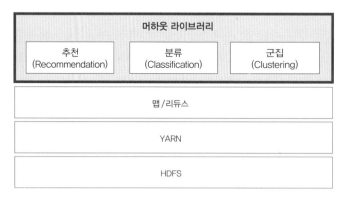

그림 7.7 머하웃 아키텍처

머하웃 활용 방안

머하웃으로는 추천 라이브러리를 활용해 "차량용품 구매 이력 데이터"를 분석하고 스마트카 운전자 가운데 유사 그룹 간의 구매 선호도에 따라 차량용품을 추천하는 작업을 한다. 이어서 스마트카 고객 마스터 정보를 대상으로 군집 분석을 진행해 고객군의 적정 개수를 파악하는 데 활용한다.

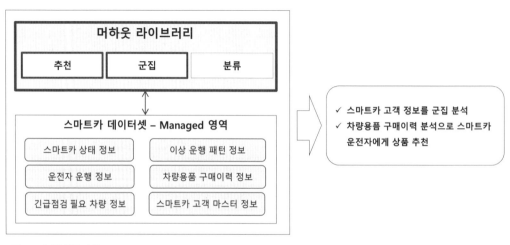

그림 7.8 머하웃 활용 방안

스쿱

스쿱 소개

RDBMS에 있는 데이터를 특별한 전처리 없이 곧바로 HDFS에 적재하거나, 반대로 HDFS에 저장된 데이터를 RDBMS로 제공해야 하는 경우가 있다. RDBMS와 HDFS 사이에서 데이터를 편리하게 임포트하거나 익스포트해주는 소프트웨어가 스쿱(Sqoop)이다. 스쿱은 지난 2009년에 공개되어 2012년 아파치 최상위 프로젝트로 승격됐다. 스쿱은 두 가지 버전이 있는데, 초기 버전은 CLI 기반으로 스쿱 명령을 실행하는 스쿱 1 클라이언트 버전이고, 두 번째 버전인 스쿱 2는 스쿱 서버를 두고 스쿱 클라이언트가 API를 호출하는 방식으로 스쿱 1을 확장한 서버 버전이다.

표 7.4 스쿱의 기본 요소

공식 홈페이지		http://sqoop.apache.org
주요 구성 요소	Sqoop Client	하둡의 분산 환경에서 HDFS와 RDBMS 간의 데이터 임포트 및 익스포트 기능을 수행하기 위한 라이브러리로 구성
	Sqoop Server	스쿱 2의 아키텍처에서 제공되며, 스쿱 1의 분산된 클라이언트 기능을 통합해 REST API로 제공
	Import/Export	임포트 기능은 RDBMS의 데이터를 HDFS로 가져올때 사용하며, 반대로 익스포트 기능은 HDFS의 데이터를 RDBMS로 내보낼 때 사용
	Connectors	임포트 및 익스포트에서 사용될 다양한 DBMS의 접속 어댑터와 라이브러리를 제공
	Metadata	스쿱 서버를 서비스하는 데 필요한 각종 메타 정보를 저장
라이선스	Apache	
유사 프로젝트	Hiho, Talend, Kettle	

스쿱 아키텍처

먼저 스쿱 1, 2의 아키텍처를 소개한다. 먼저 스쿱 1 아키텍처는 스쿱의 CLI로 임포트, 익스포트 명령을 하둡에 전달하면 맵 태스크가 병렬로 실행되어 외부 데이터베이스와 HDFS 사이에서 대량의 데이터를 임포트 및 익스포트할 수 있는 아키텍처를 제공한다.

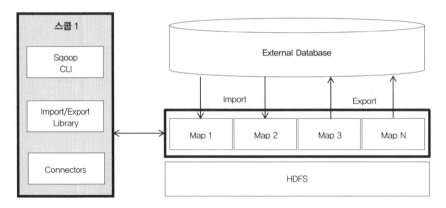

그림 7.9 스쿱 1 아키텍처

그림 7.10의 스쿱 2 아키텍처의 특징은 스쿱 1의 아키텍처를 확장해서 스쿱 서버를 추가한 것이다. 스쿱 1에서 클라이언트마다 설치됐던 커넥터와 라이브러리를 스쿱 서버에 배치하고 스쿱의 임포트, 익스포트 기능을 REST API로 제공해서 클라이언트를 경량화했다. 이처럼 스쿱의 주요 기능을 중앙 집중화함으로써 잡을 통합 관리하고 스쿱 1에서 할 수 없었던 접근 통제가 가능해졌다.

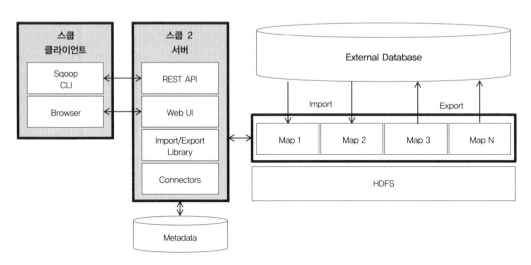

그림 7.10 스쿱 2의 아키텍처

스쿱 활용 방안

스마트카 데이터셋에 대한 탐색 및 분석 결과는 다양한 외부 시스템에 공유되고 활용돼야 한다. 7장에서는 하이브, 임팔라, 제플린, 머하웃 등에서 분석된 결과를 외부 RDBMS 시스템에 편리하게 제공하기 위한 도구로 스쿱을 활용할 것이다.

스쿱은 원래 하둡 생태계에선 수집(Import) 기술로 분류된다. 하지만 이번 파일럿 프로젝트에선 분석 결과를 외부에 제공(Export)하는 용도로만 사용한다.

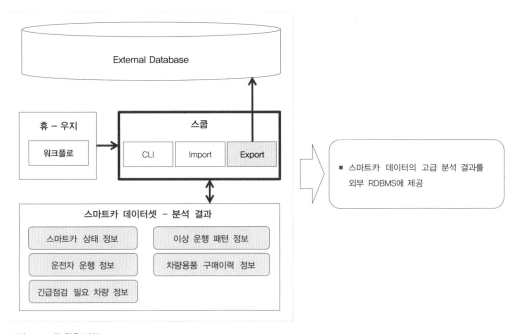

그림 7.11 스쿱 활용 방안

7.3 분석 파일럿 실행 1단계 – 분석 아키텍처

분석 요구사항

- **요구사항 1**: 차량의 다양한 장치로부터 발생하는 로그 파일을 수집해서 기능별 상태를 점검한다.
- **요구사항 2**: 운전자의 운행 정보가 담긴 로그를 실시간으로 수집해서 주행 패턴을 분석한다.

이미 6장의 빅데이터 탐색을 통해 요구사항 1, 2에 대한 기본적인 분석 요건은 해결했다. 이번 장에서는 기존 요구사항을 좀 더 확장해서 빅데이터의 실시간 탐색 및 시각화와 머신러닝을 이용한 데이터 마이닝까지 진행해 보겠다.

참고로 분석은 단순한 기술적 분석에서부터 머신러닝 같은 고급 분석에 이르기까지 빅데이터 이전부터 오랜 기간 동안 많은 연구가 이뤄졌던 분야다. 이 가운데 고급분석 수행에 있어서는 분야별(통계학, 수학, 사회학, 언어학 등) 다양한 사전 지식이 필요한데, 파일럿 프로젝트에서는 이러한 개론과 이론 등을 최소화하고 우선 빅데이터 분석을 경험하고 관련 기술을 활용해 보는 데 집중한다.

요구사항 구체화 및 분석

표 7.5 분석 요구사항 분석

고급분석 요구사항 구체화	요구사항 분석 및 해결 방안
1. 스마트카 데이터셋을 좀 더 빠르게 탐색 및 분석한다.	임팔라를 이용해 기존 하이브 배치 쿼리를 임팔라의 온라인 쿼리로 실행해서 결과를 확인
2. 스마트카 데이터셋의 탐색 결과를 이해하기 쉽도록 시각화한다.	제플린을 이용해 스파크-SQL로 탐색한 데이터셋을 다양한 차트로 표현
3. 차량용품 구매 이력을 분석해 최적의 상품 추천 목록을 만든다.	머하웃의 추천을 이용해 차량용품 구매 이력을 분석해 성향에 따른 상품 추천 목록을 생성
4. 스마트카의 상태 정보를 분석해 이상 징후를 예측한다.	스파크ML의 머신러닝 기법 중 분류 감독 학습을 통해 이상 징후에 대한 예측 모델을 구성
5. 스마트카 운전자의 마스터 정보를 분석해 고객 군집을 도출한다.	머하웃과 스파크ML로 비감독 학습인 군집 분석을 수행
6. 분석된 결과는 외부 업무 시스템의 RDBMS에 제공돼야 한다.	스쿱의 데이터 익스포트 기능을 이용해 HDFS에 저장된 분석 결과를 RDBMS로 전달

분석 아키텍처

스마트카의 5가지 데이터셋을 앞서 소개한 임팔라, 제플린, 머하웃, 스파크ML을 이용해 다양한 고급 분석을 수행한다. 3개의 분석 소프트웨어가 하이브의 데이터웨어하우스의 데이터셋에 직접 접근해서 분석 작업을 하게 된다.

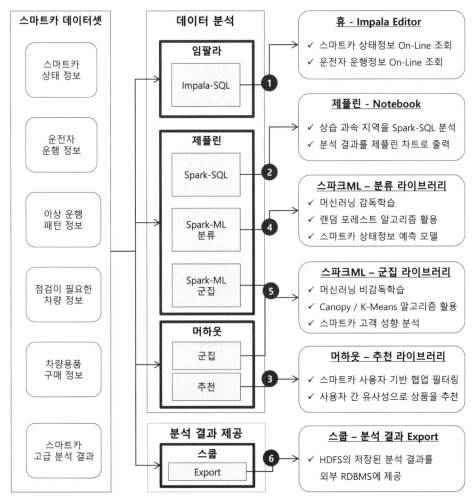

그림 7.12 파일럿 프로젝트 분석 아키텍처

❶ CM에서 임팔라를 추가 설치하면 휴의 Editors 메뉴에 Impala Editor가 추가된다. 이 Impala Editor를 통해 기존 탐색 단계에서 사용했던 "스마트카 상태 정보" 및 "운전자 운행 정보" 데이터셋에 대한 하이브 배치 쿼리를 임팔라의 실시간 쿼리로 바꿔 빠른 분석을 수행한다.

❷ 제플린의 Notebook을 활용해 웹 브라우저에서 스파크–SQL로 "운전자 운행 정보" 데이터셋을 분석하고, "상습 과속 지역"과 "지역별 상습 과속 차량" 등을 분석한다. 분석 결과는 제플린에서 제공하는 다양한 차트로 시각화한다.

❸ 머하웃의 추천 라이브러리 명령어에 입력 데이터로 "차량용품 구매 정보" 데이터셋을 지정하고, 상품 평가 정보에 대한 운전자의 취향을 분석해서 취향이 비슷한 운전자에게 구매 가능성이 높은 상품을 추천한다.

❹ 스파크ML의 분류 라이브러리로 "스마트카 이상 징후"를 예측하기 위한 모델을 만든다. 이때 트레이닝 데이터로 "스마트카 상태 정보" 데이터셋을 이용하고, 알고리즘으로는 랜덤 포레스트를 선택한다. 최종적으로 트레이닝된 분류 모델(Classify)을 애플리케이션에 적용한다.

❺ 스파크ML의 군집 라이브러리를 이용해 "스마트카 운전자의 운행" 데이터셋에 대해 K개의 군집(초기 K값은 머하 웃의 Canopy 활용)으로 형성되는 K-means를 적용한다. 이를 통해 탐색 단계에서는 식별되지 않은 새로운 운행 패턴을 발견해 분석한다.

❻ 스쿱의 CLI 명령 중 익스포트 기능을 이용해 HDFS에 저장된 분석 결과 데이터를 외부의 RDBMS(PostgreSQL) 에 제공한다.

7.4 분석 파일럿 실행 2단계 – 분석 환경 구성

임팔라, 스쿱은 CM에서 추가 서비스 구성을 통해 설치한다. 제플린은 CM의 서비스 구성 요소가 아니므로 직접 설치해야 한다.

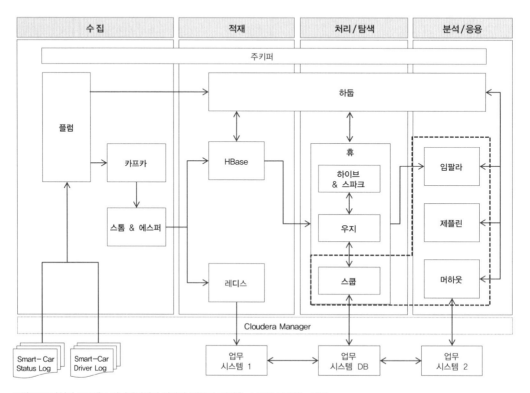

그림 7.13 파일럿 프로젝트 아키텍처에서 임팔라, 제플린, 머하웃, 스쿱이 차지하는 영역

임팔라 설치 _ ⌨ 실습

01. CM의 홈에서 [서비스 추가] 화면으로 이동한다. 추가할 서비스 유형 중 [Impala]를 선택하고 우측 하단의 [계속] 버튼을 클릭한다.

그림 7.14 CM을 이용한 임팔라 설치

02. 임팔라 서비스를 설치할 위치를 지정한다. 임팔라의 Catalog Server, StateStore, Daemon 컴포넌트 설치 위치를 모두 Server03(server03.hadoop.com)으로 설정하고 [계속] 버튼을 누른다.

> **저사양 파일럿 환경:** 임팔라 서비스를 Server02에만 설치한다.

그림 7.15 CM을 이용한 임팔라 설치 – 임팔라 컴포넌트 설치 위치 지정

03. 다음으로 임팔라의 스크래치 디렉터리 위치를 설정하는데, 기본값을 유지한 상태에서 [계속] 버튼을 누른다.

그림 7.16 CM을 이용한 임팔라 설치 – 임팔라 데몬 스크래치 디렉터리 지정

04. 임팔라를 설치하고 주요 환경 정보 등을 구성하기 시작한다. 설치가 성공적으로 완료되면 [계속] 버튼을 누른다.

그림 7.17 CM을 이용한 임팔라 설치 – 설치 및 구성

05. 설치가 성공적으로 완료됐다. [완료] 버튼을 누르고 임팔라 설치를 종료한다.

요약

✓ 새 서비스가 클러스터에 설치 및 구성되었습니다.

ⓘ **참고:** 여전히 새 서비스를 시작해야 할 수 있습니다. 시작하기 전에 오래된 구성이 포함된 모든 종속 서비스를 재시작하는 것이 좋습니다. 이러한 작업은 아래에서 **완료**를 클릭하면 주 페이지에서 수행할 수 있습니다.

뒤로   완료

그림 7.18 CM을 이용한 임팔라 설치 – 설치 및 구성 완료

06. 휴에서 Impala Editor를 사용할 수 있도록 임팔라 서비스를 활성화한다. CM 홈 → [Hue] → [구성]에서 검색에 "Impala"라고 입력하면 임팔라 서비스 설정이 나타난다. "Impala"와 "none" 중에서 [Impala]를 선택하고 [변경 내용 저장] 버튼을 누른다.

그림 7.19 휴에서 임팔라 서비스 구성

07. CM 홈 → [Impala] → [재시작]를 차례로 선택해 임팔라 서비스를 재시작한다.

08. CM 홈 → [Hue] → [재시작]을 차례로 선택해 휴 서비스를 재시작한다.

09. 휴의 상단에 있는 쿼리 콤보박스에서 [편집기] → [Impala] 메뉴가 새로 추가됐다.

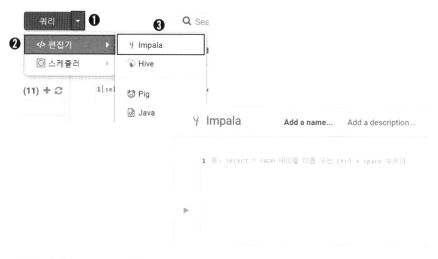

그림 7.20 휴에서 Impala Editor 사용

스쿱 설치 _ ⌨ 실습

01. CM의 홈에서 [서비스 추가] 화면으로 이동한다. 추가할 서비스 유형 중 [Sqoop 1 Client]를 선택하고 우측 하단의 [계속] 버튼을 클릭한다. 파일럿 프로젝트에서는 스쿱 1만 사용한다.

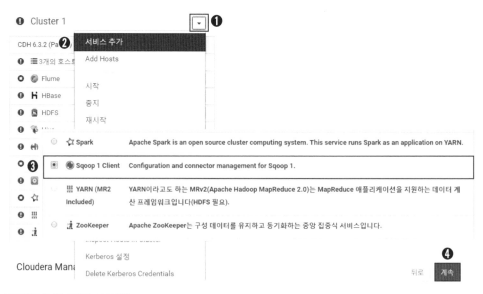

그림 7.21 CM을 이용한 스쿱 설치

02. 스쿱의 Gateway 서비스 설치 위치를 Server03(server03.hadoop.com)으로 설정하고 [계속] 버튼을 누른다.

> **저사양 파일럿 환경:** 스쿱을 Server02에만 설치한다.

그림 7.22 CM을 이용한 스쿱 설치 – Gateway 설치 위치 지정

03. 스쿱 1은 클라이언트로 설치가 매우 간단하다. 아래와 같은 설치 완료 메시지가 나타나면 [완료] 버튼을 클릭하고 설치를 종료한다.

그림 7.23 CM을 이용한 스쿱 설치 완료

참고로 스쿱 1은 클라이언트로 서버가 기동되지 않는다. CM 홈의 좌측 메뉴에서도 그림 7.24와 같이 보이면 정상이다. 스쿱 메뉴에 활성화된 [클라이언트 구성 재배포] 버튼을 클릭해 설치를 완료한다.

그림 7.24 CM에서 스쿱 설치 확인

제플린 설치 _ ⌨ 실습

제플린을 설치하려면 아파치 프로젝트 사이트[1]에서 0.8.2 버전의 tar 패키지 파일을 내려받아 설치한다.

> **저사양 파일럿 환경:** 스파크 서비스를 시작한다.
>
> ▪ **스파크 서비스:** CM 홈 → [Spark] → [시작]

01. Server02에 접속해 제플린 0.8.2 아카이브 파일을 다운로드한다.

```
$ cd /home/pilot-pjt/
$ wget http://archive.apache.org/dist/zeppelin/zeppelin-0.8.2/zeppelin-0.8.2-bin-all.tgz
```

---

1 http://www.apache.org/dyn/closer.cgi/zeppelin

파일 크기가 1GB 정도이며, 인터넷 상황에 따라 다운로드하는 데 시간이 소요된다.

02. 다운로드가 완료되면 tar 파일의 압축을 해제한다. /home/pilot-pjt/zeppelin-0.8.2-bin-all 경로에 제플린 설치 파일들이 생성된다.

```
$ tar -xvf zeppelin-0.8.2-bin-all.tgz
$ ln -s zeppelin-0.8.2-bin-all zeppelin
```

03. 제플린의 환경 정보를 설정한다. 제플린의 환경 정보 설정 템플릿 파일을 다음 명령어로 복사해서 생성한다.

```
$ cd /home/pilot-pjt/zeppelin/conf
```

```
$ cp zeppelin-env.sh.template  zeppelin-env.sh
```

복사한 zeppelin-en.sh 파일을 열어서 제일 하단에 그림 7.25와 같이 JAVA_HOME, SPARK_HOME, HADOOP_CONF 환경변수를 설정한다.

```
$ vi zeppelin-env.sh
```

```
export JAVA_HOME=/usr/java/jdk1.8.0_181-cloudera
export SPARK_HOME=/opt/cloudera/parcels/CDH/lib/spark
export HADOOP_CONF_DIR=/etc/hadoop/conf
```

그림 7.25 제플린 환경변수 설정

하이브의 임시 디렉터리를 제플린이 사용하기 위해 /tmp/hive 경로의 권한을 변경한다.

```
$ chmod 777 /tmp/hive
```

04. 제플린에서 하이브 인터프린터를 사용하기 위해 하이브 설정 파일을 복사해 놓는다.

```
$ cp /etc/hive/conf/hive-site.xml /home/pilot-pjt/zeppelin/conf
```

05. 제플린 서버의 바인딩 주소를 127.0.0.1에서 0.0.0.0으로 변경해 외부(파일럿 PC의 브라우저)에서 제플린에 직접 접속할 수 있게 설정한다. 추가로 서비스 포트는 8080에서 8081로 변경해 스파크 마스터 서비스의 포트(8080)와 충돌하지 않도록 변경한다. 먼저 제플린 설정 파일이 있는 디렉터리로 이동한다.

```
$ cd /home/pilot-pjt/zeppelin/conf
```

제플린의 설정 템플릿 파일을 다음 명령어로 복사해서 생성한다.

```
$ cp zeppelin-site.xml.template  zeppelin-site.xml
```

복사한 zeppelin-site.xml 파일을 열어서 22 ~ 30번째 줄 사이에 있는 서버 바인딩 주소와 포트 번호를 변경한다.

```
$ vi zeppelin-site.xml
```

- zeppelin.server.addr

  변경 전: 127.0.0.1   변경 후: 0.0.0.0

- zeppelin.server.port

  변경 전: 8080

  변경 후: 8081

```
<property>
  <name>zeppelin.server.addr</name>
  <value>0.0.0.0</value>
  <description>Server binding address</description>
</property>

<property>
  <name>zeppelin.server.port</name>
  <value>8081</value>
  <description>Server port.</description>
</property>
```

그림 7.26 제플린 서버 바인딩 및 서비스 포트 변경

06. 제플린 명령을 편리하게 사용하기 위해 root 계정의 프로파일에 패스를 설정한다.

```
$ vi /root/.bash_profile
```

프로파일에 "PATH=$PATH:/home/pilot-pjt/zeppelin/bin"을 추가한다.

```
$ source /root/.bash_profile
```

```
PATH=$PATH:$HOME/bin
PATH=$PATH:/home/pilot-pjt/storm/bin
PATH=$PATH:/home/pilot-pjt/zeppelin/bin

export PATH
```

그림 7.27 제플린 PATH 설정

07. 제플린 설치가 완료됐다. 그럼 제플린이 정상적으로 설치됐는지 여부를 제플린을 구동해서 확인한다.

```
$ zeppelin-daemon.sh start
```

```
[root@server02 zeppelin]# zeppelin-daemon.sh start
Log dir doesn't exist, create /home/pilot-pjt/zeppelin-0.8.2-bin-all/logs
Pid dir doesn't exist, create /home/pilot-pjt/zeppelin-0.8.2-bin-all/run
Zeppelin start                                              [  OK  ]
```

그림 7.28 제플린 서비스 시작

08. 웹 브라우저를 열어 제플린의 시작 페이지에 접속해 정상적으로 설치됐는지 여부를 확인한다.

- URL: http://server02.hadoop.com:8081/

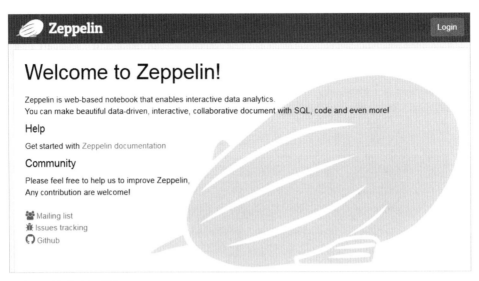

그림 7.29 제플린 서비스 확인

머하웃 설치 _ ⌨ 실습

하둡 분산 환경에서 머신러닝을 실습하기 위해 아파치 머하웃을 설치한다. 먼저 apache.org에서 설치 파일을 직접 다운로드한다.

Server02에 접속하고 아파치 머하웃(Mahout-0.13.0)을 다운로드 및 압축 해제한다.

```
$ cd /home/pilot-pjt/
$ wget http://archive.apache.org/dist/mahout/0.13.0/apache-mahout-distribution-0.13.0.tar.gz
$ tar -xvf apache-mahout-distribution-0.13.0.tar.gz
```

머하웃 설치 위치에 편하게 접근하기 위해 링크를 설정한다.

```
$ ln -s apache-mahout-distribution-0.13.0 mahout
```

프로파일을 수정해 환경변수를 설정한다. 그림 7.30처럼 머하웃의 실행 파일 PATH와 JAVA_HOME 위치를 설정한다.

```
$ vi /root/.bash_profile
$ source /root/.bash_profile
```

```
PATH=$PATH:$HOME/bin
PATH=$PATH:/home/pilot-pjt/storm/bin
PATH=$PATH:/home/pilot-pjt/zeppelin/bin
PATH=$PATH:/home/pilot-pjt/mahout/bin

export PATH

export JAVA_HOME=/usr/java/jdk1.8.0_181-cloudera
```

그림 7.30 머하웃 환경변수 설정

```
$ source /root/.bash_profile
```

설치가 끝나고 아래 mahout 명령을 실행해 본다. 그림 7.31과 같은 메시지가 상단에 표시되면 머하웃이 정상적으로 설치된 것이다.

```
$ mahout
```

```
[root@server02 pilot-pjt]# mahout
MAHOUT_LOCAL is not set; adding HADOOP_CONF_DIR to classpath.
Running on hadoop, using /usr/bin/hadoop and HADOOP_CONF_DIR=/etc/hadoop/conf
MAHOUT-JOB: /home/pilot-pjt/mahout/mahout-examples-0.11.0-job.jar
WARNING: Use "yarn jar" to launch YARN applications.
```

그림 7.31 머하웃 설치 확인

7.5 분석 파일럿 실행 3단계 – 임팔라를 이용한 데이터 실시간 분석

지금까지 파일럿 프로젝트에서는 스마트카 데이터 분석에 하이브 QL을 사용했다. 하지만 하이브는 맵리듀스 단계가 발생하고, 처리량이 큰 경우 분산 작업을 위한 대기시간이 길어지면서 빠른 데이터 탐색 및 분석이 용이하지 않았다. 이번 7장에서는 6장의 하이브 QL을 임팔라 엔진에서 실행해 실시간성 분석을 진행하고 하이브와 성능 비교도 해본다.

하이브 QL를 임팔라에서 실행하기 _ ⌨ 실습

6장의 데이터 탐색에서 주제 영역 3에서 사용했던 하이브 QL을 임팔라로 재실행한다. 당시 실행했던 하이브 QL은 다음과 같다.

- 이상 운전 패턴 스마트카 정보 조회

  ```
  select * from Managed_SmartCar_Symptom_Info where biz_date = '20200322'
  ```

이상 운전 패턴 결과는 약 200여 건의 작은 데이터이지만 하이브로 실행했을 때 필자의 파일럿 환경에서 약 32초의 시간이 걸렸다. 하이브의 특성으로 인해 다소 많은 시간이 소요됐다. 이를 임팔라로 바꿔서 실행해 보자.

01. 휴의 쿼리 편집기에서 임팔라를 선택한다.

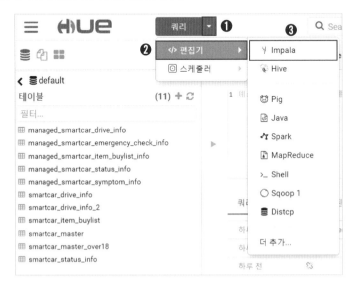

그림 7.32 Impala Editor 실행

02. 임팔라 에디터를 실행하면 가끔 데이터베이스가 표시되지 않을 때가 있다. 이때는 그림 7.33과 같이 데이터베이스의 새로고침(Refresh) 버튼을 누른다.

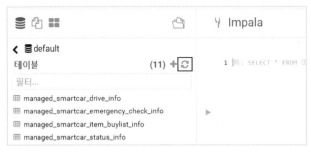

그림 7.33 임팔라 데이터베이스 확인

03. Impala Editor에서 "운전 패턴 스마트카 정보" 하이브 QL를 실행하고 출력된 결과다. 기존 하이브에서 30초 이상 걸렸던 결과가 필자의 파일럿 환경에서 2초 내로 조회되면서 애드혹한 대화형 분석이 가능해진다.

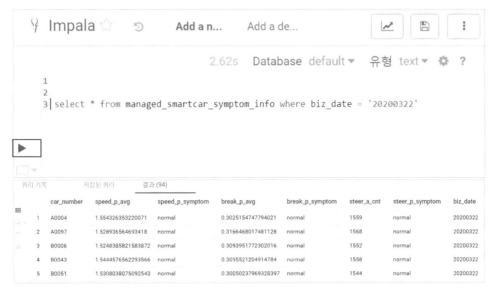

그림 7.34 임팔라 쿼리 실행 및 결과 확인

04. 6장의 주제 영역 4, 5에 대한 스마트카 분석 쿼리를 임팔라를 이용해 추가로 실행해 본다. 6장에서 하이브로 실행했을 때의 탐색 시간과는 비교가 안 되게 빠른 속도로 데이터가 조회되는 것을 확인할 수 있다.

- 긴급 점검이 필요한 스마트카 정보 조회

```
select * from Managed_SmartCar_Emergency_Check_Info where biz_date = '20200322'
```

- 스마트카 차량용품 구매 이력 정보 조회

```
select * from Managed_SmartCar_Item_BuyList_Info where biz_month = '202003'
```

임팔라를 이용한 운행 지역 분석 _ ⌨ 실습

임팔라를 통해 스마트카 운행 지역별 평균 속도가 가장 높았던 스마트카 차량을 출력해 본다.

01. Impala Editor에 그림 7.35의 쿼리를 입력하고 실행한다. 쿼리를 자세히 보면 Rank() 함수 등이 들어 있어 하이브에서 실행하면 오버헤드가 큰 쿼리지만 임팔라를 이용하면 빠른 응답 속도로 결과가 출력된다. 실행 쿼리는 C://예제소스/bigdata2nd-master/CH07/ImpalaSQL/ 경로에 있으니 참고한다.

```
    ₩ Impala      ↺    Add a name...   Add a description...

  1 select
  2    T2.area_number, T2.car_number, T2.speed_avg
  3 from (
  4        select
  5              T1.area_number,
  6              T1.car_number,
  7              T1.speed_avg,
  8              rank() over(partition by T1.area_number order by T1.speed_avg desc) as ranking
  9        from (
 10              select area_number, car_number, avg(cast(speed as int)) as speed_avg
 11              from  managed_smartcar_drive_info
 12              group by area_number, car_number
 13            ) T1
 14 ) T2
 15 where ranking = 1
```

그림 7.35 임팔라로 스마트카 데이터 실시간 분석

02. 정상적으로 실행됐다면 다음과 같은 결과가 출력될 것이다. 다음의 출력된 6개의 결과를 보면 A01~A06 지역에서 차량번호가 N0001, D0069인 차량이 160km/h 이상의 평균 속도로 과속하는 상습차량으로 보인다.

	area_number	car_number	speed_avg
0	A01	N0001	176.77675840978594
1	A02	D0069	164.04942965779469
2	A03	D0069	169.88931297709922
3	A04	D0069	168.97069597069597
4	A05	N0001	174.333333333334
5	A06	D0069	169.14576271186439

취근 쿼리 쿼리 로그 열 결과 차트

그림 7.36 임팔라를 이용한 스마트카 데이터의 실시간 분석 – 결과 확인

03. 차트 보기로 해서 데이터 전체를 그림 7.36의 표에서 그림 7.37의 막대 그래프로 전환해서 한눈에 보이도록 시각화한다.

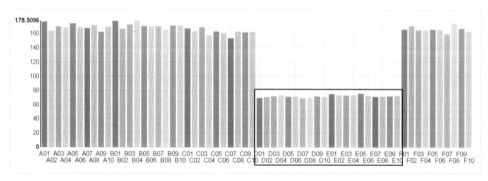

그림 7.37 임팔라를 이용한 스마트카 데이터의 실시간 분석 – 결과 시각화

그림 7.37의 차트를 보면 다른 운행 지역과 비교해서 갭이 큰 지역이 있다. 상습 과속 차량들이 D 지역과 E 지역에서만은 과속 운행을 못하는 것처럼 보인다. 아마도 상습 정체 구간이거나 아니면 과속 카메라, 과속 방지턱 등이 집중적으로 설치돼 있는 것으로 추측할 수 있다. 이처럼 처리된 결과 데이터를 표 형식(그림 7.36)으로 볼 때보다 차트 형식(그림 7.37)으로 시각화해서 볼 때 데이터셋에 대한 이해와 분석이 용이해진다. 데이터 시각화는 대규모 데이터에서 인사이트를 빠르게 발견할 수 있도록 도와주므로 매우 중요한 빅데이터 분석 기술 중 하나다.

Tip _ 인메모리 기반 분석 엔진 사용

임팔라는 빠른 응답 속도를 보여 주지만 많은 리소스를 사용한다. 특히 메모리 사용률이 높은데, 분산 환경의 데이터를 처리할 때 발생하는 중간 데이터셋을 모두 메모리에 올려 놓고 작업하기 때문이다. 반면 하이브는 중간 데이터셋을 디스크에 저장해 느리지만 안정적이다. 빅데이터 하둡 환경에서는 임팔라와 하이브를 상황에 맞춰 선택적으로 사용해야 한다. 마트화된 소규모 데이터셋을 대상으로 빠른 애드혹 분석을 수행할 때는 임팔라를 사용하고, 대규모 데이터셋에서 긴 시간에 걸친 가공 및 추출 작업에는 반드시 하이브를 이용해야 한다. 후자의 경우 임팔라 사용이 빈번하면 하둡 클러스터에 메모리 오버헤드가 발생해 장애로 이어질 수 있다. 보통은 업무 마감 후 빅데이터 웨어하우스의 대규모 배치 작업에는 안정적인 하이브가 적합하고, 업무 시간 중에 마트 데이터를 대상으로 애드혹 (Ad-Hoc)한 탐색적 분석에는 빠른 임팔라가 적합하다. 마트 데이터는 집계/요약된 작은 데이터셋으로, 임팔라 작업 시 메모리에 대한 부담이 적기 때문이다. 또한 이 같은 문제를 근본적으로 해결하기 위해 빅데이터 시스템을 배치계와 분석계로 분리 구성하고, 배치 처리된 데이터를 분석계에 주기적으로 복사하는 아키텍처를 만들기도 한다. 이때 DistCp라는 하둡 분산 카피 기술이 이용된다.

7.6 분석 파일럿 실행 4단계 – 제플린을 이용한 실시간 분석

이번에는 추가적으로 스마트카의 운행 지역에 대한 실시간 분석과 데이터 시각화를 위해 제플린을 이용해 본다. 제플린 NoteBook에서 스파크 프로그래밍을 하고, 분석 명령을 하둡 클러스터에 전달해 실행 결과를 제플린의 웹 UI로 전달받아 시각화한다.

제플린을 이용한 운행 지역 분석 _ ⌨ 실습

이번에는 스마트카가 운행한 지역들의 평균 속도를 구하고, 평균 속도가 높은 순시내로 출력해보사.

01. 제플린이 구동됐는지 확인하고, 아직 구동되지 않았다면 Server02에서 아래 명령으로 제플린 서버를 실행한다.

```
$ zeppelin-daemon.sh start
```

정상적으로 구동되는 데 1분 정도의 시간이 소요되므로 아래 명령으로 "OK"가 표시되는 것을 확인한다.

```
$ zeppelin-daemon.sh status
```

02. 크롬 브라우저를 실행하고 제플린 환경에 접속해 홈 화면을 확인한다.

- **제플린 접속 URL:** http://server02.hadoop.com:8081/

03. 제플린 NoteBook을 생성한다. Note Name에는 "SmartCar-Project"를 입력하고 Default Interpreter로는 spark 를 선택하고 [Create] 버튼을 클릭한다.

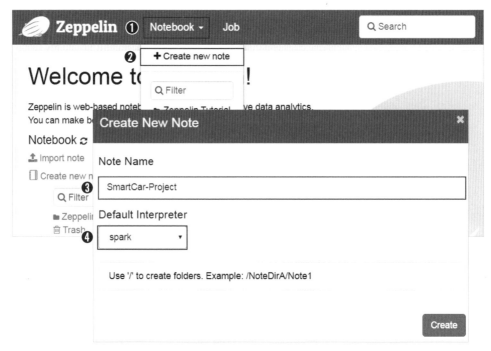

그림 7.38 제플린 노트북 시작하기

04. 먼저 HDFS 명령어를 실행해 분석할 "스마트카 운전자의 운행" 파일을 확인한다. 노트북에서 셸 명령이 가능하도 록 바인딩하기 위해 "%sh"로 입력한 후 엔터 키를 누른다.

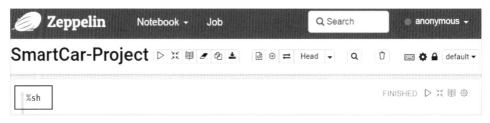

그림 7.39 제플린 노트북 사용

05. 하이브의 Managed 영역에 만들어져 있는 "스마트카 운전자 운행 정보" 파일을 확인하기 위해 다음 명령어를 입력하고 오른쪽의 [실행] 버튼을 클릭하거나 단축키로 Shift+Enter를 이용한다. biz_date 정보는 독자의 파일럿 상황에 맞는 날짜로 입력해야 한다.

- hdfs dfs −cat /user/hive/warehouse/managed_smartcar_drive_info/biz_date=20200322/* | head

그림 7.40 제플린 노트북 실행

06. 노트북에서 다음과 같은 결과를 확인할 수 있다.

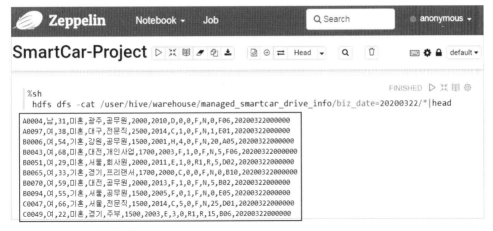

그림 7.41 제플린 노트북을 실행한 결과

07. 앞의 HDFS 데이터셋 확인 명령이 끝나면 하단에 새로운 입력창(Paragraph)이 그림 7.42처럼 활성화된다.

```
%sh                                                          FINISHED ▷ ✕ ▤ ⚙
 hdfs dfs -cat /user/hive/warehouse/managed_smartcar_drive_info/biz_date=20200322/*|head

A0004,남,31,미혼,광주,공무원,2000,2010,D,0,0,F,N,0,F06,20200322000000
A0097,여,38,미혼,대구,전문직,2500,2014,C,1,0,F,N,1,E01,20200322000000
B0006,여,54,기혼,강원,공무원,1500,2001,H,4,0,F,N,20,A05,20200322000000
B0043,여,68,미혼,대전,개인사업,1700,2003,F,1,0,F,N,5,F06,20200322000000
B0051,여,29,미혼,서울,회사원,2000,2011,E,1,0,R1,R,5,D02,20200322000000
B0065,여,33,기혼,경기,프리랜서,1700,2000,C,0,0,F,N,0,B10,20200322000000
B0070,여,59,미혼,대전,공무원,2000,2013,F,1,0,F,N,5,B02,20200322000000
B0094,여,55,기혼,서울,공무원,1500,2005,F,0,1,F,N,0,E05,20200322000000
C0047,여,66,기혼,서울,전문직,1500,2014,C,5,0,F,N,25,D01,20200322000000
C0049,여,22,미혼,경기,주부,1500,2003,E,3,0,R1,R,15,B06,20200322000000
cat: Unable to write to output stream.

Took 9 sec. Last updated by anonymous at March 29 2020, 1:12:45 AM.
```

```
|                                                            READY ▷ ✕ ▤ ⚙
```

그림 7.42 제플린 대화형 입력창

08. 스파크의 스칼라 코드를 그림 7.43처럼 작성한다. 작성할 스칼라 코드는 HDFS에서 데이터를 로드하고, 로드한 데이터셋을 대상으로 스파크에서 활용하기 위한 데이터 구조로 만드는 간단한 작업이다. 이때도 역시 biz_date 정보는 독자의 파일럿 상황에 맞는 날짜로 입력해야 한다. 실행할 스파크-SQL 예제는 C://예제소스/bigdata2nd-master/CH07/Zeppelin-SparkSQL/에 있으니 참고한다. 입력이 완료되면 우측 상단의 [실행] 버튼을 누른다.

```
val url="hdfs://server01.hadoop.com:8020"
val dPath="/user/hive/warehouse/managed_smartcar_drive_info/biz_date=20200322/*"
val driveData=sc.textFile(url + dPath)
case class DriveInfo(car_num: String,       sex: String,          age: String,
                     marriage: String,      region: String,       job: String,
                     car_capacity: String,  car_year: String,     car_model: String,
                     speed_pedal: String,   break_pedal: String,  steer_angle: String,
                     direct_light: String,  speed: String,        area_num: String,
                     date: String)

val drive = driveData.map(sd=>sd.split(",")).map(
            sd=>DriveInfo(sd(0).toString, sd(1).toString, sd(2).toString, sd(3).toString,
                          sd(4).toString, sd(5).toString, sd(6).toString, sd(7).toString,
                          sd(8).toString, sd(9).toString, sd(10).toString,sd(11).toString,
                          sd(12).toString,sd(13).toString,sd(14).toString,sd(15).toString
        )
)

drive.toDF().registerTempTable("DriveInfo")
```

```
warning: there was one deprecation warning; re-run with -deprecation for details
import sqlContext.implicits._
url: String = hdfs://server01.hadoop.com:8020
dPath: String = /user/hive/warehouse/managed_smartcar_drive_info/biz_date=20200322/*
driveData: org.apache.spark.rdd.RDD[String] = hdfs://server01.hadoop.com:8020/user/hive/warehouse/man
aged_smartcar_drive_info/biz_date=20200322/* MapPartitionsRDD[34] at textFile at <console>:25
defined class DriveInfo
drive: org.apache.spark.rdd.RDD[DriveInfo] = MapPartitionsRDD[36] at map at <console>:33
```

그림 7.43 제플린 노트북 - 스파크 데이터 로드

09. 정상적으로 실행되고 나면 다음과 같은 메시지를 확인할 수 있다.

```
driveData: org.apache.spark.rdd.RDD[String] = MapPartitionsRDD[75] at textFile at <console>:23
defined class DriveInfo
drive: org.apache.spark.rdd.RDD[DriveInfo] = MapPartitionsRDD[77] at map at <console>:27
```

그림 7.44 제플린 노트북 – 스파크 SQL 실행 확인

앞의 그림 7.43에 나온 예제의 마지막 줄을 보면 로드한 데이터셋을 스파크-SQL로 분석하기 위해 임시 테이블인 DriveInfo를 생성한 것을 확인할 수 있다. 그럼 스파크-SQL을 실행하기 위해 "%spark.sql"을 입력하고 엔터 키를 누른다.

10. 스파크-SQL 쿼리를 입력하고 실행한다. 다음 쿼리는 스마트카가 운행한 지역의 평균 속도를 구하고, 평균 속도가 높은 순서대로 출력한다.

```
%spark.sql
select T1.area_num, T1.avg_speed
from  (select area_num, avg(speed) as avg_speed
          from DriveInfo
          group by area_num
          ) T1
order by T1.avg_speed desc
```

FINISHED

그림 7.45 제플린 노트북 – 스파크-SQL 조회 쿼리

11. 실행 결과가 하단에 테이블 형식으로 출력된다. "B04" 지역이 평균 속도 88km/h로 가장 높게 나왔다.

area_num	avg_speed
B04	88.06507
B09	87.7297
B01	87.31936
B06	86.66344
B02	86.48533
B08	86.38922
B03	85.99351

그림 7.46 제플린 노트북 – 스파크-SQL 조회 쿼리 결과

12. 출력된 결과의 상단에 있는 차트 버튼을 누르면 다양한 형식의 차트로 재구성해서 볼 수 있다.

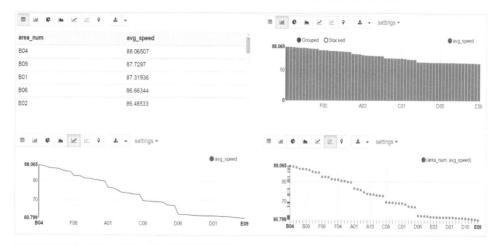

그림 7.47 제플린 노트북 – 스파크-SQL 조회 결과 시각화

13. 또한 기존 스파크-SQL의 조건 변수를 설정해서 좀 더 효율적인 분석을 할 수 있다. Having 절을 추가해서 평균 속도에 대한 동적 변수인 AvgSpeed를 정의하고 실행해 보자.

```
%spark.sql                                          FINISHED  ▷  ⚡  ▦  ⚙
select T1.area_num, T1.avg_speed
from  (select area_num, avg(speed) as avg_speed
          from DriveInfo
          group by area_num having avg_speed >= ${AvgSpeed=60}
          ) T1
order by T1.avg_speed desc
```

그림 7.48 제플린 노트북 – 스파크-SQL 조회 쿼리에 조건 변수를 정의

14. 노트를 실행하면 동적 변수로 정의한 AvgSpeed라는 이름의 입력창이 결과창 상단에 만들어진다. 해당 입력창에 탐색하고자 하는 평균 속도를 입력하면 해당 조건에 맞는 결과가 출력되고, 다양한 입력값을 바꿔 가면서 결과를 빠르게 확인할 수 있어 좀 더 분석하기가 쉬워진다.

AvgSpeed	
85	

area_num	avg_speed
B04	88.06507
B09	87.7297
B01	87.31936
B06	86.66344
B02	86.48533
B08	86.38922
B03	85.99351
B05	85.1989

그림 7.49 제플린 노트북 – 스파크-SQL 조회 쿼리에 조건 변수를 입력

제플린은 다양한 인터프리터(스파크, 하이브, 플링크, R, 카산드라 등)를 이용할 수 있다. 또한 제플린 인터페이스를 구현해서 새로운 인터프리터를 추가 및 확장할 수 있고, 현재도 많은 인터프리터들이 개발 중이다. 특히 제플린에서는 Spark-Group(spark, pyspark, spark.sql, spark.ml, spark.mahout, spark.r 등)을 쉽고 편리하게 사용할 수 있다는 것이 장점이라 할 수 있다.

> **저사양 파일럿 환경:** 제플린 서비스를 정지한다.
>
> - **제플린 서비스:** Server02에 SSH로 접속한 후 다음 명령을 실행
>
>   ```
>   $ zeppelin-daemon.sh stop
>   ```

7.7 분석 파일럿 실행 5단계 – 머하웃과 스파크ML을 이용한 머신러닝

머하웃과 스파크ML 같은 머신러닝 기술은 복잡도가 높은 비즈니스 로직을 자동으로 생성 및 관리하거나, 대규모 단순 반복 작업에서 패턴들을 찾아 효율화하는 데 사용 된다. 이때 자동으로 만들어진 프로그램을 모델이라고 하며, 모델은 대규모 데이터에서 과거의 패턴을 찾아 정의하는 학습 과정을 통해 만들어진다. 학습이 완료된 모델에 현재의 데이터를 입력해서 앞으로 발생할 일들을 예측하면서 신속한 의사결정을 내리도록 지원한다. 이번 장에서는 지금까지 수집, 적재, 처리한 스마트카의 데이터셋을 가지고 세 가지 마이닝 기법인 추천, 분류, 군집 기능을 머하웃(추천)과 스파크ML(분류, 군집)을 이용해 좀 더 활용성 있는 분석을 진행한다. 참고로 스파크ML의 작업 환경으로 제플린을 사용한다.

머하웃 추천 – 스마트카 차량용품 추천 _ ⌨ 실습

데이터 마이닝의 추천에 사용될 데이터셋은 "스마트카 차량용품 구매 이력" 정보로서 하이브의 Managed 영역에 있는 Managed_SmartCar_Item_BuyList_Info 테이블에 약 10만 건의 데이터가 적재돼 있다.

	car_number	sex	age	marriage	region	job	car_capacity	car_year	car_model	item	score	biz_month
0	V0067	남	19	기혼	광주	자영업	2000	2011	E	Item-022	2	201606
1	U0084	여	61	기혼	경남	회사원	3000	2012	D	Item-004	3	201606
2	U0006	여	35	미혼	강원	공무원	1200	2005	H	Item-009	2	201606
3	X0052	여	40	미혼	광주	학생	3000	2004	F	Item-006	5	201606
4	V0039	여	66	미혼	경기	자영업	2500	2015	G	Item-028	5	201606
5	C0024	여	51	미혼	울산	회사원	2000	2012	C	Item-023	5	201606
6	C0017	남	56	미혼	경북	학생	3000	2001	H	Item-023	5	201606
7	D0067	남	55	미혼	전북	학생	1200	2008	B	Item-010	3	201606
8	K0096	남	32	미혼	경기	자영업	1200	2001	E	Item-005	1	201606
9	Q0028	남	59	미혼	전북	자영업	1700	2005	F	Item-010	2	201606

그림 7.50 스마트카 차량용품 구매 이력

이 가운데 추천에 필요한 항목은 3개의 필드로서 차량고유번호(car_number), 구매용품아이템코드(item), 사용평가점수(score)다. 특히 사용자평가(score)는 구매한 아이템에 대한 사용자의 긍정 또는 부정을 스코어링하고 있어 사용자의 취향을 알 수 있는 중요한 필드다. 구매한 제품에 대한 평가 데이터는 수많은 사용자로부터 다양하게 나타나지만 사용자에게는 기호와 취향이라는 게 있고, 이러한 기호와 취향에 따라 물건을 구매했던 이력을 분석해 보면 눈에 보이지 않았던 패턴들이 발견된다. 이때 유사 패턴을 보이는 사용자 간의 유사성을 계산하고, 그 결과로부터 유사 사용자 간의 선호하는 아이템을 예측해서 추천하는 것이 사용자 기반 협업 필터링 모델이다. 예를 들면, 사용자 A와 B가 공통으로 구매했던 물건들의 평가 점수로 유사도를 측정하고, 유사한 사용자군으로 판명되면 A는 구매했으나 B는 구매하지 않은 물건을 B에게 추천하는 것이다.

그림 7.51 스마트카 차량용품을 추천하는 방법

그림 7.51을 보면 사용자 A, B가 9월에 카시트와 거치대를 구매했는데, 구매 후에 상품에 대한 평가점수도 같아 사용자 A, B를 성향이 유사한 고객군으로 추측한다. 이러한 유사 고객군에서 사용자 A는 구매했으나 사용자 B는 구매하지 않은 충전기를 사용자 B에게 추천해 줌으로써 좀 더 구매율을 높일 수 있는 상품 추천이 된다. 그럼 파일럿 프로젝트의 "스마트카 차량용품 구매 이력" 데이터로 머하웃의 추천기 모델을 만들고 실행해 보자.

01. 먼저 "스마트카 용품 구매 이력" 데이터를 머하웃의 추천기에서 사용 가능한 형식으로 재구성한 파일을 만들어야 한다. 휴의 Hive Editor에서 다음 QL을 실행한다.

```
1
2 insert overwrite local directory '/home/pilot-pjt/mahout-data/recommendation/input'
3 ROW FORMAT DELIMITED
4 FIELDS TERMINATED BY ','
5 select hash(car_number), hash(item), score from managed_smartcar_item_buylist_info
```

그림 7.52 스마트카 용품의 구매 이력 데이터셋 가공

위 하이브 QL은 "스마트카 차량용품 구매 이력" 테이블인 Managed_SmartCar_Item_BuyList_Info로부터 분석에 필요한 차량번호(car_number), 상품코드(item), 평가점수(score) 데이터를 조회해서 로컬 서버(Server02)의 파일시스템 경로인 /home/pilot-pjt/mahout-data/recommendation/input에 파일을 생성하는 쿼리다. 이때 car_number와 item 데이터의 경우 머하웃의 추천기 라이브러리의 입력 데이터로 사용하기 위해 숫자 타입(Long)으로 형변환했고, 하이브의 hash() 함수를 이용했다.

- **Hive QL:** insert overwrite local directory '/home/pilot-pjt/mahout-data/recommendation/input'

    ROW FORMAT DELIMITED

    FIELDS TERMINATED BY ','

    select hash(car_number), hash(item), score from managed_smartcar_item_buylist_info

02. 추천기의 입력 데이터로 사용될 파일이 정상적으로 만들어졌는지 확인한다. Server02에 SSH로 접속하고 다음 명령을 실행한다.

```
$ more /home/pilot-pjt/mahout-data/recommendation/input/*
```

```
[root@server02 input]# more /home/pilot-pjt/mahout-data/recommendation/input/*
80900631,1240943830,2
79977169,1240943770,3
79976923,1240943775,2
82747637,1240943772,5
80900540,1240943836,5
63353605,1240943831,2
63353577,1240943831,5
64277253,1240943797,3
```

그림 7.53 가공된 스마트카 용품 구매 이력 데이터셋 확인

그림 7.53과 같이 3개의 숫자 타입의 데이터가 콤마로 구분되어 차량번호, 상품코드, 평가점수 순으로 표시된 것을 확인할 수 있다. 파일은 "000000_0"라는 이름으로 생성됐을 것이다.

03. 이제 앞서 생성한 "000000_0" 파일을 머하웃 추천기의 입력 데이터로 사용하기 위해 HDFS에 /pilot-pjt/mahout/recommendation/input/ 경로를 생성하고 "000000_0" 파일을 저장한다.

```
$ hdfs dfs -mkdir -p /pilot-pjt/mahout/recommendation/input
$ hdfs dfs -put /home/pilot-pjt/mahout-data/recommendation/input/*  /pilot-pjt/mahout/
recommendation/input/item_buylist.txt
```

04. 이제 머하웃의 추천 분석기를 실행한다. 머하웃의 주요 명령은 C://예제소스/bigdata2nd-master/CH07/Mahout/에 있으니 활용하도록 한다.

```
$ mahout recommenditembased -i /pilot-pjt/mahout/recommendation/input/item_buylist.txt -o
/pilot-pjt/mahout/recommendation/output/ -s SIMILARITY_COOCCURRENCE -n 3
```

사용된 매개변수와 옵션은 다음과 같다.

- i: 추천 분석에 사용할 입력 데이터
- o: 추천 분석 결과가 출력될 경로
- s: 추천을 위한 유사도 알고리즘
- n: 추천할 아이템 개수

옵션으로 입력 데이터 경로, 분석 결과를 저장할 경로, 유사도 알고리즘, 추천 개수를 지정했다. 추천 분석 명령은 여러 개의 잡과 관련된 맵리듀스가 반복적으로 실행되면서 수분의 시간이 소요된다.

```
       Shuffle Errors
              BAD_ID=0
              CONNECTION=0
              IO_ERROR=0
              WRONG_LENGTH=0
              WRONG_MAP=0
              WRONG_REDUCE=0
       File Input Format Counters
              Bytes Read=437274
       File Output Format Counters
              Bytes Written=179641
16/12/19 22:20:12 INFO driver.MahoutDriver: Program took 27852 ms (Minutes: 0.4642)
```

그림 7.54 머하웃 추천기 실행

마지막에 "Info driver.MahoutDriver: Program took 518406 ms (Minutes: 8.6401)"과 같은 메시지가 출력되면 추천 분석이 정상적으로 끝난 것이다.

05. 분석 결과가 저장된 HDFS의 /pilot-pjt/mahout/recommendation/output/에 있는 파일을 휴의 파일 브라우저로 열어서 확인한다. 해당 경로에는 두 개의 파일인 "part-r-00000", "part-r-00001"이 생성돼 있을 것이다. 이 가운데 하나를 열어서 추천 결과를 확인한다.

| 🏠 홈 | | 페이지 | 1 | of 22 | ⏮ | ⏪ | ⏩ | ⏭ |

| / pilot-pjt / mahout / recommendation / output / **part-r-00000** |

```
61506498    [1240943774:4.381886,1240943859:4.3754354,1240943769:4.371212]
61506500    [1240943770:4.4761906,1240943798:4.47266,1240943775:4.4653916]
61506502    [1240943767:4.5166845,1240943805:4.510496,1240943771:4.5015078]
61506504    [1240943767:4.7208376,1240943768:4.7191577,1240943833:4.7176113]
61506506    [1240943837:4.4397306,1240943769:4.438384,1240943802:4.435185]
61506528    [1240943836:3.7480755,1240943767:3.7338078,1240943806:3.7289279]
61506530    [1240943833:3.8017108,1240943772:3.7908888,1240943805:3.7882187]
```

그림 7.55 머하웃 추천기의 실행 결과

그림 7.55에서 첫 번째 추천 내용을 보면 차량번호(해시값으로 변경된) "61506498"은 3개의 상품(해시값으로 변경된)인 "1240943774", "1240943859", "1240943769"을 추천받았다. 추천값(추천 강도)은 각각 4.381886, 4.3754354, 4.371212 순으로 나타났다.

추천받은 차량번호	첫 번째 – 추천상품 상품ID: 추천값	두 번째 – 추천상품 상품ID: 추천값	세 번째 – 추천상품 상품ID: 추천값	
61506498	[1240943774:4.381886,	1240943859:4.3754354,	1240943769:4.371212]	
61506500	[1240943770:4.4761906,	1240943798:4.47266,	1240943775:4.4653916]	
61506502	[1240943767:4.5166845,	1240943805:4.510496,	1240943771:4.5015078]	
61506504	[1240943767:4.7208376,	1240943768:4.7191577,	1240943833:4.7176113]	
61506506	[1240943837:4.4397306,	1240943769:4.438384,	1240943802:4.435185]	
61506528	[1240943836:3.7480755,	1240943767:3.7338078,	1240943806:3.7289279]	
61506530	[1240943833:3.8017108,	1240943772:3.7908888,	1240943805:3.7882187]	

그림 7.56 머하웃 추천기의 실행 결과 분석

이렇게 머하웃의 추천기로 분석된 "스마트카 차량용품 추천" 데이터는 추천 정보가 필요한 유관 시스템(마케팅, 영업, 채널 등)에 제공하는데, 이때 해시화된 차량번호와 상품명은 다시 원래의 값으로 변환해서 제공된다.

06. 추천 분석을 재실행할 때는 기존 결과 파일을 삭제한 후 재실행해야 한다. 아래 명령은 관련 삭제 명령이니 참고하기 바란다. 이후 분류, 군집 분석에서도 같은 명령을 중복을 실행할 때 이미 존재하는 파일(경로)이라는 에러가 발생할 수 있다. 그때는 해당 경로의 파일을 삭제한 후 재실행한다.

```
$ hdfs dfs -rm -R -skipTrash /pilot-pjt/mahout/recommendation/output
$ hdfs dfs -rm -R -skipTrash /user/root/temp
```

추천 기능은 조직의 비즈니스 모델과 관련성이 높아서 여러 분야에서 두루 활용되고 있다. 특히 인터넷 및 모바일상의 포털 및 커머셜 사이트에서 서비스를 이용 중인 사용자를 대상으로 실시간 상품 추천을 한다거나 이메일, SMS 등을 통해 맞춤형 프로모션 및 1:1 마케팅, 캠페인을 실행할 때 매우 효과적으로 사용할 수 있다. 실제로 아마존 판매량의 35%, 구글 뉴스 페이지뷰의 38%가 추천에 의해 발생한다고 한다.

스파크ML 분류 – 스마트카 상태 정보 예측/분류 _ ⌨ 실습

데이터 마이닝의 분류에 사용될 데이터셋은 "스마트카 상태 정보"로 하이브의 Manage 영역에 Managed_SmartCar_Status_Info라는 이름의 테이블에 약 200만 건의 데이터가 적재돼 있다.

	car_number	sex	age	marriage	region	job	car_capacity	car_year	car_model	tire_fl	tire_fr	tire_bl	tire_br	light_fl	light_fr	light_bl	light_br
0	U0001	여	43	미혼	전남	학생	2000	2002	B	82	81	92	91	1	1	1	1
1	U0001	여	43	미혼	전남	학생	2000	2002	B	93	86	78	88	1	1	1	1
2	U0001	여	43	미혼	전남	학생	2000	2002	B	95	99	95	71	1	1	1	1
3	U0001	여	43	미혼	전남	학생	2000	2002	B	79	72	84	94	1	1	1	1
4	U0001	여	43	미혼	전남	학생	2000	2002	B	71	86	91	93	1	1	1	1
5	U0001	여	43	미혼	전남	학생	2000	2002	B	83	91	91	80	1	1	1	1
6	U0001	여	43	미혼	전남	학생	2000	2002	B	83	76	96	95	1	1	1	1
7	U0001	여	43	미혼	전남	학생	2000	2002	B	78	99	99	72	1	1	1	1
8	U0001	여	43	미혼	전남	학생	2000	2002	B	90	76	99	87	1	1	1	1
9	U0001	여	43	미혼	전남	학생	2000	2002	B	93	83	88	88	1	1	1	1

그림 7.57 스마트카 상태 정보

그림 7.57의 데이터셋에는 스마트카의 주요 장치(타이어, 라이트, 엔진, 브레이크 등)에 대한 상태를 기록한 값으로, 차량의 상태를 진단하기 위한 중요한 변수다. 이 값들을 이용해 차량의 정상/비정상을 분류하는 모델을 만들고, 이 분류 모델을 운행 중인 스마트카에 적용해서 차량의 안전 상태를 실시간으로 점검하는 머신러닝 분석이 이번 실습의 목표다. 분류 모델에 사용하는 알고리즘으로 나이브 베이지안, 랜덤 포레스트, 로지스틱 회귀 등이 있으나 이번 파일럿 프로젝트에서는 랜덤 포레스트를 이용한다.

Tip _ 랜덤 포레스트(Random Forest) 알고리즘

랜덤 포레스트는 학습을 통해 각각의 특징을 가지는 여러 개의 의사결정 트리를 앙상블로 구성하는 알고리즘이다. 단일 의사결정 트리와 달리 모델의 오버피팅을 최소화하면서 일반화 성능을 향상시킨 머신러닝 기법이다.

그림 7.58 랜덤 포레스트의 트리 구조

그림 7.58에서 보면 여러 의사결정 트리로부터 얻어진 결과를 모아 최종 분류값을 결정하는데 이때 평균을 이용하거나, 과반수 투표 방식 등을 이용한다.

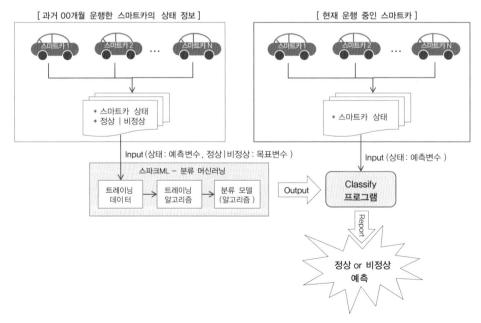

그림 7.59 머하웃의 분류 모델을 통한 스마트카 상태 정보 예측

그림 7.59를 보면 과거 수개월의 스마트카 운행 데이터를 스파크 머신러닝 분류기에 입력해 분류기를 훈련(학습)시킨다. 학습이 끝나면 스마트카의 상태를 판단할 수 있는 Classify(or Model) 프로그램이 만들어지고, 이 프로그램 안에는 과거의 데이터로부터 학습해 찾아낸 분류 패턴들이 로직화되어 들어가 있다. 이 Classify 프로그램을 운행 중인 스마트카 시스템에 적용하고, 스마트카에서 발생하는 데이터를 Classify 프로그램이 분석해 가며 과거의 이상 패턴과 유사한 데이터가 발생하는지 실시간으로 분류 및 예측하게 된다.

01. 하이브를 이용해 트레이닝 데이터셋을 만드는 작업을 한다. 먼저 "스마트카 상태 정보" 데이터를 머하웃의 분류기의 입력 데이터로 사용하기 위해 하이브로 재구성한다. 휴의 Hive Editor에서 다음의 QL을 실행한다. C://예제소스/bigdata2nd-master/CH07/HiveQL/그림-7.60.hql에 실행할 하이브 QL이 있으니 복사해서 활용하도록 한다.

```
1  insert overwrite local directory '/home/pilot-pjt/spark-data/classification/input'
2  ROW FORMAT DELIMITED
3  FIELDS TERMINATED BY ','
4  select
5    sex, age, marriage, region, job, car_capacity, car_year, car_model,
6    tire_fl, tire_fr, tire_bl, tire_br, light_fl, light_fr, light_bl, light_br,
7    engine, break, battery,
8    case when ((tire_fl_s  + tire_fr_s  + tire_bl_s  + tire_br_s  +
9                light_fl_s + light_fr_s + light_bl_s + light_br_s +
10               engine_s   + break_s    + battery_s  +
11               car_capacity_s + car_year_s + car_model_s) < 6)
12        then '비정상' else '정상'
13   end as status
14 from (
15   select
16     sex, age, marriage, region, job, car_capacity, car_year, car_model,
17     tire_fl, tire_fr, tire_bl, tire_br, light_fl, light_fr, light_bl, light_br,
18     engine, break, battery,
19
20     case
21      when (1500 > cast(car_capacity as int)) then -0.3
22        when (2000 > cast(car_capacity as int)) then -0.2
23        else -0.1
24     end as car_capacity_s ,
25
26     case
27     when (2005 > cast(car_year as int)) then -0.3
28       when (2010 > cast(car_year as int)) then -0.2
29       else -0.1
30     end as car_year_s ,
31
32     case
33     when ('B' = car_model) then -0.3
34       when ('D' = car_model) then -0.3
35       when ('F' = car_model) then -0.3
36       when ('H' = car_model) then -0.3
37       else 0.0
38     end as car_model_s ,
39
40     case
41       when (10 > cast(tire_fl as int)) then 0.1
42       when (20 > cast(tire_fl as int)) then 0.2
43       when (40 > cast(tire_fl as int)) then 0.4
```

```
44        else 0.5
45      end as tire_fl_s ,
46
47      case
48        when (10 > cast(tire_fr as int)) then 0.1
49        when (20 > cast(tire_fr as int)) then 0.2
50        when (40 > cast(tire_fr as int)) then 0.4
51        else 0.5
52      end as tire_fr_s ,
53
54      case
55        when (10 > cast(tire_bl as int)) then 0.1
56        when (20 > cast(tire_bl as int)) then 0.2
57        when (40 > cast(tire_bl as int)) then 0.4
58        else 0.5
59      end as tire_bl_s ,
60
61      case
62        when (10 > cast(tire_br as int)) then 0.1
63        when (20 > cast(tire_br as int)) then 0.2
64        when (40 > cast(tire_br as int)) then 0.4
65        else 0.5
66      end as tire_br_s ,
67
68      case when (cast(light_fl as int) = 2) then 0.0 else 0.5 end as light_fl_s ,
69      case when (cast(light_fr as int) = 2) then 0.0 else 0.5 end as light_fr_s ,
70      case when (cast(light_bl as int) = 2) then 0.0 else 0.5 end as light_bl_s ,
71      case when (cast(light_br as int) = 2) then 0.0 else 0.5 end as light_br_s ,
72
73      case
74        when (engine = 'A') then 1.0
75        when (engine = 'B') then 0.5
76        when (engine = 'C') then 0.0
77      end as engine_s ,
78
79      case
80        when (break = 'A') then 1.0
81        when (break = 'B') then 0.5
82        when (break = 'C') then 0.0
83      end as break_s ,
84
85      case
86        when (20 > cast(battery as int)) then 0.2
87        when (40 > cast(battery as int)) then 0.4
88        when (60 > cast(battery as int)) then 0.6
89        else 1.0
90      end as battery_s
91
92   from managed_smartcar_status_info ) T1
```

그림 7.60 스마트카 상태 정보 데이터셋 가공

위 하이브 QL은 "스마트카 상태 정보" 데이터로부터 예측 변수(차량용량, 차량연식, 차량모델, 타이어, 라이트, 엔진, 브레이크, 배터리)들의 상태값으로 필자의 주관적인 기준으로 피처 엔지니어링했다. 각 변수에 대한 정규화 및 스케일링 같은 작업을 대용량 처리가 용이한 하이브에서 전처리하면 분석 단계에서 학습 데이터를 다루기가 쉬워져 빠른 분석이 가능해진다. 예측변수에는 보정치 변수(마이너스값)와 가중치 변수(플러스값)가 있고, 이 모든 예측 변수의 값을 합산해서 "6" 미만인 경우 "비정상"을 "6" 이상인 경우에 "정상"인 값을 가지는 목표변수를 정의했다.

하이브 QL의 실행 결과는 Server02의 /home/pilot-pjt/spark-data/classification/input 로컬 디렉터리에 생성된다.

02. 예측변수와 목표변수 값이 들어간 "스마트카 상태 정보" 입력 데이터셋이 정상적으로 만들어졌는지 확인한다. Server02에 SSH를 통해 접속하고 다음 명령을 실행해 내용을 확인한다.

```
$ more /home/pilot-pjt/spark-data/classification/input/*
```

```
남,27,미혼,충남,학생,3000,2010,B,80,91,95,84,1,1,1,1,B,A,84,정상
남,27,미혼,충남,학생,3000,2010,B,94,96,85,81,1,1,1,1,B,A,96,정상
남,27,미혼,충남,학생,3000,2010,B,97,80,99,89,1,1,1,1,A,A,87,정상
남,27,미혼,충남,학생,3000,2010,B,74,99,98,92,1,1,1,1,A,A,89,정상
남,30,미혼,대전,자영업,1500,2012,A,99,70,89,86,1,1,1,1,A,A,82,정상
남,30,미혼,대전,자영업,1500,2012,A,91,85,75,86,1,1,1,1,A,A,97,정상
남,30,미혼,대전,자영업,1500,2012,A,90,91,86,91,1,1,1,1,A,A,81,정상
남,30,미혼,대전,자영업,1500,2012,A,85,87,83,95,1,1,1,1,B,B,86,비정상
남,30,미혼,대전,자영업,1500,2012,A,97,92,95,93,1,1,1,1,A,A,85,정상
남,30,미혼,대전,자영업,1500,2012,A,82,76,73,81,1,1,1,1,A,A,96,정상
남,30,미혼,대전,자영업,1500,2012,A,92,80,87,90,1,1,1,1,A,A,86,정상
남,30,미혼,대전,자영업,1500,2012,A,96,90,96,86,1,1,1,1,A,A,80,정상
남,27,미혼,충남,학생,3000,2010,B,93,71,85,95,1,1,1,1,B,B,99,비정상
```

그림 7.61 가공된 스마트카 상태 정보 데이터셋 확인

필자의 파일럿 환경에서 생성된 파일은 "000000_0"과 "000001_0"이라는 이름의 두 파일이다. 적재된 데이터의 양에 따라 하나 또는 그 이상의 파일이 만들어질 수도 있다.

03. 분류기의 트레이닝 데이터셋을 만들기 위해 우선 두 개의 파일을 리눅스의 cat 명령을 이용해 하나의 파일로 합쳐 classification_dataset.txt라는 이름의 파일을 만든다.

```
$ cd /home/pilot-pjt/spark-data/classification/input
$ cat 000000_0 000001_0 > classification_dataset.txt
```

앞선 cat 명령에서 머지할 파일이 없을 경우 에러 메시지가 나타나는데 이는 무시해도 좋다.

04. 스파크의 입력 데이터로 사용하기 위해 HDFS의 /pilot-pjt/spark-data/classification/input/ 경로를 생성하고 classification_dataset.txt 파일을 저장한다.

```
$ hdfs dfs -mkdir -p /pilot-pjt/spark-data/classification/input
$ hdfs dfs -put /home/pilot-pjt/spark-data/classification/input/classification_dataset.txt
/pilot-pjt/spark-data/classification/input
```

05. 스파크 머신러닝에 사용할 학습 데이터가 준비됐다. 파일럿 프로젝트에서는 스파크ML을 실행하기 위해 제플린을 활용한다. 제플린이 종료됐으면 다음 명령어를 통해 제플린 서버를 실행하고, 크롬 브라우저를 통해 제플린 웹IDE에 접속한다.

```
$ zeppelin-daemon.sh restart
```

- 제플린 웹IDE URL: http://server02.hadoop.com:8081/

06. 제플린 상단 메뉴의 [Notebook] → [Create new note]를 선택하고 [Note Name]으로 "SmartCar-Classification"을 입력하고, [Default Interpreter]는 "spark"를 선택한 후 [Create] 버튼을 클릭한다.

07. 이제 스파크ML 프로그래밍을 시작한다. 스파크ML은 크게 자바, 파이썬, 스칼라로 개발할 수 있다. 파일럿 프로젝트에서는 스칼라를 이용하겠다. 첫 번째 입력창(Paragraph)에 사용할 라이브러리를 다음과 같이 입력하고 Shift+Enter 또는 우측 상단의 [Run] 버튼으로 실행한다. 관련 전체 소스코드는 C://예제소스/bigdata2nd-master/CH07/SparkML/SmartCar-Classification.scala를 참고한다.

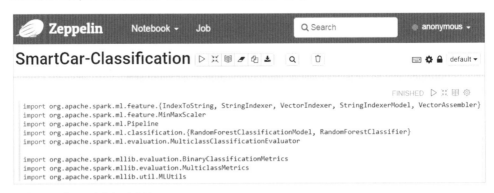

그림 7.62 스파크ML의 라이브러리 임포트

08. 하이브에서 생성해 둔 학습 데이터를 로드하고, 결과를 확인하기 위해 다음과 같이 코드를 입력한 후 실행 버튼을 클릭한다. 5개의 데이터가 조회된다.

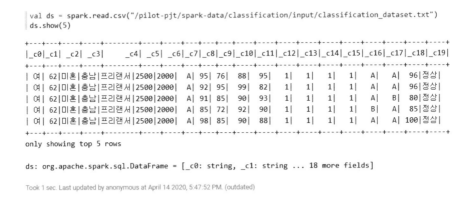

그림 7.63 스파크ML의 학습 데이터 로드

09. 다음 코드를 통해 이상징후 탐지 모델에 사용할 칼럼만 선택해 스파크 데이터셋을 새로 만든다.

```
val dsSmartCar = ds.selectExpr("cast(_c5 as long) car_capacity",
                               "cast(_c6 as long) car_year",
                               "cast(_c7 as string) car_model",
                               "cast(_c8 as int) tire_fl",
                               "cast(_c9 as long) tire_fr",
                               "cast(_c10 as long) tire_bl",
                               "cast(_c11 as long) tire_br",
                               "cast(_c12 as long) light_fl",
                               "cast(_c13 as long) light_fr",
                               "cast(_c14 as long) light_bl",
                               "cast(_c15 as long) light_br",
                               "cast(_c16 as string) engine",
                               "cast(_c17 as string) break",
                               "cast(_c18 as long) battery",
                               "cast(_c19 as string) status"
                              )

dsSmartCar: org.apache.spark.sql.DataFrame = [car_capacity: bigint, car_year: bigint ... 13 more fields]
```

Took 1 sec. Last updated by anonymous at April 14 2020, 5:56:19 PM.

그림 7.64 스파크ML에서 사용할 칼럼 선택

10. 다음 작업을 통해 문자형 카테고리 칼럼을 숫자형 칼럼으로 생성하고, 기존 칼럼은 삭제한다.

```
                                                         FINISHED  ▷ ✕ 📋 ⚙
val dsSmartCar_1 = new StringIndexer().setInputCol("car_model").setOutputCol("car_model_n")
                                      .fit(dsSmartCar).transform(dsSmartCar)
val dsSmartCar_2 = new StringIndexer().setInputCol("engine").setOutputCol("engine_n")
                                      .fit(dsSmartCar_1).transform(dsSmartCar_1)
val dsSmartCar_3 = new StringIndexer().setInputCol("break").setOutputCol("break_n")
                                      .fit(dsSmartCar_2).transform(dsSmartCar_2)
val dsSmartCar_4 = new StringIndexer().setInputCol("status").setOutputCol("label")
                                      .fit(dsSmartCar_3).transform(dsSmartCar_3)
val dsSmartCar_5 = dsSmartCar_4.drop("car_model").drop("engine").drop("break").drop("status")

dsSmartCar_5.show()
```

car_capacity	car_year	tire_fl	tire_fr	tire_bl	tire_br	light_fl	light_fr	light_bl	light_br	battery	car_model_n	engine_n	break_n	label
2500	2001	89	70	86	95	1	1	1	1	86	1.0	1.0	0.0	0.0
2500	2001	88	88	97	85	1	1	1	1	52	1.0	0.0	0.0	0.0
2500	2001	72	87	98	97	1	1	1	1	86	1.0	0.0	1.0	0.0
2500	2001	98	88	92	89	1	1	1	1	99	1.0	1.0	0.0	0.0
2500	2001	95	97	71	75	1	1	1	1	82	1.0	0.0	1.0	0.0
2500	2001	86	70	87	72	1	1	1	1	86	1.0	0.0	0.0	0.0
2500	2001	93	86	86	87	1	1	1	1	82	1.0	1.0	0.0	0.0
2500	2001	84	99	83	73	1	1	1	1	93	1.0	0.0	0.0	0.0
2500	2001	87	71	91	98	1	1	1	1	97	1.0	0.0	0.0	0.0
2500	2001	97	85	84	96	1	1	1	1	93	1.0	0.0	1.0	0.0
2500	2001	96	100	74	74	1	1	1	1	99	1.0	0.0	0.0	0.0
2500	2001	98	97	89	85	1	1	1	1	89	1.0	0.0	0.0	0.0
2500	2001	85	71	94	93	1	1	1	1	86	1.0	0.0	1.0	0.0
2500	2001	90	98	74	83	1	1	1	1	86	1.0	0.0	0.0	0.0

그림 7.65 범주형 칼럼을 연속형(숫자형) 칼럼으로 변환 및 생성

11. 머신러닝에 사용할 변수를 벡터화해서 feature라는 필드에 새로 생성하고 해당 값들에 대해 스케일링 작업도 진행하는 코드를 실행한다.

FINISHED ▷ ⅀ 📖 ⚙

```
val cols = Array("car_capacity", "car_year", "car_model_n", "tire_fl",
                 "tire_fr", "tire_bl", "tire_br", "light_fl", "light_fr",
                 "light_bl", "light_br", "engine_n", "break_n", "battery")

val dsSmartCar_6 = new VectorAssembler().setInputCols(cols)
                                        .setOutputCol("features")
                                        .transform(dsSmartCar_5)
val dsSmartCar_7 = new MinMaxScaler().setInputCol("features")
                                     .setOutputCol("scaledFeatures")
                                     .fit(dsSmartCar_6)
                                     .transform(dsSmartCar_6)
val dsSmartCar_8 = dsSmartCar_7.drop("features")
                              .withColumnRenamed("scaledfeatures", "features")
dsSmartCar_8.show()
```

car_capacity	car_year	tire_fl	tire_fr	tire_bl	tire_br	light_fl	light_fr	light_bl	light_br	battery	car_model_n	engine_n	break_n	label	features
2500	2001	89	70	86	95	1	1	1	1	86	1.0	1.0	0.0	0.0	[0.6,0.0625,0.142...
2500	2001	88	88	97	85	1	1	1	1	52	1.0	0.0	0.0	0.0	[0.6,0.0625,0.142...
2500	2001	72	87	98	97	1	1	1	1	86	1.0	0.0	1.0	0.0	[0.6,0.0625,0.142...
2500	2001	98	88	92	89	1	1	1	1	99	1.0	1.0	0.0	0.0	[0.6,0.0625,0.142...
2500	2001	95	97	71	75	1	1	1	1	82	1.0	0.0	1.0	0.0	[0.6,0.0625,0.142...
2500	2001	86	70	87	72	1	1	1	1	86	1.0	0.0	0.0	0.0	[0.6,0.0625,0.142...
2500	2001	93	86	86	87	1	1	1	1	82	1.0	1.0	0.0	0.0	[0.6,0.0625,0.142...
2500	2001	84	99	83	73	1	1	1	1	93	1.0	0.0	0.0	0.0	[0.6,0.0625,0.142...
2500	2001	87	71	91	98	1	1	1	1	97	1.0	0.0	0.0	0.0	[0.6,0.0625,0.142...
2500	2001	97	85	84	96	1	1	1	1	93	1.0	0.0	1.0	0.0	[0.6,0.0625,0.142...
2500	2001	96	100	74	74	1	1	1	1	99	1.0	0.0	0.0	0.0	[0.6,0.0625,0.142...
2500	2001	98	97	89	85	1	1	1	1	89	1.0	0.0	0.0	0.0	[0.6,0.0625,0.142...
2500	2001	85	71	94	93	1	1	1	1	86	1.0	0.0	1.0	0.0	[0.6,0.0625,0.142...
2500	2001	90	98	74	83	1	1	1	1	86	1.0	0.0	0.0	0.0	[0.6,0.0625,0.142...
2500	2001	71	93	76	94	1	1	1	1	94	1.0	1.0	1.0	1.0	[0.6,0.0625,0.142...

그림 7.66 스파크ML에 사용할 피처 변수 작업

12. 전처리 작업이 끝난 스파크 학습 데이터셋을 LibSVM 형식의 파일로 HDFS의 "/pilot-pjt/spark-data/classification/smartCarLibSvm" 경로에 저장한다.

FINISHED ▷ ⅀ 📖 ⚙

```
var dsSmartCar_9 = dsSmartCar_8.select("label", "features")
dsSmartCar_9.write.format("libsvm").save("/pilot-pjt/spark-data/classification/smartCarLibSVM")

dsSmartCar_9: org.apache.spark.sql.DataFrame = [label: double, features: vector]
```

Took 2 min 3 sec. Last updated by anonymous at April 14 2020, 7:02:58 PM.

그림 7.67 머신러닝 학습용 데이터를 LibSVM 형식으로 저장

13. LibSVM 형식으로 학습 데이터가 잘 저장됐는지 확인하기 위해 휴의 좌측 상단에 있는 드롭다운 메뉴를 클릭하고 [브라우저] → [파일]을 선택해 파일 브라우저에서 "/pilot-pjt/spark-data/classification/smartCarLibSvm" 경로에 확장자가 .libsvm인 파일을 열어 본다. 그림 7.68에서 볼 수 있듯이 각 행마다 첫 번째 값이 레이블(0.0 – 정상, 1.0 – 비정상)이고, 그다음은 피처값으로 1∼14번의 인덱스 번호가 붙은 스마트카 상태 데이터로서 1번의 car_capacity부터 14번의 battery 상태값으로 구성돼 있다.

/ pilot-pjt / spark-data / classification / smartCarLibSVM /
part-00000-8448f87f-a41c-4921-aaab-038ba7471d88-c000.libsvm

```
0.0 1:0.6 2:0.0 3:0.14285714285714285 4:0.946236559139785 5:0.7241379310344828 6:0.8356164383561644 7:0.9074074074074074 8:0.0 9:0.0
10:0.0 11:0.0 12:0.0 13:0.0 14:0.9565217391304348
0.0 1:0.6 2:0.0 3:0.14285714285714285 4:0.9139784946236559 5:0.9425287356321839 6:0.9863013698630136 7:0.6666666666666666 8:0.0 9:0.0
10:0.0 11:0.0 12:0.0 13:0.0 14:0.9565217391304348
0.0 1:0.6 2:0.0 3:0.14285714285714285 4:0.9032258064516129 5:0.8275862068965517 6:0.863013698630137 7:0.8703703703703703 8:0.0 9:0.0
10:0.0 11:0.0 12:0.0 13:0.5 14:0.782608695652174
0.0 1:0.6 2:0.0 3:0.14285714285714285 4:0.8387096774193549 5:0.6781609195402298 6:0.8904109589041096 7:0.8148148148148148 8:0.0 9:0.0
10:0.0 11:0.0 12:0.5 13:0.0 14:0.8369565217391305
0.0 1:0.6 2:0.0 3:0.14285714285714285 4:0.978494623655914 5:0.8275862068965517 6:0.863013698630137 7:0.7777777777777778 8:0.0 9:0.0 1
0:0.0 11:0.0 12:0.0 13:0.0 14:1.0
```

그림 7.68 LibSVM 파일 확인

14. 제플린의 스파크ML 컨텍스트로 해당 파일을 다시 로드한다.

FINISHED ▷ ✕ 囲 ⓔ

```
val dsSmartCar_10 = spark.read.format("libsvm").load("/pilot-pjt/spark-data/classification/smartCarLibSVM")
dsSmartCar_10.show(5)


+-----+--------------------+
|label|            features|
+-----+--------------------+
|  0.0|(14,[0,2,3,4,5,6,...|
|  0.0|(14,[0,2,3,4,5,6,...|
|  0.0|(14,[0,2,3,4,5,6,...|
|  0.0|(14,[0,2,3,4,5,6,...|
|  0.0|(14,[0,2,3,4,5,6,...|
+-----+--------------------+
only showing top 5 rows

dsSmartCar_10: org.apache.spark.sql.DataFrame = [label: double, features: vector]
```

Took 36 sec. Last updated by anonymous at April 14 2020, 7:26:18 PM.

그림 7.69 LibSVM 형식의 머신러닝 학습용 데이터 확인 및 로드

15. 레이블과 피처의 인덱서를 만들고, 전체 데이터셋을 학습(Training)과 테스트(Test) 데이터로 나누는 코드를 실행한다.

FINISHED ▷ ✕ 囲 ⓢ

```
val labelIndexer = new StringIndexer().setInputCol("label").setOutputCol("indexedLabel").fit(dsSmartCar_10)
val featureIndexer = new VectorIndexer().setInputCol("features").setOutputCol("indexedFeatures").fit(dsSmartCar_10)

val Array(trainingData, testData) = dsSmartCar_10.randomSplit(Array(0.7, 0.3))

labelIndexer: org.apache.spark.ml.feature.StringIndexerModel = strIdx_4cf53f7fc598
featureIndexer: org.apache.spark.ml.feature.VectorIndexerModel = vecIdx_220067b0d461
trainingData: org.apache.spark.sql.Dataset[org.apache.spark.sql.Row] = [label: double, features: vector]
testData: org.apache.spark.sql.Dataset[org.apache.spark.sql.Row] = [label: double, features: vector]
```

Took 1 min 20 sec. Last updated by anonymous at April 14 2020, 7:32:32 PM.

그림 7.70 Training 및 Test 데이터셋 생성

16. 이제 랜덤 포레스트 머신러닝을 위한 파라미터를 설정한 후, 스파크ML 파이프라인을 만들고 Training 데이터셋으로 모델을 학습시킨다. 랜덤 포레스트의 모델은 파일럿 프로젝트 특성상 5개의 트리로만 만든다. 모델 학습에는 약 3~5분 정도의 시간이 걸린다.

> **저사양 파일럿 환경:** 트리의 개수를 "5" → "3"으로 조정한다.
>
> - setNumTrees(3)

```
val rf = new RandomForestClassifier()                              FINISHED
  .setLabelCol("indexedLabel")
  .setFeaturesCol("indexedFeatures")
  .setNumTrees(5)

val labelConverter = new IndexToString()
  .setInputCol("prediction")
  .setOutputCol("predictedLabel")
  .setLabels(labelIndexer.labels)

val pipeline = new Pipeline().setStages(Array(labelIndexer, featureIndexer, rf, labelConverter))

val model = pipeline.fit(trainingData)

rf: org.apache.spark.ml.classification.RandomForestClassifier = rfc_bc903f27cac2
labelConverter: org.apache.spark.ml.feature.IndexToString = idxToStr_2aa94831fb2c
pipeline: org.apache.spark.ml.Pipeline = pipeline_d08041bd5dea
model: org.apache.spark.ml.PipelineModel = pipeline_d08041bd5dea
```

Took 3 min 43 sec. Last updated by anonymous at April 14 2020, 7:39:27 PM.

그림 7.71 스마트카의 상태 정보 예측을 위한 랜덤 포레스트 모델 학습

17. 모델 학습이 성공적으로 끝나면 다음 코드로 랜덤 포레스트 모델의 설명력을 확인해 본다. 총 5개의 트리가 만들어졌고 각 변수에 정의된 디시전 값을 확인할 수 있다.

```
val rfModel = model.stages(2).asInstanceOf[RandomForestClassificationModel]    FINISHED
println(s"RandomForest Model Description :\n ${rfModel.toDebugString}")

RandomForest Model Description :
 RandomForestClassificationModel (uid=rfc_bc903f27cac2) with 5 trees
  Tree 0 (weight 1.0):
    If (feature 12 in {1.0,2.0})
     If (feature 10 in {1.0})
      Predict: 1.0
     Else (feature 10 not in {1.0})
      If (feature 5 <= 0.5)
       If (feature 1 in {13.0})
        Predict: 0.0
       Else (feature 1 not in {13.0})
        Predict: 1.0
      Else (feature 5 > 0.5)
       If (feature 0 in {4.0,6.0,7.0})
        If (feature 2 in {0.0,1.0,3.0,4.0,5.0,7.0})
         Predict: 0.0
        Else (feature 2 not in {0.0,1.0,3.0,4.0,5.0,7.0})
         Predict: 1.0
```

Took 1 sec. Last updated by anonymous at April 14 2020, 7:59:47 PM.

그림 7.72 랜덤 포레스트 모델의 설명력 확인

18. 모델 학습이 성공적으로 끝나면 테스트 데이터로 모델의 정확도를 확인해 보기 위한 평가기를 실행한다.

```
val predictions = model.transform(testData)                          FINISHED
predictions.select("predictedLabel", "label", "features").show(5)

val evaluator = new MulticlassClassificationEvaluator()
  .setLabelCol("indexedLabel")
  .setPredictionCol("prediction")
  .setMetricName("accuracy")

val accuracy = evaluator.evaluate(predictions)

+-------------+-----+--------------------+
|predictedLabel|label|            features|
+-------------+-----+--------------------+
|          0.0|  0.0|(14,[0,1,2,3,4,5,...|
|          0.0|  0.0|(14,[0,1,2,3,4,5,...|
|          0.0|  0.0|(14,[0,1,2,3,4,5,...|
|          0.0|  0.0|(14,[0,1,2,3,4,5,...|
|          0.0|  0.0|(14,[0,1,2,3,4,5,...|
+-------------+-----+--------------------+
only showing top 5 rows

predictions: org.apache.spark.sql.DataFrame = [label: double, features: vector ... 6 more fields]
evaluator: org.apache.spark.ml.evaluation.MulticlassClassificationEvaluator = mcEval_494dac056ff4
accuracy: Double = 0.9216033707716176
```

Took 2 min 1 sec. Last updated by anonymous at April 14 2020, 7:49:14 PM.

그림 7.73 랜덤 포레스트 모델 평가기 실행

19. 테스트 데이터로 예측 정확도를 확인해 본다. 필자의 모델은 정확도 92%로, 비교적 뛰어난 스마트카 상태 예측 모델이 만들어졌다.

```
println(s"@ Accuracy Rate = ${(accuracy)}")                          FINISHED
println(s"@ Error Rate = ${(1.0 - accuracy)}")

@ Accuracy Rate = 0.9216033707716176
@ Error Rate = 0.07839662922838242
```

Took 1 sec. Last updated by anonymous at April 14 2020, 8:03:01 PM.

그림 7.74 스마트카 상태 예측 모델 평가 – 정확도

20. 다음 코드로 스마트카의 정상/비정상 예측에 대한 Confusion Matrix를 확인할 수 있다.

```
val results = model.transform(testData).select("features", "label", "prediction")   FINISHED
val predictionAndLabels = results.select($"prediction",$"label").as[(Double, Double)].rdd

val bMetrics = new BinaryClassificationMetrics(predictionAndLabels)
val mMetrics = new MulticlassMetrics(predictionAndLabels)
val labels = mMetrics.labels

println("Confusion Matrix:")
println(mMetrics.confusionMatrix)

Confusion Matrix:
441493.0  6241.0
41056.0   114514.0
```

그림 7.75 스마트카 상태 예측 모델 평가 – Confusion Matrix 실행

- 정상을 정상으로 판단: 441,493건(정답 – True Negative)

- 정상을 비정상으로 판단: 6,241건(1종 오류 – False Positive)

- 비정상을 정상으로 판단: 41,056건(2종 오류 – False Negative)

- 비정상을 비정상으로 판단: 114,514건(정답 – True Positive)

소수집단의 결과이면서 발견 시 가치가 큰 상황을 Positive로 정의하고, 일반적인 상황을 Negative로 정의한다. 스마트카 이상징후 판별 정보는 비정상(1)인 경우가 정상(0)인 경우보다 매우 적게 발생하므로 비정상(1)인 경우를 Positive로 지정했다. Positive 정의는 업무 성격에 따라 해석의 결과가 크게 달라질 수 있으니 주의해야 한다.

예측결과		
	정상 (Negative)	비정상 (Positive)
실제결과 정상 (Negative)	True Negative (441,493건)	False Positive (6,241건)
실제결과 비정상 (Positive)	False Negative (41,056건)	True Positive (114,514건)

그림 7.76 스마트카 상태 예측 모델 평가 – Confusion Matrix 결과

1종 오류(False Positive)보다 2종 오류(False Negative)에 대한 건수가 7배 높다. 1종/2종 오류의 중요도 또한 업무 상황에 따라 크게 달라질 수 있으나, 주행 중인 스마트카의 이상징후 예측모델은 운전자의 생명과도 직결될 수 있는 민감한 모델로서 2종 오류(False Negative)를 최소화해야 좀 더 좋은 모델로 평가될 수 있다. Confusion Matrix에 관한 모델 평가 방법은 인터넷상에 많은 자료가 있으니 참고하기 바란다.

다음 항목들도 모델을 평가하는 데 매우 중요한 지표로 활용된다.

- Precision(정밀도) – 모델이 비정상으로 분류한 스마트카 중에서 실제 비정상인 스마트카비율

- Recall(재현율) – 실제 비정상인 스마트카 중에서 모델이 비정상 스마트카로 분류한 비율

- F1-Score – Precision과 Recall의 조화 평균

21. 다음 코드로 Precision, Recall, F1-Score에 대한 평가 결과를 확인할 수 있다.

```
labels.foreach { rate =>
    println(s"@ Precision Rate($rate) = " + mMetrics.precision(rate))
}

@ Precision(0.0) = 0.9167611975147169
@ Precision(1.0) = 0.9648622822752343
```

FINISHED

Took 55 sec. Last updated by anonymous at April 14 2020, 4:52:41 PM. (outdated)

그림 7.77 스마트카 상태 예측 모델 평가 – Precision(정밀도)

```
labels.foreach { rate =>
    println(s"Recall Rate($rate) = " + mMetrics.recall(rate))
}

Recall Rate(0.0) = 0.9906402665023355
FPR(0.0) = 0.259242575372438
Recall Rate(1.0) = 0.740757424627562
FPR(1.0) = 0.009359733497664531
```

FINISHED

Took 1 sec. Last updated by anonymous at April 14 2020, 4:58:41 PM. (outdated)

그림 7.78 스마트카 상태 예측 모델 평가 – Recall(재현율)

```
    labels.foreach { rate =>
      println(s"F1-Score($rate) = " + mMetrics.fMeasure(rate))
    }
F1-Score(0.0) = 0.9522699590597149
F1-Score(1.0) = 0.8380870559197953
```

Took 1 sec. Last updated by anonymous at April 14 2020, 5:05:52 PM.

그림 7.79 스마트카 상태 예측 모델 평가 – F1-Score

지금까지 스마트카 상태를 예측하는 분류 모델을 스파크ML의 랜덤 포레스트로 만들어 봤다. 머신러닝이나 딥러닝 프로그래밍을 처음 접하는 분들에게는 스칼라 코드가 다소 어렵게 다가올 수 있다. 하지만 앞서 설명한 프로그램을 자세히 들여다 보면 대부분이 데이터의 전처리 로직이고 모델의 알고리즘/학습/평가 영역은 추상화된 코드로 10라인 내외로 작성됐다. 즉, 데이터에 대한 이해와 전처리 능력만 있으면 머신러닝(딥러닝) 프레임워크를 이용해 AI 프로그램을 어렵지 않게 구현할 수 있다. 참고로 데이터가 머신러닝(딥러닝)의 성능에 절대적인 영향을 끼치며, 알고리즘 자체보다 모델 학습에 필요한 데이터의 확보와 전처리가 더 중요하다.

머하웃과 스파크ML을 이용한 군집 – 스마트카 고객 정보 분석 _ ⌨ 실습

데이터 마이닝 중 3번째인 군집 분석을 진행한다. 사용될 데이터셋은 "스마트카 고객 마스터 정보"로 하이브의 External 영역에 SmartCar_Master 테이블이다. 총 2,600명의 스마트카 사용 고객 정보가 적재돼 있다.

▲	car_number	car_capacity	car_model	owner_sex	owner_age	owner_marriage	owner_job	owner_region
0	A0001	2000	2008	여	68	미혼	공무원	서울
1	A0002	1500	2007	남	66	기혼	회사원	인천
2	A0003	3000	2009	남	23	미혼	무직	인천
3	A0004	1500	2000	여	57	미혼	공무원	인천
4	A0005	1200	2004	여	39	미혼	공무원	경남
5	A0006	2500	2000	남	49	기혼	회사원	대전
6	A0007	2500	2005	남	56	기혼	무직	대전
7	A0008	3000	2010	남	17	미혼	공무원	충남

그림 7.80 스마트카 고객 마스터 정보

그림 7.80의 데이터셋에는 스마트카의 차량번호, 차량용량, 차량모델 정보와 스마트카 사용자의 성별, 나이, 결혼 여부, 직업, 거주지역 정보들이 있다. 군집분석은 이러한 속성 정보를 벡터화하고 유사도 및 거리를 계산해 데이터의 새로운 군집을 발견하는 마이닝 기법이다. 군집분석은 RDBMS로는 분석이 어려울만큼 대규모이면서 사람이 직관적으로 파악하기 어려운 데이터셋을 초기에 분석하는 데 자주 사용된다. 군집분석도 다양한 알고리즘을 선택적으로 적용할 수 있는데 Canopy,

K-Means, Puzzy K-Means 등을 데이터의 특성에 맞게 적용한다. 이번 파일럿 프로젝트에서는 머하웃을 이용한 Canopy 분석으로 대략적인 군집의 개수를 파악하고 스파크ML의 K-Means를 이용해 군집 분석을 진행한다.

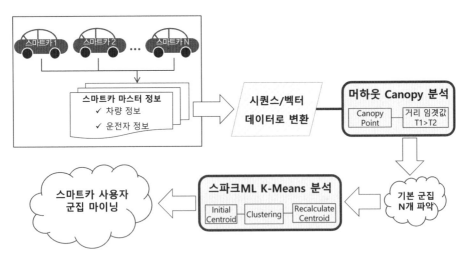

그림 7.81 스마트카 마스터 정보의 군집분석

K-Means의 분석 결과로는 N개의 군집별로 스카트카 차량번호 리스트를 확인하고, 군집된 차량들 사이에 어떠한 공통적인 특징이 있는지 분석해 보자.

01. 휴의 하이브 에디터로 "스마트카 마스터 정보" 데이터셋을 조회해서 로컬 디스크에 저장한다. 휴의 하이브 에디터에서 다음의 QL을 실행한다. C://예제소스/bigdata2nd-master/CH07/HiveQL/그림-7.82.hql 경로에 실행할 하이브 QL이 있으니 복사해서 활용하도록 한다.

```
 1 insert overwrite local directory '/home/pilot-pjt/mahout-data/clustering/input'
 2 ROW FORMAT DELIMITED
 3 FIELDS TERMINATED BY ' '
 4 select
 5   car_number,
 6   case
 7     when (car_capacity < 2000) then '소형'
 8     when (car_capacity < 3000) then '중형'
 9     when (car_capacity < 4000) then '대형'
10   end as car_capacity,
11   case
12     when ((2016-car_year) <= 4)  then 'NEW'
13     when ((2016-car_year) <= 8)  then 'NORMAL'
14     else 'OLD'
15   end as car_year ,
16   car_model,
17   sex as owner_sex,
18   floor (cast(age as int) * 0.1 ) * 10 as owner_age,
19   marriage as owner_marriage,
20   job as owner_job,
21   region as owner_region
22 from smartcar_master
```

그림 7.82 스마트카 마스터 데이터셋 가공

하이브 QL은 "스마트카 마스터 정보" 테이블로부터 차량 번호, 차량 용량, 차량 연도, 차량 모델, 운전자의 성별, 나이, 결혼 여부, 직업, 거주지 데이터만 선택적으로 조회한다. 이때 편차가 큰 "차량 용량", "차량 연도", "운전자 나이"의 경우 스케일을 조정함으로써 군집의 정확도를 높일 수 있다. 수행 결과는 Server02의 /home/pilot-pjt/mahout-data/clustering/input 로컬 디렉터리에 생성된다.

02. 군집분석을 하기 위한 "스마트카 사용자 마스터" 데이터셋이 정상적으로 만들어졌는지 확인한다. Server02에 SSH로 접속하고 다음 명령을 실행해 내용을 확인한다.

```
$ more /home/pilot-pjt/mahout-data/clustering/input/*
```

```
[root@server02 input]# more /home/pilot-pjt/mahout-data/clustering/input/*
A0001 중형 NORMAL D 여 60 미혼 공무원 서울
A0002 소형 OLD C 남 60 기혼 회사원 인천
A0003 대형 NORMAL E 남 20 미혼 무직 인천
A0004 소형 OLD H 여 50 미혼 공무원 인천
A0005 소형 OLD H 여 30 미혼 공무원 경남
A0006 중형 OLD G 남 40 기혼 회사원 대전
A0007 중형 OLD F 남 50 기혼 무직 대전
A0008 대형 NORMAL G 남 10 미혼 공무원 충남
A0009 소형 OLD B 여 60 기혼 회사원 경남
A0010 대형 NORMAL G 여 20 미혼 회사원 세종
A0011 대형 OLD E 여 60 기혼 학생 울산
A0012 대형 OLD D 남 40 기혼 자영업 대전
A0013 중형 OLD B 여 50 미혼 회사원 대전
A0014 소형 OLD B 여 20 기혼 학생 서울
A0015 대형 NORMAL H 여 60 미혼 무직 경기
```

그림 7.83 가공된 스마트카 마스터 데이터셋 확인

/home/pilot-pjt/mahout-data/clustering/input/으로 이동해 보면 "000000_0"이라는 이름의 파일이 만들어져 있을 것이다. 적재된 데이터의 양에 따라 하나 또는 그 이상의 파일이 만들어질 수도 있다.

03. 머하웃의 Canopy 분석의 입력 데이터로 사용하기 위해 HDFS 상에 /pilot-pjt/mahout/clustering/input/ 경로를 생성하고 앞서 생성한 "스마트카 사용자 마스터" 데이터인 "000000_0" 파일의 이름을 "smartcar_master.txt"로 변경해 HDFS에 저장한다.

```
$ hdfs dfs -mkdir -p /pilot-pjt/mahout/clustering/input
$ cd /home/pilot-pjt/mahout-data/clustering/input
$ mv 000000_0 smartcar_master.txt

$ hdfs dfs -put smartcar_master.txt /pilot-pjt/mahout/clustering/input
```

04. 고객 마스터를 군집분석하기 위한 데이터가 HDFS에 정상적으로 적재됐는지 휴의 파일 브라우저로 확인해 보자.

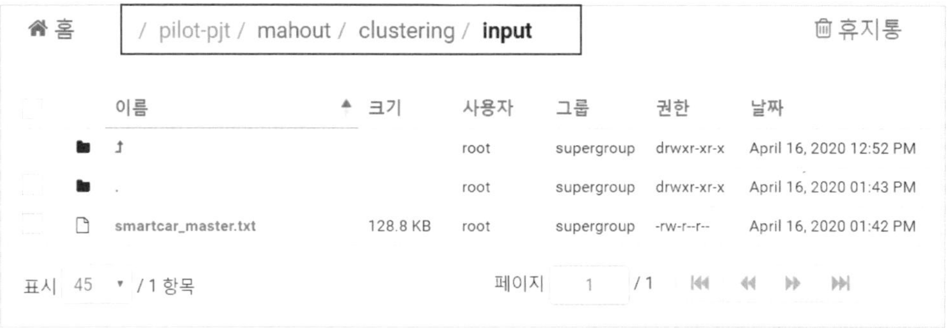

	이름	크기	사용자	그룹	권한	날짜
🏠 홈	/ pilot-pjt / mahout / clustering / **input**					🗑 휴지통
📁	⬆		root	supergroup	drwxr-xr-x	April 16, 2020 12:52 PM
📁	.		root	supergroup	drwxr-xr-x	April 16, 2020 01:43 PM
📄	smartcar_master.txt	128.8 KB	root	supergroup	-rw-r--r--	April 16, 2020 01:42 PM

표시 45 ▾ / 1 항목   페이지 1 / 1 |◀◀ ◀◀ ▶▶ ▶▶|

그림 7.84 가공된 스마트카 마스터 데이터셋을 HDFS에 저장

05. 머하웃의 Canopy 분석을 하기 위해서는 원천 파일이 시퀀스 파일이어야 한다. HDFS에 적재한 고객 마스터 데이터인 "smartcar_master.txt" 파일은 텍스트 파일 형식이므로 시퀀스 파일로 변환한다. 시퀀스 파일은 키/값 형식의 바이너리 데이터셋으로 분산 환경에서 성능과 용량 면에서 효율성을 높인 데이터 포맷이다. 이번 군집 분석에서는 시퀀스 파일의 키를 차량 번호로 하고, 나머지 사용자 마스터(차량연도, 차량 용량, 모델, 나이, 연령 등)를 값으로 구성하기 위해 간단한 시퀀스 파일 변환 프로그램인 "com.wikibook.bigdata.smartcar.mahout. TextToSequence"를 이용한다. 소스 프로그램은 C://예제소스/bigdata2nd-master/workplace/bigdata. smartcar.mahout에 있으니 참고한다. TextToSequence 프로그램을 실행하기 위해 사전에 빌드해 놓은 bigdata.smartcar.mahout-1.0.jar 파일을 Server02의 /home/pilot-pjt/mahout-data에 업로드한다.

- FTP 클라이언트인 파일질라를 실행해 Server02에 접속
- 머하웃 작업 경로: /home/pilot-pjt/mahout-data
- C://예제소스/bigdata2nd-master/CH07/bigdata.smartcar.mahout-1.0.jar 파일을 /home/pilot-pjt/ mahout-data에 업로드

06. 텍스트 형식의 "스마트카 사용자 마스터" 파일을 시퀀스 파일로 변환한다. 변환 대상은 앞서 HDFS에 저장해둔 / pilot-pjt/mahout/clustering/input/smartcar_master.txt 파일이고, 변환 결과는 HDFS의 /pilot-pjt/mahout/ clustering/output/seq에 생성된다.

```
$ hadoop jar /home/pilot-pjt/mahout-data/bigdata.smartcar.mahout-1.0.jar com.wikibook.
bigdata.smartcar.mahout.TextToSequence /pilot-pjt/mahout/clustering/input/smartcar_master.
txt /pilot-pjt/mahout/clustering/output/seq
```

```
Map-Reduce Framework
        Map input records=2600
        Map output records=2600
        Input split bytes=139
        Spilled Records=0
        Failed Shuffles=0
        Merged Map outputs=0
        GC time elapsed (ms)=45
        CPU time spent (ms)=1790
        Physical memory (bytes) snapshot=165478400
        Virtual memory (bytes) snapshot=1555099648
        Total committed heap usage (bytes)=116916224
File Input Format Counters
        Bytes Read=119122
File Output Format Counters
        Bytes Written=141360
```

그림 7.85 머하웃 군집분석 – 시퀀스 파일 생성

정상적으로 변환될 경우 그림 7.85와 같이 출력될 것이다.

07. 변환된 시퀀스 파일을 휴의 파일 브라우저를 통해 확인해 보자. 해당 경로에 part-m-000000이라는 이름의 시퀀스 파일이 생성됐을 것이다. 파일을 클릭해도 바이너리 형식으로 내용은 확인할 수 없다.

```
/ pilot-pjt / mahout / clustering / output / seq / part-m-00000

0000000: 53 45 51 06 19 6f 72 67 2e 61 70 61 63 68 65 2e  SEQ..org.apache.
0000010: 68 61 64 6f 6f 70 2e 69 6f 2e 54 65 78 74 19 6f  hadoop.io.Text.o
0000020: 72 67 2e 61 70 61 63 68 65 2e 68 61 64 6f 6f 70  rg.apache.hadoop
0000030: 2e 69 6f 2e 54 65 78 74 00 00 00 00 00 00 6c 40  .io.Text......l@
0000040: 8f ee 8b 41 95 73 8c 07 b9 b2 e4 bf 20 3a 00 00  ...A.s...... :..
0000050: 00 2f 00 00 00 06 05 41 30 30 30 31 28 32 30 30  ./.....A0001(200
0000060: 30 20 32 30 30 38 20 ec 97 ac 20 36 38 20 eb af  0 2008 ... 68 ..
0000070: b8 ed 98 bc 20 ea b3 b5 eb ac b4 ec 9b 90 20 ec  .... ......... .
0000080: 84 9c ec 9a b8 00 00 00 2f 00 00 00 06 05 41 30  ......../.....A0
0000090: 30 30 32 28 31 35 30 30 20 32 30 30 37 20 eb 82  002(1500 2007 ..
00000a0: a8 20 36 36 20 ea b8 b0 ed 98 bc 20 ed 9a 8c ec  . 66 ...... ....
00000b0: 82 ac ec 9b 90 20 ec 9d b8 ec b2 9c 00 00 00 2c  ..... .........,
```

그림 7.86 머하웃 군집분석 – 시퀀스 파일 확인

참고로 시퀀스 파일의 내용을 확인하기 위해 다음의 HDFS 명령을 이용할 수 있다.

```
$ hdfs dfs -text /pilot-pjt/mahout/clustering/output/seq/part-m-00000
```

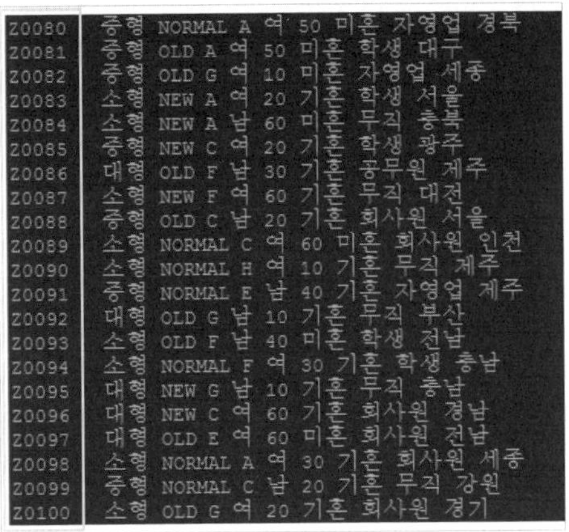
```
Z0080  중형 NORMAL A 여 50 미혼 자영업 경북
Z0081  중형 OLD A 여 50 미혼 학생 대구
Z0082  중형 OLD G 여 10 미혼 자영업 세종
Z0083  소형 NEW A 여 20 기혼 학생 서울
Z0084  소형 NEW A 남 60 미혼 무직 충북
Z0085  중형 NEW C 여 20 기혼 학생 광주
Z0086  대형 OLD F 남 30 기혼 공무원 제주
Z0087  소형 NEW F 여 60 기혼 무직 대전
Z0088  중형 OLD C 남 20 기혼 회사원 서울
Z0089  소형 NORMAL C 여 60 미혼 회사원 인천
Z0090  소형 NORMAL H 여 10 기혼 무직 제주
Z0091  중형 NORMAL E 남 40 기혼 자영업 제주
Z0092  대형 OLD G 남 10 기혼 무직 부산
Z0093  소형 OLD F 남 40 미혼 학생 전남
Z0094  소형 NORMAL F 여 30 기혼 학생 충남
Z0095  대형 NEW G 남 10 기혼 무직 충남
Z0096  대형 NEW C 여 60 기혼 회사원 경남
Z0097  대형 OLD E 여 60 미혼 회사원 전남
Z0098  소형 NORMAL A 여 30 기혼 회사원 세종
Z0099  중형 NORMAL C 남 20 기혼 무직 강원
Z0100  소형 OLD G 여 20 기혼 회사원 경기
```

그림 7.87 머하웃 군집분석 – 시퀀스 파일의 내용 확인

- text 옵션을 지정하면 시퀀스 파일의 내용을 텍스트 형식으로 확인할 수 있다. 그림 7.87을 보면 첫 번째 칼럼에 차량 번호를 위치하고 탭 문자 다음에 나머지 사용자 마스터 정보가 표시된 것을 확인할 수 있다.

08. 시퀀스 파일로 변환된 스마트카 마스터 데이터를 확인했으면 해당 시퀀스 파일을 로우별(차량번호)로 n-gram 기반의 TF(Term Frequency) 가중치가 반영된 벡터 데이터로 변환한다. n-gram의 벡터 모델은 단어의 분류와 빈도 수를 측정하는 알고리즘 정도로 이해하자. 여기서는 차량번호별 각 항목의 단어를 분리해 벡터화하기 위해 사용하겠다. 다음 명령을 실행해 스마트카 마스터 데이터를 다차원의 공간 벡터로 변환해 HDFS의 /pilot-pjt/mahout/clustering/output/vec에 생성한다.

```
$ mahout seq2sparse -i /pilot-pjt/mahout/clustering/output/seq -o /pilot-pjt/mahout/
clustering/output/vec -wt tf -s 5 -md 3 -ng 2 -x 85 --namedVector
```

적용된 옵션에 대한 설명이다.

- **wt:** 단어 빈도 가중치 방식
- **md:** 최소 문서 출현 횟수
- **ng:** ngrams 최댓값
- **namedVector:** 네임벡터 데이터 생성

맵리듀스 잡이 여러 차례 실행되고 벡터 데이터가 정상적으로 만들어지면 휴의 파일 브라우저를 통해 pilot-pjt/mahout/clustering/output/vec 경로에 df-count, df-vectors 등의 디렉터리와 파일이 생성돼 있음을 확인할 수 있다.

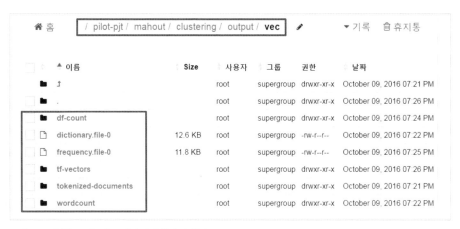

그림 7.88 머하웃 군집분석 – 벡터 파일 생성 및 확인

09. Canopy 군집분석으로 최적의 군집 개수를 파악하기 위해서는 센트로이드로부터 거리를 나타내는 t1, t2 옵션을 바꿔가며 반복적인 군집분석을 수행해야 한다. 다음과 같은 명령으로 첫 번째 Canopy 군집분석을 실행해 본다.

```
$ mahout canopy -i /pilot-pjt/mahout/clustering/output/vec/tf-vectors/ -o /
pilot-pjt/mahout/clustering/canopy/out -dm org.apache.mahout.common.distance.
SquaredEuclideanDistanceMeasure -t1 50 -t2 45 -ow
```

적용된 옵션에 대한 설명이다.

- i: 벡터 파일 경로
- o: 출력 결과 경로
- dm: 군집 거리 측정 알고리즘
- t1: 거리값 1
- t2: 거리값 2

Canopy 군집분석이 정상적으로 수행되면 HDFS의 /pilot-pjt/mahout/clustering/canopy/out/ 경로에 clusters-xx-final이라는 디렉터리가 만들어지고 그 안에 결과 파일이 생성돼 있을 것이다.

첫 번째 실행에서 "t1=50, t2=45"로 설정하고, 유사도 거리 측정을 위해 SquaredEuclideanDistanceMeasure 를 사용했다. 참고로 Canopy 군집분석에서는 t1, t2의 길이가 그림 7.89처럼 "t1 > t2"이어야 하고, 중심점으로부터 "t2"의 반경 안에 있는 데이터는 해당 군집의 데이터로 확정되며, "t2"와 "t1" 사이의 데이터는 다른 군집 영역에 다시 포함되어 다른 군집의 데이터로 취급될 수 있다.

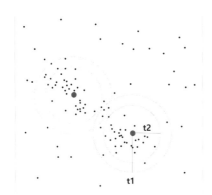

그림 7.89 Canopy 군집분석 – t1, t2를 통한 유사도 측정

10. Canopy 군집분석 결과를 다음 명령어로 확인한다.

```
$ mahout clusterdump -i /pilot-pjt/mahout/clustering/canopy/out/clusters-*-final
```

```
, 0.012, 0.014, 0.008, 0.009, 0.010, 0.010, 0.101, 0.103, 0.105, 0.099, 0.098, 0.010, 0.007
10, 0.007, 0.013, 0.009, 0.008, 0.008, 0.010, 0.010, 0.010, 0.009, 0.008, 0.008, 0.007, 0.0
.009, 0.006, 0.008, 0.012, 0.010, 0.008, 0.012, 0.010, 0.013, 0.010, 0.011, 0.011, 0.010, 0
0.007, 0.006, 0.010, 0.008, 0.010, 0.008, 0.007, 0.010, 0.007, 0.011, 0.006, 0.012, 0.008,
0, 0.011, 0.012, 0.013, 0.015, 0.015, 0.011, 0.010, 0.008, 0.015, 0.018, 0.013, 0.013, 0.01
013, 0.010, 0.013, 0.008, 0.014, 0.007, 0.013, 0.011, 0.012, 0.009, 0.016, 0.012, 0.008, 0.
0.010, 0.015, 0.011, 0.010, 0.015, 0.014, 0.007, 0.015, 0.014, 0.011, 0.010, 0.013] r=[]}
16/10/09 21:01:42 INFO clustering.ClusterDumper: Wrote 1 clusters
16/10/09 21:01:42 INFO driver.MahoutDriver: Program took 4042 ms (Minutes: 0.06736666666666
```

그림 7.90 Canopy 군집분석 결과 1

그림 7.90에서 보면 Canopy 군집분석 결과 1개의 군집이 만들어졌다. 2,600명의 스마트카 사용자 마스터 데이터가 1개의 군집으로 분석됐다면 t1, t2의 각 초기 거리값을 너무 크게 잡은 것이다.

표 7.6 Canopy 군집분석 설정 1

t1	t2	클러스터 개수
50	45	1

11. t1, t2의 값을 각각 10, 8로 설정한 후 실행한다.

```
$ mahout canopy -i /pilot-pjt/mahout/clustering/output/vec/tf-vectors/ -o /
pilot-pjt/mahout/clustering/canopy/out -dm org.apache.mahout.common.distance.
SquaredEuclideanDistanceMeasure -t1 10 -t2 8 -ow
```

Canopy 군집분석에 대한 실행 결과를 다음 명령어로 확인해 보자.

```
$ mahout clusterdump -i /pilot-pjt/mahout/clustering/canopy/out/clusters-*-final
```

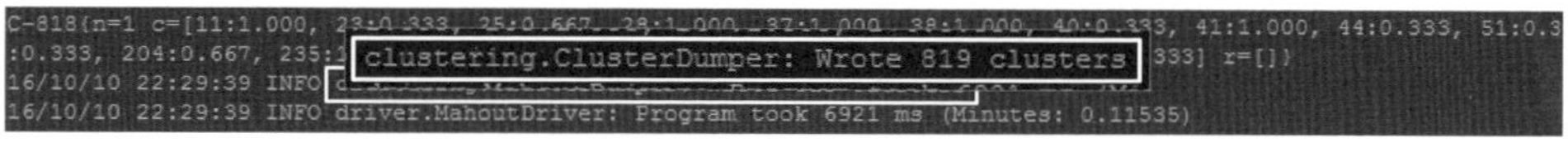

그림 7.91 Canopy 군집분석 결과 2

그림 7.91을 보면 이번에는 819개의 클러스터가 만들어진 것을 확인할 수 있다. 전체 스마트카 사용자 2,600명을 대상으로 819개의 군집으로 생성했다는 것은 t1, t2의 각 거리값을 너무 작게 잡았다고 볼 수 있다.

표 7.7 Canopy 군집분석 설정 2

t1	t2	클러스터 개수
50	45	1
10	8	819

12. 마지막으로 t1, t2의 값을 이번에는 각각 12, 10으로 설정하고 Canopy 군집분석을 실행한다.

```
$ mahout canopy -i /pilot-pjt/mahout/clustering/output/vec/tf-vectors/ -o /
pilot-pjt/mahout/clustering/canopy/out -dm org.apache.mahout.common.distance.
SquaredEuclideanDistanceMeasure -t1 12 -t2 10 -ow
```

Canopy 분석 실행이 끝나면 다음 명령어로 군집 결과를 확인해 본다.

```
$ mahout clusterdump -i /pilot-pjt/mahout/clustering/canopy/out/clusters-*-final
```

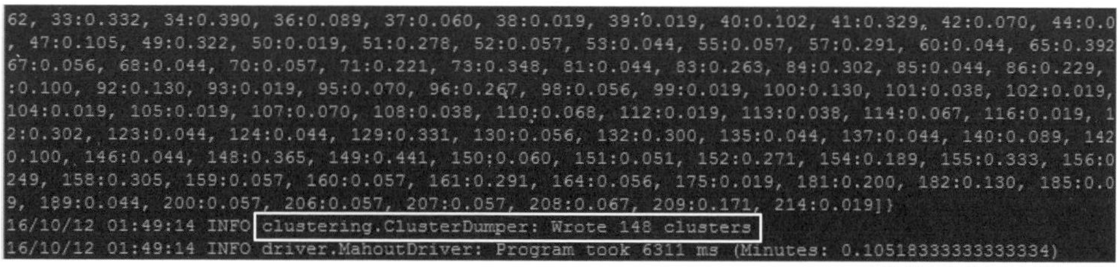

그림 7.92 Canopy 군집분석 결과 3

그림 7.92를 보면 148개의 군집이 생성됐다. 2,600명의 고객을 대상으로 148개의 군집은 적절해 보인다. 적절하다는 기준은 다소 주관적일 수 있으나 분석 요건과 데이터의 성격에 따라 적절한 군집의 개수를 판단한다.

표 7.8 Canopy 군집분석 설정 3

t1	t2	Clusters 개수
50	45	1
10	8	819
12	10	148

13. Canopy 군집분석에서 나온 클러스터 수(148)를 참고해서 다음에 진행할 K-Means 군집의 K값을 "148"보다 좀 더 큰 값인 "200"으로 확정한다. K-Means 분석은 제플린에서 스파크ML을 이용한다. 먼저 제플린이 종료됐다면 다음 명령어를 통해 제플린 서버를 실행하고, 크롬 브라우저를 통해 제플린 웹IDE에 접속한다.

```
$ zeppelin-daemon.sh restart
```

- 제플린 웹IDE URL: http://server02.hadoop.com:8081/

14. 제플린 상단 메뉴의 [Notebook] → [Create new note]를 선택하고 [Note Name]은 "SmartCar-Clustering"으로 입력하고, [Default Interpreter]는 "spark"를 선택한 후 [Create] 버튼을 클릭한다.

15. 첫 번째 입력창(Paragraph)에 사용할 라이브러리를 다음과 같이 입력하고 Shift+Enter 또는 우측 상단의 [Run] 버튼으로 실행한다. 관련 전체 소스코드는 C://예제소스/bigdata2nd-master/CH07/SparkML/SmartCar-Clustering.scala를 참고한다.

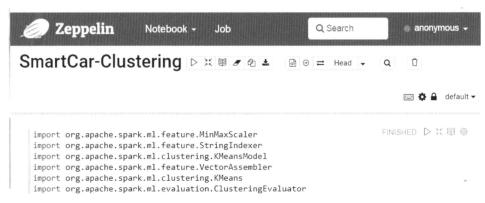

```
import org.apache.spark.ml.feature.MinMaxScaler
import org.apache.spark.ml.feature.StringIndexer
import org.apache.spark.ml.clustering.KMeansModel
import org.apache.spark.ml.feature.VectorAssembler
import org.apache.spark.ml.clustering.KMeans
import org.apache.spark.ml.evaluation.ClusteringEvaluator
```

그림 7.96 스파크ML 라이브러리 임포트

16. 하이브에서 생성해 둔 스마트카 마스터 데이터셋을 로드하고, 결과를 확인하기 위해 다음과 같이 코드를 입력한 후 실행 버튼을 클릭한다. 5개의 데이터가 조회된다.

```
val ds = spark.read.option("delimiter", " ")
              .csv("/pilot-pjt/mahout/clustering/input/smartcar_master.txt")
ds.show(5)

+-----+----+------+----+----+----+------+--------+----+
|  _c0| _c1|   _c2|_c3|_c4|_c5|   _c6|     _c7| _c8|
+-----+----+------+----+----+----+------+--------+----+
|A0001|소형|NORMAL|  F| 여| 30|미혼|프리랜서|서울|
|A0002|중형|   NEW|  A| 남| 50|미혼|    주부|충남|
|A0003|중형|   NEW|  B| 여| 60|기혼|  회사원|대전|
|A0004|중형|NORMAL|  D| 남| 30|미혼|  공무원|광주|
|A0005|소형|   OLD|  C| 남| 60|미혼|  공무원|대구|
+-----+----+------+----+----+----+------+--------+----+
only showing top 5 rows
```

그림 7.97 스마트카 마스터 데이터셋 로드

17. 다음 코드를 실행해 스마트카 마스터 데이터셋의 칼럼명, 타입 등을 재구성한다.

```
val dsSmartCar_Master_1 = ds.selectExpr(                    FINISHED ▷ ⚡ 📖 ⚙
                        "cast(_c0 as string) car_number",
                        "cast(_c1 as string) car_capacity",
                        "cast(_c2 as string) car_year",
                        "cast(_c3 as string) car_model",
                        "cast(_c4 as string) sex",
                        "cast(_c5 as string) age",
                        "cast(_c6 as string) marriage",
                        "cast(_c7 as string) job",
                        "cast(_c8 as string) region"
                        )
```

그림 7.98 스마트카 마스터 데이터셋 재구성

18. 다음 작업을 통해 문자형 카테고리 칼럼을 숫자형 칼럼으로 생성해 새로운 칼럼으로 추가한다.

```
                                                            FINISHED ▷
val dsSmartCar_Master_2 = new StringIndexer().setInputCol("car_capacity").setOutputCol("car_capacity_n")
                            .fit(dsSmartCar_Master_1).transform(dsSmartCar_Master_1)
val dsSmartCar_Master_3 = new StringIndexer().setInputCol("car_year").setOutputCol("car_year_n")
                            .fit(dsSmartCar_Master_2).transform(dsSmartCar_Master_2)
val dsSmartCar_Master_4 = new StringIndexer().setInputCol("car_model").setOutputCol("car_model_n")
                            .fit(dsSmartCar_Master_3).transform(dsSmartCar_Master_3)
val dsSmartCar_Master_5 = new StringIndexer().setInputCol("sex").setOutputCol("sex_n")
                            .fit(dsSmartCar_Master_4).transform(dsSmartCar_Master_4)
val dsSmartCar_Master_6 = new StringIndexer().setInputCol("age").setOutputCol("age_n")
                            .fit(dsSmartCar_Master_5).transform(dsSmartCar_Master_5)
val dsSmartCar_Master_7 = new StringIndexer().setInputCol("marriage").setOutputCol("marriage_n")
                            .fit(dsSmartCar_Master_6).transform(dsSmartCar_Master_6)
val dsSmartCar_Master_8 = new StringIndexer().setInputCol("job").setOutputCol("job_n")
                            .fit(dsSmartCar_Master_7).transform(dsSmartCar_Master_7)
val dsSmartCar_Master_9 = new StringIndexer().setInputCol("region").setOutputCol("region_n")
                            .fit(dsSmartCar_Master_8).transform(dsSmartCar_Master_8)
```

그림 7.99 문자형 칼럼을 연속형(숫자형) 칼럼으로 변환 및 생성

19. 앞선 머하웃의 Canopy 분석의 결과 중 스마트카 마스터 데이터에서 유효한 변수(차량용량, 차량연식, 차량모델, 운전자성별, 운전자결혼여부)만 선정해 클러스터링의 Features 변수로 사용한다.

```
val cols = Array("car_capacity_n", "car_year_n", "car_model_n", "sex_n", "marriage_n")     FINISHED

val dsSmartCar_Master_10 = new VectorAssembler().setInputCols(cols).setOutputCol("features")
                                .transform(dsSmartCar_Master_9)
val dsSmartCar_Master_11 = new MinMaxScaler().setInputCol("features").setOutputCol("scaledFeatures")
                                .fit(dsSmartCar_Master_10).transform(dsSmartCar_Master_10)
```

그림 7.100 클러스터링에 사용할 피처 변수 선택

20. 기존 필드를 삭제하고 재구성된 스마트카 마스터 데이터셋을 확인해 본다. 이제 스파크ML을 이용해 K–Means 군집 분석을 하기 위한 데이터 전처리 작업이 끝났다.

FINISHED ▷ Ⅹ 📖 ⚙

```
val dsSmartCar_Master_12 = dsSmartCar_Master_11.drop("car_capacity").drop("car_year")
                                               .drop("car_model").drop("sex")
                                               .drop("age").drop("marriage")
                                               .drop("job").drop("region")
                                               .drop("features")
                                               .withColumnRenamed("scaledfeatures", "features")
dsSmartCar_Master_12.show(5)

val Array(trainingData, testData) = dsSmartCar_Master_12.randomSplit(Array(0.7, 0.3))
```

```
+----------+--------------+----------+-----------+-----+-----+----------+-----+--------+--------------------+
|car_number|car_capacity_n|car_year_n|car_model_n|sex_n|age_n|marriage_n|job_n|region_n|            features|
+----------+--------------+----------+-----------+-----+-----+----------+-----+--------+--------------------+
|     A0001|           0.0|       2.0|        0.0|  0.0|  4.0|       0.0|  3.0|    14.0|[0.0,1.0,0.0,0.0,...|
|     A0002|           1.0|       1.0|        1.0|  1.0|  2.0|       0.0|  2.0|    12.0|[0.5,0.5,0.142857...|
|     A0003|           1.0|       1.0|        5.0|  0.0|  3.0|       1.0|  5.0|     2.0|[0.5,0.5,0.714285...|
|     A0004|           1.0|       2.0|        6.0|  1.0|  4.0|       0.0|  6.0|     1.0|[0.5,1.0,0.857142...|
|     A0005|           0.0|       0.0|        7.0|  1.0|  3.0|       0.0|  6.0|     0.0|[0.0,0.0,1.0,1.0,...|
+----------+--------------+----------+-----------+-----+-----+----------+-----+--------+--------------------+
only showing top 5 rows
```

그림 7.101 스마트카 마스터 데이터셋 확인 및 학습/검증 데이터 생성

21. 다음 코드로 K–Means 군집 분석을 실행한다. 군집(클러스터)의 개수는 앞선 머하웃의 Canopy 분석에서 얻은 결과에 따라 200을 설정한다.

FINISHED ▷ Ⅹ 📖 ⚙

```
val kmeans = new KMeans()
  .setSeed(1L)
  .setK(200)
  .setFeaturesCol("features")
  .setPredictionCol("prediction")
val kmeansModel = kmeans.fit(dsSmartCar_Master_12)
```

```
kmeans: org.apache.spark.ml.clustering.KMeans = kmeans_c19ec4c60291
kmeansModel: org.apache.spark.ml.clustering.KMeansModel = kmeans_c19ec4c60291
```

Took 21 sec. Last updated by anonymous at April 16 2020, 4:11:47 PM. (outdated)

그림 7.102 스파크ML에서의 K–Means 군집 분석 실행

22. K–Means 군집의 결과를 다음 코드를 실행해 확인해 본다. 출력된 결과 중 prediction 필드는 군집 번호로서 0번~199번까지 총 200개의 군집을 나타내며, car_number 필드는 각 군집번호에 포함된 차량번호를 나타낸다.

```
                                                          FINISHED  ▷ ⨯⨯ 📖 ⚙
val transKmeansModel = kmeansModel.transform(dsSmartCar_Master_12)
transKmeansModel.groupBy("prediction")
               .agg(collect_set("car_number").as("car_number"))
               .orderBy("prediction").show(200, false)

+----------+----------------------------------------------------------------------
---------------------------------------------------------------------------------+
|prediction|car_number
|
+----------+----------------------------------------------------------------------
---------------------------------------------------------------------------------+
|0         |[C0091, K0023, B0016, J0071, F0030, K0004, W0032, H0093, Y0009, G0080, S0009]
|
|1         |[H0008, R0078, E0033, B0008, M0028, M0003, D0061, T0026, X0055, L0069, I0001, J0015,
|
|2         |[K0010, M0033, Y0048, Z0066, T0045]
|
|3         |[N0001, Q0027, Z0042, J0096, D0076, I0003, W0077, H0081, M0039, V0035, J0010, G0010,
|
|4         |[D0083, Z0089, P0039, T0007, U0017, J0006, B0007, M0073, G0050, R0021, S0048, F0011,
|
|5         |[Y0099, F0035, V0080, U0066, N0009, W0063, L0009, T0040]
```

그림 7.103 스파크ML에서의 K-Means 군집 결과 확인

23. 군집 모델의 정확도를 평가하기 위해 다음 코드를 실행해 평균 실루엣(Silhouette) 스코어를 확인해 본다. 실루엣 스코어는 -1~1의 값을 가지며 각각 다음과 같은 의미를 가진다.

- **-1에 가까운 값**: 잘못된 군집에 포함된 개체가 많음

- **0에 가까운 값**: 군집에 포함되지 않은 개체가 많음

- **1에 가까운 값**: 군집에 포함된 개체가 많음

즉, 1에 가까운 값일수록 좋은 군집 모형일 가능성이 높다. 그림 7.104를 보면 실루엣 스코어가 0.85로, 비교적 좋은 군집 모델로 평가될 것으로 예상된다.

```
val evaluator = new ClusteringEvaluator()              FINISHED  ▷ ⨯⨯ 📖 ⚙
val silhouette = evaluator.evaluate(transKmeansModel)

println(s"Silhouette Score = $silhouette")

Silhouette Score = 0.8586774865237091
evaluator: org.apache.spark.ml.evaluation.ClusteringEvaluator = cluEval_fe036492c0b5
silhouette: Double = 0.8586774865237091
```

Took 5 sec. Last updated by anonymous at April 16 2020, 5:14:21 PM

그림 7.104 스파크ML에서의 K-Means 군집 모델 평가 - 실루엣 스코어

24. 군집된 결과를 데이터 탐색 과정을 통해 좀 더 분석해 보자. 앞서 군집 결과인 그림 7.103을 보면 1번 군집에 15개의 차량 번호가 군집됐다. 15개의 차량 번호를 임팔라의 쿼리로 조회해서 어떤 특징이 있는지 확인해 본다. 휴를 실행해 상단의 쿼리콤보에서 [편집기] → [Impala]를 선택한 후 임팔라 편집기에서 다음 쿼리를 실행한다.

```
  ⅄ Impala        ↻     Add a nam...    Add a descr...        ⬚  💾  ⋮
                                1.74s   Database default ▾   유형 text ▾  ⚙  ?
1│select * from smartcar_master
2│where car_number in (
3│    'H0008', 'R0078', 'E0033', 'B0008', 'M0028', 'M0003', 'D0061', 'T0026',
4│    'X0055', 'L0069', 'I0001', 'J0015', 'P0098', 'R0002', 'N0085'
5│)
```

그림 7.105 1번 군집의 스카트카 마스터 정보 조회

25. 조회 결과인 그림 7.106을 보면서 군집 1번의 특징을 파악해 보자.

- **고객 성향**: 1번 군집은 50~60대의 기혼 남성들로, 스마트카 F모델 차량을 선호한다.

- **소득 추정**: 1번 군집에 속한 고객군의 차량은 1500 CC 이하의 차량으로, 소득 수준이 낮을 것으로 추정된다.

- **분석 결과**: 스마트카를 신규 구입하거나 재구매할 가능성이 있는 50~60대 기혼 남성 고객을 대상으로 저가형 스마트카 F모델을 타깃 마케팅한다.

	car_number	sex	age	marriage	region	job	car_capacity	car_year	car_model
1	B0008	남	61	기혼	경북	개인사업	1200	2002	F
2	D0061	남	48	기혼	전남	회사원	1000	2003	F
3	E0033	남	44	기혼	울산	공무원	1000	2004	F
4	H0008	남	41	기혼	경남	회사원	1200	2005	F
5	I0001	남	69	기혼	대구	주부	1500	2003	F
6	J0015	남	21	기혼	경북	학생	1000	2006	F
7	L0069	남	69	기혼	제주	프리랜서	1500	2003	F
8	M0003	남	17	기혼	서울	전문직	1500	2004	F
9	M0028	남	55	기혼	인천	프리랜서	1000	2001	F
10	N0085	남	53	기혼	대구	공무원	1000	2006	F
11	P0098	남	31	기혼	대구	주부	1500	2000	F
12	R0002	남	69	기혼	충남	공무원	1700	2000	F
13	R0078	남	23	기혼	충남	주부	1000	2003	F
14	T0026	남	51	기혼	부산	전문직	1500	2005	F
15	X0055	남	63	기혼	대전	학생	1500	2006	F

그림 7.106 1번 군집의 스카트카 마스터 정보 조회 결과

다른 군집 번호를 대상으로도 위와 같은 탐색적 분석을 시도해 보기 바란다. 비록 소규모의 파일럿 프로젝트지만 데이터를 해석하고 인사이트를 발견하는 훈련의 출발점이 될 것이다.

7.8 분석 파일럿 실행 6단계 – 스쿱을 이용한 분석 결과 외부 제공

빅데이터 시스템에서 탐색 및 분석한 결과는 외부 업무시스템에 제공되어 중요한 의사결정 포인트로 활용될 수 있어야 한다. 그러기 위해서는 빅데이터의 HDFS에 저장된 데이터를 외부 시스템의 저장소(RDBMS)로 제공할 수 있어야 하는데, 이때 스쿱을 이용할 수 있다. 반대로 외부 시스템의 저장소(RDBMS)에 있는 데이터를 HDFS로 가져오기를 할 때도 스쿱을 이용할 수 있다. 이번 파일럿 프로젝트에서는 분석한 결과를 외부 RDBMS에 제공하는 내보내기 기능을 사용해 본다.

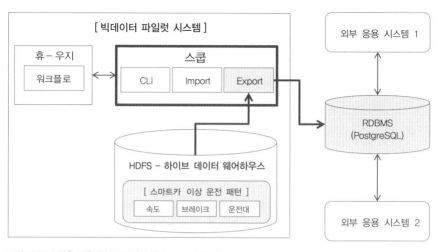

그림 7.107 스쿱을 이용해 분석 결과를 외부 RDBMS에 제공

스쿱의 내보내기 기능 – 이상 운전 차량 정보 _ ⌨ 실습

6장의 데이터 탐색에서 3번째 주제 영역 탐색 결과로 "스마트카 이상 운전 차량" 결과를 도출했고, 해당 데이터를 하이브의 Managed 영역에 Managed_SmartCar_Symptom_Info 테이블에 저장했다. 스쿱을 이용해 "이상 운전 차량 정보" 데이터셋을 PostgreSQL로 내보내겠다. PostgreSQL 서버는 클라우데라의 CM에 기본으로 설치된 데이터베이스를 활용할 것이고 Server01에 위치하고 있다.

사용할 DBMS 정보 및 환경설정

- **RDBMS 유형:** PostgreSQL
- **설치 IP:** 192.168.56.101
- **설치 포트:** 7432
- **데이터베이스:** postgresql
- **접속 계정:** cloudera-scm
- **접속 패스워드:** acjZt03D1Q

패스워드의 경우 독자들의 파일럿 환경마다 다소 차이가 있다. Server01에 접속해 다음 명령으로 확인한다.

```
$ cat /var/lib/cloudera-scm-server-db/data/generated_password.txt
```

```
[root@server01 ~]# cat /var/lib/cloudera-scm-server-db/data/generated_password.txt
acjZt03D1Q
```

그림 7.108 PostgreSQL의 cloudera-scm 계정의 패스워드 확인

이제 PostgreSQL DB 작업을 진행한다.

01. PostgreSQL에 콘솔로 접속해서 기본적인 데이터베이스 작업을 진행한다. 먼저 Server01의 SSH를 통해 접속한 후 다음 명령으로 PostgreSQL 데이터베이스에 연결한다.

```
$ psql -U cloudera-scm -p 7432 -h localhost -d postgres
```

패스워드 입력창이 나타나면 그림 7.108에서 확인한 패스워드를 입력하기 바란다. 필자의 경우 "acjZt03D1Q"라는 패스워드가 만들어져 있었다.

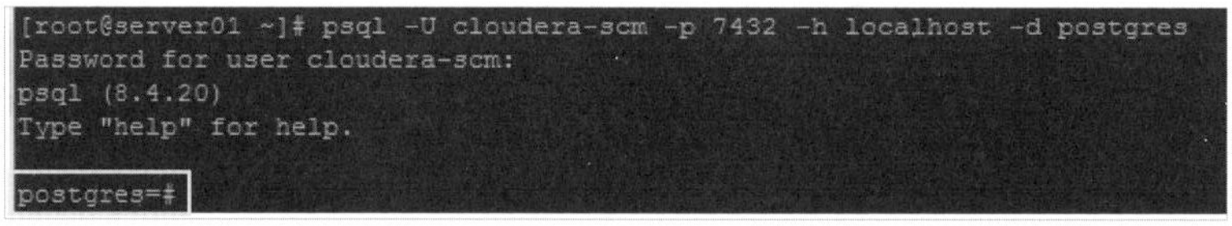

```
[root@server01 ~]# psql -U cloudera-scm -p 7432 -h localhost -d postgres
Password for user cloudera-scm:
psql (8.4.20)
Type "help" for help.

postgres=#
```

그림 7.109 PostgreSQL 서버 접속

그림 7.109처럼 postgres=# 프롬프트를 확인한다.

02. HDFS에 "이상 운전 패턴" 데이터를 PostgreSQL의 테이블로 저장하기 위한 RDBMS 테이블을 생성한다. 테이블 명은 smartcar_symptom_info로 하겠다. 다음의 테이블 생성 명령을 실행한다.

```
postgres=# create table smartcar_symptom_info (
      car_number        varchar,
      speed_p_avg       varchar,
      speed_p_symptom   varchar,
      break_p_avg       varchar,
      break_p_symptom   varchar,
      steer_a_cnt       varchar,
      steer_p_symptom   varchar,
      biz_date          varchar
);
```

위 명령을 실행한 후 그림 7.110처럼 "CREATE TABLE" 메시지를 확인한다.

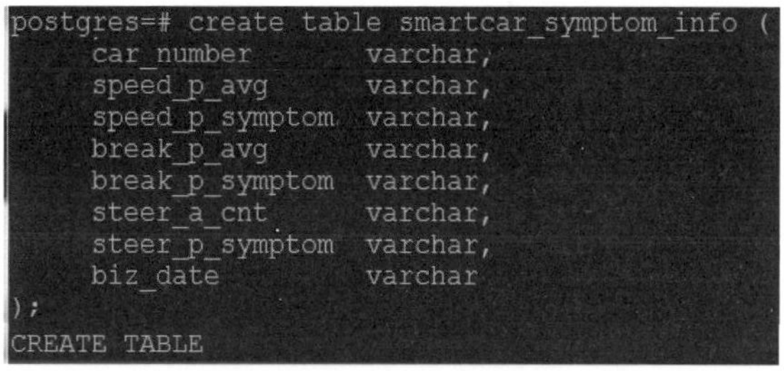

```
postgres=# create table smartcar_symptom_info (
      car_number        varchar,
      speed_p_avg       varchar,
      speed_p_symptom   varchar,
      break_p_avg       varchar,
      break_p_symptom   varchar,
      steer_a_cnt       varchar,
      steer_p_symptom   varchar,
      biz_date          varchar
);
CREATE TABLE
```

그림 7.110 PostgreSQL 테이블 생성 – 이상 운전 패턴

SELECT 쿼리를 실행해서 정상적으로 생성됐는지 확인해 본다.

```
postgres=# select * from smartcar_symptom_info;
```

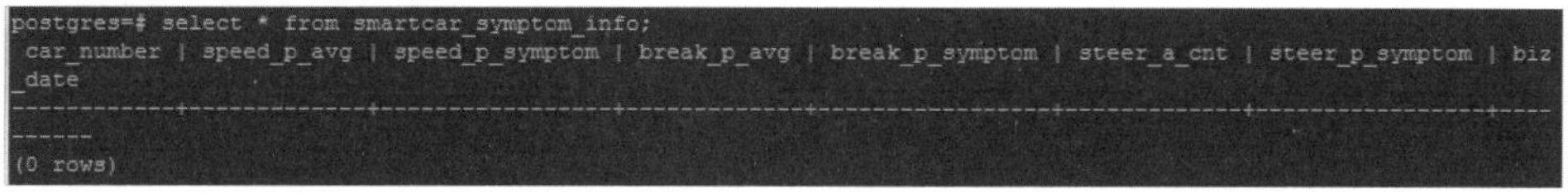

```
postgres=# select * from smartcar_symptom_info;
 car_number | speed_p_avg | speed_p_symptom | break_p_avg | break_p_symptom | steer_a_cnt | steer_p_symptom | biz
_date
------------+-------------+-----------------+-------------+-----------------+-------------+-----------------+----
------
(0 rows)
```

그림 7.111 PostgreSQL 테이블 생성 결과 확인

03. Server01에서 스쿱 명령을 실행하기 위해 새로운 SSH 창을 하나 더 열어 Server01에 접속한다. 먼저 스쿱 명령을 실행하기 위해서는 PostgreSQL JDBC 드라이버를 스쿱의 라이브러리 경로에 복사해 놓아야 한다. 다음 복사 명령을 실행한다.

```
$ cp /opt/cloudera/parcels/CDH/jars/postgresql-*.jar /opt/cloudera/parcels/CDH/lib/sqoop/lib
```

다음으로 스쿱 내보내기 명령을 실행한다. 패스워드 옵션은 독자의 파일럿 환경에서 생성된 값으로 입력해야 한다.

```
$ sqoop export --connect jdbc:postgresql://192.168.56.101:7432/postgres --username
cloudera-scm --password acjZt03D1Q --table smartcar_symptom_info --export-dir /user/hive/
warehouse/managed_smartcar_symptom_info
```

사용된 주요 옵션은 다음과 같다.

- **–username:** PostgreSQL 계정
- **–password:** PostgreSQL 패스워드
- **–table:** PostgreSQL 데이터베이스 테이블명
- **–export-dir:** 내보내기 할 HDFS 데이터 경로

그림 7.112를 보면 스쿱 명령도 맵리듀스로 변환되어 실행되는 것을 확인할 수 있다.

```
INFO mapreduce.Job: Running job: job_1476589912276_0004
INFO mapreduce.Job: Job job_1476589912276_0004 running in uber mode : false
INFO mapreduce.Job:  map 0% reduce 0%
INFO mapreduce.Job:  map 25% reduce 0%
INFO mapreduce.Job:  map 100% reduce 0%
INFO mapreduce.Job: Job job_1476589912276_0004 completed successfully
INFO mapreduce.Job: Counters: 30
```

그림 7.112 스쿱 내보내기 기능 실행

명령이 정상적으로 실행되면 하이브의 Managed_SmartCar_Symptom_Info 테이블의 데이터 전체가 PostgreSQL의 smartcar_symptom_info 테이블에 내보내기됐을 것이다. PostgreSQL 콘솔로 접속해 다음의 SELECT 쿼리를 실행해 보면 결과를 확인할 수 있다.

```
postgres=# select * from smartcar_symptom_info;
```

```
postgres=# select * from smartcar_symptom_info;
car_number |    speed_p_avg    | speed_p_symptom |    break_p_avg    | break_p_symptom | steer_a_cnt | steer_p_sym
ptom | biz_date
-----------+-------------------+-----------------+-------------------+-----------------+-------------+------------
 A0005     | 1.5097708894878705 | 정상            | 0.3028975741239892 | 정상            | 565         | 정상
      | 20160626
 A0061     | 1.5590924483576025 | 정상            | 0.2885201490010159 | 정상            | 594         | 정상
      | 20160626
 A0078     | 1.5018688413183825 | 정상            | 0.3119266055045872 | 정상            | 576         | 정상
      | 20160626
 A0100     | 1.489788972089857  | 정상            | 0.31994554118447927 | 정상            | 598         | 정상
      | 20160626
 B0012     | 1.5561930475869052 | 정상            | 0.28552143098211274 | 정상            | 608         | 정상
```

그림 7.113 스쿱 내보내기 기능을 실행한 결과 확인

스쿱의 Export 기능은 일/주/월/연별 주기적으로 수행해야 하는 배치성 작업이다. 이를 위해 휴의 우지 워크플로에서 스쿱의 작업 노드를 이용하면 정기적인 스쿱 Export 작업을 실행할 수 있다. 관련 작업을 그림 7.114처럼 만들어봤다. 그림 7.114의 워크플로는 6장의 주제 영역 3,4에서 만든 워크플로를 이용해 하위 워크플로로 배치했고, 두 하위 워크플로 작업의 결과를 다음 작업 노드인 스쿱이 RDBMS로 익스포트하게 된다. 이때 우지의 포크(Fork) 기능을 적용해 두 개의 작업이 동시에 진행되게 했다. 다소 복잡해 보이는 그림 7.114의 워크플로도 꼭 실습해 보기 바란다. 지금까지 파일럿 프로젝트를 완주한 독자라면 어려움 없이 만들어 볼 수 있을 것이다.

그림 7.114 스쿱작업 워크플로 작성 – Subworkflow 및 Fork 활용

Tip _ 스쿱을 활용할 때 주의할 점

스쿱을 활용할 때는 주의해야 할 점이 있다. 일반적으로 RDBMS는 중요 업무 시스템의 온라인 서비스 저장소로 사용되는데, 이때 스쿱의 대규모 Export/Import 맵(Map) 작업들이 RDBMS에 연결되면서 큰 오버헤드를 발생시킬 수 있기 때문이다. 예를 들어, 100대의 하둡 데이터노드가 있고, 스쿱 명령으로 대규모 데이터에 대한 가져오기/내보내기를 할 경우 최악의 경우에 100대의 서버에서 동시에 Map 작업이 생성되어 RDBMS로 연결된 JDBC 작업이 수행될 수 있기 때문이다. 이로 인해 RDBMS의 자원 점유율이 커지고 RDBMS를 사용하는 중요 온라인 시스템 서비스에 영향을 줄 수 있다.

스쿱의 실행 옵션 중 --split-by 또는 --num-mappers를 이용하면 문제를 최소화할 수 있으니 참고하기 바란다.

7.9 마치며

이로써 빅데이터 구축의 최종 단계인 분석을 마친다. 이번 장에서는 빅데이터 분석의 특징을 살펴봤고 파일럿 프로젝트에 적용된 분석 아키텍처와 관련된 기술을 설명했다. 특히 임팔라, 제플린을 이용해 파일럿의 배치 분석을 실시간 온라인 분석으로 전환해 성능과 적용상의 차이점도 알아봤다. 스마트카의 탐색 및 분석 결과 테이터를 이용해 머하웃과 스파크ML로 머신러닝 작업도 진행했는데, 이때 추천, 분류, 군집 분석을 위해 모델을 만들고 학습, 평가하는 작업도 함께 수행했다. 7장의 분석 단계를 마지막으로 스마트카 빅데이터 파일럿 프로젝트의 전체 구축 과정(수집 → 적재 → 처리 → 탐색 → 분석)을 경험했다.

오픈소스 기반의 빅데이터 생태계 기술은 다양하면서 발전 속도가 매우 빨라서 개인이 모든 것을 쫓아가기는 불가능에 가깝다. 이 책에서 다루지 못한 중요 빅데이터 소프트웨어와 기술들이 아직 많이 있지만 이는 독자의 몫으로 남기고자 한다. 1장~7장을 통해 만들어진 파일럿 환경을 기반으로 각자의 전문 분야를 확장해 앞으로 자신만의 강력한 빅데이터 훈련 도구를 만들어 나가길 바란다.

08

분석 환경 확장

8.1 분석 환경 확장 개요

이번 8장에서는 분석 환경을 외부 분석 도구로 확장해 보겠다. 지금까지는 분석 도구(하이브, 스파크, 임팔라 등)는 그림 8.1.1과 같이 분석 Workload가 하둡의 분산 노드에서 실행되는 구조였다.

이번에 실습해볼 분석 도구는 외부 분석 도구로 분석 작업에 대한 Workload가 그림 8.1.2처럼 하둡의 분산 노드가 아닌 각자의 분석 도구에서 실행되고 분석할 데이터만 하둡에서 로드하는 구조다. 외부 분석 도구의 장점은 강력한 분석 라이브러리와 시각화 도구를 활용해 분석 작업의 편의성과 생산성이 높아진다는 것이고, 단점으로는 대규모 분석 데이터를 처리할 때 높은 I/O 발생으로 레이턴시가 커지고 리소스의 한계가 발생할 수 있다. 대표적인 외부 분석 도구로 R, 텐서플로(Tensorflow), 사이킷런(scikit-learn), 웨카(Weka), 카페(Caffe),

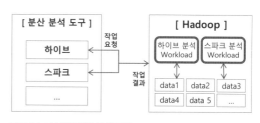

그림 8.1.1 분산 환경의 분석 도구

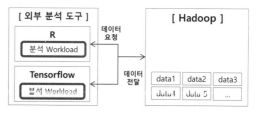

그림 8.1.2 외부 독립 분석 도구

테아노(Theano) 등이 있고, 파일럿 프로젝트에서는 R과 텐서플로를 이용해 분석 환경을 확장해 보겠다.

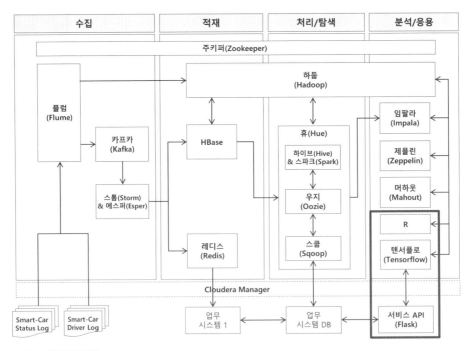

그림 8.2 분석 환경 확장

Tip _ 분산 환경을 지원하는 분석 도구

외부 독립형 분석 도구의 단점은 대용량 데이터를 이용한 분석 및 학습에 과도한 시간이 소요된다는 것이다. 최근에는 GPU 파워를 이용해 빠른 연산은 가능해졌으나 대용량 데이터 로드에 발생하는 I/O 오버헤드와 자원(CPU/메모리) 증설 한계는 피할 수 없다. 이 같은 이유로 최근 들어 독립형 방식의 분석 도구도 대규모 분산 환경(스케일아웃 방식)을 지원하기 위한 다양한 시도를 하고 있다. 텐서플로는 지난 2016년 4월경 텐서플로 분산 버전을 공식적으로 출시했고, R은 오래전부터 RHive를 통해 하둡 분산 환경에서 분석 작업을 수행할 수 있도록 지원해 왔다.

하지만 분산 분석 환경의 경우 요청 작업을 여러 대의 서버에 나누어 실행해야 하고, 그 결과를 다시 하나로 모으는 맵/리듀스 메커니즘(그림 4.4 참고)이 기본적으로 요구된다. 이러한 이유로 분산 환경에서 기존 분석 알고리즘이 작동하기 위해서는 프로그램 수정과 복잡도가 증가하며 환경에 대한 호환성 문제를 고려해야 한다.

사용하려는 분석 도구와 라이브러리의 분산 컴퓨팅 지원 여부는 관련 소프트웨어의 공식 사이트에서 확인한 후 사용하기 바란다. 참고로 대표적 분산 환경인 아파치 스파크(http://spark.apache.org)에서 지원하는 주요 머신러닝 알고리즘(MLlib)은 다음 표와 같다.

Classification(분류)	Logistic regression
	Decision tree classifier
	Random forest classifier
	Gradient-boosted tree classifier
	Multilayer perceptron classifier
	Linear Support Vector Machine
	One-vs-Rest classifier (a.k.a. One-vs-All)
	Naive Bayes
Clustering(군집)	K-means
	Latent Dirichlet allocation (LDA)
	Bisecting k-means
	Gaussian Mixture Model (GMM)
Regression(회귀)	Linear regression
	Generalized linear regression
	Available families
	Decision tree regression
	Random forest regression
	Gradient-boosted tree regression
	Survival regression
	Isotonic regression

스파크 MLib에서 지원하는 알고리즘(2019년 8월 기준)

R은 고급 통계 모델을, 텐서플로는 딥러닝 모델을 기반으로 각자의 오픈 생태계를 주도하고 있으며, 커뮤니티도 전 세계적으로 매우 활성화돼 있다. 파일럿 프로젝트에서는 R과 텐서플로에 대한 상세 설명과 설치 방법 등은 지면상 상세히 다루지 않는다. 대신 관련 자료들은 인터넷 커뮤니티 등에서 쉽게 찾아볼 수 있으니 참고하기 바란다.

이번 8장의 파일럿 실습은 3개의 파트로 나누어 진행한다.

- R을 이용한 회귀분석 – 스마트카 배기량에 따른 운전자의 연소득 예측

- 텐서플로 이용한 신경망 분석 – 주행 중 스마트카의 사고 위험 징후 판별

- 예측 모델 API 구성 – 딥러닝 모델을 웹서비스 REST API로 구성

8.2 R을 이용한 회귀분석 – 스마트카 배기량에 따른 운전자 연소득 예측

R을 이용해 스마트카의 배기량에 따른 운전자의 연소득을 예측하는 작업을 진행하겠다. 회귀분석은 보통 수치형 독립변수의 변화에 따른 수치형 종속변수의 값을 예측할 때 사용하는 선형 회귀분석(Linear Regression)과 수치형 독립변수의 변화에 따른, 범주형 종속변수의 범주를 예측할 때 사용하는 로지스틱 회귀분석(Logistic Regression)으로 나뉜다. 여기서 독립변수는 분석 중에 사용될 입력값(스마트카 배기량)을 의미하며, 종속변수는 예측할 분석 결괏값(스마트카 운전자 연소득)을 말한다. 이번 회귀분석에서는 독립변수/종속변수 모두 연속된 수치형 변수이므로 선형 회귀분석을 이용한다.

Tip _ 선형 회귀분석의 기본 원리

선형 회귀분석을 깊이 있게 이해하려면 여러 가지 수학적 회귀 공식과 통계 기법 이론이 필요하지만 기본 원리만 알고 있어도 선형 회귀분석 기법을 구현하는 데 크게 어려움이 없다. 선형 회귀분석은 그림 8.3에서 보는 것처럼 입력값(X)와 결괏값(Y)의 데이터 관계가 선형을 이루는 건 알고 있지만 정확한 기울기 값을 정의하는 모델을 찾고자 할 때 사용한다.

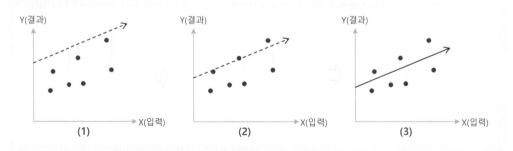

그림 8.3 선형 회귀분석의 기본 원리

예를 들면, (1)에서 임의의 회귀선을 긋고 기울기와 편향값이 업데이트되면서 회귀선이 (3)까지 이동하는데, 각 점 간의 거리에 대한 평균값이 최소가 되는 회귀선에서 이동을 멈추게 되고 이 선이 최적의 선형 회귀 모델이 되는 것이다.

Tip _ 로지스틱 회귀분석의 기본 원리

로지스틱 회귀분석도 선형 회귀분석과 유사한 방식을 사용하나 회귀선이 아닌 결괏값을 "0"과 "1"로 가지는 시그모이드 함수를 쓴다는 차이점이 있다. 그림 8.4와 같이 (1)에서 임의의 시그모이드 선을 긋고 각 점 간의 거리에 대한 평균 또는 엔트로피를 비교해가며 (3)에서 최적의 로지스틱 회귀 모델을 찾는다.

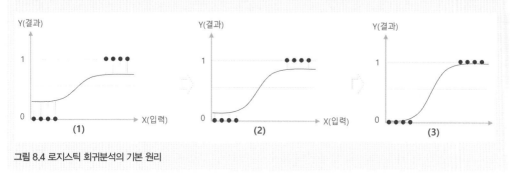

그림 8.4 로지스틱 회귀분석의 기본 원리

R 설치 및 환경 구성 _ ⌨ 실습

R의 설치 및 환경 구성을 위해서는 인터넷에서 "R, R-Studio 설치"로 검색한 후 최신 자료를 참고해서 진행하면 된다. 이때 설치 방법은 매우 간단하며 독자의 파일럿 개발 환경에 맞는 최신 버전의 파일을 다운로드한 후 곧바로 설치를 진행하면 된다.

그림 8.5 파일럿 환경에서 R/R-Studio가 설치되는 위치

파일럿 환경의 R/R-Studio가 설치되는 위치는 호스트 OS, 즉 저자의 파일럿 환경에서는 윈도우 7에 해당하며 그림 8.5와 같다.

참고로 R과 R-Studio의 공식 홈페이지는 각각 다음과 같다.

- R 다운로드 및 설치: https://www.r-project.org
- R-Studio 다운로드 및 설치: https://www.rstudio.com/

R 활용 방안

R을 이용해 회귀분석을 하기 위해 하이브의 데이터웨어하우스에 새로운 데이터셋인 "스마트카 고객 마스터2" 데이터를 추가로 적재한다. 해당 데이터셋은 스마트카 운전자의 연소득이 포함된 로컬 파일시스템의 데이터로서 하이브의 로컬 데이터 로드 기능을 이용해 하이브 테이블로 로드하면 된

다. 이렇게 하이브에 생성된 데이터셋은 R의 RJDBC를 이용해 R 응용 프로그램에서 하이브의 테이블에 직접 접근할 수 있다. 여기서는 기본적인 데이터 탐색을 수행한 후 스마트카의 배기량에 따른 운전자의 연소득 구간이 어떻게 변하는지 회귀분석을 해보자.

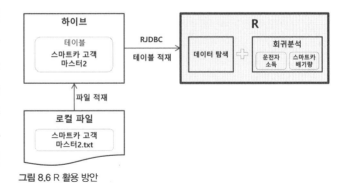

그림 8.6 R 활용 방안

R 파일럿 실행 1단계 – 분석 데이터셋 생성 _ ⌨ 실습

우선 스마트카 운전자의 연소득 정보가 포함된 "스마트카 고객 마스터2" 데이터를 하이브에 로드한다. "스마트카 고객 마스터2" 데이터의 경우 상세 수집 과정은 지면상 생략하고, Server02의 "/home/pilot-pjt/working" 경로에 수집 완료된 파일이 있다는 전제로 시작하겠다.

01. "스마트카 고객 마스터2" 파일을 Server02로 업로드한다.

- FTP 클라이언트 파일질라 실행

- 파일럿 작업 경로: /home/pilot-pjt/working

- C://예제소스/bigdata2nd-master/CH08/CarMaster2Income.txt 파일을 /home/pilot-pjt/working에 업로드

02. 휴에서 하이브 에디터에 접속해 SmartCar_Master2Income 테이블을 생성한다. 이때 스마트카 배기량(car_capacity)과 연소득(imcome) 필드의 데이터 타입은 int(숫자형)로서 각각 회귀분석의 독립변수와 종속변수로 사용된다.

```
1  CREATE EXTERNAL TABLE SmartCar_Master2Income (
2  car_number string,
3  sex string,
4  age string,
5  marriage string,
6  region string,
7  job string,
8  car_capacity int,
9  car_year string,
10 car_model string,
11 income int
12 )
13 row format delimited
14 fields terminated by '|'
15 stored as textfile
16 tblproperties ("skip.header.line.count"="1");
```

✓ 성공.

그림 8.7 "스마트카 고객 마스터2" 테이블 생성

03. 로컬 파일시스템에 적재된 "스마트카 고객 마스터2.txt" 파일을 앞서 생성한 하이브 테이블인 SmartCar_
Master2Income에 직접 로드한다.

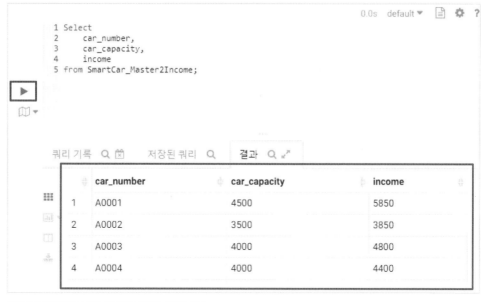

```
1 LOAD DATA LOCAL
2     INPATH '/home/pilot-pjt/working/CarMaster2Income.txt'
3     OVERWRITE INTO TABLE SmartCar_Master2Income;
```

✓ 성공.

그림 8.8 "스마트카 고객 마스터2" 테이블에 데이터 로드

04. 하이브 테이블에 로컬파일이 정상적으로 로드됐는지 조회 쿼리를 실행해 본다.

```
0.0s  default ▼

1 Select
2     car_number,
3     car_capacity,
4     income
5 from SmartCar_Master2Income;
```

쿼리 기록 Q 📅   저장된 쿼리 Q   결과 Q ↗

	car_number	car_capacity	income
1	A0001	4500	5850
2	A0002	3500	3850
3	A0003	4000	4800
4	A0004	4000	4400

그림 8.9 "스마트카 고객 마스터2" 테이블 데이터 확인

R 파일럿 실행 2단계 – 하이브 클라이언트 라이브러리 구성 _ ⌨ 실습

R 응용 프로그램이 하이브의 테이블에 직접 접근하기 위해서는 하이브 클라이언트 라이브러리가 R
의 클래스패스에 지정돼 있어야 한다. 파일럿 PC 상에서 특정 디렉터리를 만들고 관련 라이브러리
를 복사해 놓은 후 이 디렉터리를 R의 클래스패스로 지정한다. 필자의 파일럿 PC에서는 간단히 C
드라이브에 "hiveJar"와 "hadoopJar" 폴더를 만들어 관리했다.

01. 사용자의 파일럿 PC에 하이브 클라이언트 라이브러리를 관리하기 위한 두 개의 디렉터리를 생성한다.

- C://hiveJar 디렉터리를 생성한다.
- C://hadoopJar 디렉터리를 생성한다.

02. Server02로부터 관련 라이브러리를 다운로드한다. 총 8개의 Jar 파일로 하이브 클라이언트 라이브러리 파일 5개와 하둡 클라이언트 라이브러리 파일 3개다. 먼저 Server02에 FTP로 접속해 하이브 클라이언트 라이브러리 파일 5개를 C://hiveJar 디렉터리에 다운로드한다.

- FTP 클라이언트 파일질라 실행
- Server02에 접속해 아래의 Jar 파일을 사용자 PC의 "C://hiveJar" 디렉터리에 다운로드한다.

  ```
  /opt/cloudera/parcels/CDH/jars/hive-jdbc-2.1.1-cdh6.3.2.jar
  /opt/cloudera/parcels/CDH/jars/hive-service-2.1.1-cdh6.3.2.jar
  /opt/cloudera/parcels/CDH/jars/httpclient-4.5.3.jar
  /opt/cloudera/parcels/CDH/jars/httpcore-4.4.6.jar
  /opt/cloudera/parcels/CDH/jars/hive-jdbc-2.1.1-cdh6.3.2-standalone.jar
  ```

- 하둡 클라이언트 라이브러리 파일 3개를 "C://hadoopJar" 디렉터리에 다운로드한다.

  ```
  /opt/cloudera/parcels/CDH/jars/hadoop-common-3.0.0-cdh6.3.2.jar
  /opt/cloudera/parcels/CDH/jars/libthrift-0.9.3.jar
  /opt/cloudera/parcels/CDH/jars/hadoop-client-3.0.0-cdh6.3.2.jar
  ```

R 파일럿 실행 3단계 – R에서 하이브 데이터 로드 _ ⌨ 실습

R-Studio를 실행한 후 필요한 R 패키지를 추가로 설치하고, 하이브에 생성된 "스마트카 고객 마스터2" 데이터를 R의 응용 프로그램으로 로드해 보겠다.

01. 사용자 PC의 파일럿 환경에 설치된 R-Studio를 실행한다. 다음과 같이 R-Studio의 콘솔창이 활성화되면 정상적으로 실행된 것이다.

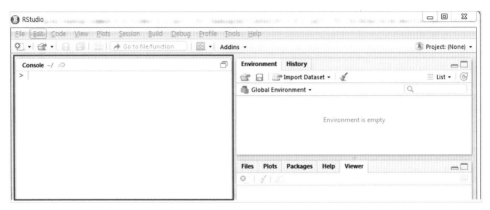

그림 8.10 R-Studio 실행

02. 필요한 R 패키지 "DBI", "rJava", "RJDBC"를 추가로 설치한다. 다음 명령을 R 콘솔에서 차례로 실행한다. R 패키지 설치 명령을 실행하면 CRAN(The Comprehensive R Archive Network)에서 직접 다운로드하므로 인터넷이 연결된 상태여야 한다.

```
> install.packages("DBI")
> install.packages("rJava")
> install.packages("RJDBC")
> install.packages("log4r")
```

03. 추가 패키지 설치가 완료되면 설치된 패키지의 라이브러리를 로드한다.

```
> library("DBI")
> library("rJava")
> library("RJDBC")
> library("log4r")
```

04. 이제 파일럿 환경의 하이브 데이터웨어하우스에 접속해 "스마트카 고객 마스터2" 테이블인 "SmartCar_Master2Income" 테이블을 확인해 보겠다. 앞서 hiveJar와 hadoopJar 디렉터리를 R의 클래스패스로 설정했다. 다음의 R 명령은 "C://예제소스/bigdata2nd-master/CH08/R명령.txt"로 제공하니 참고한다.

```
> hive.class.path = list.files(path=c("C://hiveJar"), pattern="jar", full.names=T);
> hadoop.lib.path = list.files(path=c("C://hadoopJar"), pattern="jar", full.names=T);
> hadoop.class.path = list.files(path=c("C://hadoopJar"), pattern="jar", full.names=T);
> class.path = c(hive.class.path, hadoop.lib.path, hadoop.class.path);
> .jinit(classpath=class.path)
```

05. 하이브의 JDBC 드라이버를 로드하고 Server02에 설치돼 있는 하이브 서버 2로 접속한다. 이때 접속 계정과 비밀번호는 브라우저를 통해 "http://server01.hadoop.com:7180/api/v11/clusters/Cluster 1/services/hive/config"에 접속하면 확인할 수 있다. 독자의 파일럿 환경마다 다른 계정과 비밀번호가 만들어질 수 있으니 주의한다.

- 하이브 설정 URL: http://server01.hadoop.com:7180/api/v11/clusters/Cluster 1/services/hive/config

```
←  →  C  ⌂  ①  주의 요함 | server01.hadoop.com:7180/api/v11/clusters/Cluster%201/services/hive/config

{
  "items" : [ {
    "name" : "hbase_service",
    "value" : "hbase"
  }, {
    "name" : "hive_metastore_database_host",
    "value" : "server01.hadoop.com"
  }, {
    "name" : "hive_metastore_database_name",
    "value" : "hive2"
  }, {
    "name" : "hive_metastore_database_password",
    "value" : "A9mkRvDkNf"
  }, {
    "name" : "hive_metastore_database_port",
    "value" : "7432"
  }, {
    "name" : "hive_metastore_database_type",
    "value" : "postgresql"
  }, {
    "name" : "hive_metastore_database_user",
    "value" : "hive2"
  }, {
    "name" : "mapreduce_yarn_service",
    "value" : "yarn"
  }, {
    "name" : "zookeeper_service",
    "value" : "zookeeper"
  } ]
}
```

그림 8.11 하이브 접속 계정과 비밀번호

다음 명령을 통해 하이브 JDBC를 로드하고 하이브 서버 2에 연결한다.

```
> drv <- JDBC("org.apache.hive.jdbc.HiveDriver", "C://hiveJar/hive-jdbc-2.1.1-cdh6.3.2.jar",
identifier.quote="`")
> conn <- dbConnect(drv, "jdbc:hive2://server02.hadoop.com:10000/default", "hive2",
"A9mkRvDkNf")
```

06. 하이브의 데이터웨어하우스에 생성된 테이블 목록을 조회한다. 참고로 저자의 경우 "Smartcar_Master2Income" 테이블만 조회했지만 6, 7장에서 만든 다른 하이브 테이블도 조회가 가능하다.

```
> dbListTables(conn);
[1] "smartcar_master2income"
```

07. 여기까지 성공적으로 진행되면 이제 하이브의 "스마트카 고객 마스터2" 테이블에 질의하고 내용까지 확인해 보자.

```
> data <- dbGetQuery(conn, "select * from smartcar_master2income")
> View(data)
```

	smartcar_master2income.car_number	smartcar_master2income.sex	smartcar_master2income.age	smartcar_master2income.marriage	smartcar_maste
1	A0001	남	64	미혼	전북
2	A0002	남	17	기혼	경북
3	A0003	남	68	기혼	경기
4	A0004	남	34	미혼	전북
5	A0005	여	26	미혼	서울
6	A0006	여	61	기혼	충남
7	A0007	여	40	미혼	세종
8	A0008	남	40	미혼	전북
9	A0009	남	47	미혼	세종
10	A0010	남	66	미혼	서울
11	A0011	여	31	미혼	울산

그림 8.12 R 콘솔에서 하이브의 "스마트카 고객 마스터2" 데이터 확인

R 파일럿 실행 4단계 – 데이터 탐색 및 회귀모델 생성 _ 🎹 실습

"스마트카 고객 마스터2"의 종속변수인 연소득(income) 필드를 R의 시각화 기능으로 탐색해 보고, 독립변수인 차량의 배기량 데이터와 함께 회귀모델을 생성한다. 해당 모델을 이용해 스마트카 운전자의 연소득을 예측하고 실데이터와 비교해 예측의 정확도까지 확인한다.

01. 먼저 히스토그램과 박스플롯 명령으로 "income" 데이터의 분포도를 파악하고, Q–Q 플롯 기능을 이용해 정규성을 확인한다.

```
> hist(data$smartcar_master2income.income)
> boxplot(data$smartcar_master2income.income)
> qqnorm(data$smartcar_master2income.income)
> qqline(data$smartcar_master2income.incom)
```

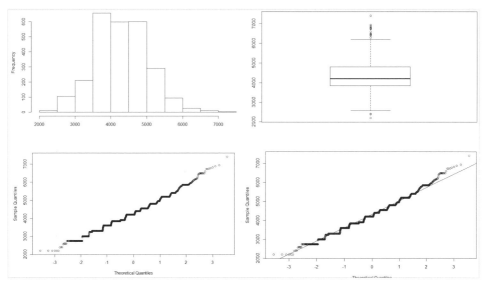

그림 8.13 "스마트카 고객 마스터2"의 연소득 데이터 시각화

R에서 제공하는 hist(), boxplot(), qqnorm(), qqline()에 대한 자세한 설명은 인터넷을 통해 쉽게 찾아볼 수 있으니 참고하기 바란다. 우선 여기서 중요한 것은 R의 시각화 기능을 이용해 회귀분석을 위한 종속변수의 데이터셋이 정규분포를 이루고 있다는 것을 확인한 것이다. 회귀분석을 위해서는 종속변수가 정규분포로 구성돼야 하기 때문에 회귀분석 모델을 만들기 전에 그림 8.13과 같은 데이터 탐색으로 종속변수의 정규분포성을 확인한 것이다. 또한 본 파일럿 프로젝트에서는 생략했지만 다중회귀 분석 시 독립변수(성별, 나이, 직업, 차량 용량/연식 등) 간의 상호 의존성(또는 상관성)이 높아지는 다중공선성 문제도 실전에서는 반드시 고려해야 한다.

02. 이제 "스마트카 고객 마스터2" 데이터셋을 트레이닝 데이터셋으로 삼아 스마트카의 배기량에 따라 운전자의 연소득을 예측하는 회귀모델을 만들고 그 결과를 확인해 보자.

```
> model <- lm(data$smartcar_master2income.income~smartcar_master2income.car_capacity
,data=data)
> summary(model)
```

```
Call:
lm(formula = data$smartcar_master2income.income ~ smartcar_master2income.car_capacity,
    data = data)

Residuals:
    Min      1Q  Median      3Q     Max
-642.89 -331.59  -93.85  243.89 1302.37

Coefficients:
                                     Estimate Std. Error t value Pr(>|t|)
(Intercept)                          20.29658   50.72959    0.40    0.689
smartcar_master2income.car_capacity   1.22452    0.01438   85.14   <2e-16 ***
---
Signif. codes:  0 '***' 0.001 '**' 0.01 '*' 0.05 '.' 0.1 ' ' 1

Residual standard error: 377.4 on 2598 degrees of freedom
Multiple R-squared:  0.7362,    Adjusted R-squared:  0.7361
F-statistic:  7249 on 1 and 2598 DF,  p-value: < 2.2e-16
```

그림 8.14 "스마트카 고객 마스터2"의 회귀모델 생성 결과

그림 8.14의 회귀모델 결과 중 p-value(2.2e-16) 〈 0.05로 유의미성을 보이고 있다(p-value는 통계학에서 유의확률을 의미하며 보통은 0.05보다 작은 값이면 유의미한 결과로 본다). 또한 상단의 R-squared 값 0.7362의 결과는 해당 회귀모델의 설명력을 의미하며, 전체 데이터셋의 변동량 73% 정도를 이 모델로 설명이 가능하다는 것을 의미한다. 또한 본 파일럿 프로젝트에서는 생략했지만 다중회귀 분석 시 독립변수(성별, 나이, 직업, 차량 용량/연식 등) 간의 상호 의존성(또는 상관성)이 높아지는 다중공선성 문제도 실전에서는 반드시 고려해야 한다.

03. 이제 생성된 회귀모델을 테스트해보자. 테스트 데이터로 "C://예제소스/bigdata2nd-master/CH08/CarMaster 2Income_Test.txt" 파일을 이용한다. 총 30건의 데이터가 있으며 스마트카의 배기량 정보와 운전자의 연소득 정보 등으로 구성돼 있다. 여기서 스마트카 배기량 데이터 30건을 앞서 만든 회귀모델에 입력해 운전자의 연소득을 예측해 본다. 그리고 그 예측 결과를 운전자의 실제 연소득과 비교해서 회귀모델에 대한 정확도를 확인한다.

- C://예제소스/bigdata2nd-master/CH08/CarMaster2Income_Test.txt" 파일을 "C://test_data" 디렉터리를 만들어 복사해 놓는다.

```
> test_data <- read.csv("C://test_data/CarMaster2Income_Test.txt", sep="¦", header=T,
encoding = "UTF-8")
> predict(model, test_data, interval = "prediction")
```

예측 연소득

	fit	lwr	upr
1	4306.114	3565.982	5046.246
2	3693.854	2953.594	4434.115
3	4918.374	4178.102	5658.646
4	4918.374	4178.102	5658.646
5	4306.114	3565.982	5046.246
6	3693.854	2953.594	4434.115
7	3693.854	2953.594	4434.115
8	5530.633	4789.953	6271.314
9	4306.114	3565.982	5046.246
10	4306.114	3565.982	5046.246
11	3693.854	2953.594	4434.115
12	4918.374	4178.102	5658.646
13	4306.114	3565.982	5046.246
14	4918.374	4178.102	5658.646
15	3693.854	2953.594	4434.115
16	4306.114	3565.982	5046.246
17	4306.114	3565.982	5046.246
18	4918.374	4178.102	5658.646
19	4306.114	3565.982	5046.246
20	4306.114	3565.982	5046.246
21	3693.854	2953.594	4434.115
22	3693.854	2953.594	4434.115
23	4918.374	4178.102	5658.646
24	3081.595	2340.937	3822.252
25	3693.854	2953.594	4434.115
26	4918.374	4178.102	5658.646
27	4306.114	3565.982	5046.246
28	4918.374	4178.102	5658.646
29	4306.114	3565.982	5046.246
30	3081.595	2340.937	3822.252

실제 연소득

1	3500¦2004¦16	4200
2	3000¦2016¦54	3600
3	4000¦2003¦55	4400
4	4000¦2004¦47	4800
5	3500¦2006¦26	4200
6	3000¦2010¦63	3900
7	3000¦2010¦21	3600
8	4500¦2005¦52	4950
9	3500¦2011¦21	3850
10	3500¦2012¦29	4550
11	3000¦2016¦33	3900
12	4000¦2014¦55	4400
13	3500¦2008¦25	4200
14	4000¦2012¦49	4400
15	3000¦2008¦35	3900
16	3500¦2002¦55	3850
17	3500¦2015¦38	4292
18	4000¦2011¦57	4400
19	3500¦2011¦57	4024
20	3500¦2003¦65	4550
21	3000¦2012¦43	4044
22	3000¦2003¦47	3900
23	4000¦2014¦60	4400
24	2500¦2001¦68	3000
25	3000¦2007¦48	3600
26	4000¦2016¦45	5299
27	3500¦2001¦47	4416
28	4000¦2004¦29	4400
29	3500¦2004¦58	5297
30	2500¦2016¦58	2750

그림 8.15 "스마트카 고객 마스터2"의 회귀모델 평가 결과

그림 8.15의 왼쪽 fit 데이터가 회귀모델로 예측한 운전자의 연소득 정보이고, 우측이 해당 운전자의 실제 연소득 정보로 유사하게 운전자의 연소득 정보를 예측했다.

8.3 텐서플로를 이용한 신경망 분석 - 주행 중 스마트카의 위험 징후 판별

이번에는 텐서플로를 이용해 주행 중인 스마트카의 사고 위험 징후를 판별하는 분석을 진행한다. 앞서 R로 데이터의 선형 관계를 모델링한 선형회귀(Linear Regression) 분석이었다면 이번에는 데이터의 비선형 관계를 모델링한 신경망(Neural Networks) 분석이다. 신경망도 머신러닝의 한 분야로서 감독학습에 해당하고 신경망을 여러 층으로 쌓아 구성한 심층 신경망을 딥러닝(Deep Learning)이라 부른다.

딥러닝은 처리할 데이터 형식(음성, 이미지, 동영상, 텍스트 등)과 패턴을 찾아내는 방식에 따라 크게 두 가지 알고리즘으로 나눌 수 있는데, 첫 번째로 4차원(가로 x 세로 x 필터 x RGB)의 이미

지 데이터를 처리하는 데 최적화된 CNN(Convolutional Neural Networks, 합성곱신경망) 알고리즘이 있고, 두 번째로 언어, 음성, 동영상 같은 순차형 데이터(번역, 대화, 의미/의도 파악 등)를 다루는 데 최적의 성능을 발휘하는 RNN(Recurrent Neural Networks, 순환신경망) 알고리즘이 있다. 파일럿 프로젝트에서는 신경망의 레이어 사이의 모든 뉴런을 연결한 DNN(Deep Neural Networks, 심층신경망) 알고리즘을 이용해 주행 차량의 위험 징후을 판별하는 신경망 모델을 학습시키고 테스트해 본다. 이번 파일럿 프로젝트를 통해 딥러닝을 시작할 수 있는 발판을 다질 수 있을 것이다.

Tip _ 신경망 딥러닝의 기본 원리

신경망 분석의 메커니즘을 간단하게 알아보자. 신경망은 구성요소는 크게 입력층, 은닉층, 출력층으로 이뤄지며, 각각의 층은 뉴런(활성화 함수)으로 구성된다. 또한 은닉층의 레이어와 뉴런의 구성 방식에 따라 DNN, RNN, CNN 등으로 신경망의 종류가 나뉜다.

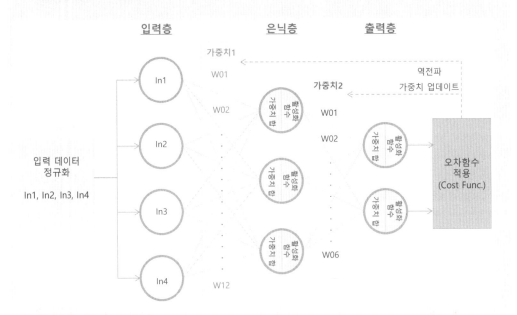

그림 8.16 신경망 딥러닝의 기본 원리

그림 8.16을 보면 학습시키기 위한 데이터가 전처리 과정을 거쳐 입력층에 할당되고, 중간의 가중치(W) 값에 의해 입력값이 변경되며, 각 은닉층 뉴런에서 입력값을 합쳐 활성화 함수에 전달된다. 이때 활성화 함수(Activation Function)는 전달받은 값을 계산해 임계치 이상의 값이 나오면 뉴런을 활성화해서 다음에 연결된 뉴런으로 결괏값을 전달하게 된다.

활성화하는 함수로는 보통 시그모이드(Sigmoid) 또는 ReLu(Rectified Linear Unit)를 쓴다. 이처럼 은닉층에서 뉴런들의 계산 결과는 마지막 출력층까지 전달되어 출력값이 나오는데, 이때 출력된 결괏값과 실제 결괏값의 오차율을 계산하는 오차함수(Cost Function)가 각 출력 뉴런마다 실행된다. 이후 오차값을 가지고 신경망의 역순으로 뉴런들을 거슬러 올라가며 가중치 값을 오차값으로 업데이트한다. 이렇게 신경망의 가중치 값을 업데이트하는 과정을 역전파(Backpropagation)라고 하며, 가중치를 업데이트하는 기법으로 경사하강법(Gradient Descent)을 주로 사용한다. 이러한 과정을 반복(Epoch)하다 더는 오차율이 작아지지 않으면 신경망의 가중치 업데이트를 위한 학습을 멈추고, 이때의 최종 가중치 값을 조합해 신경망 모델이 완성된다.

신경망 분석은 용어부터 낯설어 이를 처음 시작하는 분석가 또는 엔지니어가 접근하기에 다소 어려운 부분이 있다. 이론이나 수학적인 관점에 치우쳐 접근하기보다는 당장 적용해 볼 수 있는 분석 주제를 선정하고 관련 분석 도구와 라이브러리를 이용하는 수준에서 실용적인 신경망 분석 작업부터 시작해 보는 것을 추천한다.

설치 및 환경 구성 _ ⌨ 실습

텐서플로의 설치 및 환경 구성을 위해서는 인터넷에서 "텐서플로 윈도우 설치"로 검색해 최신 자료를 찾아 진행한다. 파일럿 환경에서 텐서플로가 설치되는 위치는 호스트OS, 즉 필자의 파일럿 환경에서는 윈도우 7에 해당하며 그림 8.17과 같다.

그림 8.17 파일럿 환경에서 텐서플로가 설치되는 위치

참고로 텐서플로는 다음과 같은 순서로 설치한다.

1. 아나콘다(Anaconda) 설치: https://www.anaconda.com/products/individual

2. 텐서플로 설치(파이썬 pip 명령으로 설치)

텐서플로의 자세한 설치 및 환경구성 방법을 유튜브 강의로 올려 놓았다. 유튜브 또는 구글에서 "실무로 배우는 빅데이터 기술 확장하기"로 검색하거나 아래 URL을 방문한다.

- https://bit.ly/bigdata2nd

텐서플로 활용 방안

텐서플로를 이용해 신경망 분석을 하기 위해 여기서는 "스마트카 내/외부 주행" 데이터셋을 새롭게 활용한다. 이 데이터셋에는 주행 중인 차량의 외부 환경(날씨, 온도, 습도, 사고다발지역) 정보와 차량의 내부 환경 정보(운전자 상태, 실내 이산화탄소의 양, 운행 속도, 운전대 각도)로 구성돼 있다. 해당 데이터를 텐서플로/케라스에서 로드한 후 딥러닝을 통해 주행 중 사고 위험 징후를 예측하는 분류 모델을 만들어 보자. 마지막으로 학습 모델의 결과를 텐서보드로 시각화하고, 모델의 예측 서비스 구성을 위해 플라스크로 REST API를 만들어 본다.

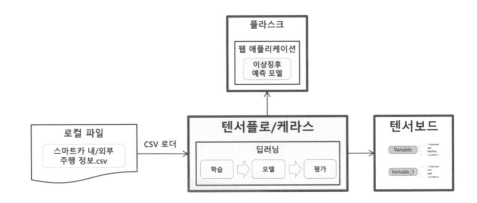

wea (날씨)	temp (온도)	hum (습도)	arrCar (주변차량)	timeSlot (시간대)	acciArea (사고지역)	drvCond (운전자상태)	innCond (실내상태)	carSpd (차량속도)	SteeAng (운전대각도)	AcciPos (사고여부)
0	0	0	0	0	1	0	2	0	0	0
0	1	0	1	0	1	1	0	2	0	0
1	0	1	2	1	1	1	1	2	0	1

0: 정상, 1: 주의, 2: 위험

그림 8.18 텐서플로 활용 방안

텐서플로 파일럿 실행 1단계 – 텐서플로 개발 환경 실행 _ ⌨ 실습

텐서플로 개발을 위해 먼저 파이썬 개발 환경을 구성한다. 파일럿 프로젝트에서는 파이썬의 주피터 (Jupyter) 노트북을 이용한다.

01. Anaconda3에서 Anaconda Prompt를 실행한다. 기본 설정대로 설치했다면 [시작] → [모든 프로그램] → [Anaconda3 (64–bit)] → [Anaconda Prompt]를 차례로 선택해 실행할 수 있다.

02. 다음 명령으로 파이썬 3.5 환경을 구성한다. 환경의 이름은 "py35"로 지정한다.

```
(base) C:\Users\[사용자명]> conda create -n py35 python=3.5
```

03. 파이썬 3.5 환경을 활성화한다. 파이썬 3.5 환경의 이름을 "py35"로 지정했으므로 "activate py35"를 입력한다. 참고로 아나콘다 프롬프트는 독자의 PC 환경에 따라 다르게 표시된다.

```
(base) C:\Users\[사용자명]> activate py35
```

04. 파이썬 3.5 환경의 프롬프트가 표시되면 이번에는 텐서플로와 개발에 필요한 추가 라이브러리들을 아래 명령으로 하나씩 설치한다.

```
(py35) C:\Users\[사용자명]>python -m pip install --upgrade pip
(py35) C:\Users\[사용자명]>conda install tensorflow
(py35) C:\Users\[사용자명]>conda install notebook
(py35) C:\Users\[사용자명]>conda install pandas
(py35) C:\Users\[사용자명]>conda install matplotlib
(py35) C:\Users\[사용자명]>conda install scikit-learn
(py35) C:\Users\[사용자명]>conda install keras
(py35) C:\Users\[사용자명]>pip install pywin32
```

설치가 모두 완료되면 주피터 노트북을 실행한다.

```
(py35) C:\Users\[사용자명]>jupyter notebook
```

05. 주피터 노트북이 정상적으로 실행되면 노트북에 접근할 수 있는 URL이 토큰 정보와 함께 콘솔창에 출력된다. 해당 URL을 복사해 크롬 브라우저에 붙여 넣고 접속한다(참고로 토큰은 독자들의 파일럿 환경마다 상이하게 만들어진다).

- 주피터 노트북 URL: http://127.0.0.1:8888/?token=e4f3cb11199e62920cee09246ec2cee82b8e62272ea3a8ff

주피터 노트북 창이 활성화되면 그림 8.19처럼 우측 상단의 [New] → [Python 3]을 차례로 선택한다.

그림 8.19 주피터 웹 UI

06. 노트북의 첫 번째 셀(Cell)에 그림 8.20처럼 텐서플로 라이브러리를 임포트하는 코드를 입력하고 "Shift + Enter" 또는 상단의 "Run Cell" 버튼을 눌렀을 때 오류 메시지가 나타나지 않으면 텐서플로 개발 환경이 정상적으로 준비된 것이다.

- In [1]: import tensorflow as tf

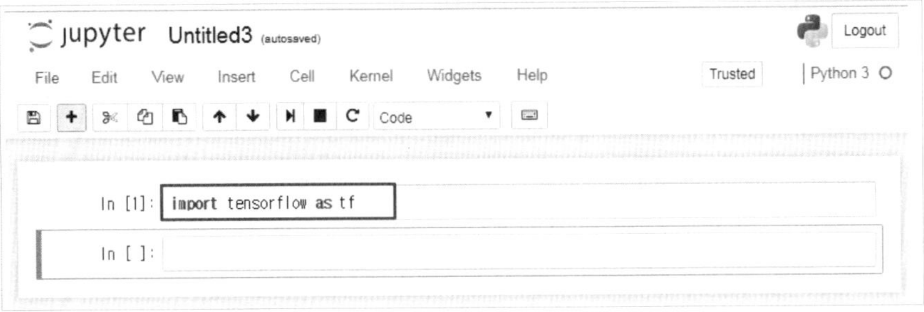

그림 8.20 주피터 노트북에서 텐서플로 로드

텐서플로 파일럿 실행 2단계 – 텐서플로를 이용한 딥러닝 학습 및 평가 _ ⌨ 실습

텐서플로/케라스의 DNN(Deep Neural Network) 라이브러리를 이용해 주행 중인 스마트카의 사고 위험 징후를 예측하는 딥러닝을 진행한다. 먼저 학습에 필요한 CSV 데이터셋을 준비하고, 앞서 준비한 주피터 노트북 환경에서 딥러닝 프로그램을 개발한다.

01. 학습할 데이터셋을 "C://training_data" 경로를 만들어 복사해 놓는다.

- C://예제소스/bigdata2nd–master/CH08/CarDrivingIncidentInfo.csv" 파일을 "C://training_data" 디렉터리를 만들어 복사해 놓는다.

- C://예제소스/bigdata2nd–master/CH08/CarDrivingIncidentInfo_Test.csv" 파일을 "C://test_data" 디렉터리를 만들어 복사해 놓는다.

02. 주피터 노트북의 첫 번째 셀에서 개발에 필요한 라이브러리를 임포트하고, 학습 데이터를 판다스의 데이터프레임으로 로드하는 코드를 입력한 후 Shift + Enter를 누르거나 상단의 [Run] 버튼을 클릭한다. 전체 소스코드는 "C://예제소스/bigdata2nd–master/CH08/smartcar_dnn_model.py"에 있으므로 참고한다.

```
import tensorflow as tf
import pandas as pd
import matplotlib.pyplot as plt

from time import time
from tensorflow.python.keras.callbacks import TensorBoard
from tensorflow import keras
from tensorflow.keras.models import Sequential
from tensorflow.keras.layers import Dense, Dropout
from sklearn.preprocessing import StandardScaler
from sklearn.model_selection import train_test_split
from sklearn.metrics import roc_curve, roc_auc_score, auc
from keras.utils import to_categorical

df = pd.read_csv('C:/training_data/CarDrivingIncidentInfo.csv')
```

그림 8.21 라이브러리 임포트 및 학습 데이터 로드

03. 다음 코드를 입력해 데이터프레임에 로드된 학습 데이터를 배열 구조의 입력값(X)과 결괏값(Y)로 분리 구성하고 범주화와 스케일 작업으로 데이터 전처리를 진행한다.

```
X = df.iloc[:, :-1].values
Y = df.iloc[:, -1].values

X_train, X_test, Y_train, Y_test = train_test_split(X, Y, test_size=0.2, random_state=1)

Y_train = to_categorical(Y_train)
Y_test = to_categorical(Y_test)

sc = StandardScaler()
X_train = sc.fit_transform(X_train)
X_test = sc.transform(X_test)
```

그림 8.22 학습 데이터 전처리

04. DNN 모델을 케라스의 Sequential로 구성한다. 입력 레이어(Input: 10, Output: 10), 은닉1 레이어(Input: 10, Output: 20), 은닉2 레이어(Input: 20, Output: 10), 은닉3 레이어(Input: 10, Output: 10), 출력 레이어(Input: 10, Output: 3)를 정의하고 활성화 함수는 Relu와 Softmax로 설정한다. 모델을 컴파일하고 요약 정보를 출력한다.

```
model = Sequential([
    Dense(10, input_dim=10, activation='relu'),
    Dense(20, activation='relu'),
    Dropout(0.25),
    Dense(10, activation='relu'),
    Dense(3, activation='softmax')
])
model.compile(optimizer='adam', loss='categorical_crossentropy', metrics=['accuracy'])
model.summary()
```

Layer (type)	Output Shape	Param #
dense (Dense)	(None, 10)	110
dense_1 (Dense)	(None, 20)	220
dropout (Dropout)	(None, 20)	0
dense_2 (Dense)	(None, 10)	210
dense_3 (Dense)	(None, 3)	33

```
Total params: 573
Trainable params: 573
Non-trainable params: 0
```

그림 8.23 DNN 모델 구성 및 요약 정보 출력

생성된 DNN 모델을 도식화하면 그림 8.24와 같다.

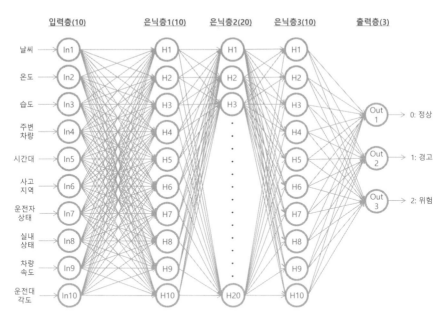

그림 8.24 스마트카 위험 징후를 판별하는 신경망 구조

04. 정의한 모델을 학습시킨다. 배치 사이즈 2000으로, 에폭은 50번을 반복하며 학습을 진행한다. 에폭이 진행될 때마다 loss 값은 줄고 정확도는 증가하는 모습을 볼 수 있다. 추가로 진행 과정을 텐서보드 이벤트 로그로 지정했다.

```
tensorboard = keras.callbacks.TensorBoard(log_dir='./graph', histogram_freq=0,
                            write_graph=True, write_images=True)

hist  = model.fit(X_train, Y_train, batch_size=2000, epochs=50,
                 callbacks=[tensorboard], validation_data=(X_test, Y_test))
```

```
Train on 160000 samples, validate on 40000 samples
Epoch 1/50
160000/160000 [==============================] - 1s 6us/step - loss: 0.8718 - acc: 0.6004 - val_loss: 0.6790 - val_acc: 0.7321
Epoch 2/50
160000/160000 [==============================] - 1s 4us/step - loss: 0.6023 - acc: 0.7618 - val_loss: 0.4541 - val_acc: 0.8324
Epoch 3/50
160000/160000 [==============================] - 1s 4us/step - loss: 0.4258 - acc: 0.8307 - val_loss: 0.3136 - val_acc: 0.8668
Epoch 4/50
160000/160000 [==============================] - 1s 4us/step - loss: 0.3027 - acc: 0.8636 - val_loss: 0.2150 - val_acc: 0.8892
Epoch 5/50
160000/160000 [==============================] - 1s 4us/step - loss: 0.2111 - acc: 0.9210 - val_loss: 0.1396 - val_acc: 0.9634
```

그림 8.25 DNN 모델 학습

05. 다음 코드를 실행해 학습된 DNN 모델의 최종 결괏값을 확인해 본다. 정확도가 0.9997(99%)까지 향상됐다.

```
score = model.evaluate(X_test, Y_test, verbose=0)
print(model.metrics_names)
print(score)
```

```
['loss', 'acc']
[0.0014955078887650642, 0.9997]
```

그림 8.26 DNN 모델을 학습한 결과

06. 이어서 학습 결과를 시각화해
출력해 본다. 훈련/검증 정확도
(train/val acc)와 훈련/검증 손실
값(train/val loss)이 각각 상승/
하향 곡선을 그리다가 에폭 10을
기점으로 완만해진 결과를 얻었다.

```
fig, loss_ax = plt.subplots()
acc_ax = loss_ax.twinx()

loss_ax.plot(hist.history['loss'], 'y', label='train loss')
loss_ax.plot(hist.history['val_loss'], 'r', label='val loss')
acc_ax.plot(hist.history['acc'], 'b', label='train acc')
acc_ax.plot(hist.history['val_acc'], 'g', label='val acc')

loss_ax.set_xlabel('epoch')

loss_ax.set_ylabel('loss')
loss_ax.legend(loc='lower right')

acc_ax.set_ylabel('accuracy')
acc_ax.legend(loc='upper right')

plt.show()
```

그림 8.27 DNN 모델의 학습 결과 시각화

07. 학습된 모델을 테스트 데이터로 예측(y_predict_result) 후, 실제값(Y_test)과 비교해 성능을 평가하는 ROC 차트를
출력해 본다. ROC 차트를 해석하자면 대각선 라인을 중심으로 ROC 커브가 상단에 형성되면 좋은 모델이고, 하단
에 형성되면 좋지 않은 모델이다. 아래 DNN 모델의 경우 ROC 커브가 민감도(Sensitivity) 1에 매우 근접해서 정확
도가 100%에 가까운 결과를 보여준다.

```
y_predict_result = model.predict(X_test)

fpr, tpr, thresholds = roc_curve (Y_test.ravel(), y_predict_result.ravel())
roc_auc = auc(fpr, tpr)

plt.clf()
plt.figure(figsize = (9, 7))
plt.plot(fpr, tpr, color='navy', lw=10, label='ROC Curve (AUC = %0.2f)' % roc_auc)
plt.plot([0, 1], [0, 1], color='red', lw=2, linestyle='--')
plt.xlim([0.0, 1.0])
plt.ylim([0.0, 1.0])
plt.rcParams['font.size'] = 12
plt.title('[ ROC Curve ]')
plt.xlabel('Specificity-False Positive Rate')
plt.ylabel('Sensitivity-True Positive Rate')
plt.legend(loc="lower right")
plt.grid(True)
plt.show()
```

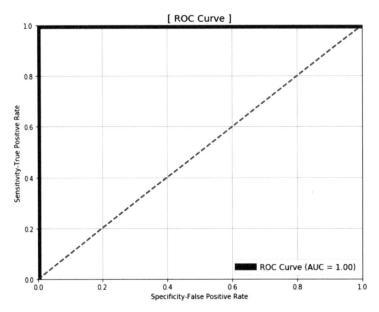

그림 8.28 DNN 모델 예측 결과 평가 – ROC 커브

08. 마지막으로 생성된 모델을 다음 경로를 만들어 저장한다. 이후 단계에서 저장된 모델을 활용해 웹 애플리케이션 서비스를 만들어 보겠다.

```
from keras.models import load_model

model.save('C://models/smartcar_dnn_model.h5')
```

그림 8.29 DNN 모델 저장

텐서플로 파일럿 실행 3단계 – 텐서보드를 이용한 학습 결과 시각화 _ ⌨ 실습

이번에는 텐서보드라는 시각화 툴을 이용해 텐서플로의 최종 학습 결과 모델을 시각적으로 분석한다. 앞서 학습 시 텐서보드의 이벤트 로그를 "C://Users/[사용자명]/.graph" 경로에 생성했고 텐서보드는 이 로그를 이용해 모델의 결과를 시각화한다.

01. Anaconda3에서 Anaconda Prompt를 실행한다. 기본 설정대로 설치했다면 [시작] → [모든 프로그램] → [Anaconda3 (64–bit)] → [Anaconda Prompt]를 차례로 선택해 실행할 수 있다.

02. Anaconda Prompt에서 파이썬 3.5 환경을 활성화한다. 앞서 파이썬 3.5 환경의 이름을 "py35"로 지정했으므로 "activate py35"를 입력한다.

```
(base) C:\Users\[사용자명]> activate py35
```

03. 프롬프트에 "tensorboard --logdir ./graph"를 입력해 텐서보드를 실행한다. 실행 로그가 출력되며 마지막 줄에 텐서보드에 접속할 수 있는 URL이 표시된다. 이 URL을 복사해 둔다.

```
(py35) C:\Users\[사용자명]>tensorboard --logdir ./graph
```

04. 크롬 브라우저를 실행해 앞서 복사한 URL을 붙여넣어 텐서보드에 접속하면 그림 8.30처럼 학습된 DNN 모델의 결과를 다양한 시각화를 통해 확인할 수 있다.

- 텐서보드 접속 URL: http://[컴퓨터명]:6006

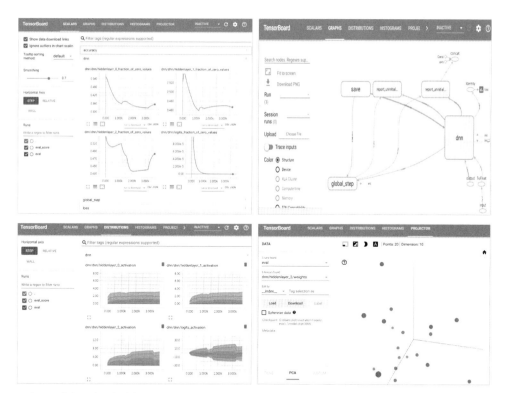

그림 8.30 텐서보드의 모델 시각화

텐서플로 파일럿 실행 4단계 – 플라스크를 이용한 웹 애플리케이션 구축 _ 🖮 실습

지금까지 주행 중인 스마트카의 이상징후를 판별하기 위한 DNN 모델을 개발, 학습, 평가했고, 해당 모델을 저장("C://models/smartcar_dnn_model.h5")했다. 이제 앞에서 저장한 DNN 모델을 활용해 웹 애플리케이션(이상징후 판별 서비스)으로 구성하고 스마트카의 이상징후를 실시간으로 판단하기 위한 REST API를 만들어 보겠다. 그림 8.31을 보면 주행 중인 스마트카 차량의 상태 정보(입력값 10개)를 수집해 이번에 만들 이상징후 판별 서비스의 API를 주기적으로 호출함으로써 실시간으로 차량의 이상징후(0: 정상, 1: 주의, 2: 위험)를 판단할 수 있게 된다.

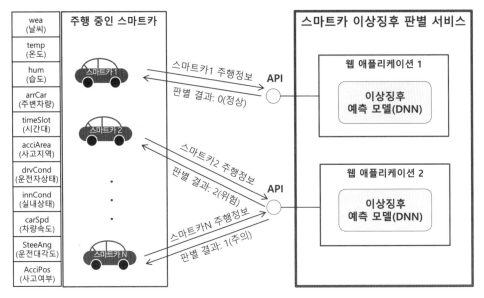

그림 8.31 스마트카 이상징후 판별 서비스 구성도

01. 먼저 웹 애플리케이션 환경을 구성하기 위해 플라스크(Flask)를 설치한다. 플라스크는 파이썬 기반의 웹서버 엔진으로 파이썬 환경에서 동작한다. 앞서 구성했던 파이썬 3.5 환경(py35)을 활성화하기 위해 [시작] → [모든 프로그램] → [Anaconda3 (64–bit)] → [Anaconda Prompt]를 차례로 선택한 후 다음 명령을 실행한다.

```
(base) C:\Users\[사용자명]> activate py35
```

02. 파이썬 3.5 환경에서 pip 명령을 통해 플라스크를 설치한다.

```
(py35) C:\Users\[사용자명]> pip install flask
```

03. 플라스크 설치가 완료되면 웹 애플리케이션 프로그램을 작성한다. [시작] → [모든 프로그램] → [Anaconda3 (64-bit)] → [Anaconda Navigator(Anaconda3)]를 실행한다. 아나콘다 내비게이터가 활성화되면 애플리케이션 대시보드에서 Spyder의 [Launch] 버튼을 클릭해 파이썬 개발 도구인 스파이더(Spyder)를 실행한다.

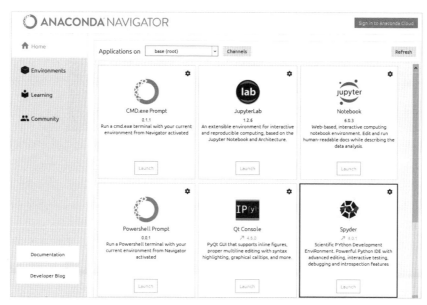

그림 8.32 스파이더 개발 도구 실행

04. 스파이더가 실행되면 에디터 창에 플라스크의 REST API로 사용할 소스코드를 그림 8.33처럼 작성한다. 관련 소스 코드는 "C://예제소스/bigdata2nd—master/CH08/smartcar_dnn_service.py"로 제공되므로 참고한다.

```
smartcar_dnn_service.py
3    import flask
4    import pandas as pd
5    import numpy as np
6    import tensorflow as tf
7
8    from flask import Flask, jsonify, request
9    from keras.models import load_model
10
11
12   app = Flask(__name__)
13
14   global graph
15   granh = tf.get default graph()
16   model = load_model('C:/models/smartcar_dnn_model.h5')
17
18
19   @app.route('/smartcar/predict', methods=["GET","POST"])
20   def predict():
21       data = {"success": False}
22
```

```
23      params = flask.request.json
24      if (params == None):
25          params = flask.request.args
26
27      # if parameters are found, return a prediction
28      if (params != None):
29          x=pd.DataFrame.from_dict(params, orient='index').transpose()
30
31          with graph.as_default():
32
33              data["prediction"] = str(model.predict(x).argmax())
34              data["success"] = True
35
36      # return a response in json format
37      return flask.jsonify(data)
38
39  if __name__ == '__main__':
40      app.run(host='0.0.0.0', port=9001)
```

그림 8.33 플라스크 REST API 소스코드 – 스마트카 이상징후 판별 서비스

위 소스코드의 주요 내용은 다음과 같다.

- 16번째 줄: 저장했던 DNN 모델 로드

- 19번째 줄: API URL 및 HTTP 전송 방식(GET, POST) 설정

- 25번째 줄: 스마트카에서 전송한 상태 데이터 수신

- 33번째 줄: 모델을 이용해 스마트카 이상징후 예측

- 37번째 줄: 예측 결과를 해당 스마트카로 전달

05. 파일럿 PC의 C 드라이브에 "C://flask" 폴더를 생성하고, flask 하위 폴더로 "app" 폴더를 생성한다.

```
C://flask/app/
```

06. 스파이더 에디터에서 [File] → [Save] 메뉴를 선택하고 앞에서 작성한 플라스크 REST API의 소스코드를 "C://flask/app/" 경로에 "smartcar_dnn_service.py"라는 이름으로 저장한다.

07. 이제 스마트카 이상징후 판별 서비스를 위한 플라스크 서비스 서버를 실행한다. [시작] → [모든 프로그램] → [Anaconda3 (64–bit)] → [Anaconda Prompt (Anaconda3)]를 차례로 선택해 py35(파이썬 3.5) 환경을 활성화하고, 앞에서 저장한 "smartcar_dnn_service.py" 프로그램을 실행한다.

```
(base) C:\Users\[사용자명]> activate py35
(py35) C:\Users\[사용자명]> python C://flask/app/smartcar_dnn_service.py
```

08. 플라스크의 REST API 서비스가 정상적으로 실행되면 다음과 같은 메시지가 출력된다.

```
"Running on http://0.0.0.0:9001/"
```

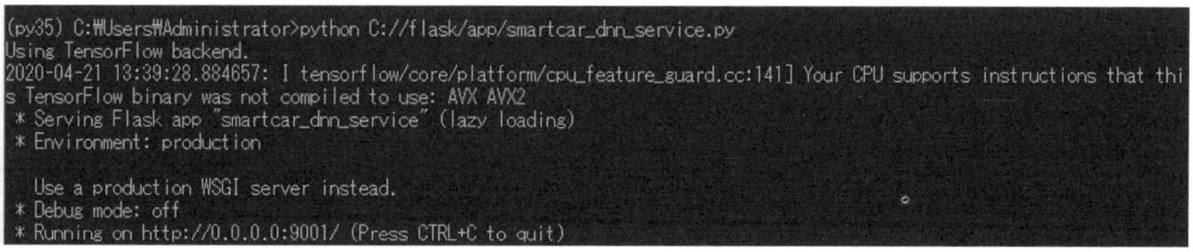

그림 8.34 플라스크 REST API 서비스 실행

09. 주행 중인 스마트카의 10개 상태 값(0~2)을 가정해 정의한다.

- 주행 중인 스마트카의 상태값 정의: wea(날씨)=2, temp(온도)=0, hum(습도)=1, arrOthCar(주변차량)=2, time(시간대)=0, acciArea(사고다발지역)=1, drvCond(운전자상태)=1, innCond(실내상태)=2, carSpd(차량속도)=2, steeAng(운전대각도)=0

10. 크롬 브라우저를 실행해 플라스크에서 실행 중인 스마트카 이상징후 판별 REST API 서비스를 호출한다. 주행 중인 스마트카의 상태값 10개를 정의한 전체 URL은 다음과 같다.

- REST API 서비스 URL: http://127.0.0.1:9001/smartcar/predict?wea=2&temp=0&hum=1&arrOthCar=2 &time=0&acciArea=1&drvCond=1&innCond=2&carSpd=2&steeAng=0

위 REST API URL을 크롬 브라우저에 입력해 스마트카 이상징후 판별 서비스 API를 호출한다.

11. API 호출 결과가 그림 8.35처럼 출력된다. "prediction:"은 이상징후 판별 결과이고, "success:"는 API 처리 결과다.

```
127.0.0.1:9001/smartcar/predic:    ×    +
←  →  C  ⌂    ⓘ 127.0.0.1:9001/smartcar/predict?wea=2&temp=0&hum=1&arrOthCar=2&time=0&acciArea=1&drvCond=1&innCond=2&carSpd=2&steeAng=0

{"prediction":"2","success":true}
```

그림 8.35 스마트카 이상징후 판별 서비스를 호출한 결과

운행 중인 차량의 상태는 위험(2)으로 예측됐다. 이상징후를 수신받은 스마트카 시스템은 위험 정보를 운전자에게 알리고 사고를 미연에 방지하게끔 작동하게 될 것이다.

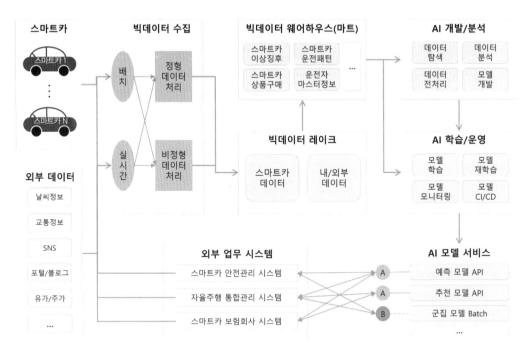

그림 8.36 AI+빅데이터 기반 스마트카 통합 플랫폼

이제 그림 8.36의 AI+빅데이터 기반 스마트카 통합 플랫폼에 대한 설명을 끝으로 파일럿 프로젝트를 마무리하고자 한다. 그림에서는 3V(Volume, Variety, Velocity)에 해당하는 데이터를 수집해 빅데이터 마트를 구성하고, 이를 AI 개발 환경에 공급해 AI 모델의 학습에 사용한다. 공급되는 데이터의 양과 질에 따라 모델의 정확도는 높아지고, 검증이 완료된 모델은 AI 스마트카 서비스로 공개된다. 해당 서비스는 주변 업무 시스템과 연결되어 가치(Value)를 창출하고, 그 과정과 결과 데이터는 다시 빅데이터로 수집되어 AI 모델을 업그레이드하기 위한 재학습에 활용되는 선순환 구조를 이룬다.

산업 분야마다 차이는 있겠으나 현재 빅데이터/AI를 통한 가치 창출은 그림 8.36처럼 길고 복잡한 과정이 필요하며, 노력 대비 효과는 그리 크지 않은 것이 현실이다. 하지만 이를 극복하기 위한 기술과 생태계의 발전 속도가 지켜보는 사람들로 하여금 불안감을 느끼게 할 정도로 빠르게 움직이고 있으며, 확산 속도를 보면 영화 속 인공지능 시대의 문이 열리는 것은 시간 문제로 보인다.

오랜 시간 책을 써오면서 드는 한 가지 바램은 파일럿 프로젝트를 수행한 수많은 분들이 그 문 앞에 한발짝 더 다가섰으면 하는 것이고, 이 책이 각자의 분야에서 빅데이터와 AI를 시작하기 위한 도구로 활용되어 지식을 행동으로 옮기는 데 작게나마 도움이 되었으면 한다.

마지막으로 파일럿 프로젝트를 끝까지 완료해준 독자분들께 수고와 감사의 마음을 전한다.

김강원 올림

Tip _ 빅데이터 샘플 파일 활용

빅데이터 기술이 어려운 이유중 하나는, 기술을 구현해 보기 위한 샘플 빅테이터를 확보하기 어렵다는 것이다. 본인의 실무 환경과 유사한 데이터셋을 수집/적재해 분석해 볼 수 있으면 좋겠지만, 그렇지 못한 독자들은 다음의 웹 사이트를 참고하기 바란다. 주요 업종별 또는 주제별 대용량 데이터셋들을 무료로 내려받아 활용할 수 있는 유명한 국내외 사이트들이다.

예측 모델 및 분석 대회 플랫폼

https://www.kaggle.com/

캘리포니아 주립대의 머신러닝 데이터

http://archive.ics.uci.edu/ml/index.php

대한민국 공공 데이터 포털

http://www.data.go.kr/

미국정부 데이터 카달로그

https://catalog.data.gov/dataset

서울 열린 데이터 광장

http://data.seoul.go.kr/index.jsp

NIA에서 운영하는 AI 허브

https://aihub.or.kr/

그림 8.37 빅데이터 샘플 파일 활용

위 6개의 사이트 외에도 검색을 통해 찾아보면 여러 빅데이터 제공 사이트들이 있다.

새로운 데이터셋을 활용해 파일럿 프로젝트의 수집, 적재, 처리, 탐색, 분석 기술을 독자 스스로 새롭게 재구성하는 경험을 시도해 보길 바란다.

부록 _ 실무로 배우는 빅데이터 기술 – 확장하기 (유튜브 강의)

책의 지면상 다루지 못했던 빅데이터 기술과 내용들을 유튜브의 "실무로 배우는 빅데이터 기술–확장하기" 편으로 추가 구성했다.

유튜브 또는 구글에서 "실무로 배우는 빅데이터 기술 확장하기"로 검색하거나 아래 URL을 방문한다.

- https://bit.ly/bigdata2nd

책의 파일럿 프로젝트를 모두 완료한 독자라면 아래의 20개 확장하기도 꼭 실습해 보기 바란다. 시간이 허락되는 한 유튜브를 통해 "빅데이터 기술 확장하기"를 계속 추가할 계획이다.

01. Pig 활용

02. Sqoop Import 활용

03. Tensorflow 설치

04. Oozie Fork 활용

05. NiFi 설치

06. NiFi 활용

07. Hive Bucket 활용

08. Hadoop HDFS 명령

09. Hadoop WebHDFS 활용

10. Phoenix 설치

11. Phoenix 활용

12. Python & Pandas 활용

13. Tensorflow Autoencoder

14. Solr 설치

15. Solr 색인 & 검색 활용

16. Nutch 설치

17. Nutch + Solr 활용

18. Spark Stream 개발환경

19. Spark Stream 활용 1/2

20. Spark Stream 활용 2/2

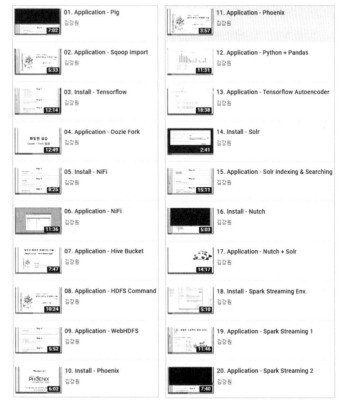

그림 8.38 빅실무로 배우는 빅데이터 기술 – 확장하기(유튜브 강의)

ㄱ - ㄷ

ㄹ - ㅂ